也有北海道
新幹線資訊哦

（圖片提供：JR北海道）

北海道新幹線開業
PR吉祥物
處處是小雪

哈日情報誌
MAPPLE

有這一本就
對足夠了！

札幌羊之丘
展望台的
克拉克博士

北海道Best P
支持大家

好玩好吃集一堂 旅遊 遊遍吃遍

寬廣的北海道的旅遊指南書。

知床半島
絕景巡遊

知床住宿

＋ 前往雲霧覆蓋的神秘湖泊 摩周湖

遠還有一些可以再走的路線

阿寒住宿

＋ 搭乘慢車號前往釧路濕原

北海道觀光PR
吉祥物
Kyun醬

一輩子一次的體驗！道東的
3天2夜飽覽大自然Plan完成！

好用的關鍵

備有完全遊玩北海道的36個旅遊提案！

本書備有36個旅遊提案，讓新手也能超高效率，而且又沒有遺漏地玩遍好大好大的北海道。不能錯過的名勝加上美食、溫泉…我們提供完全貼近你興趣的旅遊提案。

搭配組合旅遊提案，設計出高效率的旅行！

我們完全為你查好了需要查卻很麻煩的交通資訊，以及景點之間的移動時間等資訊。只要將頁面組合，就可以完成專屬於你的旅遊提案。

提供人氣地區的最新NEWS！

各地區的最近NEWS都會在地區頁面上介紹。也集中了火紅的新景點和小小話題的地方。知道之後會讓旅行更加愉快，絕對的！

在旭山動物園
觀賞動物們！

旭川住宿

＋ 這就是札幌！必去的景點

札幌住宿

＋ 小樽運河 浪漫懷古散步

這是王道路線呀

旭山動物園、札幌、小樽
3天2夜黃金Plan完成！

札幌電視塔
非官方吉祥物
電視爸爸

本書的使用方式

介紹景點的相關位置明確掌握！

標有Plan全部行程的MAP。圖解說明各物件的大略位置和路線，完全不擔心迷路！

亮點

不能錯過的景點有哪些？

旅遊提案裡非看不可的王道景點，都標示了亮點符號提醒注意。

路線提案一目了然！

提供旅遊提案必須花費的時間、預算（門票和餐費等）的資料，介紹高效率遊玩的提案實例。

最推薦的交通方式是？

旅遊提案裡以圖像提供了推薦的交通方式，只要瞄到就可以立刻了解。

解說旅遊提案攻略法

介紹擬定旅遊計劃之後應該先知道的資訊和建議。

請詳細閱讀下列事項

◆本書刊載的內容是2015年5月～2016年3月採訪、調查時的資訊。

本書出版後，餐飲店菜單和商品內容和金額等各種資訊可能有所變動，也可能因為季節性的變動、臨時公休等因素而無法利用。此外，因為消費稅的調高，各項費用可能變動，因此會有部分設施的標示為稅外的金額，消費之前請務必先行確認。此外，因本書刊載內容而造成的糾紛和損害等，敝公司無法提供補償，請在確認此點之後再行購買。

◆各項資訊以下列規則刊載

☎…電話號碼
本書標示的是各設施的洽詢用號碼，基本上使用的語言是日文，日本境外撥打時可能採國際電話費用計算，請注意。

營…營業時間、開館時間
營業時間、開館時間為實際上可以利用的時間。原則上餐飲店為開店到最後點餐，各種設施則是標示至開館到停止入館的時間。

休…公休日
原則上只標示公休日，過年期間和黃金週、盂蘭盆節、臨時休業等都予以省略。

¥…費用、金額
●各種設施的使用費用，基本上是成人1人的金額。
●住宿費用標示的是該住宿處一般房型的房間費用。附餐的情況為1室2人使用時的1人金額。金額內含服務費、消費稅等費用，但由於季節和平日假日、房型等的不同，金額會有差異，預約時請務必先行確認。

址…所在地址
各物件所在的場所。自然物只供參考，設定導航時請注意。

交…交通方式
原則上標示最近車站出發的交通方式。所需時間為參考值，由於季節和天候、時刻表修改等，可能會有很大的變動。尤其冬季時應準備更充裕的移動時間。

P…停車場
不分是否收費，有停車場便會標示出輛數。沒有時會標示為「無」。

Mapple Code 000-0000 …Mapple Code
在對應的網頁及應用程式輸入後，可免費獲得各項資訊服務的方便條碼。※請注意，此系統環境語言是日文。

戶外活動
玩透透
溫泉
動物
旅遊提案
36

哈日情報誌
MAPPLE 北海道Best Plan

CONTENTS

北海道

絕景 美食

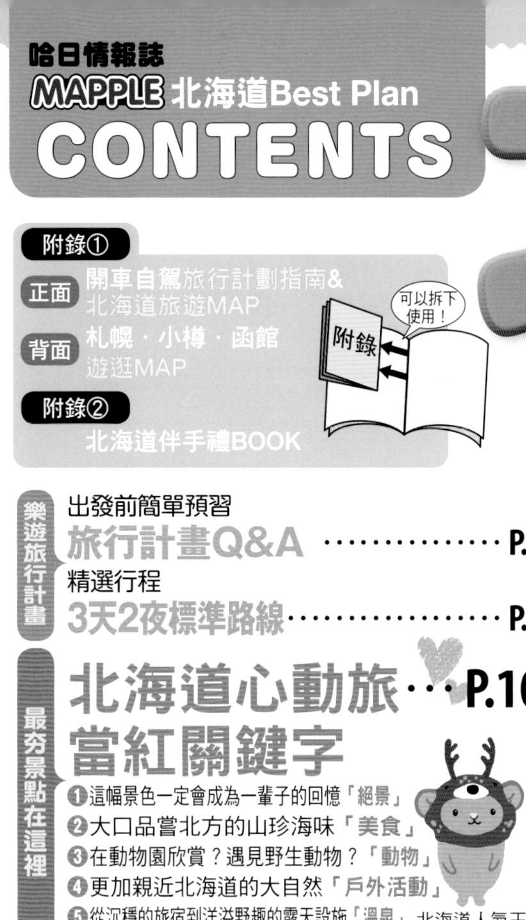

札幌羊之丘展望台（P.26）
北海道廳舊本廳舍（P.25）

小樽運河（P.38）

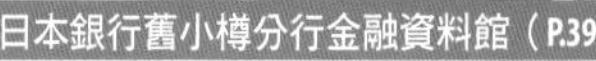
日本銀行舊小樽分行金融資料館（P.39）

昭文社

DiGJAPAN!

免費 超值優惠券

日本旅遊攻略APP！

收錄東京、大阪、京都、北海道、九州、沖繩等20個熱門旅遊區域！

網羅了可以“體驗日本”的季節、地域等各方面的最新資訊

搜尋→出發→實際感受!!
有了它，安心暢快一把抓

支援Online・Offline兩種使用方式！
下載版本運作快速

超划算美食！購物！遊玩！
讓你的日本之旅更加超值的優惠券大集合

出發前 簡單 預習！旅行計畫Q&A

北海道樂遊旅行計畫

為了盡情享受遼闊北海道的旅行，在此介紹事先須知的資訊，幫助你妥善安排旅行計畫。

Q1 聽說北海道幅員遼闊…

A 小樽～根室的距離相當於東京～大阪間的距離！

小樽～根室間的道路距離約530km，車程8小時左右。從札幌到以旭山動物園聞名的旭川，距離約140km、需花上2小時以上。必須確認好移動時間，在行程的規劃上才不會太勉強，可不要安排類似「用兩天一夜來遊覽函館和札幌、旭山動物園、知床」這樣的計畫…。

Q2 如何前往北海道？

A 搭飛機是第一選擇！從日本國內出發也可選擇北海道新幹線！

若從數個月前便決定好行程的話，也可運用價格優惠的早鳥票

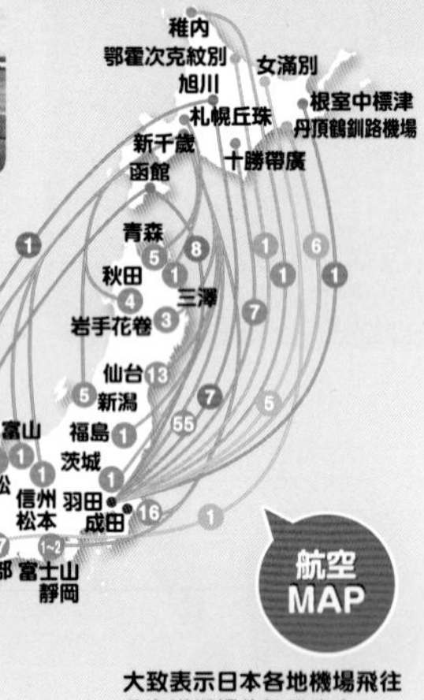

航空MAP

稚內　鄂霍次克紋別　女滿別　旭川　札幌丘珠　根室中標津　丹頂鶴釧路機場　新千歲　十勝帶廣　函館　青森　秋田　三澤　岩手花卷　仙台　新潟　富山　福島　茨城　小松　信州松本　羽田　成田　伊丹　神戶　關西　廣島　岡山　中部　富士山靜岡　福岡

大致表示日本各地機場飛往北海道機場的每日班次

照片提供：JR北海道

即使下雪也很少停駛或延遲的新幹線

從台灣可搭乘直飛航班前往北海道，每天都有從桃園機場直飛新千歲機場的班機，高雄出發則有華航一週五班，相當方便。若先在日本國內旅行，除了搭飛機外，也可將2016年3月開通的北海道新幹線列入考量，從東京站到新函館北斗站，若不轉乘最快4小時2分即可到達。

➔關於交通指南請見P.128～詳細解說！

Q3 何時去旅行？

A 若是北海道初訪者推薦夏季！配合季節活動前往也是絕佳選擇

若是初次造訪，推薦不會下雪、氣候舒適的夏季。此外，由於北海道有許多季節性活動，可先查詢舉辦日期來搭配出發時程，讓旅行更加充實。

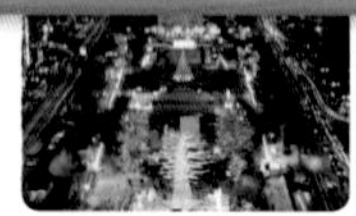
札幌雪祭（P.28）等雪國特有的活動五花八門

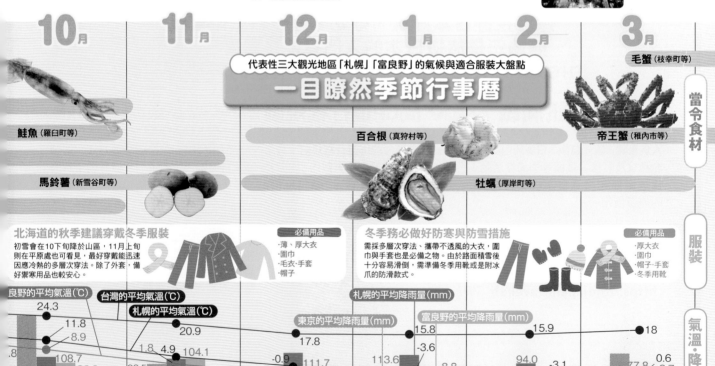

一目瞭然季節行事曆

代表性三大觀光地區「札幌」「富良野」的氣候與適合服裝大盤點

10月　11月　12月　1月　2月　3月

當令食材

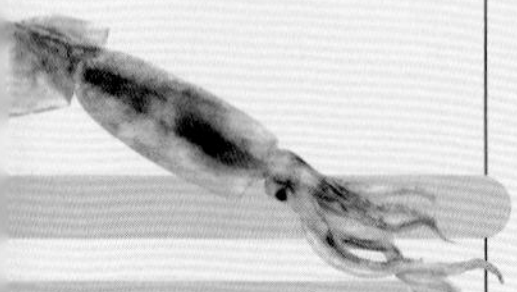

- 鮭魚（羅臼町等）
- 馬鈴薯（新雪谷町等） 
- 百合根（真狩村等） 
- 牡蠣（厚岸町等） 
- 毛蟹（枝幸町等）
- 帝王蟹（稚內市等） 

服裝

北海道的秋季建議穿戴冬季服裝

初雪會在10下旬降於山區，11月上旬則在平原處也可看見，最好穿戴能迅速因應冷熱的多層次穿法。除了外套，備好禦寒用品也較安心。

必備用品：·薄、厚大衣 ·圍巾 ·毛衣·手套 ·帽子

冬季務必做好防寒與防雪措施

需採多層次穿法、攜帶不透風的大衣，圍巾與手套也是必備之物。由於路面積雪後十分容易滑倒，需準備冬季用靴或是附冰爪的防滑款式。

必備用品：·厚大衣 ·圍巾 ·帽子·手套 ·冬季用靴

氣溫·降雨量

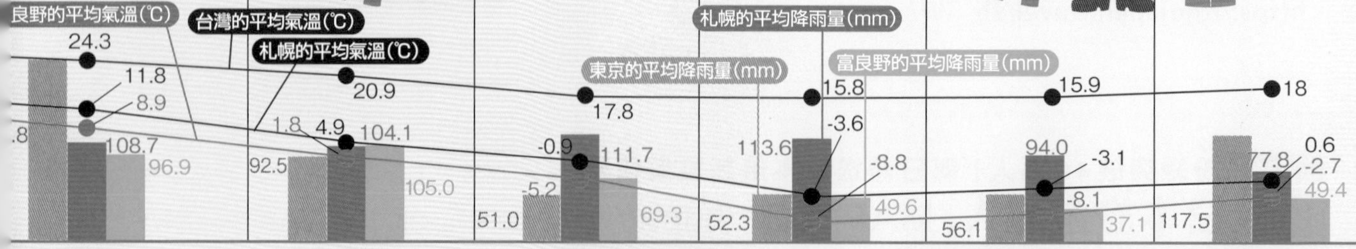

月	台灣的平均氣溫(℃)	札幌的平均氣溫(℃)	富良野的平均氣溫(℃)	東京的平均降雨量(mm)	札幌的平均降雨量(mm)	富良野的平均降雨量(mm)
10月	24.3	11.8	8.9	.8	108.7	96.9
11月	20.9	4.9	1.8	92.5	104.1	105.0
12月	17.8	-0.9	-5.2	51.0	111.7	69.3
1月	15.8	-3.6	-8.8	52.3	113.6	49.6
2月	15.9	-3.1	-8.1	56.1	94.0	37.1
3月	18	0.6	-2.7	117.5	77.8	49.4

※氣溫與降雨量的數據為1981～2010年的平均值（日本氣象廳）。

Q4 建議停留幾個晚上？

A 想玩遍必訪的札幌·小樽·富良野 玩上3天2夜是跑不掉的！

移動距離短、能短時間遊遍的札幌、小樽加上富良野、美瑛和旭山動物園的3天2夜路線是經典行程。如果想再將腳程拉遠至函館、知床，則建議追加天數。請參考本書介紹的3天2夜標準行程。

➔詳情見P.8

Q5 北海道的移動工具是？

A 部分地區的大眾交通工具較不完善，務必租車自駕！

若是札幌和小樽、函館等都市地區可以搭乘大眾交通工具，但如果是稍微往郊外的話，JR和巴士的班次、路線會大幅減少，想有效率地旅行則必須選擇自駕（租車）。目前幾乎所有機場和主要車站週邊都設有租車公司的服務據點，十分方便。

自駕在都市間移動也能好輕鬆♪

Q6 絕對不可錯過 人氣No.1景點是哪裡？

A 可以欣賞動物生氣蓬勃模樣的旭山動物園！

以用心呈現動物生態的行動展示而備受矚目，一躍成為熱門景點的旭山動物園吸引了不少特地而來的觀光客。動物園週邊還有以薰衣草及丘陵風景著稱的富良野、美瑛，方便安排周遊觀光，十分推薦想一窺「正統北海道」風景的北海道初訪者。

全年入場人數160萬人

➔旭山動物園的行程參考見P.50

Q7 住宿該選哪裡好？

A 推薦住宿選擇多的主要城市和溫泉勝地

從老字號飯店到價格平實的商務飯店，主要城市有多種能依照目的選擇的住宿設施。此外，就如右圖所示，北海道是個溫泉天堂！來泡泡舒緩人心的溫泉、消除旅遊的疲勞也不錯。

➔關於住宿詳情見P.124～

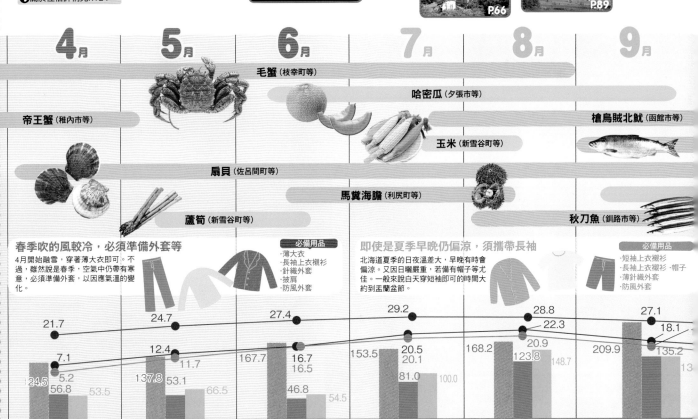

4月	5月	6月	7月	8月	9月

毛蟹（枝幸町等）
哈密瓜（夕張市等）
帝王蟹（稚內市等）
槍烏賊北魷（函館市等）
玉米（新雪谷町等）
扇貝（佐呂間町等）
馬糞海膽（利尻町等）
蘆筍（新雪谷町等）
秋刀魚（釧路市等）

春季吹的風較冷，必須準備外套等

4月開始融雪，穿著薄大衣即可。不過，雖然說是春季，空氣中仍帶有寒意，必須準備外套，以因應氣溫的變化。

必備用品
·薄大衣
·長袖上衣襯衫
·針織外套
·披肩
·防風外套

即使是夏季早晚仍偏涼，須攜帶長袖

北海道夏季的日夜溫差大，早晚有時會偏涼。又因日曬嚴重，若備有帽子等尤佳。一般來說白天穿短袖即可的時間大約到盂蘭盆節。

必備用品
·短袖上衣襯衫
·長袖上衣襯衫 ·帽子
·薄針織外套
·防風外套

	4月	5月	6月	7月	8月	9月
	21.7	24.7	27.4	29.2	28.8	27.1
	7.1	12.4	16.7	20.5	22.3	18.1
	5.2	11.7	16.5	20.1	20.9	
	24.5	137.8	167.7	153.5	168.2	209.9
	56.8	53.1	46.8	81.0	123.8	135.2
	53.5	66.5	54.5	100.0	148.7	13

※花卉、自然景觀和海產、農作物的當令期間會因該年的氣候等而異。服裝建議僅供參考，氣溫等資訊請事先確認。

將北方大地的魅力濃縮在一起

北海道樂遊旅行計畫

MAPPLE大力推薦

3天2夜 標準路線

精選行程！

由MAPPLE提案，藉由旅行團等常規劃的3天2夜行程，即可盡情感受北海道的3種方案！敬請多加參考。

路線1

滿足度高達120%!? 推薦給北海道初訪者！

北海道必遊景點 一次遊遍

小樽 旭川 余市 美瑛 札幌 富良野

編輯Y：可以盡情飽覽一直很想去走走的熱門景點。

START 旭川機場

Day1 旭川 富良野·美瑛

車程約20分

9:00 前往持續進化的 旭山動物園

提案08 在旭山動物園玩上一整天♪ P.50

全年入場人數超過160萬人的日本第一動物園。來去看看活蹦亂跳的各種動物吧。

車程約15分

12:00 午餐來碗 旭川拉麵

大快朵頤以豚骨為湯底再加上海鮮風味的醬油拉麵！ P.58

車程約1小時15分

15:00 駛向夢寐以求的風景 富良野·美瑛兜風趣

常在日劇和廣告中看到的那片風景就在眼前一覽無遺！遊覽絕對會讓人感動萬分的景點。

提案09 奔馳在丘陵地帶！遊覽美瑛之丘 P.52

提案10 搭乘慢車號前往富田農場 P.54

車程約15分

18:00 在「從北國來」取景地的居酒屋晚酌

在日劇「從北國來」的取景地「くまげら」大啖著名的山賊鍋

提案11 富良野日劇的取景地巡禮 P.56

住富良野

富良野前往札幌

走道央自動車道能更快抵達!

車程約2小時

Day2 札幌

9:00 札幌市中心景點巡禮

提案01 這就是札幌！市區熱門景點 P.24

第二天就來札幌！市中心有許多步行即可遊覽的觀光景點，可在此一次逛遍鐘樓等經典名勝。

步行移動即可!

13:00 大口品嘗札幌特產美食 湯咖哩

因逛街而飢腸轆轆的肚子小腹，就用發源自札幌出產的當地美食湯咖哩來填飽吧。 P.22

往藻岩山山頂展望台車程約20分

18:00 往郊外的觀光景點前進

提案02 不只停留在市中心！前往札幌郊外的必遊景點 P.26

下午將腳程距離拉遠一些，前往郊外，傍晚欣賞因景色優美而深獲好評的札幌夜景。

車程約20分

20:00 在薄野一嘗 蒙古烤肉

札幌的夜晚一定要在薄野度過！就來點北海道的「靈魂美食」蒙古烤肉！ P.20

住札幌

Day3 小樽

札幌前往小樽

走札幌自動車道馬上就到!

約45分車程

10:30 悠閒漫步 小樽運河

提案04 小樽運河浪漫懷古散步 P.38

最後一天前往小樽！在以興建成列的石造倉庫而為人熟知的小樽運河悠閒散步。

步行移動即可!

00 午餐 細細品味壽司

提案06 盡享新鮮當令食材的小樽壽司 P.42

在壽司店林立而有壽司之都暱稱的小樽，來點新鮮海產的壽司吧。

車程約30分

13:30 『阿政與愛莉』的故事背景 日果威士忌蒸餾所

日本威士忌的聖地造訪 P.43

前往參觀以日劇聲名大噪的威士忌工廠。在參觀者無不大感滿足的此地劃下旅行的句點。

車程約1小時10分

GOAL 新千歲機場

路線2
以現今最受矚目的新幹線踏上北海道！搭乘北海道新幹線！來趟溫泉巡禮

START Day1 函館

新函館北斗站
搭鐵路和市電約30～35分

11:00 前往元町散步

提案17 濃濃異國風情的元町懷舊散步 P.72
能欣賞坂道與洋房十分典雅的街景，午餐推薦品嘗洋食（P.79）。

步行約10分

14:00 在港區尋找伴手禮
因函館的風景而聞名的金森紅磚倉庫，如今已成為選購伴手禮的景點，可別錯過了當地限定的雜貨。
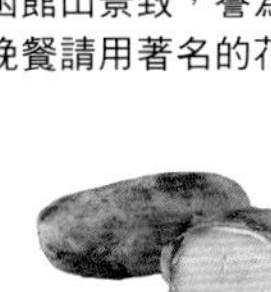

提案18 到港區搜尋函館伴手禮 P.74

步行約15分

17:00 登函館山飽覽夜景

住函館
提案16 函館山夜景與山麓夜間點燈景點 P.70
獲米其林指南三星級認證的函館山景致，譽為百萬價值的夜景不可不看！晚餐請用著名的花枝料理。

Day2 洞爺

租車自駕開上道央自動車道!
函館前往洞爺湖
車程約2小時30分

10:00 搭洞爺湖遊覽船水上散步

第二天安排在洞爺湖悠閒度過，首先搭遊船感受湖的廣大廣大的湖面吧。
提案14 感受大自然的不可思議！洞爺湖遊湖趣 P.64

車程約10分

13:00 巡覽火山口體驗感地球的撼動

洞爺湖週邊散佈著有珠山形成的火山口，不妨從瞭望台、觀光步道貼近欣賞。伴手禮就買名產「わかさいも」。
提案14 感受大自然的不可思議！洞爺湖遊湖趣 P.64

車程約15分

17:00 洞爺湖溫泉悠哉泡湯
住洞爺
下榻於湖畔的溫泉街。也推薦能隨興造訪的手湯、足湯景點。

Day3 登別

走道央自動車道馬上就到!
洞爺湖前往登別
車程約50分

9:00 在登別溫泉四處參觀源泉

最後一天前往俗稱「溫泉百貨公司」的登別溫泉。泡完足湯後，午餐以地獄拉麵暖暖胃。
提案15 漫步登別溫泉自然步道！ P.66

空中纜車約7分

13:00 熊牧場晚力十足的觀熊體驗

旅行的尾聲，就前往能近距離欣賞氣魄非凡日本棕熊的勝地。
提案15 漫步登別溫泉自然步道！ P.66

車程約1小時

GOAL 新千歲機場

去程搭新幹線，回程搭飛機，移動好輕鬆♪
編輯M

路線3
北國的原始自然景觀撼動人心！道東的大自然探險

START Day1 知床

往道東的交通方式從此開始!

女滿別機場
車程約2小時

9:00 世界遺產 知床搭乘遊船
提案30 令人期待的知床半島秘境巡遊 P.104

車程約20分

14:00 知床五湖健行樂
透過遊船認識知床靠海的一面後，再以步行感受知床的陸地吧。
提案31 漫遊知床五湖和Furepe瀑布！ P.106

車程約20分

18:00 在宇登呂溫泉放鬆身心
住知床
以溫泉療癒因戶外旅遊而疲憊的身軀。

Day2 摩周・阿寒

走國道334號線前往
宇登呂前往摩周湖
車程約2小時

10:00 探訪神秘之湖摩周湖
若天氣晴朗，就走訪散發美麗鈷藍色彩的摩周湖吧。
提案26 前往雲霧瀰漫的神秘之湖──摩周湖！ P.94

車程約1小時

13:00 在阿寒湖搭乘遊覽船

提案25 在阿寒湖溫泉街接觸大自然與愛奴文化 P.92

車程約1小時35分

18:00 在釧路品嘗爐端燒

住釧路
提案28 到和商市場來份特大碗的勝手蓋飯 P.98
往釧路移動，大口品嘗著名的爐端燒！

Day3 釧路

8:00 早餐就吃勝手蓋飯

提案28 到和商市場來份特大碗的勝手蓋飯 P.98
稍微早起一些，盡興品味自己挑選喜愛食材製作的海鮮蓋飯「勝手丼」。

車程約3分（至搭乘車站JR釧路站）

9:00 坐上慢車號駛向釧路濕原

在濕原中緩緩前進的慢車號，如果運氣好，說不定還能看到丹頂鶴等野生動物!?
提案27 搭乘慢車號穿越釧路濕原的絕景之旅 P.96

車程約5分（JR釧路站出發）

13:00 在釧路漁人碼頭MOO選購海產伴手禮
旅行的最後來此一次買齊伴手禮！也不妨嘗嘗當地美食「さんまんま」。
提案28 到和商市場來份特大碗的勝手蓋飯 P.98

走國道240號前往
車程約30分

GOAL 釧路機場

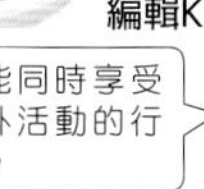

是能同時享受戶外活動的行程♪
編輯K

絕景 美食 動物 戶外活動 溫泉

當紅關鍵字

現在最熱門的北海道風景

由北海道觀光宣傳吉祥物的人氣王Kyun醬來介紹讓人不禁「動心」的迷人魅力！馬上來看看現在最吸引人的時下關鍵字吧！

當紅關鍵字 1 「絕景」

這幅景色一定會成為一輩子的回憶

無論是能感受地球氣息的大自然，還是由人類日常所交織出的都市景觀，都是北海道獨特的風采！不妨來趟常拍進日劇、廣告中的北海道絕景探訪之旅吧？

美瑛白金 青池

P.58

聳立於鈷藍色水池的群木散發出夢幻氣息，而在攝影師等的口碑推薦下大紅的景點。彷彿顏料般的不可思議的色調，據說是因為水中含有的物質所致，但細節並不明朗。

這裡最動心

聽說池塘顏色會因天候、時段、觀賞角度等而產生變化。叫人目不轉睛的不可思議魅力，讓人不禁深受吸引。

從星野TOMAMU度假村的雲海平台眺望 雲海

由少數人才知道的絕景一躍成名

P.58

這裡最動心

雲海的出現機率在6～9月左右約為30～40%。若能遇上如此珍貴的自然現象，絕對會更加感動。

現在若提到日本的雲海景點，第一時間絕對會想起TOMAMU的雲海平台。原本是夏季早晨負責纜車維護的工作人員才知道的秘密絕景，現在不光能在此欣賞雲海，還會舉辦解說雲海產生條件的導覽、瑜伽活動等，可在此度過奢侈的片刻。

2015年獲選為新日本三大夜景 藻岩山空中纜車 山頂展望台的夜景

P.26

吸睛度No.1

這裡是獲認證為情侶聖地的景點喔

這裡最動心

北海道特有的澄澈空氣，加上一望無際的遼闊夜景。眼前盡是閃爍光芒，札幌首屈一指的浪漫勝地。

在2015年10月舉辦的「夜景高峰會in神戶」中，札幌市與長崎市、神戶市共同獲選為新日本三大夜景。雖然這般夜景也可以在札幌電視塔（P.24）和JR Tower展望室T38（P.25）欣賞，但從山頂展望台眺望的景致別具風情。務必從海拔531m俯瞰令人驚豔的札幌光彩。

北海道人氣王 Kyun醬來帶路！

北海道人氣王
Kyun 醬來帶路！

北海道心動旅

北海道觀光宣傳吉祥物

Kyun醬

個性穩重卻極具好奇心的蝦夷鳴兔。為了稍微掩飾膽小的自己，而假冒成蝦夷鹿的外形，或將各地名產穿戴在身上，藉此在北海道展開旅行！

再冷也想親眼看看！

冬季絕景照片集錦

P.28

札幌雪祭

©HTB

將有時不太討人喜歡的雪加以運用，搖身一變成為節慶活動。巨大的雪雕與冰雕氣勢驚人！入夜還會打燈。

P.110

鄂霍次克海的流冰

流冰所覆蓋的大海就宛如綿延的雪地。破冰船勇猛駛入一大片流冰的模樣，是鄂霍次克冬季的代表性風景。

P.38

小樽雪燈之路

在小樽運河及小樽市內隨處點上蠟燭的活動。搖曳閃爍的燭火，讓人頓時忘了寒冷。

P.70

函館山夜景

到了冬季，價值百萬的夜景在函館市內舉辦的點燈活動下更加光彩奪目。

北海道味十足的經典風景

美瑛之丘

P.52

彷彿置身於歐洲!?

這裡最動心

蜿蜒道路一路延伸的丘陵地帶最適合兜風。不僅有列為名勝的景點，從車窗眺望的景致從任何角度欣賞都如詩如畫。

平緩的丘陵，搭配上色彩繽紛的田園所編織而成的風景，帶有一絲歐洲氣息。由於這裡多為農家的私人土地，請在道路上欣賞風景即可。

摩周湖

P.94

讓人看得入迷的湛藍

這裡最動心

因濃霧而不常現身的湖泊，瀰漫著神秘色彩，也難怪愛奴人稱之為「神之湖（カムイトー）」。

因太古的火山活動而產生的火山口湖。以世界上數一數二的清澈度為傲的湖水，因常受濃霧圍繞，若能在晴天看見就是萬分幸運。

富田農場的薰衣草田

P.55

紫色的花地毯

這裡最動心

透過平地與斜坡的配置、花卉種植方式的差異等，能看見各式各樣的花田而深具魅力，讓人想花時間好好欣賞。

空氣中飄散著薰衣草的美妙香氣呢

因為薰衣草田的照片登上舊日本國鐵的月曆，而成為觀光農園先鋒般地位的富田農場，腹地內還設有咖啡廳和藝廊。

釧路濕原

P.96

日本最大的濕原

總面積約2萬公頃，是日本首座以水鳥保護為目的而列入拉姆薩公約的濕地，也是丹頂鶴等珍稀動植物的棲息地。

這裡最動心

一路蜿蜒而流過濕地之間的釧路川。從中途會與河川並行而過的濕原慢車號或獨木舟上，悠閒眺望風景也不錯。

稍稍Study 矚目的攝影景點！

大雪 森的花園的洋裝花園 KANTE

2015年舉辦的「北海道花博展覽會」展示作品，能夠站上花卉環繞的跳台拍攝紀念照，是具有盛行跳台滑雪的上川町風格的地方。

P.138

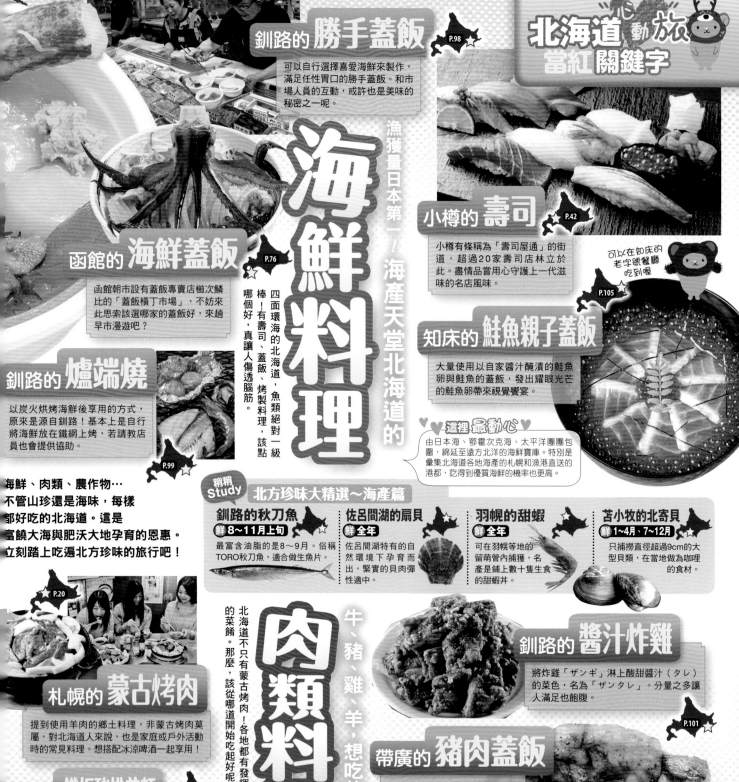

北海道心動旅 當紅關鍵字

海鮮料理

漁獲量日本第一！海產天堂北海道的

四面環海的北海道，魚類絕對一級棒！有壽司、蓋飯、烤製料理，該點哪個好，真讓人傷透腦筋。

釧路的勝手蓋飯

P.98

可以自行選擇喜愛海鮮來製作，滿足任性胃口的勝手蓋飯。和市場人員的互動，或許也是美味的秘密之一呢。

函館的海鮮蓋飯

P.76

函館朝市設有蓋飯專賣店櫛次鱗比的「蓋飯橫丁市場」，不妨來此思索該選哪家的蓋飯好，來趟早市漫遊吧？

釧路的爐端燒

以炭火烘烤海鮮後享用的方式，原來是源自釧路！基本上是自行將海鮮放在鐵網上烤，若請教店員也會提供協助。

P.99

小樽的壽司

P.42

小樽有條稱為「壽司屋通」的街道，超過20家壽司店林立於此。盡情品嘗用心守護上一代滋味的名店風味。

可以在知床的老字號餐廳吃到喔

P.105

知床的鮭魚親子蓋飯

大量使用以自家醬汁醃漬的鮭魚卵與鮭魚的蓋飯，發出耀眼光芒的鮭魚卵帶來視覺饗宴。

這裡最動心

由日本海、鄂霍次克海、太平洋團團包圍，綿延至遠方北洋的海鮮寶庫。特別是彙集北海道各地海產的札幌和漁港直送的港都，吃得到優質海鮮的機率也更高。

海鮮、肉類、農作物…
不管山珍還是海味，每樣都好吃的北海道。這是富饒大海與肥沃大地孕育的恩惠。
立刻踏上吃遍北方珍味的旅行吧！

稍稍Study 北方珍味大精選～海產篇

釧路的秋刀魚
鮮 8～11月上旬

最富含油脂的是8～9月。俗稱TORO秋刀魚，適合做生魚片。

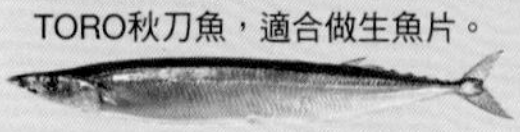

佐呂間湖的扇貝
鮮 全年

佐呂間湖特有的自然環境下孕育而出，緊實的貝肉彈性適中。

羽幌的甜蝦
鮮 全年

可在羽幌等地的留萌管內捕獲，名產是鋪上數十隻生食的甜蝦丼。

苫小牧的北寄貝
鮮 1～4月、7～12月

只捕撈直徑超過9cm的大型貝類，在當地做為咖哩的食材。

肉類料理

牛、豬、雞、羊，想吃什麼？

北海道不只有蒙古烤肉！各地都有發揮自豪肉品的菜餚。那麼，該從哪道開始吃起好呢？

P.20

札幌的蒙古烤肉

提到使用羊肉的鄉土料理，非蒙古烤肉莫屬，對北海道人來說，也是家庭或戶外活動時的常見料理。想搭配冰涼啤酒一起享用！

釧路的鐵板豬排義麵

P.101

在熱騰騰的鐵板放上肉醬義大利麵＆炸豬排，是釧路的老牌洋食餐廳所構思的一品。

釧路的醬汁炸雞

將炸雞「ザンギ」淋上酸甜醬汁（タレ）的菜色，名為「ザンタレ」。分量之多讓人滿足也飽腹。

P.101

帶廣的豬肉蓋飯

豬肉蓋飯源自於研發鰻魚蓋飯風格的蓋飯時的構想。各家會使用秘傳的醬汁，或是在烤製上花心思，獨具個性。

P.89

這裡最動心

近年來也出現了將劇增的鹿美味烹煮的嘗試，還有製成野味或時尚菜色的形式。旅途中若是碰上了，不妨鼓起勇氣試試看。

還吃過還比較也不錯喔

甜點

從牛奶到砂糖！食材寶庫北海道甜蜜鉅獻

盛行農業、酪農業的北海道才吃得到的頂級甜點琳琅滿目，濃醇的風味絕對能驚豔你的胃。

P.41

小樽的起司蛋糕

在全北海道主要禮品店販售的機會大增的新式基本款甜點，在發源地的小樽擁有多家分店。

P.23

札幌的聖代

飲酒後或餐後來份「收尾聖代」，已成為札幌的新常識，讓濃醇的牛奶滋味劃下一天的句點。

P.88

帶廣的經典甜點

有許多知名廠牌的本店聚集於帶廣，每樣都是長年備受當地人喜愛的掛保證好滋味，四處逛逛甜點店也不錯。

函館的起司舒芙蕾

P.74

其實函館是起司舒芙蕾的寶庫，無論是風味、口感、甜度，各店都別具匠心，務必買些做為伴手禮。

這裡最動心

除了可將在日本享有高名氣的知名廠牌做為伴手禮，直營店推出的咖啡餐點也別錯過了，說不定能遇見限定品項。

當紅關鍵字 2

大口品嘗北方的山珍海味

「美食」

稍稍Study 北方珍味大精選～蔬菜篇

蘆筍	玉米	馬鈴薯	洋蔥
鮮5~7月	鮮7~9月	鮮9~10月	鮮9~4月
充分沐浴陽光所孕育出的溫室蘆筍肥碩又多汁，以留壽都出產的最著名。	知名的有甜玉米、白玉米等。清晨現採下來立刻川燙，更能凸顯甜味。	有男爵和北明等多種稀有品種，秋季收割，冬季熟成的越冬品種也很好吃。	道北、北見為主產地，一般多為球莖結實飽滿、加熱後甜味突出的黃洋蔥。

拉麵

想一次吃遍三大當地麵食！

札幌的味噌、旭川的醬油、函館的鹽味，湯頭和麵條依不同區域而各有特色。來品嘗一碗講究的拉麵吧。

札幌的味噌拉麵

札幌的基準是凸顯豬油香氣的味噌味，麵條為粗又有咬勁的縮麵。也有店家是向製麵公司訂製獨特的麵條。

P.18

P.58

旭川的醬油拉麵

旭川的基準是使用豚骨等動物類和海鮮類湯頭的醬油風味。麵條多為加水量較低的中細捲麵。

P.78

函館的鹽味拉麵

函館的基準是湯頭澄澈的鹽味。麵條雖然以細麵為主流，但有時會因店而採用直麵或捲麵等。

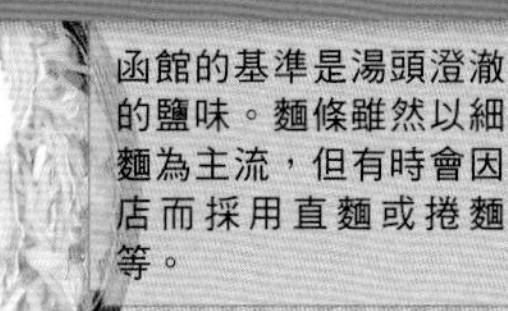

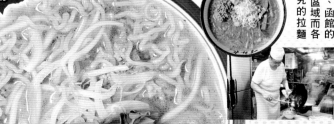

這裡最動心

除了代代承襲上一代風味的老字號，供應獨具特色的改編版拉麵的店家也持續增加，不可錯過！

當紅關鍵字3「動物」

在動物園欣賞遇見野生動物??

從展現出惹人憐愛姿態的小動物，到野生氣勢展露無遺的大型動物，北海道可說是動物的夢幻國度！

知床Nature Cruise

能近距離欣賞鯨魚與海豚

P.108

位於知床半島與日本北方領土之間的根室海峽，夏季期間，這裡有很高的機率能看到海洋生物。其中又以抹香鯨出現時的氣勢，最能激起大批歡呼聲。

札幌市圓山動物園

新設動物區陸續登場！

P.27

現在約飼有180種、900隻動物的動物園。2014年於園內誕生的北極熊和浣熊最受歡迎。非洲動物區在2016年夏季全面開放。

這裡最動心

在北海道的動物園，有越來越多儘可能顯現出動物原有生態的展示方式，也常會標示出重點欣賞時間，出發前可事先確認。雖然不確定何時能與野生動物相遇，但感動程度也會因此更高。

旭川市旭山動物園

行動展示深受好評！

P.50

全日本人爭相造訪，日本最北邊的動物園。採用呈現出動物活潑模樣的行動展示手法，如今已成為北海道最吸引人的景點而萬眾矚目。

輓曳十勝(帶廣賽馬場)

魄力十足的賽事！

P.87

最多能拖行承載1t重量物鐵橇的馬匹奔騰。體重約為純種馬2倍重的大型馬，在全長200m的直線跑道上奔馳競速，是北海道特有的賽事。

稍稍Study 遇見野生動物

在北海道兜風途中，時常可看見野生動物出沒。在此介紹事前需了解的動物知識。

1 不可餵食和觸摸！

絕對不可以看動物可愛就隨意餵食！這樣可能會讓動物無法自行獵食，甚至破壞生態的平衡。此外，伸手觸摸等行為可能會被動物傳染細菌，有引發感染症狀的危險，請勿嘗試。

雖然很可愛，但請遠觀即可

2 留意蝦夷鹿出沒

據傳北海道推測有59萬隻蝦夷鹿棲息於此，而與其相關的交通事故每年約有1800件。蝦夷鹿時常在清晨和日落前後於道路一帶出沒，在這段時間駕駛需特別留意。

由於蝦夷鹿為群居生活，需謹記若看見一隻，附近便可能有鹿群存在

3 仔細看留意動物的標誌！

往鄉下地方走，常可看見留意動物的標誌，設有標誌的地方就是動物生活的地域。有時會跑上馬路，若看到標誌請小心駕駛。

標誌有蝦夷鹿和松鼠、狐狸、狸貓等，也有其他動物，不妨多找找。

當紅關鍵字 4「戶外活動」

更加親近北海道的大自然

北海道有各式各樣能在河川、大海、湖泊等廣大範圍盡情遊玩的戶外活動，就來北方大地暢遊一下吧！

在世界自然遺產感受太古時代
知床半島遊船樂

P.104

知床半島有部分地區會為了自然保護而限制觀光客進入。雖然東北角只能從海上眺望，但也因此能一探太古的自然風貌。

大膽迎向滔滔浪花
新雪谷急流泛舟

P.62

以大型橡膠船順流而下尻別川的水上活動。配合導遊的吆喝聲，團員同心協力划過浪花飛濺的淺灘，暢快感受叫人上癮。

雪融水量多的春季～初夏更是驚險刺激！

在北端的離島玩賞花卉
禮文島的賞花健行

P.117

夏季的禮文島有色彩斑斕的高山植物爭相綻放，其風景也因此有了「花之浮島」的美稱。可以在坡度較為平緩的步道賞花健行。

悠閒遊覽釧路濕原
釧路川獨木舟之旅

P.100

包租制可放慢腳步細細體驗！

在釧路濕原國立公園內划獨木舟，可以在平穩的河流中盡享壯闊的景致，運氣好還能看見野生動物！

看來會是難以忘懷的美好回憶

這裡最動心

如果是少人數參加的活動，有時還可和同團的人義氣相投。透過共同的活動加深友誼也是令人開心的一景。

稍稍Study

幾乎所有的戶外活動都有戶外辦事處的專業導遊提供教學指導與帶領，即使是初學者也能安心參加。各家也會提供能依照體力和年齡、人數、目的做調整的方案，可以事先確認。

當紅關鍵字 5「溫泉」

從沉穩的旅宿到洋溢野趣的露天設施

北海道擁有轟動日本的登別溫泉、洞爺湖溫泉等多處知名溫泉。也來挑戰一下更在地的野天溫泉吧！

在綠球藻棲息的湖畔泡湯
阿寒湖溫泉

P.92

許多飯店面朝阿寒湖而建，可以在遠眺湖泊與群山的同時享受溫泉為一大魅力。這裡也因看得到天然紀念物綠球藻、愛奴文化而著稱。

這裡最動心

因有許多溫泉不僅泉質與功效極佳，還位在能享受絕景的好位置而深具魅力。旅途的疲憊在美麗的景觀與溫泉下也能獲得療癒。

具備9種泉質！這裡是「溫泉百貨公司」
登別溫泉

P.66

硫磺泉等各式各樣泉質的溫泉湧流，泉量多達每分鐘3000ℓ。擁有能泡泡天然足湯的大湯沼川、噴發火山口遺跡的地獄谷等多處溫泉景點。

大家都好享受的樣子啊～

在寧靜湖面與噴氣活火山的陪襯下泡湯
洞爺湖溫泉

P.65

位在洞爺湖南岸的溫泉勝地，有湖上遊覽和參觀火山等旅遊景點。溫泉街隨處設有可輕鬆體驗手湯、足湯的設施也十分吸引人。

來試試深入當地的露天溫泉吧？

湧現於大自然中的野天溫泉，備受追求天然的遊客歡迎。位在屈斜路湖畔的古丹溫泉、依大海漲退潮才會浮現的水無海濱溫泉等，獨特的溫泉散佈在各地。詳請見P.150。

一目瞭然區域導覽 札幌

さっぽろ

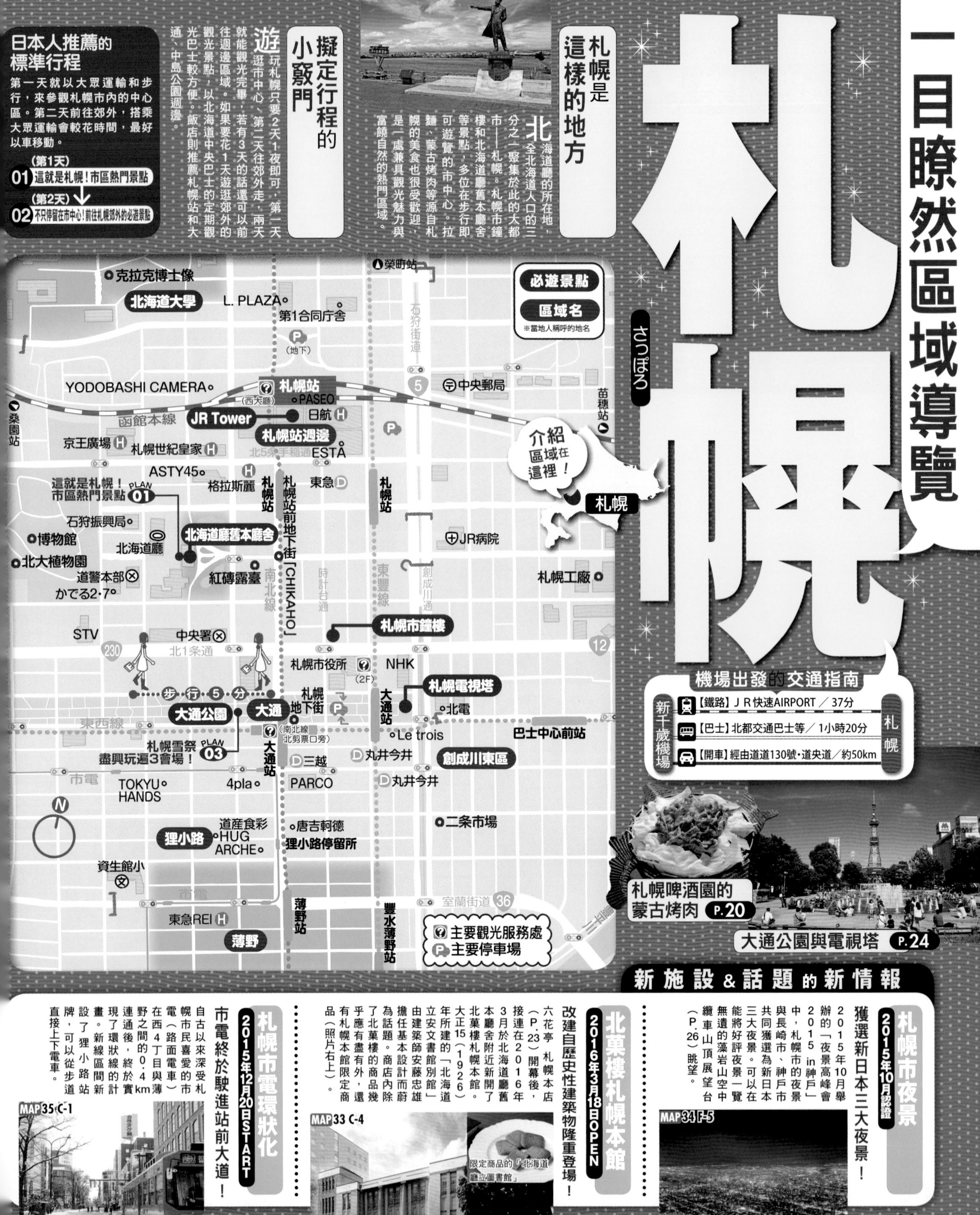

札幌是這樣的地方

北海道廳的所在地，全北海道人口的三分之一聚集於此的大都市——札幌。札幌市鐘樓和北海道廳舊本廳舍等景點，多位在步行即可遊覽的市中心。拉麵、蒙古烤肉等源自札幌的美食也很受歡迎，是一處兼具觀光魅力與富饒自然的熱門區域。

擬定行程的小竅門

遊玩札幌只要2天1夜即可，第一天遊逛市中心、第二天往郊外走，兩天就能觀光完畢；若有3天的話還可以前往週邊區域。如果要花1天遊逛郊外的觀光景點，以北海道中央巴士的定期觀光巴士較方便。飯店則推薦札幌站和大通、中島公園週邊。

日本人推薦的標準行程

第一天就以大眾運輸和步行，來參觀札幌市內的中心區。第二天前往郊外，搭乘大眾運輸會較花時間，最好以車移動。

(第1天)
01 這就是札幌！市區熱門景點
(第2天)
02 不只停留在市中心！前往札幌郊外的必遊景點

機場出發的交通指南

新千歲機場 → 札幌
- 【鐵路】ＪＲ快速AIRPORT／37分
- 【巴士】北都交通巴士等／1小時20分
- 【開車】經由道道130號・道央道／約50km

札幌啤酒園的蒙古烤肉 P.20

大通公園與電視塔 P.24

新施設&話題的新情報

札幌市夜景 2015年10月認證
獲選新日本三大夜景！

2015年10月舉辦的「夜景高峰會2015 in神戶」中，札幌市的夜景與長崎市、神戶市共同獲選為新日本三大夜景。可以在能將好評夜景一覽無遺的藻岩山空中纜車山頂展望台（P.26）眺望。

MAP 34 F-5

北菓樓札幌本館 2016年3月18日OPEN
改建自歷史性建築物隆重登場！

六花亭 札幌本店（P.23）開幕後，接連在2016年3月於北海道廳舊本廳舍附近新開了北菓樓札幌本館。大正15（1926）年所建的「北海道立文書館別館」由建築師安藤忠雄擔任基本設計而蔚為話題。商店內除了北菓樓的商品幾乎應有盡有外，還有札幌本館限定商品（照片右上）。

MAP 33 C-4

限定商品的「北海道廳立圖書館」

札幌市電環狀化 2015年12月20日START
市電終於駛進站前大道！

自古以來深受札幌市民喜愛的市電（路面電車），在西4丁目與薄野之間的0.4km實現了環狀線的計畫。新線區間新設了狸小路站牌，可以從步道直接上下電車。

MAP 35 C-1

區域內交通資訊

做為札幌交通據點的是JR札幌站，以及3條地下鐵匯集的大通站。路線巴士在12～3月會改為冬季時刻表，有些路線會有停駛的狀況。

札幌市區

札幌市內的交通狀況

市內有地下鐵、市電、路線巴士，各路線皆十分發達，班次上也有一定數量，只靠大眾運輸工具觀光也不成問題。郊外的觀光景點，則可搭乘到最近的地下鐵、市電站，再轉乘路線巴士。由於路線會因巴士公司而有些難懂，可事先在能查詢市內大眾運輸的路線和時間、費用的「さっぽろえきバスnavi」確認。

札幌中心區以步行或自行車遊逛

札幌站和大通、薄野等札幌中心區的觀光，以步行即可充分遊玩。如果想要節省時間，或想稍微輕鬆一些來遊覽的話，可以利用自行車等。自行車租借「porocle」可以從超過40處的租借站租賃、返還自行車，一日券1080日圓。申請須洽porocle櫃檯（MAP33 D-5）或市內主要飯店。計程腳踏車「VELOTAXI」起跳價（500m起）300日圓，之後每100m加收50日圓。兩者皆在沒有積雪的夏季營業。

巡覽觀光景點的周遊巴士

札幌～薄野、南4條等一般巴士路線的指定區間，都可以用100日圓搭乘。都心內100日圓巴士，十分方便。欲前往大倉山跳台滑雪競技場、圓山動物園，則從圓山公園站搭乘JR北海道巴士的路線巴士。

大倉山跳台滑雪競技場

優惠的車票

市內的各大眾運輸都有販售類似下表可以獲得一定程度優惠的車票。此外，地下鐵、市電、路線巴士（部分區間除外）除了可以使用IC車票卡SAPICA外，全日本互通的交通IC車票卡（Suica和PASMO等）也可使用。

優惠1日車票一覽

車票	適用	價格	售票處
地下鐵專用1日乘車券	地下鐵	830日圓	各地下鐵車站售票機（部分除外）、定期券售票處等
DONICHIKA卡 ドニチカキップ	週六日、假日、新年期間的地下鐵	520日圓	
DOSANKO卡 どサンこパス	週六日、假日的市電（路面電車）	310日圓	市電車內 大通定期券售票處
中央巴士札幌市內1DAY通票	Sapporo Walk、北海道中央巴士札幌市內線特殊車資區間	750日圓	搭城巴士車內、北海道中央巴士窗口等
1日自由乘車券 1日乗りほーだいきっぷ	JR北海道巴士（高速巴士除外）	800日圓	一般的路線巴士車內、各營業處等

時刻與費用的洽詢處

- JR北海道電話服務中心 ☎011-222-7111 http://www.jrhokkaido.co.jp/
- 札幌交通服務中心（札幌市營地下鐵） ☎011-232-2277 https://www.city.sapporo.jp/st/
- JR北海道巴士 ☎011-631-4111 http://www.jrhokkaidobus.com/
- 北海道中央巴士札幌總站 ☎011-231-0500 http://www.chuo-bus.co.jp/

JR·地下鐵·主要巴士路線圖

麻生、北34条、北24条、北18条、北12条、札幌、大通、薄野、中島公園、幌平橋、中の島、平岸、南平岸、澄川、自衛隊前、真駒內

榮町、新道東、元町、環狀通東、東區役所前、北13条東、豐水薄野、學園前、豐平公園、美園、月寒中央、福住

宮之澤、発寒南、琴似、二十四軒、西28丁目、圓山公園、西18丁目、西11丁目、大通、巴士中心前、菊水、東札幌、白石、南郷7丁目、南郷13丁目、南郷18丁目、大谷地、ひばりが丘、新札幌

小樽站、石狩當別、函館本線、札沼線（學園都市線）、桑園、札幌、苗穂、白石、千歲線、新札幌、新千歲機場站

白色戀人公園、北海道大學、JR Tower、北海道廳舊本廳舍、札幌市鐘樓、大通公園、薄野、莫埃來沼公園、TSUDOME、札幌大倉山展望台、藻岩山空中纜車山頂展望台、札幌羊之丘展望台、札幌巨蛋

市電：西4丁目、西8丁目、中央区役所前、西15丁目、西線6条、西線9条旭山公園通、西線11条、西線14条、西線16条、ロープウェイ入口、電車事業所前、中央図書館前、石山通、東屯田通、幌南小学校前、山鼻19条、静修学園前、行啓通、中島公園通、山鼻9条、東本願寺前、資生館小学校前、すすきの、狸小路

Sapporo Walk 約每20分一班，繞一圈約30分 1次210日圓、1日共通乘車券750日圓

搭巴士東69、東79號至莫埃來沼公園東口約24分

圓山公園站前搭乘往宮の森シャンツェ方向巴士9分，大倉山競技場入口下車，步行10分

地下鐵南北線（起跳車資200日圓）
地下鐵東西線（起跳車資200日圓）
地下鐵東豐線（起跳車資200日圓）
市電（車資一律170日圓）
地下鐵與市電的轉乘指定站
JR線
Sapporo Walk（北海道中央巴士）
動物園線（JR北海道巴士）
荒井山線（JR北海道巴士）

★…地下鐵大通站·薄野站·豐水薄野站的指定轉乘站

旅遊的活動行事曆

最為推薦的是翠綠時節的初夏至秋季之間。配合季節，在大通公園舉辦的大通納涼啤酒花園、札幌秋季豐收節、札幌雪祭時造訪也是好主意。

札幌白色燈樹節
期間 11月下旬～翌3月中旬（大通會場～12月25日）
會場 大通公園、札幌站前大道、南一条通
洽詢 ☎011-281-6400（執行委員會）
銀白色札幌的夜晚，由耀眼奪目的燈飾點綴。

札幌秋季豐收節
期間 9月9日～10月2日
會場 大通公園
洽詢 ☎011-281-6400（執行委員會）
當令風味和當地美食、特產葡萄酒等大集合。

札幌夏季歡樂節
期間 7月下旬～8月中旬
會場 大通公園
洽詢 ☎011-281-6400（執行委員會）
啤酒花園林立的「大通納涼花園」很有名。

YOSAKOI索朗祭
期間 6月上旬的5天
會場 大通公園等市內各地
洽詢 ☎011-231-4351（執行委員會）
超過3萬人、300支隊伍熱舞的大規模活動。

札幌丁香節
期間 5月下旬的數天
會場 大通公園、川下公園
洽詢 ☎011-281-6400（札幌觀光協會）
約400株丁香爭妍鬥豔，札幌的春季名景。

札幌雪祭
期間 2017年2月6～12日（TSUDOME會場至19日）
會場 大通公園、薄野、TSUDOME
洽詢 ☎011-281-6400（執行委員會）
約200座雪冰雕聳立，日本最大的白雪慶典。

紅葉 山區開始染上楓紅色彩是在9月下旬，10月中旬到下旬為最佳觀賞期。

玉米餐車 開始在大通公園擺設是4月下旬到10月中旬，使用新鮮玉米的則是7月下旬開始。

櫻 4月下旬到5月中旬開花，圓山公園是賞櫻名勝。

雪 平原地區的初雪在10月下旬到11月上旬，12月已有厚實積雪。到4月左右都還有殘雪。

	12月	11月	10月	9月	8月	7月	6月	5月	4月	3月	2月	1月
最高氣溫	2.1	8.5	16.2	22.4	26.4	24.9	21.5	17.3	11.5	4.0	0.1	-0.6
平均氣溫	-0.9	4.9	11.8	18.1	22.3	20.5	16.7	12.4	7.1	0.6	-3.1	-3.6
最低氣溫	-4.1	1.3	7.5	14.2	19.1	17.3	12.9	8.3	3.2	-2.9	-6.6	-7.0
降雨量(	111.7	104.1	108.7	135.2	123.8	81.0	46.8	53.1	56.8	77.8	94.0	113.6
最深積雪(	46	12	1	－	－	－	－	－	22	81	97	77

※氣溫、降雨量、最深積雪等數據為1981～2010年的平均值（日本氣象廳）。此外，時令、建議等內容僅供參考。活動的舉辦日期和內容有更動的可能，請事先確認

美食之都札幌引以為傲

札幌☆☆☆三星級美食

拉麵和海鮮、甜點…美味佳餚雲集的城市——札幌，當地人常去的店家一次告訴你。可口程度讓人不禁給予「三顆星」好評!?

menu

標示的解說

- 無話可說!TOPSTAR 各類型的代表性名店
- 眾人稱讚知名STAR 蟬聯排行榜、得獎名店
- 創業○年巨星 …老店
- 後起新銳 閃耀之星 近10年內開幕的新店
- 郊區的人氣店 搭計程車也要去的店鋪

從古至今
札幌美食的金字塔！

札幌拉麵

Sapporo Ramen

一聽到札幌美食，率先聯想到的就是拉麵！從老字號到新店，札幌是拉麵的一級戰區。味噌口味固然經典，也有許多以醬油或鹽味為主的店家。

首先絕對要嘗這味 味噌

持續守護傳統風味 札幌味噌拉麵的發祥店

味の三平

大通 あじのさんぺい 鄰近車站

MAP 35 D-1 Mapple Code 100-0007

☆☆☆ 無話可說！TOP STAR

札幌味噌拉麵的始祖，從50多年前便開始供應以白味噌調味的拉麵。熟成的縮麵與風味濃郁的湯頭是傳統的滋味。

味噌拉麵 850日圓

使用粗絞豬肉的味噌味是三平的招牌。撒上桌上的辣味噌更能凸顯出湯頭風味。

↑為能提供周到的服務，店內僅有13個吧台座

☎011-231-0377 營11:00～18:30 休週一、第2週二 址札幌市中央区南1西3 大丸藤井セントラル4F 交地下鐵大通站步行3分 P無

What's 札幌拉麵？

歷史	原先一般多為醬油拉麵，自從「味の三平」構想出味噌風味，因而確立了提到札幌拉麵就非「味噌」莫屬的印象。
麵條	一般使用又粗又有嚼勁的縮麵，有時各家店也有自製麵條或向製麵公司特別訂做等的獨到堅持。
湯頭	基本上是豚骨基底，用心熬煮的湯頭再加上各店自豪的醬汁。
食材	鋪滿大量爽脆的炒蔬菜，尤其豆芽菜更是味噌拉麵不可或缺的關鍵！

鄰近車站 …最近車站步行3分以內
22:00~OK …22時後仍有營業

麵屋 彩未

美園 めんやさいみ

MAP 34 G-4 Mapple Code 101-3457

☆☆☆ 眾人稱讚 知名STAR

大排長龍 品嘗札幌拉麵

各式各樣雜誌的拉麵排行榜中，絕對是名列前茅的熱門拉麵店，如今也已成為札幌拉麵的名店之一。味噌拉麵是毋庸質疑的人氣第一。

☎011-820-6511 營11:00～15:15、17:00～19:30 休週一 址札幌市豊平区美園10条5丁目3-12 交地下鐵美園站步行5分 P20輛

味噌拉麵 750日圓

放在叉燒上的配料薑泥，帶來清爽的後韻。

↓總是人潮洶湧，會在排隊時先行點餐

すみれ 札幌薄野店

薄野 すみれさっぽろすすきのてん 鄰近車站 22:00~OK

MAP 35 D-2 Mapple Code 101-5675

☆☆☆ 創業52年巨星

風味濃醇有勁 香氣十足味噌湯頭

昭和39（1964）年創業以來，堅守傳統風味至今的札幌拉麵專賣店。味噌的香氣與蔬菜的鮮甜，相互融合出濃醇好滋味的味噌拉麵最為推薦。

☎011-200-4567 營17:00～翌3:00（週六11:00～、週日、假日11:00～0:00） 休不定休 址札幌市中央区南3西3-9-2 ピクシスビル 2F 交地下鐵薄野站即到 P無

↓散發木質溫暖的店內。本店位在豐平區

味噌拉麵 900日圓

浮在表面上的豬油會保住熱度，吃到最後一口都還是熱騰騰。

深夜的收尾拉麵就來這裡！

元祖さっぽろラーメン横丁
薄野
がんそさっぽろらーめんよこちょう Mapple Code 100-2365 MAP 35 D-3

老街風情的餐飲店始祖。拉麵店林立在薄野交叉路口附近的大樓與大樓之間。

HP http://www.ganso-yokocho.com/ 早開的店鋪11:00～，晚開的店鋪～翌5:00 休所有店鋪不會同一時間公休 址札幌市中央区南5西3 交地下鐵薄野站即到 P無

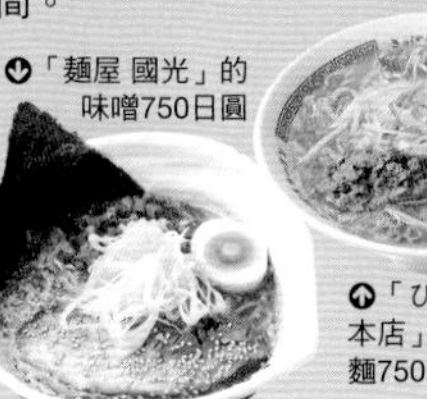

「麵屋 國光」的味噌750日圓

「ひぐま横丁本店」的味噌拉麵750日圓

老街內有17家拉麵店櫛次鱗比

ラーメン札幌 一粒庵
札幌站
らーめんさっぽろいちりゅうあん
MAP 32 E-3 Mapple Code 101-4189
眾人稱讚知名STAR
鄰近車站

採用北海道產食材，堅持地產地銷的拉麵深獲好評。湯頭用的豚骨與叉燒的豬肉等都是北海道產，自製麵條也是使用北海道產的小麥。

011-219-3199
11:30～15:00、17:00～21:00（材料用罄即打烊） 休週一 址札幌市中央区北4西1ホクレンビル B1 交地下鐵札幌站即到 P50輛

若想感受香氣就選
醬油

使用北海道產食材滋味豐富的拉麵

新醬油拉麵 950日圓
使用扇貝干貝、北寄貝乾等的鮮高湯韻味十足的得意力作。

地下室，也有許多當饕客

だるま軒
大通
だるまけん
MAP 34 E-2 Mapple Code 100-0431
創業69年巨星

昭和22（1947）年開業的老店。札幌最具代表性的西山製麵，就是以這家店的製麵部門起家。自豪的麵條只使用優質的鹼水與麵粉製作。

011-251-8224
11:00～17:00（食材用罄即打烊） 休週四 址札幌市中央区南3東1 新二条市場内 交地下鐵大通站步行10分 P無

位在觀光名勝二条市場內麵條講究的老店

醬油拉麵 630日圓
湯頭以豚骨加上雞骨等，熬煮出清爽風味。具有彈性的口感與麵條十分搭配。

瀰漫懷舊氣息的鮮紅色L型吧台座

えびそば一幻 総本店
薄野
えびそばいちげんそうほんてん
鄰近車站 22:00~OK
MAP 35 A-3 Mapple Code 101-6514
後起新銳閃耀之

座落東本願寺附近的拉麵一級戰區，每天大排長龍的就是這家店。打造出帶有一絲甘甜、讓人想把湯喝到一滴不剩的極品湯頭。

011-513-0098
11:00～翌3:00 休週三 址札幌市中央区南7西9 1024-10 交市電本願寺前站步行3分 P11輛

質溫馨店面

原汁原味蝦酥鹽味 780日圓
運用蝦油和蝦殼製成的蝦粉等，展現蝦子美味的一碗佳餚。

濃縮住鮮蝦美味！極品拉麵

麵屋 菜々兵衛
白石
めんやななべえ
MAP 34 H-4 Mapple Code 101-7605
郊區的人氣店

可一嘗有日式料理底子的店主人以嚴選食材完成的拉麵，並使用緊鄰的自家製麵工房所製作的4種麵類。

名古屋交趾雞 鹽味 750日圓
6純種名古屋交趾雞與小魚乾雙味湯頭。

011-873-8860
11:00～14:50、18:00～20:50（週六日、假日11:00～14:50） 休無休 址札幌市白石区川下3-4-3-21 交JR平和站步行15分 P5輛

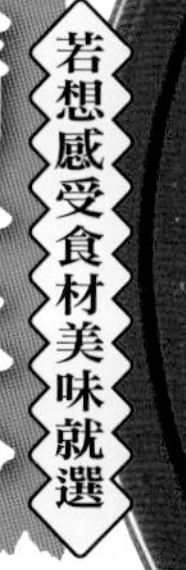
若想感受食材美味就選
鹽味

嚴選食材做成的細緻拉麵

拉麵的主題樂園就在這裡！

札幌拉麵共和國
札幌站
さっぽろらーめんきょうわこく MAP 33 D-3 Mapple Code 101-2804

聚集北海道各地知名拉麵的美食主題樂園，館內重現了昭和時代的街景。

011-209-5031
11:00～21:45 休無休 址札幌市中央区北5西2 札幌ESTA 10F 交JR札幌站即到 P1383輛

「麵処白樺山荘」的味噌拉麵800日圓

集結8家北海道內的人氣拉麵店

「元祖旭川ラーメン梅光軒」的特製醬油拉麵（共和國限定）830日圓

札幌★★★三星級美食

和大量蔬菜一起拌炒 蒙古烤肉

Jingisukan

北海道的靈魂美食──蒙古烤肉。
若是1、2人就坐吧台悠閒品嘗，
多人數則推薦大型啤酒園的吃到飽！

鄰近車站…最近車站步行3分以內
22:00~OK…22時後仍有營業
午餐…備有午餐菜單

極品的生成羊肉和不外流的秘傳醬汁

蒙古烤肉 793日圓
瘦肉、里肌肉、肩里肌都切成方便食用的大小。

↑用放置在U字型吧台座上的炭火爐烘烤享用

★★★ 無話可說！TOP STAR

薄野 じんぎすかんだるまほんてん 22:00~OK

成吉思汗だるま本店

MAP 35 C-3 Mapple Code 100-1561

昭和29（1954）年創業以來，堅持使用新鮮成羊肉的老字號專賣店，將每天開店前送來的肉品細心以手工切片。老闆娘自上一代繼承下來的食譜所烹調的醬汁，能凸顯出肉的美味。

☎011-552-6013 L17:00～翌2:30 休無休 址札幌市中央区南5西4 クリスタルビル 1階 交地下鐵薄野站步行5分 P無

→自開店到打烊，炭火爐持續加炭不熄鍋

發源自北海道瀧川市 台沮調味的蒙古烤肉

特級蒙古烤羊肉（附蔬菜） 1180日圓
「肉用烤的、菜用煮的」是這家店的作風。使用柔嫩瘦肉的生羊肉為極品。

★★★ 創業60年巨星

大通 まつおじんぎすかん さっぽろみなみいちじょうてん 鄰近車站 22:00~OK 午餐

松尾ジンギスカン 札幌南1条店

MAP 35 C-1 Mapple Code 101-4809

→以別緻的室內設計統一風格的桌椅席為主

醃肉醬用蘋果和洋蔥做為主材料，溫和調味深受廣大年齡層的喜愛。還有推出能品嘗比較3種羊肉的午間套餐（1680日圓）等午間限定的餐點。

☎011-219-2989 L11:00～14:30、17:00～23:00 休無休 址札幌市中央区南1西4-16-1 南舘ビル 1F 交地下鐵大通站即到 P無

專用北海道產薩福克羊品種的蒙古烤肉店

蒙古烤肉 1058日圓
使用羊肘、羊五花、羊腿肉，肉質柔嫩得驚人又沒有腥味，推薦沾鹽品嘗。

★★★ 後起新銳閃耀之星

薄野 じんぎすかんひつじかいのみせいただきます 鄰近車站 22:00~OK

ジンギスカン 羊飼いの店『いただきます。』

MAP 35 C-3 Mapple Code 101-6315

吃得到夕張由仁町的自營牧場所飼養的高品質薩福克羊肉。由於是牧場直送的新鮮羊隻，里肌、羊舌、羊肝、內臟等羊的各種部位都能品嘗為一大賣點。

☎011-552-4029 L11:30～翌2:30 休無休 址札幌市中央区南5西5-1-6 交地下鐵薄野站步行3分 P3輛

↓以吧台座為主，建議事先訂位

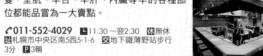

←位在薄野中心區，交通也很方便

What's 蒙古烤肉？

歷史 飼養綿羊蔚為盛行的大正時代，據傳是在當時的農業試驗場等地開始研究羊肉的烹調方式而生。

鍋 一般多為中央突起、讓肉汁能往下流動而有溝槽設計的鍋型（如圖）。

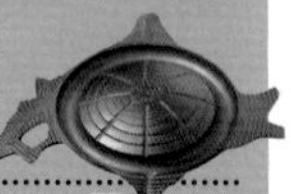

肉 以羔羊肉和成羊肉為主流，也有店家供應介於羔羊和成羊之間的小羊肉。

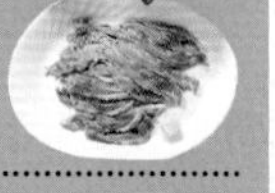

品嘗方式  ①首先鋪上滿滿的蔬菜 ②將肉片放在鍋子的中央 ③沾上醬汁大快朵頤♪

在啤酒園享受吃到飽♪

白石 あさひびーるえん しろいし

朝日啤酒園 白石

MAP 34 G-4 Mapple Code 100-0283

旁邊就是札幌市內唯一的啤酒工廠──朝日啤酒北海道工廠。蒙古烤肉則是在はまなす館享用。

☎011-863-5251 L11:30～21:00 休無休 址札幌市白石区南郷通4南1-1 交地下鐵南郷7丁目站步行5分 P200輛

特選羊肉蒙古烤肉吃到飽（120分）2900日圓
工廠直送Super Dry（中杯）540日圓

中島公園 きりんびーるえんほんかんなかじまこうえんてん

麒麟啤酒園 本館 中島公園店

MAP 35 D-5 Mapple Code 100-0401

蒙古烤肉可從生羊肉和醬醃羊肉2種中選擇，也推薦附海鮮的全餐。

☎011-533-3000 L11:30～21:30 休無休 址札幌市中央区南10西1-60 交地下鐵中島公園站即到 P30輛

生羊肉蒙古烤肉吃到飽（100分）2808日圓
暢飲麒麟一番榨1350日圓

苗穗 さっぽろびーるえん

札幌啤酒園

MAP 32 H-2 Mapple Code 100-0456

除了有凱塞爾大廳等3座蒙古烤肉餐廳之外，集結了能一嘗蒙古烤肉的特色設施，懷舊的氛圍也很迷人。

☎0120-150-550（綜合預約中心） L11:30～21:30 休無休 址札幌市東区北7東9-2-10 交地下鐵東區役所前步行10分 P180輛

名產生羊肉自助式吃到飽（100分）4212日圓
北海道限定札幌經典木桶生啤酒（500ml）572日圓

札幌 P.16
小樽 余市 P.36
富良野 美瑛 旭川 P.48
新雪谷 洞爺 登別 P.60
函館 P.68
十勝・帶廣 P.82
阿寒 摩周・釧路 P.90
知床・網走 P.114
利尻・禮文

在兩大市場大啖美食！

海鮮蓋飯

Kaisendon

札幌匯集了來自北海道各地的新鮮海味。在市區內的二条市場輕鬆品嘗也不錯，將腳程拉遠一些，從場外市場的豐富魚種選擇也很棒！

早餐…備有早餐菜單
伴手禮…附設伴手禮店

位於市中心的市場 二条市場

從蓋飯到壽司和湯品！叫人不禁貪吃的菜餚

創業78年巨星

二条市場 近藤昇商店 寿司処けいらん店

こんどうのぼるしょうてんすしどころけいらんてん　伴手禮

MAP 34 E-2 Mapple Code 101-4795

鮨五膳2500日圓
海膽和鮭魚卵的小份蓋飯，另附握壽司、湯品的划算組合。

鮮魚店直營的壽司店。供應使用著名鮭魚卵和新鮮食材的握壽司、海鮮蓋飯。最受歡迎的是吃得到多種海鮮的「北海五膳」系列。

☎011-241-3377 🕒8:00～16:30 休無休 址札幌市中央区南3東2-8 交地下鐵大通站步行8分 P無

↑採開放式廚房，洋溢溫馨氣息的店內

以名菜「本日的六品蓋飯」飽嘗北海道的「新鮮」!!

本日的六品蓋飯 1980日圓
盛滿6種當日新鮮食材的超搶手海鮮蓋飯。

眾人稱讚知名STAR

二条市場 どんぶり茶屋 二条市場店

どんぶりちゃやにじょういちばてん

MAP 34 E-2 Mapple Code 100-0443

從北海道各地進口當令鮮魚，每日準備約30種蓋飯。推薦的當日海鮮蓋飯和季節炙燒、湯品也不容錯過。

↑自然散發出市場熱鬧氣氛的開放式空間

☎011-558-1012 🕒7:3～17:00 休無休 址札幌市中央区南3東1-2 交地下鐵大通站步行8分 P30輛

What's 兩大市場？

位在札幌中心區位置的「二条市場」以及位在大通站搭乘地下鐵東西線10分可到的二十四軒站的「札幌市中央批發市場 場外市場」兩處的總稱。兩邊皆能體驗以新鮮海產製作的海鮮蓋飯和挑選伴手禮。

大通 二条市場 にじょういちば

MAP 34 E-2 Mapple Code 100-0886

明治時代延續至今的市場。約有50家的生鮮魚菜店櫛次鱗比。此起彼落的高昂叫賣聲響徹市場。

☎011-222-5308（札幌二条魚町商業協同組合）🕒因店而異 休無休 址札幌市中央区南三条東1-2 交地下鐵大通站步行8分 P無

二十四軒 札幌市中央批發市場 場外市場

さっぽろしちゅうおうおろしうりしじょうじょうがいしじょう

MAP 34 F-4 Mapple Code 100-0885

附設在北海道最大的批發市場內。有可大啖海鮮蓋飯和壽司的食堂，也有鮮魚店和蔬果店等。

☎011-621-7044 🕒6:00～17:00（餐飲店7:00～因店而異）休無休（因店而異）址札幌市中央区北11西21 交地下鐵二十四軒步行7分 P100輛

札幌人的廚房 場外市場

每樣食材都多到霸氣十足的蓋飯

海鮮蓋飯 3210日圓
盛上約10種海鮮的人氣第一菜色。食材視時節而有所調整。

提供免費接送服務！

札幌站北口和札幌市內飯店出發的車次6時30分～12時30分之間1日7班來回，需預約。
☎0120-004-070

無話可說！TOP STAR

場外市場 海鮮食堂 北のグルメ亭

かいせんしょくどうきたのぐるめてい　伴手禮

MAP 34 F-4 Mapple Code 101-4999

在數不清的場外市場店家中，規模最大的伴手禮＆餐飲店。可以盡享使用鮮度一流的新鮮海產製作的菜餚。以炭火烘烤花魚和帝王蟹等單點菜色也不可錯過。

☎011-621-3545 🕒7:00～14:30 休無休 址札幌市中央区北11西22 交地下鐵二十四軒站步行7分 P15輛

早晨4品蓋飯 1100日圓
（11時以後為1900日圓）
從開店至11時前的特價限定菜色。飯量較少，推薦女性嘗試。

高CP值的正統海鮮蓋飯

眾人稱讚知名STAR

場外市場 定食めし屋

ていしょくめしや　早餐

MAP 34 F-4 Mapple Code 101-7293

海產品批發業者經營的定食餐廳。因能品嘗到新鮮度超群的海產而深獲好評，海鮮料理外的選擇也很豐富。

☎011-615-5354 🕒7:00～15:00 休週三 址札幌市中央区北11西22 ■売センター 1F 交市場入口步行3分 P100輛

後起新銳閃耀之星

場外市場 メルカードキッチンまる

めるかーどきっちんまる　伴手禮

MAP 34 F-4 Mapple Code 101-7205

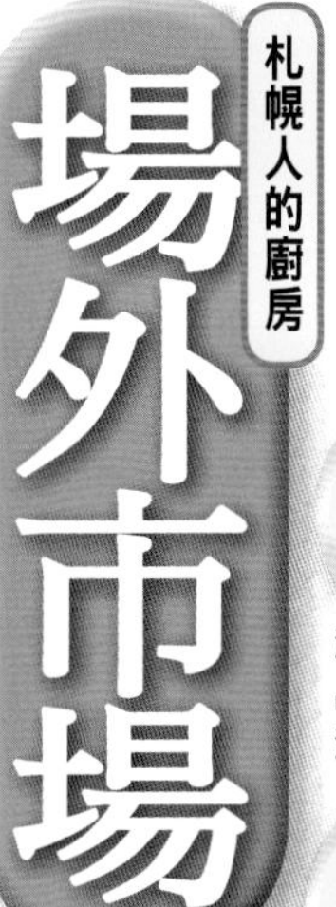

無論海鮮蓋飯或定食皆附多種小菜超級划算！

海膽、鮭魚卵蓋飯 1980日圓
大量鋪上北海道近海產的馬糞海膽和自製鮭魚卵。附5種小菜和味噌湯、甜點。

附設於販賣名點與海產品的伴手禮店2樓。由於食材是從自家進貨，能以低價提供優質海鮮。

☎011-641-2721 🕒9:00～13:30 休2016年内無休 址札幌市中央区北11西21- 2-1 岡田ブロック 交市場入口步行2分 P100輛

濃醇美味×秘傳香料×和風高湯的人氣店

札幌起源！吃法自選的美食

湯咖哩

Soup Curry

每家店對高湯、湯頭、食材都各有堅持。藉由調節辣度、配料來創造自己的口味吧。

蔬菜 ↔ 肉類、海鮮

★★★ 後起新銳閃耀之星

熱愛蔬菜的店長烹調出養生的湯咖哩

西18丁目 すーぷかれーそうるすとあ スープカレー SOUL STORE

午餐（僅限平日）

MAP 34 G-4　Mapple Code 101-7202

向市場和生產者採購當天狀態最佳的蔬菜，依照食材的特性烹調。湯頭最推薦濃縮住雞肉、海鮮、蔬菜美味的清爽風「Classics」。

☎011-616-8775
營11:30～15:00、17:30～20:30（晚間有時為18:00～）　休不定休　址札幌市中央区北1西18 市田ビル1F　交地下鐵西18丁目站步行5分　P2輛

季節的旬彩咖哩1150日圓
正字標記為大片的酥炸牛蒡！每天會更換其他15～20種的蔬菜入菜。

蔬菜15道大地的恩惠＋炭烤東坡肉配菜 1350日圓
馬鈴薯和紅蘿蔔等蔬菜滿滿，加上北海道豬燉煮的東坡肉。

★★★ 無話可說！TOP STAR

大通 すーぷかれーがらく スープカレー GARAKU

鄰近車站　22:00～OK

MAP 35 D-2　Mapple Code 101-5676

將雞骨、雞腳、雞腿和豚骨、蔬菜的美味濃縮而成的湯頭，是搭配和風高湯的深層美味。附上4塊炸雞的「りょうばあちゃんのザンギ」（350日圓）配料也很受歡迎。

☎011-233-5568
營11:30～15:00、17:00～23:00（週日、假日～21:30，湯頭賣完即打烊）　休不定休　址札幌市中央区南3西2-7 串鳥 2F　交地下鐵大通站步行3分　P50輛（特約停車場）

⬆復古的海報和霓虹燈標誌營造出活潑氛圍

自行打造喜歡的口味

大多店家都可以選擇辛辣的程度，或是加點另外加價的配料，來尋找自己喜歡的風味吧！

MENU CHECK！

鄰近車站…最近車站步行3分以內
22:00～OK…22時後仍有營業
午餐…備有午餐菜單

What's 湯咖哩？

將加入食材的湯搭配白飯供應。每家店在高湯、香料上各具巧思而風味不同，不妨來比較看看。

品嘗方式

浸泡：將勺起的飯泡進湯中，一次勺一口食用

淋湯：將湯淋在白飯上，適合較濃稠的湯咖哩

摻入：將白飯一次摻入湯中，以吃稀飯的形式享用

早餐來份湯咖哩如何？

「早餐咖哩」在日本逐漸成為主流，我們發現了能在週六日、假日吃到「早晨湯咖哩」的早晨營業店家！

雞腿 960日圓
放入雞腿和青椒、南瓜等蔬菜。

札幌站 Picante 札幌站前店 ぴかんてぃさっぽろえきまえてん

MAP 33 D-4　Mapple Code 101-7203

配料與香料達成完美平衡的一道湯咖哩。僅在週六日假日8:30～10:30推出限定早餐營業。

☎011-271-3900　營8:30～10:30、11:00～22:00（週六日假日8:30～10:30僅供應晨間菜單）　休週三　址札幌市中央区北2西1-8-4 青山ビル1F　交JR札幌站步行5分　P無

★★★ 眾人稱讚知名STAR

清炸的食材與溫和的湯頭

薄野 すーぷかれーすあげぷらす soup curry Suage+

鄰近車站

MAP 35 C-2　Mapple Code 101-4166

特色在於為了將美味濃縮住，而將食材清炸。湯頭有番茄基底的「すあげスープ」以及加入墨魚汁的「ぷらすスープ黒」兩種。將北海道食材入菜的菜色十分多元。

☎011-233-2911
營11:30～22:00（週日、假日～21:30）　休無休　址札幌市中央区南4西5 都志松ビル 2F　交地下鐵薄野站即到　P無

➡位在薄野交叉路口附近的大樓2樓

酥脆知床雞和蔬菜咖哩1150日圓　ぷらすスープ黒100日圓
柔嫩多汁的知床雞。「ぷらすスープ黒」增添濃醇度與美味。

★★★ 創業22年巨星

與海鮮十分對味的清爽湯頭很受歡迎

大通 かりーでぃさぼい Curry Di.SAVoY

鄰近車站　午餐

MAP 35 C-1　Mapple Code 101-5554

海鮮咖哩1620日圓
配料以牡蠣、扇貝為主，還放上大量的紅肉魚、淡菜、蝦等海鮮類。

將花上兩天熬煮的湯頭靜置一晚，撈除浮上表層的所有油渣。香料韻味十足又不失清爽風味，廣受各年齡層的喜愛。

☎011-219-7810
營11:30～22:00　休週三（假日則營業）　址札幌市中央区南1西5-7 豊川南1条ビル B1　交地下鐵大通站步行3分　P30輛（收費）

大通 そら ZORA

午餐　鄰近車站

MAP 35 B-1　Mapple Code 101-7598

★★★ 後起新銳閃耀之星

放入大量炒製超過10小時的洋蔥與番茄、雞骨等做為基底的湯咖哩為主角，再加上熟成咖哩、油拌麵、季節限定菜色等，是一家網羅許多深具匠心菜餚的餐廳。

☎011-231-4882
營11:30～20:30　休週日（3連休時週一休）　址札幌市中央区南1西7-12-5 大通パークサイドビル1F　交地下鐵大通站步行3分　P無

炭燒東坡肉咖哩1050日圓
燉煮至軟嫩的東坡肉美味、炭火的香氣完全融入湯頭的好滋味。

多一道工夫的講究湯咖哩

甜點 Sweets

熱銷品牌甜點&話題聖代大集合！

由於有許多知名甜點的直營店在札幌設店，即使不去當地也能品嘗到地方名點！最近蔚為趨勢的聖代也備受矚目。

鄰近車站 …最近車站步行3分以內
外帶 …可以外帶

札幌正流行吃餐後聖代！

餐後來一份

不再是「酒後來碗拉麵」，現在「以聖代作結」的新吃法「餐後聖代」逐漸成為趨勢。不妨在餐後或酒後來份聖代吧？

眾人稱讚知名STAR
以「白色戀人」著稱石屋製菓的咖啡廳
1 ISHIYA CAFÉ

莓果鬆餅
1080日圓
（原味以外為11:00～供餐）
1片3.5cm的厚度十分驚人！淋上大量的酸甜草莓果醬。

白色蛋糕卷
594日圓
奶油和蛋糕全都是純白色！

後起新銳閃耀之星
6家甜點店一網打盡
2 BISSE SWEETS

月寒あんぱん本舗ほんま大通店的月寒紅豆麵包棒
（1條）108日圓
將傳統的和菓子做成條狀！

町村農場 大通公園的草莓牛奶甜甜圈
206日圓
賣點為草莓巧克力的甜味與膨軟的麵糰。

Bocca的白色布丁熔岩聖代
500日圓
香醇霜淇淋搭配大份量的白色布丁、巧克力醬。

洋菓子きのとや大通公園店的夾心聖代
518日圓
軟綿綿的麵糰加上水果和奶油求肥麻糬、顆粒紅豆十分對味是當店限定的人氣No.1甜點。

What's 札幌甜點？

每年都會舉辦選出札幌代表性甜點的競賽，得獎的作品會在1年內於地方甜點店加以改良販售。2016年販賣的甜點請見札幌甜點的官方網站。
http://sweets-sapporo.com/

2016年冠軍
將費時炒過的品牌洋蔥「札幌黃」與北海道產起司調配而成的ガトー〝たまねぎ。SAPPORO」

無話可說！TOP STAR
四葉乳業直營的甜點咖啡廳
3 ミルク&パフェ よつ葉ホワイトコージ 札幌PASEO店

北海道惠比壽南瓜與卡士達奶油的聖代
780日圓
自豪的四葉牛奶霜淇淋加上北海道惠比壽南瓜與紅豆，甜度溫和的聖代。

四葉的白色聖代
760日圓
大量使用四葉牛奶的霜淇淋、用心打出的鮮奶油所作出的雪白聖代。

創業55年巨星
傳統製法製作的講究風味
4 雪印パーラー

白雪皇家義式濃縮聖代
1430日圓
底層鋪上巧克力戚風蛋糕，搭配上濃醇的白雪皇家冰淇淋和義式濃縮冰淇淋、自製甜派等。

後起新銳閃耀之星
傳說中的「六花亭」打造備受矚目的新甜點名勝
5 六花亭 札幌本店

丸成冰淇淋夾心
200日圓
知名的「丸成奶油夾心」夾上冰淇淋粉墨登場，方便食用的一口大小也提供外帶。

---

5 六花亭 札幌本店
札幌站 ろっかていさっぽろほんてん
MAP 33 C-3 Mapple Code 101-7331

在帶廣製作「丸成奶油夾心」等名點的「六花亭」直營店。地上10樓、地下1樓的建築物除了有咖啡廳外，也附設外帶區。

☎0120-12-6666
營 10:30～17:30（商店為10:00～20:00）※有季節性變動
休 無休 址 札幌市中央区北4西6-3-3
交 JR札幌站步行3分 P 無

鄰近車站 外帶（部分餐點）

4 雪印パーラー
札幌站 ゆきじるしぱーらー
MAP 33 D-3 Mapple Code 100-0035

採用「雪印」特製的鮮奶油和冰淇淋的聖代十分多樣。2樓為餐廳，1樓是伴手禮店，以老字號咖啡廳而長年以來深受喜愛。

☎011-251-3181
營 10:00～20:30 休 無休 址 札幌市中央区北3西3-1 交 JR札幌站即到
P 無

鄰近車站

3 ミルク&パフェ よつ葉ホワイトコージ 札幌PASEO店
札幌站 みるくあんどぱふぇよつばほわいとこーじさっぽろぱせおてん
MAP 33 C-2 Mapple Code 101-0147

可享用使用北海道產生乳的「四葉」乳製品所製作的聖代和現烤鬆餅、餐點。店鋪設在直通札幌站的地下街，交通方便。

☎011-213-5261
營 11:00～21:30 休 準同PASEO
址 札幌市北区北6西2PASEO WEST B1F 交 JR札幌站即到 P 可利用札幌PASEO停車場

鄰近車站

2 BISSE SWEETS
大通 びっせすいーつ
MAP 33 D-4 Mapple Code 101-5500

北海道內的知名甜點店在此展店，在一地就能品嘗多家店鋪的商品、菜色，再加上鄰近大通公園的位置，深受觀光客歡迎。

☎因店而異
營 10:00～20:00（部分店鋪8:00～）
休 準同大通BISSE的公休日 址 札幌市中央区大通西3 北洋大通センター 1F
交 地下鐵大通站即到 P 28輛

鄰近車站 外帶

1 ISHIYA CAFÉ
大通 いしやかふぇ
MAP 33 D-5 Mapple Code 101-6686

吃得到「ISHIYA」原創甜點的咖啡廳，也供應三明治等輕食。1樓是石屋製菓的賣店，可用1片…日圓的價格零購「白色戀人」。

☎011-231-1487
營 8:00～22:00 休 無休 址 札幌市中央区大通西4-6-1 交 地下鐵大通站即到 P 無

外帶（部分餐點） 鄰近車站

旅遊提案 01 步行 札幌

MAP P.32・33
最佳時節 全年

這就是札幌！市區熱門景點

以步行遊覽 札幌最為知名的觀光名勝

- 所需時間……4小時
- 預算……3,000日圓
- 距離……步行1.8km

START
JR札幌站
即到 地區道路
1 札幌電視塔
即到 地區道路
2 大通公園
約200m 地區道路
3 札幌市鐘樓（亮點）
約700m 12 230 地區道路
4 北海道廳舊本廳舍
約900m 地區道路 18
5 JR Tower展望室T38
即到 地區道路
JR札幌站
GOAL

Information
札幌市觀光會議部 ☎011-211-2376
札幌觀光協會 ☎011-211-3341
札幌市交通局 ☎011-896-2708

↻可從瞭望台一覽大通公園和札幌的街景

↻3樓設有瞭望台入場者專用的休息區

景點 札幌電視塔 1
さっぽろてれびとう

MAP 32 E-5

從離地90m俯瞰札幌市區

佇立於大通公園的東邊，札幌的地標。設置於上層的瞭望台，除了可欣賞札幌的市區外，甚至還能遠眺石狩平原和日本海。也附設有伴手禮店。

☎011-241-1131
9:00～22:00（冬季9:30～21:30）
休 不定休 ¥ 瞭望台入場費720日圓
址 札幌市中央区大通西1 交 地下鐵大通站步行3分 P 無
Mapple Code 100-0919

稍稍study ☑ 電視爸爸

「電視爸爸」（TV多桑）是以札幌電視塔為造型的吉祥物。電視塔內的商店也提供多種商品。

↻電視爸爸的滑蓋小鏡423日圓

稍稍study

☑ 大通公園名產「玉米餐車」

提到大通公園，就以餐車販賣的玉米最為出名。7月下旬～10月上旬（預定）會從冷凍玉米換成新鮮玉米販售。

☎011-271-3105（北海道Kiosk） MAP 33 C-5
4月下旬～10月底（預定）的9:30～17:30（營業時間有期間性差異） 休 販賣期間無休（有時會因雨公休）

↻餐車常設的地點在西1～4丁目（每年有所調整）

↻玉米1支300日圓。玉米、馬鈴薯套餐（300日圓）也很受歡迎

↻玉米餐車的官方吉祥物Kibicchi

↻位在西8丁目，野口勇創作的『Black Slide Mantra』

玩樂 大通公園 2
おおどおりこうえん

MAP 33 B-5

做為札幌市區規劃基礎的所在

從西1丁目到西12丁目，一路綿延長約1500m的綠色地帶。始於明治4（1871）年為區隔官地與民地而設的防火線，昭和55（1980）年獲選為都市公園。每年札幌雪祭和YOSAKOI索朗祭等五花八門的活動都會在此舉行。

☎011-251-0438（大通公園管理事務所）
自由入園 址 札幌市中央区大通西1～12
交 地下鐵大通站即到 P 無
Mapple Code 100-0923

↻設有多座花壇和噴水池，是札幌市民的休閒場所

旅遊提案介紹♪

最適合札幌初訪者的景點精選提案，可以一次玩遍札幌電視塔、鐘樓等熱門觀光景點。午餐就吃味噌拉麵（P.18）或湯咖哩（P.22）！中心區遍佈販售伴手禮的店家（P.31），採買禮品也非常適合。

行程攻略

1. 逛累的話就運用VELOTAXI（P.17）。
2. 下雨或下雪時可走札幌站前大道地下步行空間「CHIKAHO」。
3. 大通公園會隨不同季節舉辦各式各樣的活動。

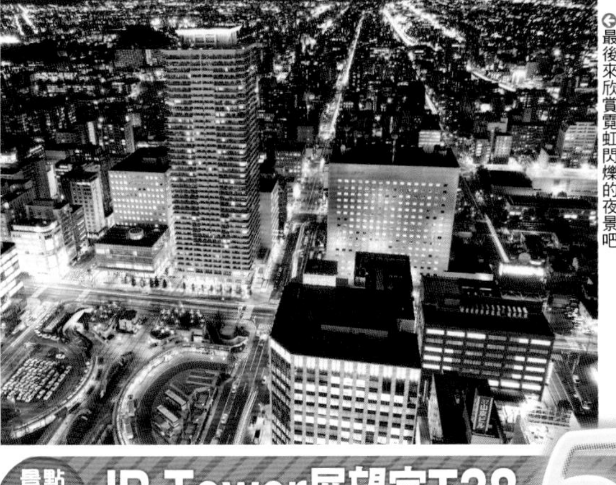
⊙最後來欣賞霓虹閃爍的夜景吧

景點 5 JR Tower展望室T38

じぇいあーるたわーてんぼうしつたわーすりーえいと

MAP 33 D-2

飽覽札幌中心區的瞭望台

設在JR Tower最高層38樓處的瞭望台，從離地160m眺望札幌的美麗街景，也能360度盡情欣賞近郊的群山和遠方的日本海等壯闊景致。南邊設有能享用各種飲品和點心的咖啡廳，以及販售原創商品的商店。

✆011-209-5500 營10:00～22:30（有因活動等而調整的可能） 休無休 ¥入館費720日圓 址札幌市中央区北5西2 JR Tower 38F 交JR札幌站即到 P1383輛

Mapple Code 101-1970

稍稍study ☑有時間也想去走走「北海道大學」

北海道大學是以明治9（1876）年開校的札幌農學校為前身，也曾經歷過全日本第5座設立的「帝國大學」北海道帝國大學，而形成現在的樣貌。腹地內有成排的楊樹和銀杏樹、列為重要文化財的札幌農學校第二農場等許多看點。

✆011-716-2111 MAP 33 B-1 營自由參觀 址札幌市北区北8西5 交JR札幌站步行7分 P無

Mapple Code 100-2317

⊙鋪滿木屑、長約80m的楊樹步道

⊙站在克拉克博士的半身像旁拍張照吧

景點 4 北海道廳舊本廳舍

ほっかいどうちょうきゅうほんちょうしゃ

MAP 33 C-3

可看出日本政府致力開拓的決心

受北海道人暱稱為〝紅磚樓〟而備受喜愛的北海道開拓時代一大象徵。美國風新巴洛克樣式的華麗建築，列選為日本的重要文化財。現在的建築物是將昭和43（1968）年創立當時的模樣加以重現的成果，據稱外牆幾乎與建造當時一模一樣。

✆011-204-5019（週六日、假日找中央司令室✆011-204-5000） 營8:45～18:00（點燈為日落～21:00、庭園漫步為7:00～21:00） 休無休 ¥免費入館 址札幌市中央区北3西6 交JR札幌站步行7分 P無

Mapple Code 100-0925

稍稍study ☑紅磚露臺

2014年8月開幕的複合設施，有許多人氣餐廳等27家店鋪在此拓店。

✆011-211-6200（紅磚露臺）MAP 33 C-4 營因店而異 休準同各店 址札幌市中央区北2西4−1 交JR札幌站步行5分 P72輛

⊙位在札幌市北3条廣場的南端，格外醒目的空間

⊙佈滿精雕細琢的裝飾與雕刻的紀念室

⊙據說用上了約250萬塊紅磚

⊙也展示了同型的時鐘

亮點 景點 3 札幌市鐘樓

さっぽろしとけいだい

MAP 33 D-4

超過130年以來持續為市民正確報時

建設於明治11（1878）年，做為札幌農學校（現北海道大學）的練武場而建，當時為學生的兵事操練與體育獎勵的地方。建築物採用開拓時期美國中西部的樣式，是較少裝飾的木造建築。後來才設置的鐘樓，是在明治14（1881）年於當時為開拓使長官的黑田清隆指示下而建。

✆011-231-0838 營8:45～17:00 休無休 ¥入館費200日圓 址札幌市中央区北1西2 交地下鐵大通站步行5分 P無

Mapple Code 100-0924

稍稍study ☑在此拍張紀念照

鐘樓的西南角設有方便拍攝紀念照的攝影站台。只要踏上站台，由拍攝者屈身按下快門，就能拍出人物與鐘樓一同入鏡的美麗照片。

⊙有時會有攝影志工協助

⊙時鐘採用與咕咕鐘同樣的鐘擺型，擺錘使用豐平川的玉石

旅遊提案

02 車

札幌

MAP P.34

最佳時節 全年

將行程拉遠至綠意盎然的名勝！

不只停留在市中心！前往札幌郊外的必遊景點

所需時間……7小時
預算……5,000日圓
距離……車程51km

START
JR札幌站
🚗 約8km 124
1 札幌羊之丘展望台（亮點）
🚗 約12km 82 藻岩山觀光自動車道
2 藻岩山空中纜車山頂展望台
🚗 約14km 藻岩山觀光自動車道 230 89
3 札幌市圓山動物園
🚗 約2km 89
4 大倉山跳台滑雪競技場
🚗 約7km 89 82 124
5 白色戀人公園
🚗 約8km 124
JR札幌站
GOAL

• Information •
札幌市觀光會議部 ☎011-211-2376
札幌觀光協會 ☎011-211-3341
札幌市交通局 ☎011-896-2708

亮點 1 札幌羊之丘展望台

さっぽろひつじがおかてんぼうだい

MAP 34 G-5

從山丘上將札幌街景盡收眼底

昭和34（1959）年，建於舊北海道農業試驗場一隅的瞭望台。與札幌深具淵源的大人物——克拉克博士的銅像聳立於此，是著名的觀光景點。從山丘上不但能將札幌市區和石狩平原一覽無遺，也能欣賞在周遭牧草地吃草的羊群模樣。

☎011-851-3080 🕘9:00～17:00（關園，5、6、9月為8:30～18:00，7、8月為8:30～19:00，最後入場為15分前） 休無休 ¥520日圓 址札幌市豊平区羊ヶ丘1 交地下鐵福住站搭乘北海道中央巴士往羊ヶ丘展望台方向10分，終點站下車即到 P100輛

Mapple Code 100-0912

⬅捎來北海道夏季來臨信息的薰衣草，7月中旬為最佳觀賞期

➡夜晚能欣賞彷彿寶石灑落一地的優美夜景

景點 2 藻岩山空中纜車山頂展望台

もいわやまろーぷうぇいさんちょうてんぼうだい

MAP 34 F-5

由象徵札幌的名山俯瞰市區景致

獲選為日本新三大夜景的札幌夜景代表性景點。從海拔531m的瞭望台，可以飽覽札幌的街景和石狩平原的遼闊景觀。欲前往山頂，需轉乘空中纜車和迷你電纜車Morris Car上山，可體驗漫步空中的感覺。山頂設有餐廳。

Morris Car

連接山腰站和山頂站的2台式電纜車，採用世界首創的驅動式空中纜車

☎011-561-8177（札幌藻岩山空中纜車） 🕘10:30～22:00（12～翌3月為11:00～、全年上山最後班次為21:30） 休11月下旬起有10天安檢公休（須洽詢） ¥空中纜車+Morris Car來回（成人）1700日圓 址札幌市中央区伏見5丁目3-7 交市電ロープウェイ入口站搭乘免費接駁巴士5分，終點站下車即到 P120輛

Mapple Code 100-0913

⬅札幌街景及寬闊的石狩平原、石狩灣一望無際的絕景

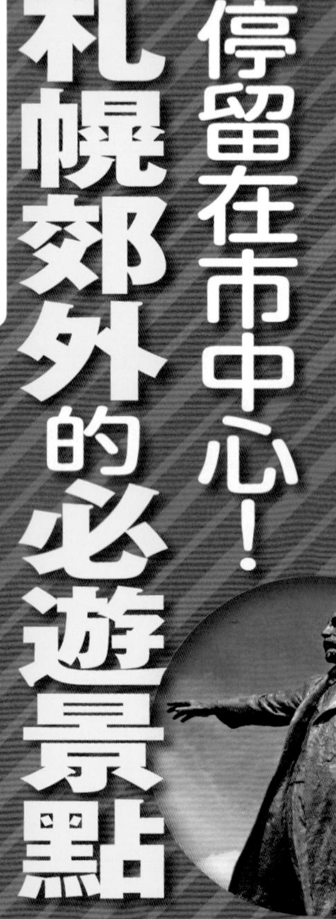

旅遊提案介紹♪

如果將腳程拉遠到札幌的郊外，有札幌羊之丘展望台等能飽享大自然的眺望景點等散佈各地。但由於景點之間稍有距離，建議以車遊覽為佳。各設施都有餐飲處，務必預習小吃的重點！

行程攻略

❶也可搭乘方便的定期觀光巴士。
❷若搭乘地下鐵，用地下鐵專用1日乘車券較划算。
❸藻岩山空中纜車推薦晚間搭乘。

↑可說是動物園一大象徵的北極熊

景點 3 札幌市圓山動物園

さっぽろしまるやまどうぶつえん

MAP 34 F-4

能一探動物寶寶的北國動物園

昭和26（1951）年開園以來持續受到札幌市民喜愛的動物園。現在不但約飼養了180種、900隻動物，也推出新設施，讓遊客能近距離感受動物。冬季也有開園，可以觀察長頸鹿在雪上行走的北國特有風景。其他還有「興高采烈亞洲區」很受歡迎，2016年夏季「非洲區」也預定全面開放。

☎011-621-1426
🕘9:30～16:30（11～2月為～16:00） 休第2、4週三（逢假日則翌日休）、4月第3週平日、11月第2週平日 ¥高中生以上600日圓，國中生以下免費 址札幌市中央区宮ケ丘3丁目1 交地下鐵圓山公園站搭乘JR巴士往円山西町2丁目方向5分，動物園前站下車即到 P959輛 Mapple Code 100-2369

↑惹人憐愛的表情很受歡迎的小貓熊

稍稍study ☑ ZOO CAFÉ

可以一面觀察動物並享用正統現磨咖啡、輕食的休憩場所。也有供應以可愛北極熊為造型的餐點。

←鮮奶油上放了一片白熊餅乾的聖代750日圓

↑著名的克拉克博士像，當然要在此拍張紀念照

景點 5 白色戀人公園

しろいこいびとぱーく

MAP 34 F-4

←可以參觀「白色戀人」製作過程的「白色戀人生產線」

北海道最具代表性點心的主題樂園

將觀賞、美食、玩樂一網打盡的設施，能一次享受工廠參觀、糖果藝術專賣店、咖啡廳以及外帶區、點心製作體驗等多種樂趣。除了能參觀「白色戀人」的製造生產線外，還有可以製作「白色戀人」的甜點製作體驗工房。最頂樓的巧克力吧則可以品嘗巧克力飲品等。

↑札幌活動人偶時計塔＆玫瑰花園

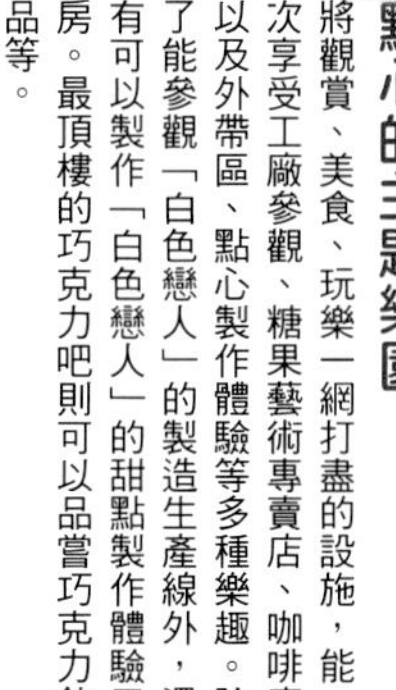

↑可以製作約14cm的心型白色戀人。（972日圓，入館費另計）

☎011-666-1481
🕘9:00～18:00（最後入館受理～17:00）皮卡迪利商店、拉博糖果店～19:00 休無休 ¥入館費600日圓 址札幌市西区宮の沢2-2-11-36 交地下鐵宮之澤站步行7分 P120輛 Mapple Code 100-0918

↓幸運的話還能看見魄力十足的彈跳

景點 4 大倉山跳台滑雪競技場

おおくらやまじゃんぷきょうぎじょう

MAP 34 F-4

遠眺札幌中心區的觀景名勝

昭和47（1972）年，舉辦札幌冬季奧運90m等級跳台滑雪（現為高跳台）的競技場。這裡是跳台競賽的聖地，每年都會聚集世界各地的跳台高手，在大倉山的高空勾勒出壯觀的拋物線。可以搭乘雙人吊椅登上跳台頂端的瞭望休息室，還設有商店、餐廳等。

↑可飽覽札幌市區和石狩平原、石狩灣的瞭望休息室

☎011-641-8585
（大倉山綜合服務）
🕘8:30～18:00（11月4日～4月4日9:00～17:00） 休舉辦跳台滑雪大賽和吊椅調整時會有公休（瞭望休息室）
¥吊椅（來回）成人500日圓、小孩300日圓，吊椅與博物館套票1000日圓 址札幌市中央区宮の森1274 交地下鐵圓山公園站搭乘JR巴士往宮の森シャンツェ方向7分，大倉山競技場入口站下車，步行10分 P113輛
Mapple Code 100-2782

稍稍study ☑ 有時間也想去走走！「莫埃來沼公園」

將整個公園視為一座雕刻品所建造。噴水高度最高25m的「海之噴泉」在4月下旬～10月中旬，會有每日3～4次的40分鐘或15分鐘表演，震撼的噴水景象十分美麗。

☎011-790-1231（莫埃來沼公園管理事務所） MAP 34 H-3
🕘7:00～21:00 休因設施而異 ¥免費入場 址札幌市東区モエレ沼公園1-1 交地下鐵環狀東站搭乘北海道中央巴士往あいの里教育大駅前方向25分，モエレ沼公園東口下車，步行10分 P1500輛（冬季為100輛）
Mapple Code 100-0914

↑公園的象徵——玻璃金字塔是拍照景點

小樽站 新川 新琴似 伏古 發寒站 發寒中央站 新川站 札樽自動車道 八軒站 札幌北 江別西IC 小樽IC 札幌西 函館本線 琴似站 5 START&GOAL JR札幌站 桑園站 苗穗站 雁來 札幌Jct 札幌 白石站 江別站 5 白色戀人公園 函館本線 12 北鄉 3 札幌市圓山動物園 4 大倉山跳台滑雪競技場 89 36 大谷地 石山通 札幌羊之丘展望台 1 82 藻岩山 藻岩山空中纜車山頂展望台 2 230 南北線 周邊圖▶P.34 1:190,000 0 2km

旅遊提案 03 地下鐵 巴士 步行

札幌

MAP P.32～35
最佳時節 2月

札幌雪祭 盡興玩遍3會場！

一次玩透日本最大規模的雪白慶典

所需時間 ………… 8小時
預算 ………… 3,000日圓
距離 ………… 10.5km

START
JR札幌站
↓ 即到
地下鐵 札幌站
↓ 即到 南北線
地下鐵 大通站
↓ 即到 地區道路
亮點 1 札幌雪祭 大通會場
↓ 接駁巴士
2 札幌雪祭 TSUDOME會場
↓ 接駁巴士 地區道路 36
3 札幌雪祭 薄野會場
↓ 即到 地區道路
地下鐵 薄野站
↓ 約3分 南北線
地下鐵 札幌站
↓ 即到 地區道路
JR札幌站
GOAL

Information
札幌市觀光會議部 ☎011-211-2376
札幌觀光協會（活動相關）☎011-281-6400
札幌市交通局 ☎011-896-2708
札幌市客服中心 ☎011-222-4894

©HTB

旅遊提案介紹♪

一天玩遍札幌雪祭三個會場的旅遊提案。要在各個會場看完所有冰雕實在有困難，建議鎖定幾個來觀賞。務必穿戴厚大衣和帽子、耳罩，由於路面易滑，最好穿上鞋底有止滑功能的鞋子。

行程攻略

❶出發前請上官方網站確認最新資訊。
❷前往觀光服務處等單位索取官方導覽手冊。
❸交叉路口的地面易滑，建議走鋪上砂石的道路。

活動 札幌雪祭

さっぽろゆきまつり

札幌雪祭的主要會場 橫貫市中心長1.5km的壯觀冰雪景致

8丁目 雪のHTB広場「2016年3月26日開業！北海道新幹線」©HTB

主題為"純白的夢想世界廣場"

每年2月上旬舉辦的冬季名景。大通會場會出現以世界知名建築物、日本歷史性建築物、動畫的主人翁等為題材製作的雪冰雕，大型冰雪藝術最大的甚至高達15m。若有小朋友則推薦前往主打體驗型TSUDOME會場，有100m高的滑雪遊艇到冰雪溜滑梯、拖曳滑雪等，讓大人小孩都能在玩樂的同時享受玩雪趣味。街頭霓虹燈投射在一座座冰雕上的薄野會場也很受歡迎。

↑成排展出市民手工打造的冰雪雕

☎011-281-6400（札幌雪祭執行委員會）
2月上旬～中旬 ¥免費入場 址札幌市中央区大通會場、薄野會場，札幌市東区TSUDOME會場 HP http://www.snowfes.com/
Mapple Code 100-0666

亮點7 大通會場

札幌電視塔所在的大通西1丁目到西12丁目之間，大通公園的絕大部分化身為雪祭會場，各區規劃設置雪冰雕和特設舞台。由陸上自衛隊和札幌市民志工等單位所參與製作的雪冰雕，會以世界各地的歷史性建築物、該年度最紅的人物和動畫角色等做為主題。此外，1丁目還設有溜冰場，也提供溜冰鞋的租借，任誰都能隨興體驗。

L 自由參觀（夜間點燈為日落～22:00）
址 札幌市中央区大通西1～12 交 地下鐵大通站即到
P 無 MAP 33 B-5

稍稍study ☑ 北海道 美食廣場

可以在6丁目盡情品嘗北方滋味與北海道的當地美食。中央廣場設有大型攤位，可做為飲食和休憩區。

↘享受北海道味十足的美食

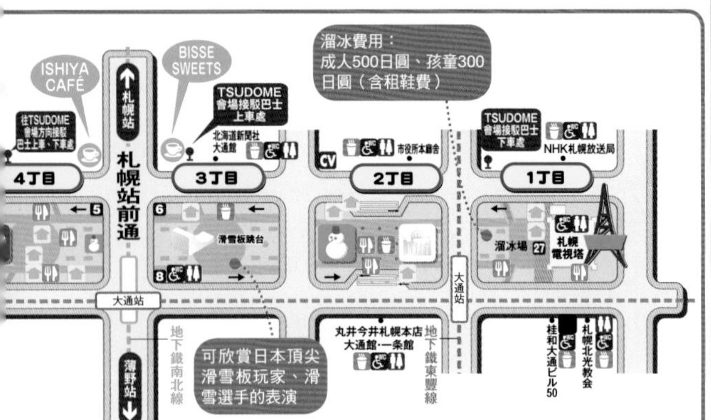

※巴士的行駛路線未定。

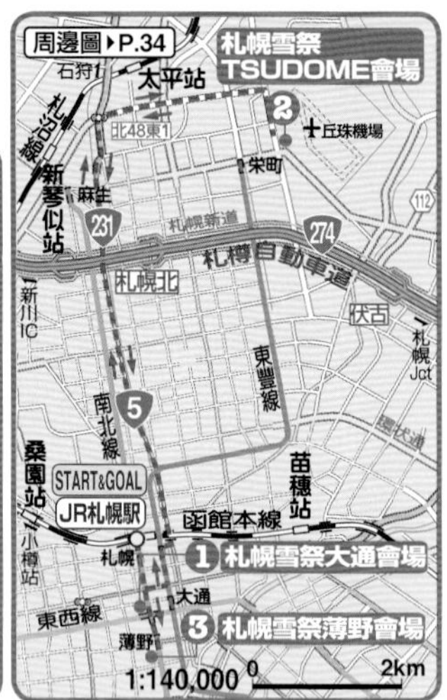

札幌
P.16
小樽 余市
P.36
富良野 美瑛 旭川
P.48
新雪谷 登別 洞爺
P.60
函館
P.68
十勝·帶廣
P.82
阿寒 摩周·釧路
P.90
知床·網走
P.102
稚內 利尻·禮文
P.114

在冰與雪的快樂園地 一起開心親子遊！

溜下全長100m的滑雪遊艇，限4歲以上，免費

2 TSUDOME會場

可以嘗試滑雪遊艇和冰雪溜滑梯、拖曳滑雪等各式各樣的玩雪活動，深受有孩童的家族與情侶等客層歡迎。室內設施則有舞台活動等無窮樂趣。還有販賣各種食物與飲品，可在此歇腳後再出外玩耍。

011-281-6400（札幌雪祭執行委員會）9:00～17:00 札幌市東区栄町885-1 札幌市運動交流設施「TSUDOME」 地下鐵東豐線榮町站步行約15分，榮町站有接駁巴士行駛 P無 MAP 34 G-3

2016年（第67屆）的會場配置

稍稍study ☑體驗拖曳滑雪

以雪上摩托車拖曳橡皮艇，藉此在雪地滑行，很受有小孩的家族歡迎。600日圓（小學生以下400日圓）。

轉彎更是刺激萬分

可以將雪裝進雪人形狀的保麗龍盒，送給心愛之人的愛之雪人（收費）

使用纜繩滑行的雪上滑索

從位於大通公園的札幌電視塔上眺望

室外溜冰場在1丁目登場。成人500日圓（含租鞋費）可輕鬆嘗試

霓虹燈照射在冰雪上 夜景散發夢幻氛圍

雪祭時札幌站前大道會變行人徒步區

綠、黃、紅等五顏六色燈泡裝飾的燈彩大道

嵌入冰塊中的螃蟹

3 薄野會場

昭和56（1981）年開始的「薄野冰之祭典」，從平成27年起改名為「薄野冰雪世界」，做為札幌雪祭的第3會場同時舉辦。橫跨南4条通到南7条通的札幌站前大道上，60座冰雕櫛次鱗比。雪祭期間還會舉辦冰雕大賽和冰雪女王攝影會等活動。

011-518-2005（薄野觀光協會） 自由參觀（夜間點燈～23:00，最後一天～22:00） 札幌市中央区南4条通～南7条通的札幌站前大道 地下鐵薄野站即到 P無 MAP 35 D-2

設有冰壺場，各種年齡層都能在此玩樂

11丁目在活動期間可以一窺國際雪雕的製作過程

稍稍study ☑大廚來製冰

冰雕主要是由廚師所打造而展示出來。除此之外，還會舉行14座冰雕製作的大賽，冠軍等獎項由觀眾投票選出。

有時可看見冰雕製作的模樣

大通會場的大雪雕、冰雕也會點燈至22時，還會舉辦光雕投影秀等

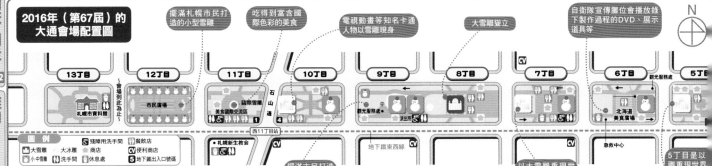

2016年（第67屆）的大通會場配置圖

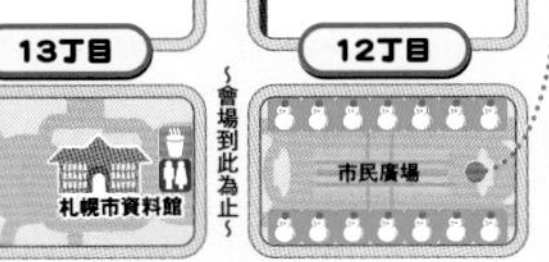

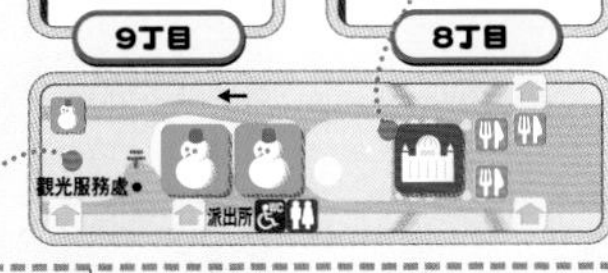
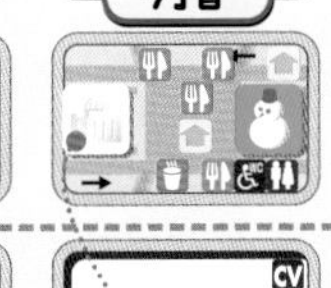

※2017年（第68屆）的各會場配置會有所調整，敬請見諒。

注意 P.28～29的內容是2016年（第67屆）的情況。2017年（第68屆）詳情請上官方網站等做確認。

除了各個旅遊提案所介紹的特點外，還有湯咖哩和螃蟹料理、各式伴手禮等，札幌有太多樂趣等著你來發掘！

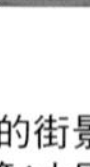

南區 MAP 149 B-5 Mapple Code 100-1754

さっぽろげいじゅつのもり
札幌藝術之森
景點

✆011-592-5111

約40公頃、綠意盎然的腹地內有工藝工房、戶外舞台等。 9:45～17:00（6～8月為～17:30） 休無休（11月4日～4月28日週一休，逢假日則翌日休） ¥免費入園（展覽和設施使用另計） 址札幌市南区芸術の森2-75 交地下鐵真駒内站搭乘北海道中央巴士滝野線・空沼線15分、芸術の森入口站或芸術の森センター站下車即到 P650輛

東區 MAP 34 G-4 Mapple Code 100-0942

ゆきじるしめぐみるくらくのうとにゅうのれきしかん
雪印惠乳業酪農與乳業歷史館
景點

✆011-704-2329

導覽人員會針對能認識北海道酪農歷史的展示品做解說。 9:00～11:00、13:00～15:30（最晚前一日預約） 休週六日、假日 ¥免費 所札幌市東区苗穂町6-1-1 交JR札幌站搭乘北海道中央巴士往東営業所前方向10分、北6東19站下車，步行8分 P有

東區 MAP 32 H-2 Mapple Code 101-4274

さっぽろが一でんぱ一く
札幌花園公園
景點

✆011-748-1876（札幌啤酒博物館 11:30～19:30）

了解札幌啤酒的歷史！

腹地內散佈著札幌啤酒博物館、札幌啤酒園以及大型購物中心Ario札幌、北海道日本火腿鬥士隊戶外練習場等設施，商店提供做為伴手禮頗受好評的啤酒相關商品。

因設施而異 休因設施而異 ¥試喝啤酒（1杯）200日圓～ 址札幌市東区北7東9 交JR苗穗站步行10分 P200輛

➲位在正面右方的煙囪高50.5m

南區 MAP 141 B-1 Mapple Code 100-2405

こくえいたきのすずらんきゅうりょうこうえん
國營瀧野鈴蘭丘陵公園
玩樂

✆011-592-3333（瀧野公園服務處）

北海道唯一的大規模國營公園

約400公頃的腹地內有廣闊的花田「鄉村花園」和頗受孩童喜愛的「兒童之谷」、能貼近大自然的「瀧野森林區」等，可以在各處欣賞四季花草、各式各樣的大自然遊樂、體驗工藝等，冬季也有多種活動。

9:00～17:00（因時期而異） 休4月1～18日、11月11日～12月22日 ¥收費區域410日圓 址札幌市南区滝野247 交地下鐵真駒內站搭乘北海道中央巴士往すずらん公園東口方向35分，終點站下車即到 P2000輛

➲四季更迭的花卉妝點一片丘陵

大通 MAP 35 C-1 Mapple Code 101-4170

かきとしゅんせんりょうりとおそばひらく
かきと旬鮮料理とおそば 開
美食

✆011-241-6166

可以品嘗超過30種的牡蠣佳餚。 17:00～22:00 休週日、假日不定休 址札幌市中央区南1西5 プレジデント松井ビル100 2F 交地下鐵大通站步行3分 P無

薄野 MAP 35 C-2 Mapple Code 100-0120

かいせんまるだいてい
海鮮まるだい亭
美食

✆011-210-7321

以鮭魚為中心，吃得到北海道各地的當季海產。 17:00～21:30 休無休 址札幌市中央区南4西5 F-45ビル 1・2F 交地下鐵薄野站步行5分 P無

厚別區 MAP 34 H-4 Mapple Code 100-0938

ほっかいどうかいたくのむら
北海道開拓之村
景點

✆011-898-2692

讓時光倒流回開拓時代

將開拓時代的建築物復原，重現當時的街景，村內分成市街地、農村、山村、漁村等4大區域來展示。還會舉辦體驗當時文化的活動等，也可搭乘馬車鐵路（冬季為馬橇）。一整年都有街頭表演等五花八門的活動。

9:00～16:30（因時期而異） 休週一（逢假日則翌日休，5～9月無休） ¥800日圓 址札幌市厚別区厚別町小野幌50-1 交JR新札幌站搭乘JR北海道巴士往開拓の村方向15分，終點站下車即到 P400輛

➲夏季為馬車，冬季是以馬橇遊覽村內

Pick up!! 矚目Gourmet
想大啖螃蟹料理就找專賣店！

位在札幌中心區的螃蟹料理專賣店，備有各式各樣的全餐和服務

薄野
蟹料理の店 氷雪の門
Mapple Code 101-2245
かにりょうりのみせひょうせつのもん
✆011-521-3046
MAP 35 D-3

札幌歷史最悠久的老字號螃蟹料理專賣店。隨時備有高品質的帝王蟹、松葉蟹、毛蟹，可以在此品味生吃、炭烤、涮涮鍋、天麩羅等約30種的螃蟹料理。

11:00～23:00（午餐時間～15:00） 休無休 址札幌市中央区南5西2 交地下鐵薄野站即到 P20輛

札幌站周邊
札幌かに本家 札幌駅前本店
Mapple Code 101-0135
さっぽろかにほんけさっぽろえきまえほんてん
✆011-222-0018
MAP 33 D-3

帝王蟹、松葉蟹、毛蟹皆從漁場直接買進，嚴選優質新鮮的螃蟹，以平時的價格供應，能盡情品嘗奢侈的螃蟹多吃、滋味豐富的各式螃蟹料理。

11:30～21:30 休無休 址札幌市中央区北3 西2-1-18 交地下鐵札幌站即到 P無

薄野
えびかに合戦 札幌本店
Mapple Code 100-0119
えびかにがっせんさっぽろほんてん
✆011-210-0411
MAP 35 C-2

若能將一開始出菜的套餐菜色全吃完，接下來就能自由續點。毛蟹是現捕水煮後不經冷凍直接進貨，吃得到螃蟹原本的自然甘甜。

16:00～23:30 休無休 址札幌市中央区南4西5 F-45ビル12F 交地下鐵薄野站步行5分 P無

白石區 MAP 34 G-4 Mapple Code 100-0281

まじっくすぱいすさっぽろほんてん
MAGIC SPICE 札幌本店
美食

✆011-864-8800

源自札幌，新美食文化湯咖哩的始祖。 11:00～15:00、17:30～22:00（週六日、假日為11:00～22:00） 休週三、四 址札幌市白石区本郷通8丁目南6-2 交地下鐵南鄉7丁目站即到 P18輛

西11丁目 MAP 35 A-2 Mapple Code 101-2930

むらかみかれーてんぷるぷる
村上カレー店プルプル
美食

✆011-272-1190

雞肉做基底的湯咖哩，在辛辣口感中依然保有濃醇風味。 11:00～20:00 休週日 址札幌市中央区南2西9 ケンタクビル29 B1F 交地下鐵西11丁目站步行5分 P無

大通 MAP 32 F-4 Mapple Code 101-7550

ぶーらんじぇりーころんほんてん

boulangerie coron本店

購物

☎011-221-5566

滿滿北海道美味的地產地銷麵包

100%使用北海道產小麥的麵包可以外帶的熱門麵包店。採用自然酵母、採取「低溫長時間發酵」的製法，香濃的香氣與美味越嚼越在口中散發開來。也有販售下酒的「大人味麵包」。
🕒9:00～18:30 休週二（逢假日則營業、翌日休）址札幌市中央区北二条東3-2-4 prod. 23 1F 交地下鐵巴士中心前站步行7分 P無

從硬麵包到甜麵包應有盡有的豐富品項

大通 MAP 35 D-1 Mapple Code 100-0015

さえら

美食

☎011-221-4220

三明治專賣店，帝王蟹肉三明治深獲好評。
🕒10:00～18:30（週日、假日為9:00～）休無休 址札幌市中央区大通西2 都心ビル B3F 交地下鐵大通站即到 P無

大通 MAP 33 D-4 Mapple Code 101-7219

やまねこばる

山猫バル

美食

☎011-206-0566

就位在鐘樓後方的酒吧，可品嘗使用北海道產當季食材的菜餚。
🕒11:30～14:30、17:00～24:00（週六、假日前日僅晚間營業），週日、假日17:00～22:00 休不定休 址札幌市中央区北一条西2-11-1 交地下鐵大通站步行5分 P無

鑄鐵鍋蒸當令蔬菜佐康門貝爾起司沾醬1100日圓

薄野 MAP 35 D-2 Mapple Code 101-4192

うみはちきょうほんてん

海味 はちきょう本店

美食

☎011-222-8940

羅臼港捕撈上岸的新鮮海產每天直接進貨

宛如捕魚小屋般生氣蓬勃的店內，吃得到使用知床出產食材的海鮮料理。活力充沛的工作人員用心製作的菜餚，每道都豪爽又大方。與充滿朝氣的吆喝聲，一同將大量鮭魚卵鋪在白飯上的「つっこ飯」最受歡迎。還有2號店的「海味 はちきょう 別亭おやじ」和「別亭おふくろ」。
🕒18:00～23:00（週日、假日為17:00～22:00）休無休 址札幌市中央区南3西3 都ビル1F 交地下鐵薄野站即到 P無

該店招牌的始祖「つっこ飯」1990日圓

札幌站周邊 MAP 33 D-3 Mapple Code 101-5003

さとうすいさんほんてん

佐藤水産 本店

購物

☎011-200-3100

製作並販賣使用北海道出產海鮮的各種加工品。
🕒9:00～20:00（1～4月為～19:00）休無休 址札幌市中央区北4西3 交洋ビル1・2F 交JR札幌站即到 P無

狸小路 MAP 35 C-2 Mapple Code 101-5324

どうさんしょくさいはぐまーと

道産食彩HUGマート

購物

☎011-242-8989（狸小路道產食彩協議會）

擺滿了直接向生產者採買的農畜產品、加工品，品項琳琅滿目。🕒10:00～19:00 休無休 址札幌市中央区南2西5（狸小路5丁目）交地下鐵大通站步行10分 P無

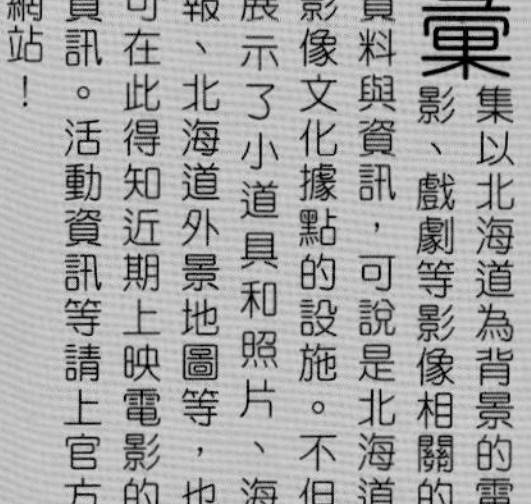

大通 MAP 35 D-2 Mapple Code 101-7212

のーすこんちねんとまちのなか

North Continent－MACHI NO NAKA－

美食

☎011-218-8809

發揮北海道肉品特性的奢侈手工漢堡排

採用牛、豬、鹿、羊等北海道出產肉品的手工漢堡排專賣店。賣點在於可以從5種肉品、8種醬汁中選擇，享受自由搭配的樂趣，可與該店侍酒師的精選葡萄酒一同品嘗。店內設計參考能讓人忘卻都市塵囂的山間小屋。
🕒11:30～22:00 休不定休 址札幌市中央区南2西1 マリアールビル B1F 交地下鐵大通站步行5分 P無

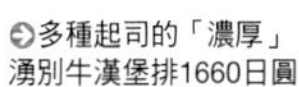
多種起司的「濃厚」湧別牛漢堡排1660日圓

大通 MAP 35 C-2 Mapple Code 100-1820

いたりありょうりおりぞんて

イタリア料理orizzonte

美食

☎011-222-0021

柴火窯烤而成的道地風味比薩最為推薦。
🕒11:30～14:30、17:00～22:15 休無休 址札幌市中央区南2西5 南2西5ビル1F 交地下鐵大通站步行5分 P無

札幌站周邊 MAP 33 D-2 Mapple Code 101-1961

みくにさっぽろ

MIKUNI SAPPORO

美食

☎011-251-0392

北海道出身的三國清三主廚所監製的法式餐廳。🕒11:30～14:00、17:30～20:30 休週二 址札幌市中央区北5条西2～5 札幌STELLAR PLACE CENTER 9F 交直通JR札幌站 P799輛

Pick up!! 矚目Spot

札幌站周邊的伴手禮景點！

札幌站內和周邊有許多各式伴手禮雲集的商店，回家前必逛！

札幌站南口

大丸札幌店 ほっぺタウン

Mapple Code 101-5146

だいまるさっぽろてんほっぺたうん

☎011-828-1111（大丸札幌店） MAP 33 C-2

北海道的著名西點店和熟食店等各式各樣店家遍佈於樓層內，「北ほっぺ」區網羅了北海道各地的起司和布丁等。各季節的期間限定商品也不可錯過。
🕒10:00～20:00 休無休 址札幌市中央区北5西4-7 大丸札幌店B1F 交地下鐵札幌站即到 P400輛

札幌站西大廳

北海道四季彩館 札幌西店

Mapple Code 101-5982

ほっかいどうしきさいかんさっぽろにしてん

☎011-261-8655 MAP 33 D-2

除了北海道的知名點心，從卡通人物商品到酒類，北海道的伴手禮都可以在這家店一網打盡。還有販賣伴你一同旅行的便當和飲料。
🕒6:30～23:00 休無休
址札幌市北区北6西4 JR札幌站內西口剪票口旁 交JR札幌站即到
P無

札幌站西大廳

北海道どさんこプラザ札幌店

Mapple Code 101-0168

ほっかいどうどさんこぷらざさっぽろてん

☎011-213-5053 MAP 33 D-2

網羅食材、加工品等約2000種北海道各地特產品的特產直銷商店，還有使用北海道產原料而現在備受矚目的北海道美妝品區。
🕒8:30～20:00 休無休 址札幌市北区北6西4 JR札幌站西大廳 北海道札幌「飲食與觀光」資訊處內
交JR札幌站即到 P無

了解北海道與電影的關聯 旅遊哏！

北之映像博物館

展示劇本等珍貴資料

彙集以北海道為背景的電影、戲劇等影像相關的資料與資訊，可說是北海道影像文化據點的設施。不但展示了小道具和照片、海報、北海道外景地圖等，也可在此得知近期上映電影的資訊。活動資訊等請上官方網站！

☎011-522-7670 🕒10:00～18:00 休週一（逢假日則翌日休）¥免費入場 址札幌市中央区北1西12 ホテルさっぽろ芸文館1F 交地下鐵西11丁目站步行5分 P利用飯店停車場 HP http://kitanoeizou.net/

MAP 34 G-4

Mapple Code 101-5953

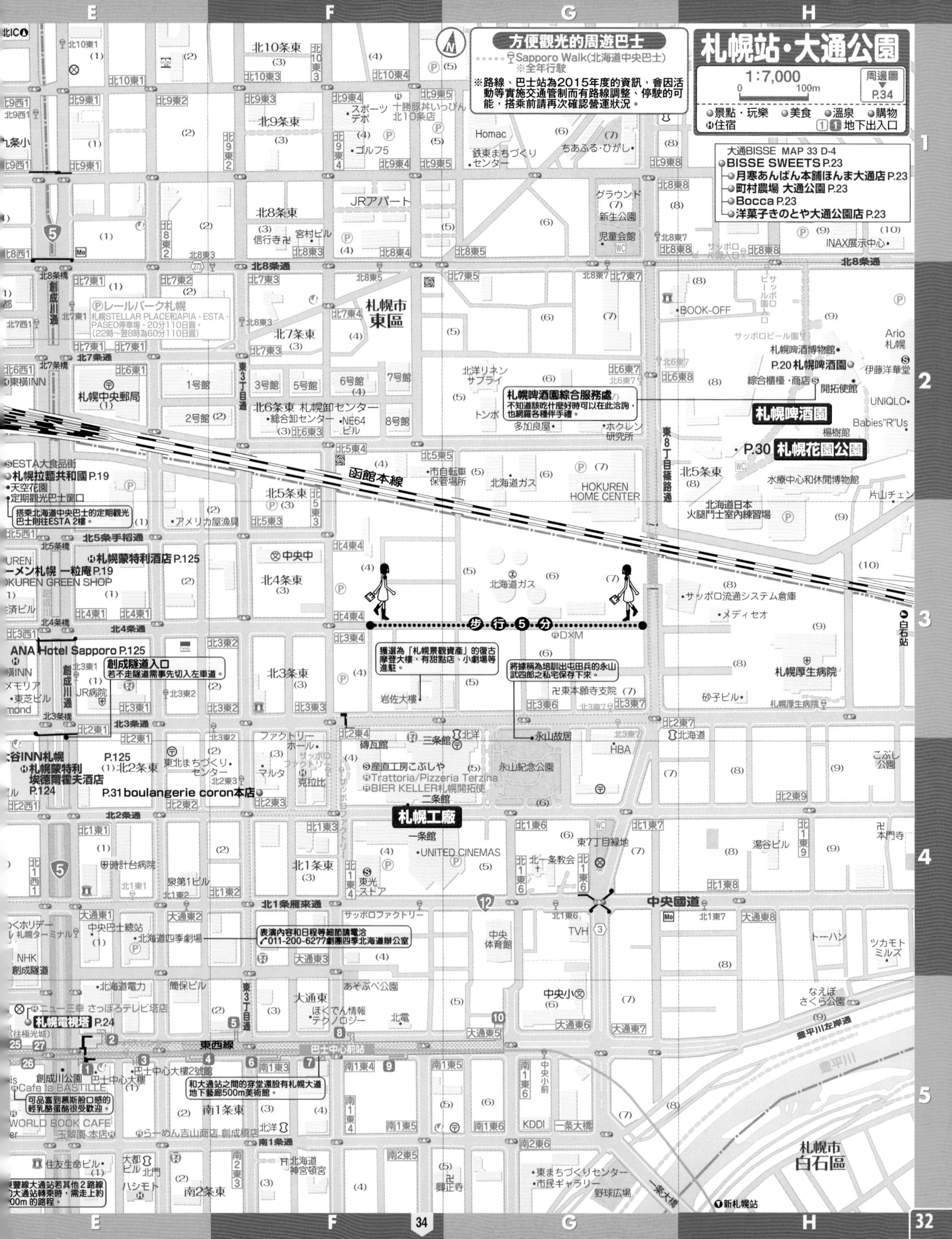

札幌站・大通公園
1:7,000
0 100m
周邊圖 P.34
景點・玩樂 美食 溫泉 購物
住宿 地下出入口
方便觀光的周遊巴士
Sapporo Walk(北海道中央巴士)
※全年行駛
※路線、巴士站為2015年度的資訊，會因活動等實施交通管制而有路線調整、停駛的可能，搭乘前請再次確認營運狀況。
大通BISSE MAP 33 D-4
BISSE SWEETS P.23
月寒あんぱん本舗ほんま大通店 P.23
町村農場 大通公園 P.23
Bocca P.23
洋菓子きのとや大通公園店 P.23
札幌啤酒園綜合服務處
不知道該吃什麼好時可以在此洽詢，也網羅各種伴手禮。
札幌啤酒園
P.20 札幌啤酒園
P.30 札幌花園公園
札幌市東區
札幌市白石區
札幌工廠
獲選為「札幌景觀資產」的復古磨登大樓，有甜點店、小劇場等進駐。
將據稱為培訓出屯田兵的永山武四郎之私宅保存下來。
永山故居
永山紀念公園
步行5分
函館本線
北8条通
北7条通
北5条手稲通
北4条通
北3条通
北2条通
北1条雁来通
中央國道
南1条通
東8丁目篠路通
東3丁目通
創成川通
豊平川左岸通
豊平川
東西線
巴士中心前站
ESTA大食品街
札幌拉麵共和國 P.19
天空花園
定期觀光巴士窗口
搭乘北海道中央巴士的定期觀光巴士則往ESTA 2樓。
札幌蒙特利酒店 P.125
ラーメン札幌 一粒庵 P.19
ANA Hotel Sapporo P.125
創成隧道入口
若不走隧道需事先切入左車道。
札幌蒙特利埃德爾霍夫酒店 P.124
P.31 boulangerie coron本店
産直工房こぶしや
Trattoria/Pizzeria Terzina
BIER KELLER札幌開拓使
表演內容和日程等細節請電洽
011-200-6277劇團四季北海道辦公室
北海道四季劇場
札幌電視塔 P.24
和大通站之間的穿堂還設有札幌大通地下藝廊500m美術館。
可品嘗到蘇斯殼口感的輕乳酪蛋糕很受歡迎。
Cafe la BASTILLE
WORLD BOOK CAFE
東豐線大通站若其他2路線的大通站轉乘時，需走上約500m的路程。
新札幌站
白石站
北海道日本火腿鬥士室內練習場
水療中心和休閒博物館
札幌厚生病院
UNITED CINEMAS
中央體育館
中央小
札幌中央郵局
サッポロファクトリー

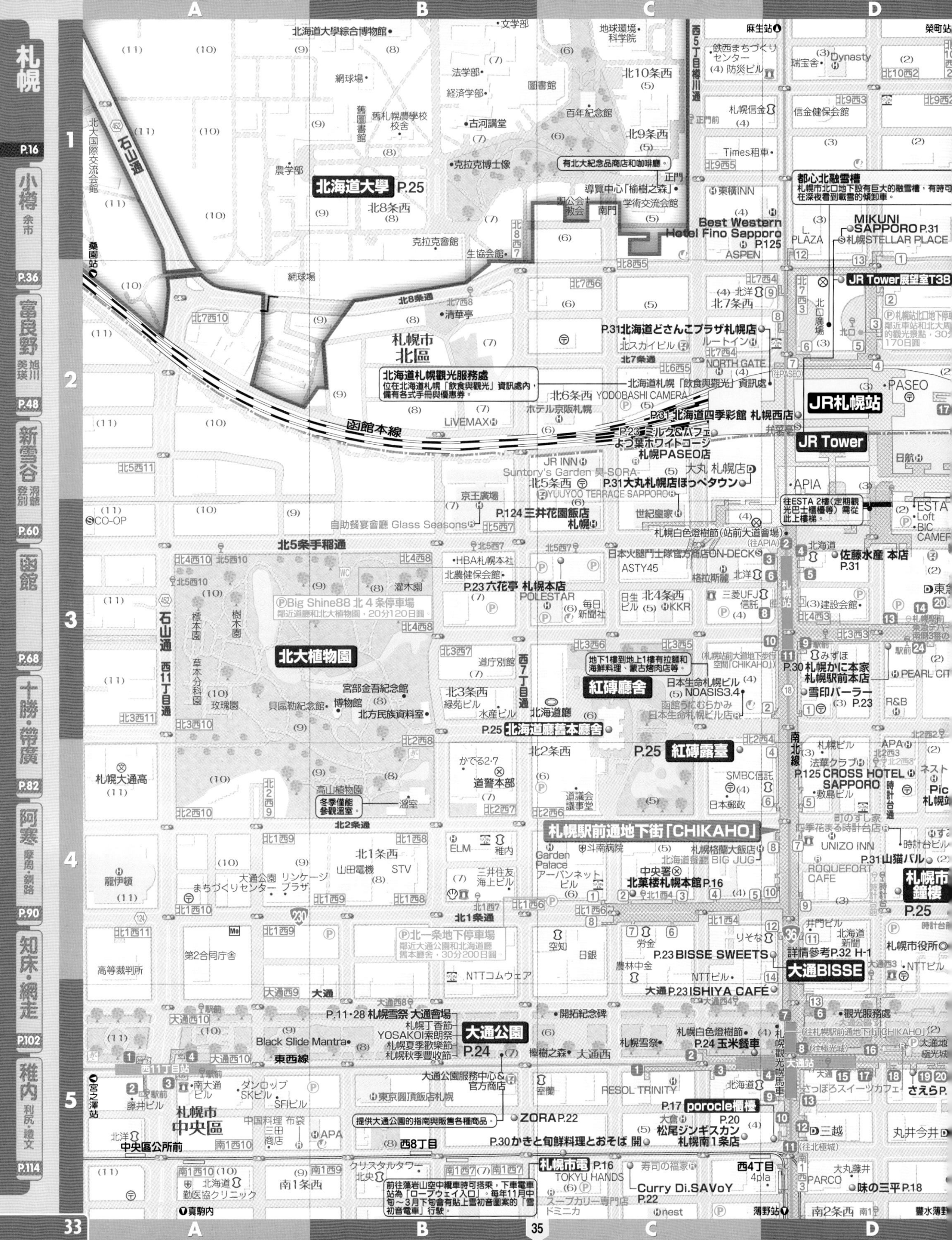

札幌
P.16
小樽 余市
P.36
富良野 美瑛 旭川
P.48
新雪谷 登別 洞爺
P.60
函館
P.68
十勝・帶廣
P.82
阿寒 摩周・釧路
P.90
知床・網走
P.102
稚內 利尻・禮文
P.114
A
B
C
D
1
2
3
4
5
北海道大學綜合博物館
文学部
地球環境科学院
西5丁目樽川通
麻生站
鉄西まちづくりセンター
防災ビル
Dynasty
瑞宝舍
北10条西
栄町站
法学部
経済学部
網球場
舊札幌農學校校舍
圖書館
百年紀念館
古河講堂
北9条西
札幌信金
信金健保会館
克拉克博士像
Times租車
有北大紀念品商店和咖啡廳。
正門
導覽中心「楡樹之森」
學術交流会館
農学部
北海道大學 P.25
北8条西
東橫INN
都心北融雪槽
札幌站北口地下設有巨大的融雪槽，有時可在深夜看到載雪的傾卸車。
克拉克會館
南門
Best Western Hotel Fino Sapporo P.125
MIKUNI SAPPORO P.31
札幌STELLAR PLACE
L.PLAZA
ASPEN
生協会館
網球場
桑園站
石山通
北大國際交流会館
JR Tower展望室T38
北8条通
清華亭
北7条西
P.31 北海道どさんこプラザ札幌店
北スカイビル
ルートイン
NORTH GATE
北口廣場
札幌市北區
北7条通
北海道札幌觀光服務處
位在北海道札幌「飲食與觀光」資訊處內，備有各式手冊與優惠券。
北海道札幌「飲食與觀光」資訊處
北6条西 YODOBASHI CAMERA
ホテル京阪札幌
PASEO
JR札幌站
LiVEMAX
函館本線
P.31 北海道四季彩館 札幌西店
P.23 ミルク&パフェよつ葉ホワイトコージ 札幌PASEO店
弁慶
JR Tower
JR INN
Suntory's Garden 奏-SORA-
大丸 札幌店
日航
北5条西
P.31 大丸札幌店ほっぺタウン
APIA
YUUYOO TERRACE SAPPORO
京王廣場
P.124 三井花園飯店 札幌
世紀皇家
往ESTA 2樓(定期觀光巴士櫃檯等)需從此上樓梯。
ESTA
Loft
BIC CAMERA
CO-OP
自助餐宴會廳 Glass Seasons
札幌白色燈樹節(站前大道會場)
北5条手稲通
日本火腿鬥士隊官方商店ON-DECK
北海道
佐藤水産 本店 P.31
HBA札幌本社
北農健保会館
ASTY45
格拉斯麗
北洋
P.23 六花亭 札幌本店
POLESTAR
毎日新聞社
日生ビル
北4条西
KKR
三菱UFJ信託
建設会館
灌木園
Big Shine88 北4条停車場
鄰近道廳和北大植物園，20分120日圓
標本園
樹木園
草本分科園
北大植物園
道庁別館
西7丁目通
地下1樓到地上1樓有拉麵和海鮮料理、蒙古烤肉店等。
紅磚廳舍
(札幌站前大道地下步行空間「CHIKAHO」)
P.30 札幌かに本家 札幌駅前本店
みずほ
PEARL CITY
日本生命札幌ビル
NOASIS3.4
雪印パーラー
R&B
P.23
函館うにむらかみ 日本生命札幌ビル店
宮部金吾紀念館
博物館
貝區勒紀念館
北方民族資料室
玫瑰園
北3条西
綠苑ビル
水産ビル
北海道廳
P.25 北海道廳舊本廳舍
P.25 紅磚露臺
南北線
札幌ビル
APA
法華クラブ
P.125 CROSS HOTEL SAPPORO
敷島ビル
ネスト
札幌大通高
西11丁目通
北2条西
かでる2·7
道警本部
SMBC信託
道議会議事堂
日本郵政
時計台通
高山植物園
冬季僅能參觀溫室。
溫室
北2条通
札幌駅前通地下街「CHIKAHO」
町のすし家
四季花まる 時計台店
時計台ビル
UNIZO INN
P.31 山猫バル
ELM
稚内
斗南病院
札幌格蘭大飯店
北海道餐廳 BIG JUG
ROQUEFORT CAFE
札幌市鐘樓 P.25
龍伊頓
北1条西
山田電機
STV
Garden Palace
アーバンネットビル
三井住友海上ビル
大通公園まちづくりセンター
リンケージプラザ
中央署
北菓楼札幌本館 P.16
北1条通
井門ビル
りそな
北海道新聞
札幌市役所
北一条地下停車場
鄰近大通公園和北海道廳舊本廳舍，30分200日圓
空知
日銀
労金
P.23 BISSE SWEETS
詳情參考P.32 H-1
大通BISSE
NTTビル
第2合同庁舎
高等裁判所
NTTコムウェア
農林中金
大通
大通 P.23 ISHIYA CAFÉ
P.11・28 札幌雪祭 大通會場
札幌丁香節
YOSAKOI索朗祭
札幌夏季歡樂節
札幌秋季豐收節
開拓紀念碑
觀光服務處
大通公園 P.24
Black Slide Mantra
東西線
楡樹之森
大通西
札幌雪祭
札幌白色燈樹節
P.24 玉米餐車
(往札幌駅前通地下街「CHIKAHO」)
札幌觀光幌馬車
(往狸小路)
大通站
大通地下
さっぽろスイーツカフェ
さえら P.16
西11丁目站
西11丁目站
南大通ビル
駅前
藤井ビル
ダンロップSKビル
SFIビル
大通公園服務中心&官方商店
東京圓頂飯店札幌
RESOL TRINITY
北海道
P.17 porocle櫃樓
宮の沢
札幌市中央區
中國料理 布袋
三田商店
APA
提供大通公園的指南與隨身各種商品。
ZORA P.22
大倉
P.20 松尾ジンギスカン 札幌南1条店
三越
丸井今井
北洋
中央區公所前
P.30 かきと旬鮮料理とおそば 開
西8丁目
(往狸小路)
北海道勤医協クリニック
南1条西
クリスタルタワー
北央
札幌市電 P.16
TOKYU HANDS
壽司の福家
スープカリー専門店 ドミニカ
Curry Di.SAVoY P.22
西4丁目
4pla
大丸藤井
PARCO
味の三平 P.18
前往藻岩山空中纜車時可搭乘，下車電車站為「ロープウェイ入口」。每年11月中旬～3月下旬會有貼上雪初音圖案的「雪初音電車」行駛。
真駒內
nest
薄野站
南2条西
豊水薄野
35

薄野・狸小路
1:7,000
0
100m
周邊圖
右下圖
景點・玩樂
美食
溫泉
購物
住宿
地下出入口
方便觀光的周遊巴士
Sapporo Walk(北海道中央巴士)
※全年行駛
※路線、巴士站為2015年度的資訊，會因活動等實施交通管制而有路線調整、停駛的可能，搭乘前請再次確認營運狀況。
札幌電視塔 P.24
東西線
巴士中心前站
和大通站之間的穿堂還設有札幌大道地下藝廊500m美術館。
可品嘗到慕斯般口感的輕乳酪蛋糕很受歡迎。
WORLD BOOK CAFE
南1条東
南2条東
南3条東
南4条東
南5条東
南6条東
南7条東
創成川東區
位於創成川東邊的地區，深受當地年輕人喜愛的店家林立。
二条市場 P.21
だるま軒 P.19
どんぶり茶屋 二条市場店 P.21
近藤昇商店 寿司処けいらん店 P.21
Sapporo Sweets Garden PALOM
千歳鶴酒博物館
販售蔬菜調理師構想出的好喝果汁的店家，也頗受媒體矚目。
LITTLE JUICE BAR
室蘭街道
創成隧道入口
若不走隧道需事先切入左車道。
一条大橋
野球広場
網球場
河岸公園
札幌市 白石區
札幌市 豐平區
菊水1条
菊水2条
菊水3条
菊水4条
豐平川緑地
南大橋
札幌廣域
1:150,000
0
2km
莫埃來沼公園
札幌雪祭 TSUDOME會場 P.29
手稲區
北區
東區
西區
中央區
白石區
豐平區
清田區
厚別區
南區
札幌市
江別市
北廣島市
札樽自動車道
道央自動車道
P.32 札幌站・大通公園
左圖 薄野・狸小路
白色戀人公園 P.27
雪印惠乳業酪農與乳業歷史館 P.30
北之映像博物館 P.31
大倉山跳台滑雪競技場 P.27
札幌市圓山動物園 P.14・27
藻岩山空中纜車山頂展望台 P.10・16・26
藻岩山觀光自動車道
北海道開拓之村 P.30
麺屋 彩未 P.18
麺屋 菜々兵衛 P.19
MAGIC SPICE 札幌本店 P.30
札幌羊之丘展望台 P.26
三井OUTLET PARK 札幌北広島

33
A
B
C
D
1
2
3
4
5
札幌
P.16
小樽 余市
P.36
富良野 美瑛 旭川
P.48
新雪谷 登別 洞爺
P.60
函館
P.68
十勝・帶廣
P.82
阿寒 摩周・釧路
P.90
知床・網走
P.102
稚內 利尻・禮文
P.114
大通公園
P.24
P.11・28 札幌雪祭 大通會場
札幌丁香節
YOSAKOI索朗祭
札幌夏季歡樂節
札幌秋季豐收節
大通公園服務中心&官方商店
提供大通公園的指南與販售各種商品。
Black Slide Mantra
東西線
西11丁目站
宮之澤站
札幌市中央區
中央區公所前
ZORA P.22
開拓紀念碑
欅樹之森
大通西
東京圓頂飯店札幌
APA
西8丁目
大通 P.23 ISHIYA CAFÉ
札幌站
觀光服務處
札幌白色燈樹節
P.24 玉米餐車
札幌雪祭
RESOL TRINITY
北海道
P.17 porocle櫃檯
大倉
P.20 松尾ジンギスカン 札幌南1条店
P.30 かきと旬鮮料理とおそば 開
三越
丸井今井
札幌觀光幌馬車
大通站
さっぽろスイーツカフェ
さえら P.3
往札幌站前通地下街「CHIKAHO」
往北極城
札幌市電 P.16
前往藻岩山空中纜車時可搭乘，下車電車站為「ロープウェイ入口」。每年11月中旬～3月下旬會有貼上雪初音圖案的「雪初音電車」行駛。
クリスタルタワー
南1条西
TOKYU HANDS
Curry Di.SAVoY P.22
スープカレー専門店 ドミニカ
nest
西4丁目
4pla
PARCO
大丸藤井
味の三平 P.18
南2条西
Pivot
札幌信金
スープカレー TREASURE
宮越屋珈琲 南2条店
P.31 イタリア料理orizzonte
村上カレー店 プルプル P.30
區民センター
プリンスホテル
札幌王子大飯店
Top of Prince 空中酒廊
Liscio 咖啡廳
中央区役所
レオパレス 札幌
Dormy Inn PREMIUM
FAB cafe
新札幌太陽道
本陣狸大明神社
WINS B館
Richmond
ナナイロ
北極城
唐古料德
North Continental -MACHI NO NAKA
狸小路
P.31 道産食彩HUGマート
狸の湯 ドーミーイン 札幌ANNEX
おみやげの店 こぶしや
Watermark
ひげのうし
海鮮食堂 澤崎水産 狸小路店
みよしの 狸小路店
千秋庵
L'HOTEL DE L'HOTEL
スープカレー GARAKU
狸小路商店街
南3条西
Comfort
新加坡酒樓 KOPITIAM
約1km長的拱廊商店街內有約200家專賣店營業，也有販賣北海道伴手禮的店。
NEW BUDGET
南三条病院
nORBESA
WINS
大漁居酒屋てっちゃん
P.31 海味はちきょう 本店
うさぎや
田久鮓
RENER
ホルモン銀牙
中央保健センター
中央署
セントラル ウェルネスクラブ
資生館小
P.22 soup curry Suage+
P.30 海鮮まるだい亭
P.18 すみれ 札幌薄野店
すしほまれ
アイスクリームBar HOKKAIDOミルク村
P.30 えびかに合戦 札幌本店
薄野交叉路口
石山通
定山溪國道
資生館小學校前
南4条通
薄野
薄野站
回転寿し 魚一心 ススキノラフィラ店
東急REI
LAFILER
P.29 札幌雪祭 薄野會場
薄野最具指標性的日果鬍鬚大叔招牌，背景顏色有6種變化。
プリン本舗 すすきの店
Times Station 札幌薄野
雖離薄野站有些距離，特色在於大型的停車場規模。60分300日圓。
函館開陽亭別邸 大三坂
南4条西
P.19 元祖さっぽろラーメン横丁
ラーメン信月
SHO-RIN
菊鶴
ANA Holiday Inn Sapporo Susukino P.125
氷雪の門 P.30
南5条西
西創成まちづくりセンター
CABIN
きょうと料理亭 杉ノ目 本店
さっぽろジンギスカン本店
P.20 ジンギスカン 羊飼いの店「いただきます。」
みよしの 日劇店
日劇ビル
P.20 成吉思汗だるま本店
札幌味噌ラーメン専門店 にとりのけやき
日泰寺
ライオンビル
BAR 一慶
すすきの屋台横丁
すすきの市場
ザンギBAR衣
セントラルビル
ホワイトイン
らーめん信玄 南6条店
市電
南6条西
スパサフロ
ろばた大助 本店
野口ビル
だるま
新東
中式點心的茶寮薄野店，肉包很受歡迎。
Tmark City
KAIKO
すし善 すすきの店
南北線
新榮寺
Times 薄野 6・3
60分200日圓(18時～翌6時) 30分200日圓
P.19 えびそば一幻 総本店
らーめん五丈原
東本願寺前
步行5分
南7条西
すすきのプラザビル
JASMAC PLAZA
TIARA
湯香郷
茶寮 瀧乃家
札幌市公文書館
東本願寺會館
東本願寺
ライン
ひかり公園
南8条西
RELIEF
MARKS INN
藻山橋
市民活動プラザ星園
QUINTESSA
オリエンタル
ibis STYLES 中央ビル
北洋 北洋東
屯田センター
菊水・旭山公園通
南八条橋
南9条緑地
中央病院
南札幌病院
山鼻9条
EXCEL TOKYU
Zepp Sapporo
VESSEL INN
翔
LIVEMAX
ART
TO OV cafe
RESOL
南9条橋
南9条西
水天宮
中島公園站
P.20 麒麟啤酒園 本館 中島公園店
大正湯
PREMIER
児童會館
こぐま座
八窓庵
札幌公園飯店 P.124
南10条西
中島公園入口
Lifort
アート&コミュニティセンター
あけぼの公園
曙まちづくりセンター
妙心寺
雪燈節 in 中島公園
預定在雪祭期間舉辦的活動，每年園內都會佈滿雪中燭火。
豊平館
中島公園
小船乘船處
南11条西
シガ
川西病院
中島公園通
公園橋
鴨々川
菖蒲池
真駒内站
真駒内
Norte

一目瞭然區域導覽 小樽 余市

小樽是這樣的地方

自古以來便以貿易和商業、漁業而繁榮的城市。小樽站到小樽運河週邊，至今仍保有許多明治時代至大正時代所建的銀行和公司建築，現今則改建為商店或咖啡廳、餐廳重新運用。此外，堺町通則有專賣玻璃和音樂盒的商店櫛次鱗比。

擬定行程的小竅門

僅在中心區觀光的話1天即可，上午參觀小樽運河與歷史建築物，午餐享用壽司，下午開始逛堺町通是瀏覽小樽的經典玩法。若想將距離拉長至郊外的觀光景點，以搭乘北海道中央巴士的小樽漫遊巴士較方便。

日本人推薦的標準行程

首先從小樽的觀光名勝——小樽運河漫步開始，之後到堺町通選購玻璃製品和甜點等伴手禮。

（第1天）
04 小樽運河浪漫懷古散步
↓
05 堺町通選購小樽伴手禮

機場出發的交通指南

おたる・よいち

新千歲機場 → 小樽
- 【開車】道道1091號・道央道・札樽道／約89km
- 【鐵路】JR快速「AIRPORT」／1小時15分

新千歲機場 → 札幌
- 【開車】經由道道1091號・道央道／約50km
- 【巴士】北都交通巴士等／1小時20分
- 【鐵路】JR快速「AIRPORT」／37分

札幌 → 小樽
- 【開車】經由國道5號・札樽道／約39km
- 【巴士】北海道中央巴士等高速小樽號／1小時
- 【鐵路】JR快速「AIRPORT」等／32～45分

小樽 → 余市
- 【開車】經由國道5號／約20km
- 【鐵路】JR普通列車／25分

余市 → 積丹（神威岬）
- 【開車】經由國道229號／約49km

必遊景點
區域名
※當地人稱呼的地名
主要觀光服務處
主要停車場

介紹區域在這裡！
小樽

小樽港
石原裕次郎紀念館
WING BAY 小樽
渡輪總站
南小樽・築港
小樽温泉 オスパ
新南樽市場
中央埠頭
步行4分
小樽築港站
港町埠頭
第二埠頭
第三埠頭
色內埠頭公園
有幌町
北一硝子三號館
小樽出拔小路
小樽運河浪漫懷古散步 PLAN 04
音樂盒堂
童話交叉路口
小樽堺町通商店街觀光服務處
函館本線
勝納川
旭橋
小樽運河
堺町通
南小樽站
水天宮
PLAN 05 堺町通選購小樽伴手禮
奧沢十字街
双葉高・中
本願寺
小樽郵局
東光寺
北華爾街
住吉神社前
393
文學館
おたる政寿司本店
CO-OP
日本銀行舊小樽分行 金融資料館
入船十字街
淨曉院
盡享新鮮當令食材的小樽壽司 PLAN 06
5
妙國寺
住吉神社
小樽站周邊
長崎屋
三角市場
小樽站
小樽署
公園通
小樽市役所
小樽公園
余市站
市民会館

新施設&話題的新情報

北海道葡萄酒中心

2015年4月開幕

藉由收費試喝選購喜歡的葡萄酒

為北海道產葡萄酒相關的葡萄酒觀光據點，開設於小樽運河巴士總站（P. 45）內。備有北海道產葡萄酒的收費試飲，侍酒師與原釀酒師會依照客人對於葡萄酒的了解，來挑選推薦的葡萄酒。

MAP 47 D-2

公路休息站 赤井川

2015年4月開幕

札幌與新雪谷間全新休息站登場！

連結札幌圈與新雪谷區域的國道393號線中段新設了「公路休息站赤井川」。站內的烘焙坊、義式冰淇淋區售有運用當地食材的麵包和自創冰淇淋，可在兜風途中來逛逛。

MAP 150 G-5

閑靜而獨具韻味「北運河」

小樽運河的私房景點

現今仍有小型船隻停泊的運河私房景點。運河寬度維持昔日的40m寬，可以感受保有當時風貌而韻味十足的景致，還有以船入水為主題的運河公園。

MAP 46 G-4

札幌 P.16
小樽 余市 P.36
富良野 美瑛 旭川 P.48
新雪谷 洞爺 登別 P.60
函館 P.68
十勝·帶廣 P.82
阿寒 摩周 釧路 P.90
知床·網走 P.102
稚內 利尻·禮文 P.114

主要觀光名勝多集中在小樽運河與堺町通一帶，運河週邊的觀光以步行即可。若想廣範圍遊覽，則可利用循環巴士「小樽漫遊巴士」。

區域內交通資訊

可自由安排行程觀光計程車

若想在短時間內遊覽真正想去的地方，推薦以時間制包租的觀光計程車。只要在時間內，都可以自由安排想去的觀光景點。

小樽包租計程車協會 ☎0134-21-3002

●A路線（街區行程）※全年

小樽站（或者飯店）～色內週邊、運河步道等 1小時30分7900日圓～

●D路線（藍天行程）※夏季

小樽站（或者飯店）～玻璃工作室、銀鱗莊～運河步道～舊日本郵船等 3小時30分18500日圓～

走路太辛苦就搭人力車觀光

搭乘人力車的視野會變高，車伕還會沿路介紹，比純粹步行觀光還要更有趣。方案為12分鐘1人搭乘3000日圓，2人搭乘4000日元起，也有30分鐘以上的包租方案。人力車會在小樽運河的中央橋和淺草橋週邊待機，詳細內容請與車伕確認。

人力車のえびす屋 ☎0134-27-7771

MAP 47 B-2

↑附有頂棚，下雨天也不必擔心

想更隨興觀光的話就選自行車租借

想自由走動觀光的話，推薦租借自行車。JR小樽站附近的ちゃりんこ·おたる（MAP 47 C-4）租借費用1小時500日圓起、半天（5小時）1300日圓起。

前往祝津搭乘小樽海上觀光船

小樽港到「小樽水族館」等景點所在的祝津之間有觀光船行駛其間。出航在小樽運河附近的小樽港第三埠頭（MAP 46 H-5）出發，單程約20分、700日圓。還有オタモイ航線與屋形船港內遊覽。

小樽觀光振興公社 ☎0134-29-3131

時刻與費用的洽詢處

JR北海道電話服務中心
☎011-222-7111
http://www.jrhokkaido.co.jp/

北海道中央巴士小樽巴士總站
☎0134-25-3333
http://www.chuo-bus.co.jp/

小樽觀光振興公社
☎0134-29-3131
http://www.otaru-kankousen.jp/

小樽漫遊巴士

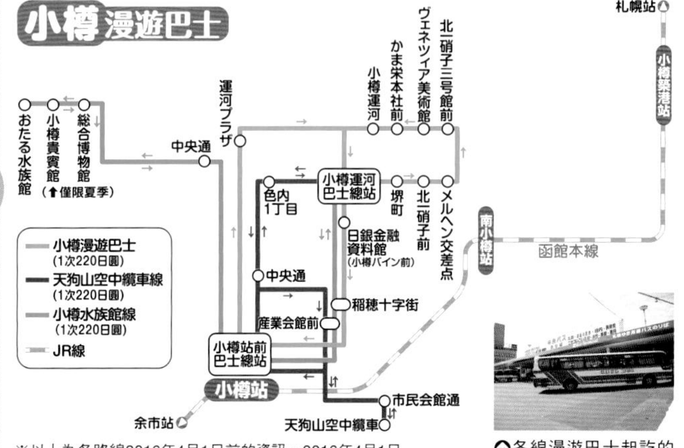

※以上為各路線2016年4月1日前的資訊，2016年4月1日以後的行駛狀況請再行諮詢。

⬆各線漫遊巴士起訖的小樽站前巴士總站

循環市內的小樽漫遊巴士

北海道中央巴士有巡遊小樽運河等觀光景點而十分方便的路線巴士小樽漫遊巴士，1天18班，每30分鐘發車。往天狗山、小樽水族館的路線巴士，可在小樽站前和小樽運河巴士總站搭車。

活用於觀光的優惠巴士乘車券

北海道中央巴士推出的小樽市內線巴士一日乘車券，可以在一天內無限搭乘小樽市內的路線巴士（220日圓的均一區間內），當然也可以用於小樽漫遊巴士。此外，還有將札幌出發的高速巴士一日乘車券和小樽市內線巴士一日乘車券、市內觀光設施的門票成套販售的套票等。

優惠1日車票一覽

※小樽起訖部分，皆可在小樽站前巴士總站購買

小樽市內線一日乘車券	北海道中央巴士的小樽市內路線巴士（均一區間內） 750日圓
小樽1日·札幌單程套票	小樽市內線巴士一日乘車券與小樽→札幌間高速巴士單程車票 1200日圓
小樽天狗山套票	小樽市內線巴士一日乘車券與天狗山空中纜車來回車票 1480日圓
葡萄酒坊小樽BINE套票	小樽市內線巴士一日乘車券與小樽BINE獨家套餐的餐券 1800日圓
小樽水族館套票	小樽站前～小樽水族館間巴士來回車票、小樽水族館門票、小樽～札幌間高速巴士單程車票 1950日圓
積丹水中展望船套票	小樽～美國間巴士來回車票、水中展望船新積丹號船票 2670日圓（僅夏季販售）
岬之湯積丹套票	小樽～岬の湯しゃこたん巴士來回車票、岬の湯しゃこたん泡湯券 3110日圓

旅遊的活動行事曆

由於是以街區遊逛為觀光重心，基本上一整年都適合觀光。若將長時間步行列入考量，推薦溫暖而能愜意散步的夏天。若想品嘗小樽特有的美食，建議冬季到春季前往。

小樽雪燈之路（1月～2月）

期間 2月上旬～中旬
會場 小樽運河、舊國鐵手宮線等，小樽市內一圈
洽詢 ☎0134-32-4111（執行委員會）

運河與市內隨處都點上燭光的夢幻祭典。

第11屆牡丹芍藥祭（5月～7月）

期間 5月下旬～7月上旬
會場 小樽貴賓館
洽詢 ☎0134-24-0024（小樽貴賓館）

約700株的牡丹芍藥在庭園爭相綻放。

第50屆小樽潮祭（7月）

期間 7月29～31日
會場 小樽港第3埠頭、市內中心區
洽詢 ☎0134-32-4111（執行委員會）

有震撼的煙火大會與神轎遊行等多種看頭。

小樽天狗山夜景之日、祭典（8月）

期間 8月27、28日
會場 天狗山山頂等
洽詢 ☎0134-33-7381（小樽天狗山空中纜車）

整個家庭皆能開心玩樂，舞台活動五花八門的慶典。

第30屆北國收穫祭葡萄酒狂歡節in小樽（9月）

期間 9月11日
會場 北海道葡萄酒本社工廠前
洽詢 ☎0134-34-2181

搭配葡萄酒享受超過30家的美食攤販與舞台表演。

小樽蝦蛄祭～海鮮市集～（11月）

期間 11月中旬
會場 第3埠頭多目的廣場
洽詢 ☎0134-22-3721（小樽蝦蛄祭事務局）

當場烹煮販賣大鍋煮及燙蝦蛄，可飽嘗蝦蛄。

- **雪** 平原地帶的初雪為10月下旬到11月上旬，12月已有厚積雪，會下雪至4月左右。
- **櫻** 5月上旬到中旬開花，賞花以小樽公園等地人潮最多。
- **積丹的海膽** 積丹海膽的捕撈期在6～8月，其中又以漁獲量少的馬糞海膽為極品。
- **紅葉** 山區在9月下旬開始渲染上紅色，10月中旬到下旬正對時。

	12月	11月	10月	9月	8月	7月	6月	5月	4月	3月	2月	1月
最高氣溫(℃)	1.7	8.1	15.7	21.9	25.6	23.7	20.1	16.4	10.8	3.7	-0.1	-0.7
平均氣溫(℃)	-1.0	4.7	11.5	17.7	21.7	19.8	15.7	11.6	6.5	0.5	-2.9	-3.3
最低氣溫(℃)	-3.7	1.4	7.6	13.9	18.4	16.6	12.1	7.5	2.6	-2.6	-5.8	-6.1
降雨量(mm)	141.4	146.8	130.3	125.6	117.7	79.3	46.3	56.1	57.4	83.2	105.6	142.3
最深積雪(cm)	50	15	—	—	—	—	—	—	45	108	119	94

※氣溫、降雨量、最深積雪等數據為1981～2010年的平均值（日本氣象廳）。此外，時令、建議等內容僅供參考。活動的舉辦日期和內容有更動的可能，請事先確認

MAP P.46・47

最佳時節 2月、5~9月

小樽運河 浪漫懷古散步

石造倉庫林立於海風吹拂的運河

所需時間……3小時
預算……1,000日圓
距離……步行2.2km

START

1 JR小樽站 景點
約400m 454

2 手宮線遺址 景點
約300m 454 散步道

亮點 3 小樽運河 景點
約500m 地區道路

4 北華爾街 景點
約200m 地區道路

5 日本銀行舊小樽分行金融資料館 景點
約800m 地區道路 454

JR小樽站

GOAL

Information

小樽市觀光振興室 0134-32-4111
小樽觀光協會 0134-33-2510
中央巴士小樽巴士總站 0134-25-3333

景點 JR小樽站 1

じぇいあーるおたるえき

MAP 47 B-5

復古氣息瀰漫 小樽觀光的起點

據說是在昭和9（1934）年以上野站為參考所建造出的現在的小樽站，是北海道最古老的鋼骨鋼筋混凝土車站，以復古風情而著稱，也已列入有形文化財。車站內設有讓人想在小樽觀光前後順道逛逛的景點，如網羅導覽手冊的觀光服務處、食品區「駅なかマートTARCHÉ」、咖啡廳等。

0134-22-0771
自由參觀（參觀月台需入場券170日圓） 址 小樽市稲穂2 交 JR小樽站内 P 無
Mapple Code 100-2415

重現建造當
模樣，在
修復完成

月台改建成
那月台，置有
裕次郎的實寸
牌

淺草橋附近眺望的小樽運河

小樽運河沿岸架設了以花崗岩鋪設的步道
也有不少人搭人力車遊覽小樽

旅遊提案介紹♪

行程要點為步行欣賞位在小樽觀光重點地區的歷史建築物，也推薦從北華爾街一帶切入堺町通選購伴手禮（P.40）。不妨走進座落在行程沿途的復古咖啡廳或餐廳坐坐。

景點 小樽運河 亮點 3

おたるうんが

MAP 47 C-2

在煤氣燈成列的運河步道漫步

大正3（1914）年動工、大正12（1923）年完工的港灣設施。建造於反映出小樽活絡的盛年期，讓駁船得以在停泊小樽港的主船與運河之間往來載運貨物。結束運河的任務後，昭和61（1986）年整頓成現在的模樣，沿臨港線的部分填滿成20m寬，架設石板步道等設施。觀光人潮最多的地方是位在淺草橋頭的淺草橋街園，從此可眺望常在觀光手冊等處看到的景致。

0134-32-4111
（小樽市觀光振興室）
自由漫步
址 小樽市港町
交 JR小樽站步行10分
P 無
Mapple Code 100-0878

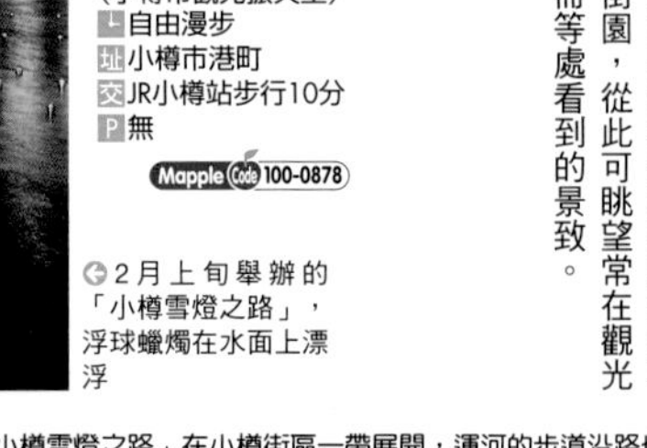

2月上旬舉辦的「小樽雪燈之路」，浮球蠟燭在水面上漂浮

行程攻略

❶小樽站到小樽運河為下坡路。
❷還可搭乘小樽漫遊巴士和計程車。
❸也去運河旁倉庫改建成的餐廳坐坐吧。

悄悄話 小樽運河：2月上旬有「小樽雪燈之路」在小樽街區一帶展開，運河的步道沿路也在雪中燭光點點，形成一個夜越黑越美的藝術慶典。（愛知縣／50多歲女性）

景點 2 手宮線遺址

てみやせんあとち

MAP 47 C-3

如今做為步道重新利用

舊國鐵手宮線（舊幌內鐵道）是明治13（1880）年開通的連接手宮（小樽）～札幌之間的北海道最古老鐵路。隔兩年開通至幌內（三笠市），幌內鐵道就此完工，這條鐵路的目的在於從幌內運送石炭到小樽港。昭和60（1985）年手宮～南小樽之間廢線，長約1450m規劃成步道使用。

✆0134-32-4111（小樽市觀光振興室）
自由漫步 址 小樽市色內
交 JR小樽站步行10分 P 無

Mapple Code 101-1097

已無列車行駛，可以走上鐵軌

景點 4 北華爾街

きたのうぉーるがい

MAP 47 D-3

過去是北海道經濟中心的所在

最能象徵商業城市小樽的建築物雲集的區域，有日本銀行舊小樽分行和舊三井銀行小樽分行等。這裡過去不但有銀行，據說還有商社、海運公司、大型商店等櫛次鱗比。雖然大多企業已撤離小樽，大部分建築物都保存了下來，留下濃濃的過往風貌。

✆0134-32-4111
（小樽市觀光振興室）
自由參觀（內部參觀因設施而異）
址 小樽市色內
交 JR小樽站步行10分
P 無

Mapple Code 100-2429

其中又以色內大通上歷史性建築物較多

景點 5 日本銀行舊小樽分行金融資料館

にっぽんぎんこうきゅうおたるしてんきんゆうしりょうかん

MAP 47 D-3

代表明治時期的歷史性建築

明治45（1912）年竣工，可說是小樽歷史性建築一大代表的建築物，設計由打造出東京站紅磚車站建築的辰野金吾與他的兩個徒弟操刀。2002年，日銀小樽分行結束銀行業務，隔年起改為金融資料館對外開放。館內以北華爾街的歷史及現在的日銀業務為主軸，可以欣賞深具巧思的展示。

✆0134-21-1111
9:30～16:30（12～3月為10:00～） 休 週三（逢假日則開館） ¥ 免費入館 址 小樽市色內1-11-16
交 JR小樽站步行10分 P 無

Mapple Code 100-1079

以看板介紹日本的銀行歷史等

平成24（2012）年實施外牆等處的修建工程而重新翻修

稍稍study ☑ 小樽市指定歷史性建築物

小樽有各式各樣從明治晚期到昭和初期建設的倉庫和店鋪、銀行等歷史性建築物。小樽市以景觀條例為基準，選出必須保存的建築物，在經過持有者的同意後列入「小樽市指定歷史性建築物」，目前有75座。

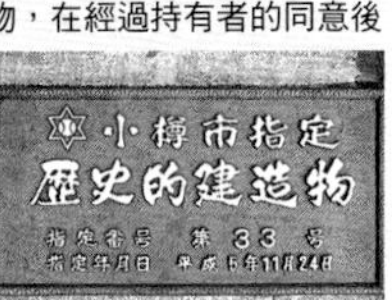

會在建築物入口等處設置看板

運河上的淺草橋是熱門的拍照景點

稍稍study ☑ 小樽運河遊船

MAP 47 C-2

可以從運河眺望小樽懷舊街區的遊船行，聆聽城市歷史與名勝的導覽，一面駛出小樽港。1天有18～23班次。

✆0134-31-1733 受理時間8:30～最末班(日間遊船9:00開始30分1班，夜間遊船請見官網) 休 天候不佳時停駛 ¥ 日間遊船成人1500日圓、小學生500日圓，夜間遊船成人1800日圓、小學生500日圓、幼兒免費 址 小樽市港町5-4 交 JR小樽站步行約10分 P 無

Mapple Code 101-6697

巡遊運河、小樽港40分的小船遊

MAP P.46·47
最佳時節 全年

堺町通 選購小樽伴手禮

小樽名產以大道為中心齊聚一堂！

所需時間……3小時
預算……5,000日圓
距離……步行3.7km

START
JR小樽站
約1000m 454 地區道路
1 大正硝子館 購物
約650m 地區道路
亮點 2 北一硝子三號館 購物
約110m 地區道路
3 小樽洋菓子舖LeTAO 購物
約80m 地區道路
4 小樽音樂盒堂 本館 購物
約1800m 地區道路 454
JR小樽站
GOAL

Information
小樽市觀光振興室 ☎0134-32-4111
小樽觀光協會 ☎0134-33-2510
中央巴士小樽巴士總站 ☎0134-25-3333

建築物在明治24（1891）年作為倉庫而建，中央通道仍留有搬運軌道

購物 北一硝子三號館 2

きたいちがらすさんごうかん

MAP 46 G-1

網羅實用的玻璃製品 休憩則往油燈盞盞的大廳

北一硝子正是確立「小樽＝玻璃之城」印象的企業。創業於明治34（1901）年，從製造及販賣當時是必需品的家庭用油燈起家，自此製作與生活和文化息息相關的商品，現在所販售的商品據說多達數萬種。三號館劃分為鄉村、和風、西式三個樓層，最受歡迎的是鄉村樓層，密密麻麻地擺滿了油燈及各種餐具、花器等以北海道大自然為主題而樸素又充滿韻味的商品。

萬花筒茶杯 1個4200日圓
除了雪花圖案(如圖)外，還有櫻花和兔子圖案

☎0134-33-1993 ⏰8:45～18:00 休無休 址小樽市堺町7-26 交JR南小樽站步行10分 P利用特約停車場

Mapple Code 100-0909

稍稍study ☑ 小樽第一熱鬧的「堺町通」 MAP 46 F-2

從「小樽音樂盒堂 本館」所在的童話交叉路口往小華爾街延伸約750m的大道，販賣伴手禮的特色店家櫛次鱗比，觀光客人潮不斷。

有壽司店等許多餐廳

購物 大正硝子館 1

たいしょうがらすかん

MAP 47 D-2

製作玻璃珠做為旅行的美好回憶

面向色內大通的本店，主要販售自家工廠製造的和風玻璃器皿與原創商品，每款都是可愛的設計與色調而備受女性喜愛。「とんぼ玉館」與隔壁的「体験工房」則備有能體驗製作融合玻璃與噴砂玻璃等的課程。

體驗製作玻璃珠約15分，冷卻約需50分 完成的玻璃珠可另外販售的珠飾搭配成手機吊飾

天使系列葡萄酒杯（4320日圓）等
大正硝子館的長銷商品，備有琳琅滿目的顏色，可愛的配色大受好評

☎0134-32-5101 ⏰9:00～19:00（夏季～20:00） 休無休 ¥玻璃珠製作體驗（迷你課程）1000日圓～ 址小樽市色內1-1 交JR小樽站步行15分 P3輛

Mapple Code 100-2428

堺町通詳細MAP

可品嘗炭烤扇貝和螃蟹等海產。

展示已故黛安娜王妃曾坐過的貢多拉船和色彩鮮豔的威尼斯玻璃。

將未達到北一硝子品質標準的商品，以一般售價的5～8折販售。

常夜燈廣場位在童話交叉路口上。

可以免費參觀北一硝子玻璃製品的製作過程。

網羅世界各地超過1000種的五花八門萬花筒。

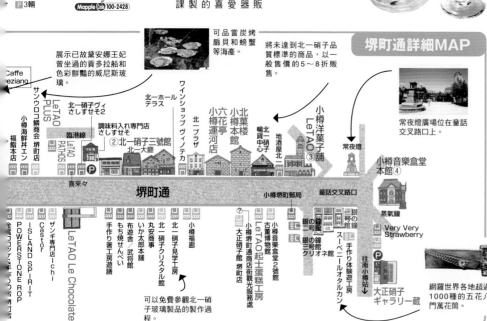

Caffe Veziano　サンウロコ鱗商会　LeTAO PLUS　北一硝子ヴィさしすせそ2　調味料入れ専門店さしすせそ　臨港線　小樽海鮮丼エン　福鮨本店　LeTAO PATHOS　②北一硝子三號館　北一大廳　北一ホールテラス　ワインショップヴィノテカ　北一プラザ　六花亭小樽運河店　北菓楼小樽本館　北一硝子輸入雜貨中心　地酒屋北一　小樽洋菓子舗LeTAO③　常夜燈　小樽音樂盒堂本館④　蒸氣鐘　喜来々　堺町通　小樽堺町郵局　童話交叉路口　POWERSTONE ROP　ISLAND SPIRIT　Castor　ザンギ専門店Ichi　LeTAO Le Chocolate　手作り箸工房遊膳　もち焼せんべい　布遊舎／武将館　いか太郎本舗　丸安商事　北一硝子クリスタル館　北一硝子見学工房　小樽福廊　小樽堺町通商店街觀光服務處　大正硝子館 堺町店　LeTAO起士蛋糕工房　古董博物館　小樽音樂盒堂2號館　銀の鐘二号館　銀の鐘三号館　クリオネ館　銀の鐘一号館　スーベニールオタルカン　手作り体験遊工房　Very Very Strawberry　往南小樽站↓　大正硝子ギャラリー蔵

旅遊提案介紹♪

小樽伴手禮代名詞──玻璃製品與音樂盒的採買旅遊提案。在此介紹的4家店是深受觀光客歡迎的店，商品款式也很豐富。大道上還有吃得到壽司和海鮮丼的餐廳，務必參考詳細地圖喔。

行程攻略

❶購買的商品會增加負荷，如果停留時間夠久，就用宅配寄回飯店吧。
❷有些店家提供製作音樂盒等的手工體驗。
❸如果走累了，就搭小樽漫遊巴士（P.37）。

札幌 P.16
小樽 余市 P.36
富良野 美瑛 旭川 P.48
新雪谷 登別 洞爺 P.60
函館 P.68
十勝・帶廣 P.82
阿寒 摩周・釧路 P.90
知床・網走 P.102
稚內 利尻・禮文 P.114

天使音樂盒 各2520日圓
底座是音樂盒，上頭有可愛的天使抱著星星

蒸氣鐘音樂盒 各4104日圓
設計與聳立在店家前的蒸氣鐘一模一樣，4面時鐘有一面是真正的時鐘

建築物是明治45（1912）年所建，是小樽罕見的磚造

購物 小樽音樂盒堂 本館 4

おたるおるごーるどうほんかん

MAP 46 H-2

優美音色在紅磚倉庫迴盪

將明治時代所建的倉庫改造成的音樂盒專賣店，從平價的商品到兼具裝飾品價值的款式，展示及販售約3400種、超過2萬5000個音樂盒，也不可錯過音樂盒發源地瑞士的REUGE公司製作的音樂盒。附近還有能體驗音樂盒製作的手工製作體驗館遊工房。

0134-22-1108
9:00～18:00（夏季的週五六、假日前日～19:00）
休 無休
址 小樽市住吉町4-1
交 JR南小樽站步行7分
P 無
Mapple Code 100-0877

周邊圖▶P.46
小樽洋菓子舖 LeTAO ③
臨港線
・法務局
北一威尼斯美術館
大正硝子館
小樽運河
北一會館
小樽運河巴士總站 ①
北一硝子三號館 ②
北華爾街
水天宮
小樽郵局
小樽音樂盒堂 本館 ④
日本銀行舊小樽分行金融資料館
東光寺
札幌站
函館本線
日銀通
中央通
長崎屋
北一硝子花園店
⑤
余市站
JR小樽站
START&GOAL
花園十字街
公園通
1:20,000 0 200m
CLOSE UP!

稍稍study ☑ 北一會館 MAP 46 G-2

北一硝子三號館有間167盞油燈光影搖曳的咖啡廳，可以在夢幻的氛圍中享用飲品和奶油泡芙、海鮮丼等。

Mapple Code 101-4590

週一、三、五還有鋼琴現場演奏

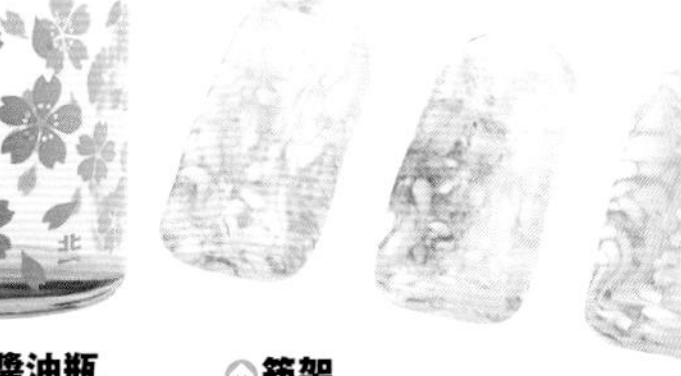

新風彩系列 小碟 1個 800日圓
色彩繽紛的新風彩系列，小碟共有5種顏色

四季醬油瓶 櫻花粉紅腰身款 1000日圓
不會溢出而備受好評的醬油瓶是北一硝子的經典商品

筷架 1個500日圓
清涼設計風格的系列，也可以放入裝筷架用的小盒子

髮圈 1個1300日圓
垂吊著在三號館對面的北一硝子見学工房手工製作的「硝子の華玉」

原味雙層半熟起司蛋糕 1728日圓
奶油起司的起司烤蛋糕，疊上馬斯卡彭起司的半熟起司蛋糕而成的招牌商品

購物 小樽洋菓子舖LeTAO 3

おたるようがしほるたお

MAP 46 H-2

甘甜香氣滿溢大排長龍的甜點宮殿

2樓設有咖啡廳，3樓則有免費觀景室的LeTAO本店。1樓的商店有蛋糕、烘焙點心等約60種甜點，尤其以使用北海道特產食材製作的限定品項最具人氣。咖啡廳推薦餐點為盛上3種蛋糕的本店限定蛋糕盤。

0134-40-5480
9:00～18:00（2樓咖啡廳～17:30，因時期而異）休 無休 址 小樽市堺町7-16 交 JR南小樽站步行5分 P 16輛
Mapple Code 100-0331

小巧克力豆罐（杏仁巧克力、草莓）各864日圓
以巧克力包裹住杏仁的杏仁巧克力和包入草莓乾的草莓口味

可欣賞觀光名勝童話交叉路口一帶的2樓咖啡廳

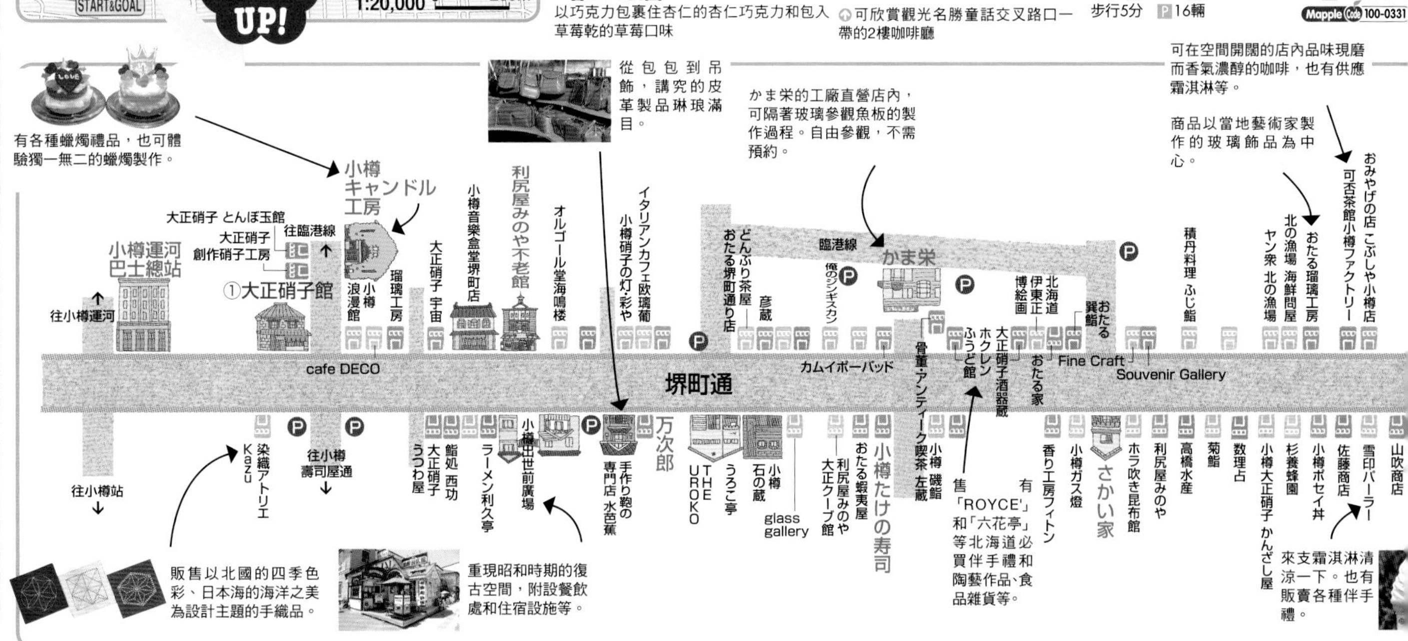

MAP P.46・47
最佳時節 全年

擁有3座漁港的歷史悠久壽司之都
盡享新鮮當令食材的小樽壽司

所需時間……3小時
預算……5,000日圓
距離……步行1.8km

START
JR小樽站
約900m 5 地區道路
亮點1 おたる政寿司 本店
約900m 地區道路 5
JR小樽站
GOAL

• Information •
小樽市観光振興室 ☎0134-32-4111
小樽観光協會 ☎0134-33-2510
中央巴士小樽巴士總站 ☎0134-25-3333

亮點7 美食 おたる政寿司 本店
おたるまさずしほんてん

MAP 46 E-4

☎0134-23-0011
🕒11:00～22:00～（中間有休息）
休 週三
址 小樽市花園1-1-1
交 JR小樽站步行15分
P 10輛
Mapple Code 101-0025

刻劃出小樽壽司歷史 創業78年的老店

堅守小樽風味，老店中的老店，不只吸引觀光客也有許多當地饕客。由於是從相鄰的自家經營魚店進貨新鮮的海產，連市面上看不到的優質海鮮都可以用合理的價格品嘗。若想更深入享受師傅的手藝與食材的鮮度則推薦坐吧台座，即使是套餐也會在顧客面前捏製後一個個送上來。鮪魚上腹和大牡丹蝦等7貫嚴選食材的「政寿司-極」很受歡迎。

⬆鮪魚肚、白肉魚等配成套餐的「政寿司-華」3500日圓

➡本店位在壽司屋通上，還有在小樽運河附近開店

⬅1樓全是吧台座，前方與後方的氛圍會隨著改變

想加點來吃！元祖花枝涼麵

將自製醬汁與蛋、海膽攪拌後品嘗，更能顯現花枝的甜味，十分好吃。1300日圓

⬆有不少人來到政寿司首先就點這道

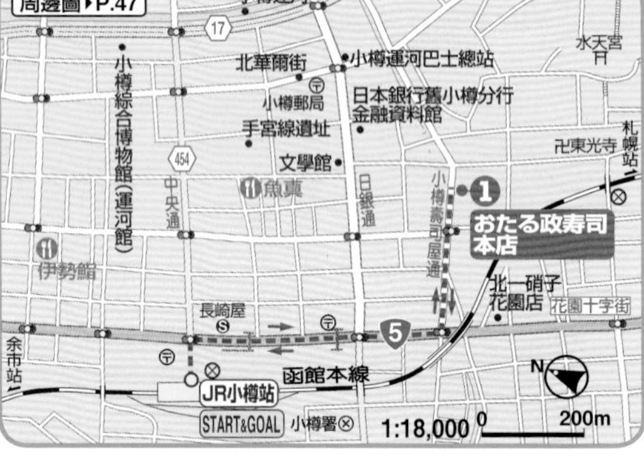

旅遊提案介紹♪

由於小樽近海即可捕撈新鮮海產，可以在此一嘗優質的壽司。位在從小樽站步行10分左右可到的「小樽壽司屋通」有多家壽司店林立。不妨做為小樽運河散步途中的用餐據點吧？

行程攻略

❶堺町通和運河周邊也有許多壽司店。
❷使用的海產會因季節而有所調整。
❸也有餐廳以洋食方式調理小樽海產。

稍稍study 還有還有！小樽的人氣壽司店

擁有超過100家壽司店的小樽是全日本數一數二的壽司之都。除了旅遊提案介紹的店家，在此精選出深受當地人及觀光客支持且價位合理的店家！

美食 伊勢鮨
いせずし

MAP 47 A-4

守住上一代風味的名店

從北海道食材到全日本的當令海產，吃得到多一道功夫的江戶前壽司。特別推薦能盡情品嘗北海道時令的「醍」套餐。

☎0134-23-1425
🕒11:30～15:00、17:00～21:30（週日、假日為17:00～21:00） 休 週三 址 小樽市稻穗3-15-3 交 JR小樽站步行7分 P 6輛
Mapple Code 101-4038

⬆吧台座有兩處

⬅可盡享北海道捕撈海產的12貫壽司「醍」3900日圓

美食 魚真
うおまさ

MAP 47 C-3

魚店直營才有的新鮮平價

魚類專家精選的新鮮海味製成壽司、燒烤、天麩羅等，用平實價格就能吃到的餐廳。特色在於每道菜餚的份量都多得驚人，壽司用料也很大方。

☎0134-22-0456
🕒12:00～14:00、16:00～20:45
休 週日
址 小樽市稻穗2-5-11
交 JR小樽站步行5分
P 10輛
Mapple Code 101-3354

⬆除了吧台座外，也有桌椅座、包廂

⬅海膽、鮑魚等共15貫並附上土碗蒸的「魚真握り」2700日圓

旅遊提案 07 車

余市

MAP P.150
最佳時節 3~9月

日本威士忌的聖地造訪

日劇『阿政與愛莉』的故事背景

所需時間……5小時
預算……5,000日圓
距離……車程17km

START
JR余市站
即到 229
亮點 1 日果威士忌余市蒸餾所
約5km 755
2 OcciGabi
約7km 755 5 36
3 山本觀光果園
約5km 753 5
JR余市站
GOAL

• Information •
余市觀光協會 ☎0135-22-4115

穿過美麗的石造大門後，腹地廣大的蒸餾所即映入眼簾

景點 日果威士忌余市蒸餾所 亮點 1

にっかういすきーよいちじょうりゅうしょ

MAP 150 G-4

創業當時的復古建築十分迷人

能參觀威士忌的發酵、蒸餾、熟成等製酒工程，參觀後還可以免費試喝。腹地內的威士忌博物館還提供日本威士忌製造歷史的解說，也有餐飲設施。

☎0135-23-3131
9:00～17:00（導覽隨行的最後場次為15:30）休無休（12月25日～翌1月7日休）
¥免費參觀 址余市町黒川町7-6 交JR余市站步行3分 P40輛
Mapple Code 100-1103

威士忌博物館入口處的罐蒸餾器也頗具美感

稍稍study ☑ 晨間日劇『阿政與愛莉』

以畢生將熱情灌注在日本威士忌釀造上的竹鶴政孝，和不斷激勵他的莉塔夫人為主角的"夫妻奮鬥記"，也是日本NHK晨間劇第一位非日本人女主角而備受矚目。本劇在日果威士忌余市蒸餾所等北海道各地拍攝外景。

美食 OcciGabi 2

おちがび

MAP 150 G-4

眺望葡萄園搭配道地的法式菜餚

座落在小山丘上的酒廠。餐廳周圍盡是一大片葡萄園，可以品嘗自創的美味葡萄酒和法國菜。

☎0135-48-6163
11:00～15:30、17:00～18:30（最晚須在一日前訂位，商店為11:00～17:00）休無休
址余市町山田町635
交JR余市站車程10分 P100輛
Mapple Code 101-6750

能從窗戶眺望葡萄園

沉穩色系的外觀與周圍的綠意相互輝映

能採收的水果會因季節而不同，請事先洽詢

玩樂 山本觀光果園 3

やまもとかんこうかじゅえん

MAP 150 G-4

開心體驗著名的採果樂

從6月的草莓到櫻桃、蘋果以及10月的葡萄，能盡情沉浸在各式各樣的採果樂趣中，休息區還可以享用餐點。

☎0135-23-6251
6月中旬～11月上旬的9:00～17:00
休開放期間無休
¥吃到飽1100日圓，吃到飽・自助摘1850日圓
址余市町登町1102-5
交JR余市站車程5分
P200輛
Mapple Code 100-0893

周邊圖▶P.150 1:100,000 0 1km
水産博物館 余市町役場 モイレ山 余市灣 鶴龜 公路休息站スペース・アップルよいち 運動公園 START&GOAL JR余市站 日果威士忌余市蒸餾所 1 八幡神社 新藤観光農園 OcciGabi 2 アップルハウス 余市ワイナリー 山本觀光果園 3 登町 八幡神社 仁木町役場 仁木站 倶知安站 小樽站 229 228 5 755 753 36

旅遊提案介紹♪

參觀日本晨間連續劇『阿政與愛莉』故事背景的日果威士忌余市蒸餾所，之後可享受余市特有的美味佳餚與果園的採果樂。

行程攻略

❶余市是能品味威士忌與葡萄酒等酒類的城市。
❷採買伴手禮就到與JR余市站相鄰的觀光服務處エルラプラザ，這裡的現烤蘋果派也很受歡迎。
❸別忘了參觀『阿政與愛莉』的相關景點。

OTARU

小樽

熱門景點

不妨到這裡走走！

觀光核心從車站到小樽運河、堺町通周邊。尤其堺町通是小樽首屈一指的熱門觀光景點，伴手禮和美食等特產一網打盡。

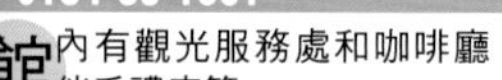

小樽運河 MAP 47 B-2 Mapple Code 100-0879

んがぷらざ

運河廣場

景點

✆0134-33-1661

館內有觀光服務處和咖啡廳、伴手禮店等。

9:00～18:00(有時期性變動)
休 無休 ¥ 免費入館
址 小樽市色內2-1-20
交 JR小樽站步行10分 P 無

北華爾街 MAP 47 B-2 Mapple Code 100-0890

たるしそうごうはくぶつかんうんがかん

小樽市綜合博物館 運河館

景點

✆0134-22-1258

將舊小樽倉庫一部份重新利用，分為展示歷史資料的第一展示室，和介紹大自然的第二展示室。 9:30～17:00 休 無休 ¥ 300日圓 址 小樽市色內2-1-20 交 JR小樽站步行10分 P 20輛

小樽築港 MAP 46 H-5 Mapple Code 100-0907

いしはらゆうじろうきねんかん

石原裕次郎紀念館

景點

✆0134-34-1188

從無數的珍貴遺物
一窺他的幕後故事

幼時曾在此居住過的因緣下而建立的紀念館，位在小樽港碼頭的附近，是熱愛大海的裕次郎最適合的所在。展示著逝世多年人氣依舊不退的裕次郎所珍藏的愛車與服飾，房間與別墅等也在此重現。
9:00～16:00 (6～9月為～17:00)
休 無休 ¥ 入館費1500日圓
址 小樽市築港5-10 交 JR小樽築港站步行10分
P 80輛

曾是裕次郎最愛的賓士車

堺町通り MAP 46 E-2 Mapple Code 101-3569

まんじろう

万次郎

美食

✆0134-23-1891

便宜又好吃
分量飽足的海鮮蓋飯

平實價格也深受小樽市民喜愛的餐廳，吃得到超過10種份量充足的定食、約10種的海鮮餐點，各種生魚片和炸物、烤魚等單點料理也很豐富。可從花枝、螃蟹等選擇3種配料的「三色丼」及用新鮮鮭魚圍住自製醬油醃鮭魚卵的「鮭親子丼」也很熱門。店家位在從小樽運河步行5分左右的地方。
11:00～19:00(賣完即打烊) 休 不定休
址 小樽市堺町2-15
交 JR小樽站步行15分
P 1輛(附近有特約停車場)

鋪滿大量鮭魚卵和鮭魚的「鮭親子丼」2000日圓

堺町通 MAP 46 G-1 Mapple Code 101-5682

るたおぱとす

LeTAO PATHOS

購物

✆0134-31-4500

堪稱LeTAO規模最大的店鋪，也能一嘗甜點和新鮮義大利麵等。 9:00～18:00(咖啡廳為11:00～17:30，有時期性變動)
休 無休 址 小樽市堺町5-22 交 JR南小樽站步行15分 P 利用特約停車場

小樽運河 MAP 47 C-2 Mapple Code 100-0347

おたるそうこなんばーわん

小樽倉庫No.1

美食

✆0134-21-2323

改建自運河旁倉庫的啤酒酒吧，可以享用德國啤酒和義大利麵、比薩等。
11:00～22:30 休 無休 址 小樽市港町5-4 小樽運河河旁 交 JR小樽站步行12分 P 20輛

北華爾街 MAP 47 D-3 Mapple Code 100-0346

おたるばいん

小樽BINE

美食

✆0134-24-2800

講究北海道產葡萄的
橡木桶葡萄酒酒坊

最受歡迎的是試喝評比套餐（1200日圓～），可以品飲3種不同種類的葡萄酒。餐點則有披薩和義大利麵等，以義式料理為中心，當然也可做為咖啡廳使用。還附設有葡萄酒店，網羅超過100種的北海道葡萄酒。建築物為明治45（1912）年所建，由打造對面日本銀行舊小樽分行的長野宇平治設計。
11:00～20:30
休 無休 址 小樽市色內1-8-6
交 JR小樽站步行7分
P 無

改建自舊北海道銀行本店的歷史建築物

Pick up!! 矚目Gourmet

使用大量山珍海味的港都洋食！

與海鮮料理不相上下的小樽洋食，市內也有許多法式和義式餐廳。

北華爾街

洋食屋マンジャーレ TAKINAMI

Mapple Code 100-1843

ようしょくやまんじゃーれたきなみ

✆0134-33-3394

MAP 47 B-2

改裝自明治時代的倉庫，走復古摩登風格的店內。以主廚親自吃遍地中海沿岸的菜餚為基礎，使用當地食材加以變化，也供應多種小樽出產的海鮮。
11:30～14:30、17:30～20:30 休 週三(有不定休，需確認) 址 小樽市色內2-1-16
交 JR小樽站步行10分 P 5輛

北華爾街

海猫屋

Mapple Code 100-0348

うみねこや

✆0134-32-2914

MAP 47 B-2

重視"港都的酒吧"概念的西式居酒屋，也可做為咖啡廳使用，白天即可淺嘗葡萄酒，搭配採用小樽新鮮海產的菜餚一同享用。推薦菜色為細點圓趾蟹義大利麵（1680日圓）。
11:30～14:00、17:30～21:00
休 不定休 址 小樽市色內2-2-14
交 JR小樽站步行10分 P 10輛

入船

Very Very Strawberry

Mapple Code 100-0316

べりーべりーすとろべりー

✆0134-23-0896

MAP 46 H-2

將曾做為倉庫使用的磚造建築改建而成的餐廳。柴火窯烤拿坡里比薩（1512日圓～）深獲好評，季節性水果的甜點也很豐富。即使女性單獨也可放心用餐的時尚空間十分寫心。
11:30～15:00、18:00～21:00
休 無休 址 小樽市入船1-2-29
交 JR南小樽站步行5分 P 14輛

堺町通 MAP 46 F-2 Mapple Code 100-0352

さかいや

さかい家

美食

✆0134-29-0105

運用大正時代的商家改造成復古的甜點茶屋，採用北海道紅豆的甜品很暢銷。 10:00～19:00(10月～4月底為～18:00) 休 不定休(10～4月為週四休) 址 小樽市堺町4-4 交 JR小樽站步行15分 P 無

入船 MAP 46 H-2 Mapple Code 101-5508

たいしょうがらすぎゃらりーくら

大正硝子 ギャラリー蔵

購物

✆0134-22-2299

堅持小樽製造，展示及販售的玻璃作品都是出自定居小樽的藝術家之手。
10:00～19:00 休 無休
址 小樽市入船1-2-26 交 JR南小樽站步行5分 P 無

北華爾街 MAP 47 D-2 Mapple Code 101-4572

おたるうんがたーみなる

小樽運河巴士總站

✆0134-22-7774（北海道中央巴士色內營業所）

堅守小樽風味的店家 雲集的複合設施

將大正11（1922）年做為三菱銀行小樽分行而建的建築重新利用，匯集「洋菓子・喫茶あまとう」、「ぱんじゅう桑田屋」等紮根於小樽的熱門店家，也可在店內用餐。建築物也兼具北海道中央巴士的巴士總站機能，可在此搭乘巡迴市內主要觀光景點的「小樽漫遊巴士」（P.37）。

營 9:00～19:00（夏季會延長營業）休 無休 址 小樽市色內1-1-12 交 JR小樽站步行10分 P 無

位在日銀通與色內大通的交叉路口附近

小樽站周邊 MAP 47 A-4 Mapple Code 101-0648

わかどりじだいなると

若鶏時代 なると

美食

✆0134-32-3280

熱門餐點是口碑相傳的酥炸半身嫩雞（980日圓），外皮酥脆，肉質是多汁的鹽味。

營 11:00～20:00(週日～19:00) 休 週一(不定休，須洽詢) 址 小樽市稲穂3-16-13 交 JR小樽站步行6分 P 13輛

小樽站周邊 MAP 47 D-4 Mapple Code 101-5698

ちゅうかしょくどう けいえん

中華食堂 桂苑

美食

✆0134-23-8155

在小樽自昭和30年代以來便廣受支持的滿滿蔬菜「勾芡炒麵」（800日圓）最具人氣。

營 11:00～20:30 休 週四 址 小樽市稲穂2-16-14 交 JR小樽站步行4分 P 有特約停車場（消費超過2000日圓可免費停1小時）

小樽運河 MAP 47 D-2 Mapple Code 101-3152

おたるでぬきこうじ

小樽出抜小路

美食

✆0134-24-1483（協和綜合管理）

在明治、大正的街景中 盡享當地出產食材的佳餚

聚集蒙古烤肉店、海鮮食堂、拉麵店等15家店鋪的攤販村，每家店都以「地產地銷」為主軸，積極使用當地取得的食材。有些店家從中午便開始營業，也推薦來此用午餐。聳立在中央的防火高塔可說是小樽出 小路的地標，也可實際爬上去觀景，能將運河及日本海一覽無遺。

營 休 因店而異 址 小樽市色內1-1 交 JR小樽站步行10分 P 無

防火高塔入夜後會點燈

堺町通 MAP 46 E-2 Mapple Code 101-3436

かまえい

かま栄

購物

✆0134-25-6181

小樽的熱門魚板店，以購買後即可食用的魚板卷（1個216日圓）最為暢銷，也可參觀工廠。

營 9:00～19:00 休 無休 址 小樽市堺町3-7 交 JR小樽站步行15分 P 100輛

堺町通 MAP 46 E-2 Mapple Code 101-2138

りしりやみのやふろうかん

利尻屋みのや 不老館

購物

✆0134-31-3663

在北海道也算罕見的昆布專賣店。北海道採獲的昆布味道和大小都各有特色，還售有各種加工品。 營 9:00～19:00(11～4月為～18:00) 休 無休 址 小樽市堺町1-20 交 JR小樽站步行13分 P 無

堺町通 MAP 46 G-2 Mapple Code 101-1053

きたかろうおたるほんかん

北菓楼 小樽本館

購物

✆0134-31-3464

改建自石造建築 現做甜點琳琅滿目

本店位在砂川的甜點專賣店，口感濕潤柔軟的年輪蛋糕「妖精の森」（1165日圓～）和小樽本館限定的「果樹園の六月」（1300日圓）很受歡迎，也有販賣擠滿自製奶油的奶油泡芙及飲品。此外，摻入北海道自豪海產的米果「北海道開拓おかき」也深獲好評。夏季在店家旁邊會設置露天席。

營 9:00～18:30（冬季～18:00）休 無休 址 小樽市堺町7-22 交 JR南小樽站步行10分 P 無

北海道開拓おかき（甜蝦）410日圓

堺町通 MAP 47 D-2 Mapple Code 101-4517

おたるきゃんどるこうぼう

小樽キャンドル工房

購物

✆0134-24-5880

販售世界各地五花八門蠟燭與商品的店家，2樓的咖啡廳供應有自製蛋糕。

營 10:00～19:00(有時期性差異) 休 無休 址 小樽市堺町1-27 交 JR小樽站步行10分 P 無

堺町通 MAP 46 G-2 Mapple Code 101-0941

ろっかていおたるうんがてん

六花亭 小樽運河店

購物

☎0120-12-6666

網羅「丸成奶油夾心」等六花亭的商品，可在2樓品嘗奶油泡芙和咖啡。

營 9:00～18:00(有季節性變動) 休 無休 址 小樽市堺町7-22 交 JR南小樽站步行10分 P 無

Pick up!! 矚目Gourmet

小樽獨有的日西合璧甜點

和風與西式相互融合的小樽甜點，當做零嘴沿路吃透透也不錯。

小樽運河

Le quatrième 運河通店

Mapple Code 101-5480

るきゃとりえむうんがどおりてん

✆0134-27-7124 MAP 47 B-2

小樽出生的主廚所製作的蛋糕廣受好評，採用北海道優質食材製作的蛋糕是視覺與味覺的饗宴。咖啡廳限定的甜點菜單與午餐很受歡迎，可從店內眺望小樽運河。

營 11:00～19:00(午餐～14:00) 休 週三 址 小樽市色內2-3-1 交 JR小樽站步行10分 P 無

花園

小樽新倉屋花園本店

Mapple Code 101-0615

おたるにいくらやはなぞのほんてん

✆0134-27-2122 MAP 46 E-4

以創業120週年的「花園糰子」著稱的甜品店，喫茶空間供應隨季節推出的限定餐點。與小樽吉祥物合作的銅鑼燒「運がっぱどらやき」適合當伴手禮。

營 10:00～21:00(10～4月為～18:00) 休 無休 址 小樽市花園1-3-1 交 JR小樽站步行10分 P 無

小樽站周邊

あまとう

Mapple Code 100-0269

✆0134-22-3942 MAP 47 D-4

昭和4（1929）年創業的老字號西式甜點店。「奶油紅豆冰」（580日圓）和夾心餅「マロンコロン」（170日圓）的圓潤甘甜，忠實呈現出這家店的獨一無二。小樽運河巴士總站設有分店。

營 10:00～19:00 休 週四不定休 址 小樽市稲穂2-16-18 交 JR小樽站步行6分 P 8輛

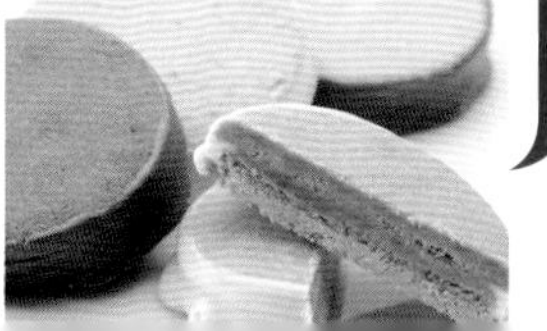

唯有渡海才能前往的絕美景點 航向氣氛神秘的「青之洞窟」

「青之洞窟」是距離小樽的鹽谷海岸約2km外的海中洞窟。因太陽光線與洞窟的昏暗，讓海水透出清澈水藍的色彩。戶外活動公司有推出以海上獨木舟巡遊青之洞窟的體驗行程，出發前會有講解，初學者也能放心。所需時間約3小時。

✆0134-26-1802（BLUE HOLIC）營 5月中旬～9月的8:30～18:00（完全預約制）休 營業期間無休 ¥ 青之洞窟行程6000日圓（須預約）址 小樽市塩谷1-28-13 交 JR小樽站搭乘北海道中央巴士往塩谷海岸方向30分，終點站下車即到 P 20輛

MAP 150 G-4

Mapple Code 101-6517

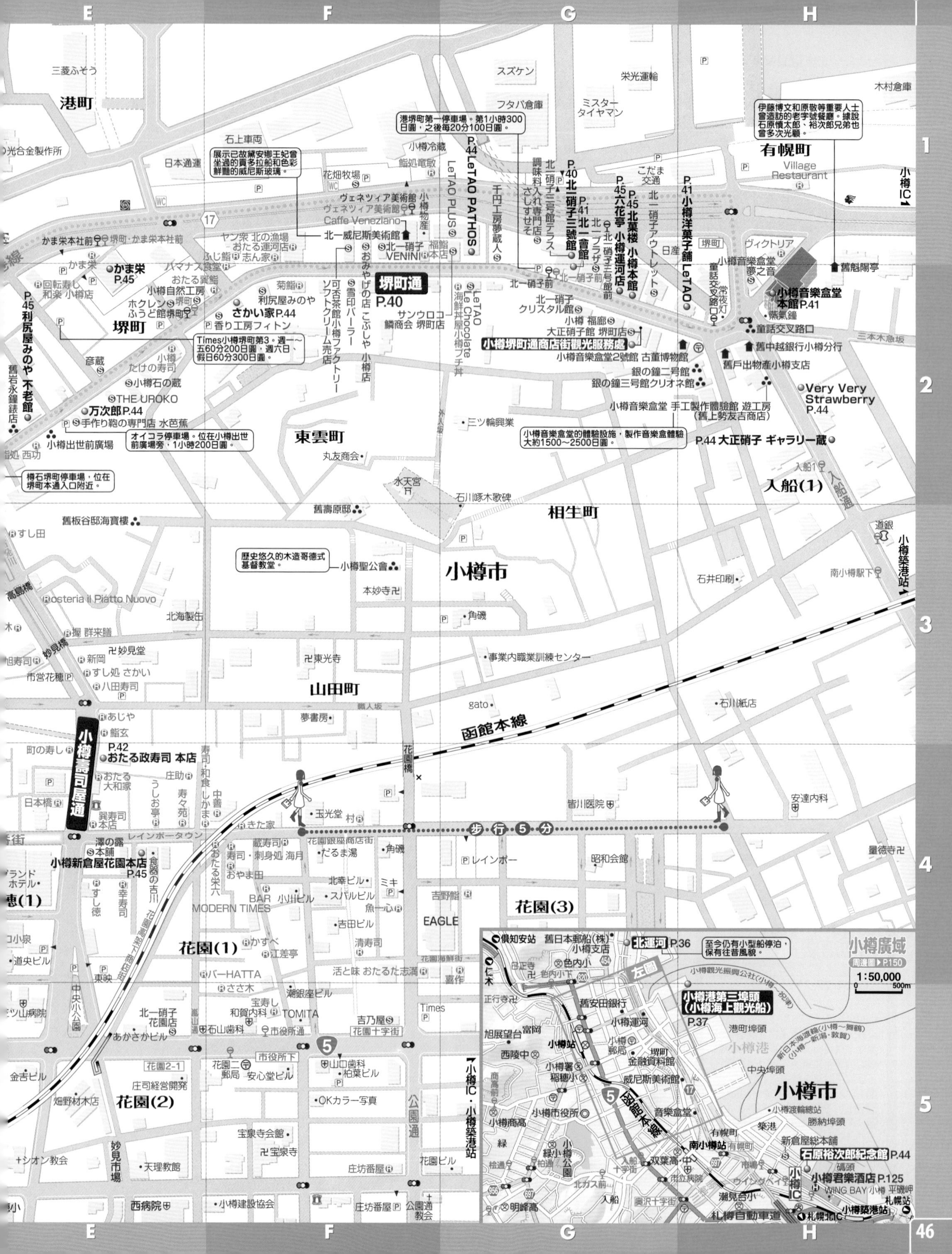

港町
三菱ふそう
光合金製作所
日本通運
石上車両
展示已故黛安娜王妃曾坐過的貢多拉和色彩鮮豔的威尼斯玻璃。
花畑牧場
ヴェネツィア美術館
Caffe Veneziano
北一威尼斯美術館
小樽運河
鮨処竜蔵
小樽物産
LeTAO PLUS
P.44 LeTAO PATHOS
港堺町第一停車場。第1小時300日圓，之後每20分100日圓。
スズケン
フタバ倉庫
ミスタータイヤマン
栄光運輸
千円工房夢蔵人
調味料さしすせそ入れ専門店
P.40 北一硝子三號館
P.41 北一會館
北一硝子三号館テラス
北一プラザ
P.45 六花亭 小樽運河店
P.45 北菓楼 小樽本館
こだま交通
北一硝子アウトレット
日産
P.41 小樽洋菓子舖LeTAO
有幌町
Village Restaurant
伊藤博文和原敬等重要人士曾造訪的老字號餐廳。據說石原慎太郎、裕次郎兄弟也曾多次光顧。
木村倉庫
小樽IC
かま栄本社前
堺町・かま栄本社前
ヤン衆 北の漁場 おたる運河店
ふじ鮨
志んや
かま栄
かま栄 P.45
回転寿し 和楽 小樽店
ハマナス食堂
おたる鮨
小樽自然工房
ホクレン ふうど館
堺町
菊鮨
利尻屋みのや
さかい家P.44
香り工房フィトン
おみやげの店 こぶしや 小樽店
北一硝子 VENINI
福鮨 本店
LeTAO Le Chocolate
海鮮丼屋 小樽ブチ丼
堺町通 P.40
サンウロコ 鱗商会 堺町店
雪印パーラー
可否茶館小樽ファクトリー
ソフトクリーム売店
北一硝子前
北一硝子 クリスタル館
小樽 福廊
大正硝子館 堺町店
小樽堺町通商店街觀光服務處
小樽音樂盒堂2號館 古董博物館
銀の鐘二号館
銀の鐘三号館クリオネ館
堺町
ヴィクトリア
小樽音樂盒堂 夢之音
童話交叉路口
常夜灯
舊魁陽亭
小樽音樂盒堂 本館 P.41
蒸氣鐘
童話交叉路口
三本木急坂
舊中越銀行小樽分行
舊戸出物產小樽支店
Very Very Strawberry P.44
P.45 利尻屋みのや 不老館
舊岩永鐘錶店
Times小樽堺町第3。週一～五60分200日圓，週六日、假日60分300日圓。
彦蔵
小樽 たけの寿司
小樽石の蔵
THE UROKO
万次郎 P.44
手作り鞄の専門店 水芭蕉
オイコラ停車場。位在小樽出世前廣場旁，1小時200日圓。
小樽出世前廣場
樽石堺町停車場，位在堺町本通入口附近。
東雲町
丸友商会
水天宮
舊壽原邸
舊板谷邸海寶樓
すし田
三ツ輪興業
小樽音樂盒堂 手工製作體驗館 遊工房（舊上勢友吉商店）
小樽音樂盒堂的體驗設施，製作音樂盒體驗大約1500～2500日圓。
P.44 大正硝子 ギャラリー蔵
入船1
入船(1)
入船通
石川啄木歌碑
相生町
道銀
歷史悠久的木造哥德式基督教堂。
小樽聖公會
本妙寺
小樽市
石井印刷
南小樽駅下
小樽築港站
高島橋
osteria il Piatto Nuovo
北海製缶
握 群来膳
妙見橋
妙見堂
新岡
すし処 さかい
市営花穂
八田寿司
東光寺
事業内職業訓練センター
山田町
職人坂
gato
石川紙店
函館本線
あじや
鮨玄
夢書房
小樽壽司屋通
町の寿し
P.42 おたる政寿司 本店
寿司和食しかま
中善
おたる大和家
うしお亭
庄助
寿々苑
日本橋
巽寿司 本店
花園橋
玉光堂
村
きた家
皆川医院
安達内科
歩行5分
レインボータウン
澤の露 本舗
小樽新倉屋花園本店 P.45
蔵寿司
寿司・刺身処 海月
おやま田
花園銀座商店街
だるま湯
角磯
レインボー
昭和会館
量徳寺
食器の吉川
すし徳
幸寿司
BAR 小川ビル
MODERN TIMES
北華ビル
スパルビル
ミキ
魚一心
吉野鮨
EAGLE
吉田ビル
花園(3)
花園(1)
かすべ
江差亭
清寿司
バーHATTA
ささ木
活と味 おたるた志満
花園海鮮街
嘉作
潮銀座ビル
宝寿し
和賀内科
TOMITA
市役所通
吉乃屋
花園十字街
Times
北一硝子 花園店
あかさかビル
石山歯科
中央小公園
花園高架下商店街
道央ビル
東映
市役所下
花園2-1
花園二 郵局
安心堂ビル
山口歯科
柏葉ビル
庄司経営開発
花園(2)
OKカラー写真
畑野材木店
金吉ビル
宝泉寺会館
宝泉寺
公園通
妙見市場
シオン教会
天理教館
庄坊番屋
花園ビル
小樽建設協会
西病院
庄坊番屋
公園通教会
小樽IC・小樽築港站
小樽廣域
1:50,000
倶知安站
舊日本郵船(株) 小樽支店
北運河 P.36
至今仍有小型船停泊，保有往昔風貌。
色内小
小樽觀光振興公社
小樽港第三埠頭（小樽海上觀光船）P.37
舊安田銀行
小樽運河
港町埠頭
新日本海渡輪（小樽～舞鶴）（小樽～新潟・敦賀）
旭展望台
小樽站
小樽港
西陵中
小樽郵局
金融資料館
中央埠頭
威尼斯美術館
小樽市
小樽市役所
音樂盒堂
小樽渡輪總站
勝納埠頭
小樽商高
南小樽站
新倉屋總本舖
石原裕次郎紀念館 P.44
小樽君樂酒店 P.125
WING BAY 小樽
平磯岬
札幌站
小樽築港站
明峰高
札樽自動車道
札幌北IC

小樽中心區
1:4,500
0
100m
周邊圖 右下圖
景點·玩樂 美食 溫泉 購物 住宿
方便觀光的周遊巴士
主要巴士站
小樽漫遊巴士
⑨天狗山空中纜車線
⑩小樽水族館線
※路線、巴士站為2015年夏季期間的資訊，會因活動等實施交通管制而有路線調整、停駛的可能，搭乘前請再次確認營運狀況。
小樽港
第三埠頭
第二埠頭
港町埠頭
港灣部前觀光停車場，費用以1天為單位(600日圓)，近運河及堺町本通。
小樽開発埠頭倉庫
港湾部前観光
市営公共吹抜上屋
日通小樽倉庫
渋沢倉庫
日本貨物検数協会
地方合同庁舎
労基署
税務署
法務局
大同倉庫
旭進運輸倉庫
熱門的紀念照拍攝景點，是常在明信片及導覽看見的風景。設有觀光服務處。
レンタサイクル シーガル
小樽石狩植物検疫協会
北日本倉庫港運
モリカワ産業
本公司位在札幌的全日本連鎖漢堡排餐廳。
小樽運河沿岸的倉庫群
重新翻修為餐廳等，入口位在東側。
小樽市船客會合處
小樽海上観光船
小樽倉庫資料館
北海あぶりやき
大同倉庫
P.39 小樽運河遊船
港町
海上保安部武道場
色内(3)
北海製罐
北海製罐倉庫
月見橋
港湾センター シーサイドイン
海上観光船乗り場
日本穀物検定協会
小樽水産ビル
中央橋街園
舊篠田倉庫
小樽倉庫No.1 P.44
淺草橋街園観光服務處
淺草橋
淺草橋街園
小樽雪燈之路 P.11
堺橋
小樽運河
P.37 人力車のえびす屋
中央橋
小樽運河
P.38
小樽運河ふれあいの散歩道
龍宮橋
色内2
色内1
シブラルタ生命
454
17
博物館前
小樽出抜小路 P.45
P.40 大正硝子館
大正硝子とんぼ玉館
おたる政寿司
ぜん庵
中国料理レストラン 好
舊大家倉庫
P.45 Le quatrieme運河通店
小樽 il PONTE
小樽市綜合博物館 運河館 P.44
P.44 運河廣場
小樽ゆき物語第2章
運河プラザ
運河の宿 小樽ふる川
SONIA
HOTEL NORD OTARU
SONIA II
Glass Ship (舊高橋倉庫)
HOTEL VIBRANT OTARU (舊北海道拓殖銀行 小樽分行)
小樽運河巴士總站
北海道葡萄酒中心 P.36
提供皮革雜貨製作體驗和吹製玻璃體驗。
洋食屋マンジャーレ TAKINAMI P.44
運河廣場観光服務處
ゆず工房
北クラブ
魚屋直営食堂うろこ亭／新鮮市場うろこ番屋
運河プラザ
びーどろ工房
舊三井銀行小樽分行
川守田商店
川又商店(舊早川)
海猫屋 P.44
すし耕
トライベッカ
小樽黒船屋
蔵寿司 運河通り店
色内1丁目
色内1
北日本冷蔵製氷
北華雨街
P.39
本局前
色内橋
色内川
色内2
色内大通
ガラス和蔵
舊第四十七銀行小樽分行
舊小樽商工會議所
越中屋ホテル (舊北海道銀行分行)
小樽郵局
舊第一銀行小樽分行
拔済会病
小樽分析工業所
中央モータース
飯坂富士商店
色内(2)
Wa · Bi · Sai 花ごころ 小樽店 (舊安田銀行)
海老屋旅館
ミサワホーム
フリーランス
色内1
色内1丁目
山中牧場 小樽店
色内(1)
P.44 小樽BINE
越中屋旅館
日銀金融資料館(小樽バイン前)
日銀通
打越鉄工所
東医クリニック
龍宮通
飴谷製菓
北海電気
自然派ラーメン処麻ほろ
Times租車
Bistrot Blanche
松田大樓(舊三井物產)
手宮線遺址 P.39
ビジネスホテル大幸
舊國鐵手宮線遺址
小樽雪燈之路 (手宮線會場)
市立小樽文學館
小樽美術館
市分廳舍
日本銀行舊小樽分行 金融資料館
中央通
畑中機工
市民センター マリンホール
市民センター
つだ小児科
身障者福祉センター
小樽交易
岡林商店
マリン歯科
松尾ジンギスカン
P.42 魚真
主要展示普羅文學的推手—小林多喜二以小樽為背景的多篇小說，以及出版詩集的伊藤整等人的資料。
舊手宮線遺
稲穂十字街
北海道タオ
おたるレディースクリニック
みのわ外科
稲穂局
稲穂4
454
きらく
KFC
P.37 ちゃりんこ・おたる
アルチザン
推薦做為小樽觀光代步工具的自行車租借店。1小時500日圓～、半天(5小時)1300日圓～。
用平實價格即可悠閒品嘗壽司等小樽風味。
典礼斎場
SMILE HOTEL 別館
辰美
中央通
北陸
道銀
中央通
北海道新聞
太陽生命
青柳皮膚科
花月堂稲穂本店
北洋
丸越越後屋家具
旅館若葉荘
民宿さつき荘
3棟建築構成的市場，有鮮魚、肉品、熟食店等進駐。
中央市場
SMILE HOTEL 本館
おたる大和家
稲穂2
第一大通
SUNMA
P.42 伊勢鮨
渡辺酒造店
稲穂(4)
梁川通
柳川湯
藤森茂男の店
P.45 若鶏時代 なると
稲穂(3)
舘歯科
Cafe Dining 舍
三浦内科
北海信金
小樽歐森飯店
稲穂(2)
保有古早韻味的商店街，為拱廊型。
光
おたる屋レンガ横
小樽信金
板谷ビル
グランドパレス
稲穂3
朝日生命ビル
中央眼科
アイスクリームパーラー美園
北海道第一家製造與販賣冰淇淋的創始店。
セントラルタウン都通
カメヤ
樽商
中華食堂 桂苑 P.45
あまとう P.45
ニッセイ
産業会館
産業会館前
駅前
トキワ安全硝子
TOYOTA租車
稲穂
西田ビル
明治安田生命
距車站近而方便的飯店，是間與小樽運河景觀相襯的浪漫風旅宿。
天然温泉 灯の湯 ドーミーインPREMIUM小樽
サンビルスクエア
EKIMO LeTAO
静屋通
本間内科
長崎屋サンポート
もりもと長崎屋小樽店
小樽·蕎麦屋 籔半
小樽
産業会館
産業会館内郵局
新田
エッセビル
岡本ビ
稲穂1-8
余市
中畑動物病院
龍宮神社前
5
船見坂下
駅前
駅前
三角市場
味処たけだ
市営
中央巴士
小樽站前巴士總站
小樽文化服装専門学校
船見坂
ホテル稲穂
小樽站前巴士總站
駅前第1ビル
中央巴士總站
NTT前
樽石ビル
第一ビル
TOYOTA租車
ささき
697
社務所
龍宮神社
計程車招呼站
車站租車
車站旁
JR巴士
P.38
小樽站観光服務處
JR小樽站
有魚板店かま栄和糰子店新倉屋等進駐。
余市站
函館本線
船見橋
富岡(2)
富岡(1)
小樽署
國道393
A B C D
1 2 3 4 5

一目瞭然區域導覽 富良野・旭川・美瑛

ふらの・あさひかわ・びえい

富良野・旭川・美瑛是這樣的地方

夏天色彩繽紛的百花爭妍，帶來一片童話世界般風景的美瑛、富良野，以及採用獨特展示方式而聚集人氣的旭山動物園所在的旭川，都是道北的熱門觀光區。此外，想買伴手禮的話推薦「FURANO MARCHE」和「美瑛選果」。

擬定行程的小竅門

只想遊覽花田、丘陵的話2天1夜就夠了，若想玩到旭川則建議3天2夜，以第1天旭川、第2天美瑛、第3天富良野的順序遊玩。由於觀光景點散佈在廣大的區域內，租車自駕移動較有效率。

日本人推薦的標準行程

玩遍熱門觀光景點！想看看日劇取景地就再多住1晚。

（第1天）
- 08 在旭山動物園玩上一整天♪
- 09 奔馳在丘陵地帶！遊覽美瑛之丘

（第2天）
- 10 搭乘慢車號前往富田農場
- 11 富良野日劇的取景地巡禮

PLAN 08 在旭山動物園玩上一整天♪
PLAN 09 奔馳在丘陵地帶！遊覽美瑛之丘
PLAN 10 搭乘慢車號前往富田農場
PLAN 11 富良野日劇的取景地巡禮
PLAN 12 北海道最高峰旭岳健行趣！

機場出發的交通指南

空路的門戶是旭川機場
JR、路線巴士的起點是旭川站
JR、路線巴士的起點是富良野站

旭川機場→旭川	【開車】經由國道237號・道道68號／約20km
旭川機場→旭川	【巴士】旭川電氣軌道巴士等／35分
旭川機場→美瑛	【開車】經由航線・國道237號／約11km
旭川機場→美瑛	【巴士】富良野巴士薰衣草號／15分
美瑛→富良野	【開車】經由國道237號／約33km
美瑛→富良野	【巴士】富良野巴士薰衣草號／45分
美瑛→富良野	【鐵路】JR富良野線／40分
旭川→美瑛	【鐵路】JR富良野線／40分
札幌→旭川	【開車】經由道央道／約140km
札幌→旭川	【巴士】北海道中央巴士等高速旭川號／2小時5分
札幌→旭川	【鐵路】JR函館本線特急スーパーカムイ等／1小時25～35分
札幌→富良野	【開車】經由道央道・道道116號・國道452號・道道135號／約116km
札幌→富良野	【巴士】北海道中央巴士高速富良野號／2小時30分
札幌→富良野	【鐵路】JR特急「スーパーカムイ」等（瀧川站轉乘）JR根室本線快速・普通列車／2小時30分

新施設&話題的新情報

FURANO MARCHE 2

2015年6月開幕

吃得到富良野美食的全新景點！

販售當地農產品和加工品的「FURANO MARCHE」2號店「FURANO MARCHE 2」盛大開幕。不但有鮮花店與生活雜貨店，也有多家外帶商店，可以品嘗發揮富良野產食材的現做美味。

MAP 59 D-2

大雪 森的花園的「洋裝花園KANTE」

期間限定！吸睛的紀念照拍攝地點

大雪 森的花園是2015年北海道花博展覽會的主會場，可以在廣布於海拔650m高原上的這座庭園，站在花卉環繞的跳台拍攝紀念照。2016年度為6月25日～9月25日限定期間舉辦。

MAP 154 H-5

白鬚瀑布

白金不只有青池!? 欣賞水藍色河川

地下湧出的十勝岳伏流水傾瀉而下的白鬚瀑布，瀑布下方的美瑛川因其神奇的色調而有藍河之稱。瀑布就位在美瑛白金青池（P.58）車程5分左右可到的白金溫泉街，不妨順道來瞧瞧？

MAP 59 C-4

札幌 P.16
小樽 余市 P.36
富良野 美瑛 旭川 P.48
新雪谷 登別 洞爺 P.60
函館 P.68
十勝・帶廣 P.82
阿寒 摩周・釧路 P.90
知床・網走 P.102
稚內 利尻・禮文 P.114

在富良野、旭川、美瑛移動以JR最為推薦，也有優惠的無限搭乘車票。搭配循環巴士和自行車租借、觀光計程車來擴大行動範圍吧。

區域內交通資訊

富良野・旭川・美瑛

透過車窗飽覽丘陵與花田的富良野美瑛慢車號

在宛如拼布般的風景綿延的美瑛、薰衣草恣意綻放的富良野奔馳的富良野・美瑛慢車號（MAP 59 B-3），2016年在6月11日到9月25日營運（為2015年資訊。行駛日需確認），可以在涼爽的田園風景中欣賞美麗的景致。中富良野町的「富田農場」附近，在同時期會增設臨時車站的薰衣草花田站。2016年為3班往返。

列車名		行駛區間			
		發車站	時刻	抵達站	時刻
富良野・美瑛慢車號	1號	旭川	9:56	富良野	11:36
	2號	富良野	11:53	美瑛	12:55
	3號	美瑛	13:06	富良野	13:56
	4號	富良野	14:02	美瑛	15:05
	5號	美瑛	15:10	富良野	16:01
	6號	富良野	16:12	旭川	17:46

※中途停車站（1·6號）:美瑛、美馬牛、上富良野、薰衣草花田、中富良野
※中途停車站（2～5號）:美馬牛、上富良野、薰衣草花田、中富良野
※上述為2016年的營運時程，詳情請洽JR北海道官網或電話服務中心等。

車內會有慢車號車掌介紹沿路風景

JR乘客限定Twinkle Bus

夏季從美瑛站、旭川站、富良野站發車的JR乘客專用周遊巴士，巡迴於美瑛的丘陵等沒有車便不易前往的地方，對於倚靠大眾運輸的人來說十分方便。皆採事先預約制，最晚需在2天前報名。

●全景之路 上午・下午行程

巡迴四季彩之丘、拓真館等地的路線

●拼布之路行程

行駛於丘陵景致一路延伸的「拼布之路」行程，巡迴「七星之樹」等地

※「全景展望之路上午行程」與「展望之路下午行程」的停留站一致

七星之樹

觀光計程車也很推薦

有時只靠步行和租借自行車、大眾交通工具移動較辛苦，再加上旭川市內的觀光勝地四散在郊外，或是美瑛的丘陵較難找到路標，常有到不了目的地的狀況，這個時候就選擇當地計程車公司的觀光周遊路線吧，熟悉當地的司機會為你帶路。

路線一例（美瑛）

●拼布之丘路線
≪所需≫1小時
≪費用≫小型車6340日圓～
≪路線≫JR美瑛站→Ken&Mary之樹→七星之樹→親子之樹→北西之丘展望公園→菊地晴夫攝影藝廊→JR美瑛站

●全景路線
≪所需≫1小時　≪費用≫小型車6340日圓～
≪路線≫JR美瑛站→三愛之丘→拓真館→四季彩之丘→新榮之丘展望公園→JR美瑛站

●青池路線
≪所需≫2小時　≪費用≫小型車12680日圓～
≪路線≫JR美瑛站→三愛之丘→四角樹→白鬚瀑布→青池→JR美瑛站

■美瑛包租計程車 ✆0166-92-1181

路線一例（旭川）

●旭川必遊景點路線
《所需》3小時　《費用》14000日圓　《路線》旭川市內的住宿飯店→北海道傳統工藝美術村→男山釀酒資料館→三浦綾子紀念文學館→旭川機場·旭山動物園·旭川站·市內飯店擇一

●旭川家具品牌巡遊路線
《所需》3小時　《費用》14000日圓
《路線》旭川市內的住宿飯店→匠工芸→CONDE HOUSE→旭川家具中心→旭川機場·旭山動物園·旭川站·市內飯店擇一

●旭川職人技藝路線
《所需》3小時　《費用》14000日圓
《路線》旭川市內的住宿飯店→北之嵐山→男山釀酒資料館→上野農場→旭川機場·旭山動物園·旭川站·市內飯店擇一

■旭川故鄉旅行
✆0166-46-0701

觀光周遊巴士富良野號

遊覽日劇「從北國來」及「溫柔時光」、「風之庭園」拍攝外景地的觀光景點。此外，還有能感受北海道味十足雄偉大自然的「麓鄉展望台」與「麵包超人商店」等大人小孩都喜愛的路線。行駛期間為6月11～19日的週六日、6月25日～8月21日的每天、8月27～28日，票價3000日圓。

接續富良野薰衣草特急列車3號、富良野・美瑛慢車號1號

- 富良野站　11時50分左右發
- 撿來的家　約20分
- 麓鄉展望台　約20分
- 富良野果醬園麵包超人商店　約45分
- 富良野起司工房　約15分
- 新富良野王子大飯店風之花園／Ningle Terrace　約60分
- 富良野站　到16時左右

接續富良野薰衣草特急列車2號

Ningle Terrace

麵包超人商店

時刻及費用的洽詢處

JR北海道電話服務中心
✆011-222-7111
http://www.jrhokkaido.co.jp/

富良野觀光協會
✆0167-23-3388
http://www.furanotourism.com/jp/

旅遊的活動行事曆

推薦在田園風景綠意正濃的季節造訪，最佳欣賞期從初夏一路持續到初秋，薰衣草則以盛夏為最佳時節。秋季田園展現耀眼小麥色的時節也不錯。

12月　11月　10月　9月　8月　7月　6月　5月　4月　3月　2月　1月

北之恩澤 美食嘉年華會
期間 9月17～19日（預定）
會場 旭川平和通買物公園等地
洽詢 ✆0166-73-9840（北之恩澤 美食嘉年華會執行委員會）
道北地區的農畜海產品和當地餐飲店齊聚一堂。

夜間動物園
期間 8月9～15日
會場 旭川市旭山動物園
洽詢 ✆0166-36-1104（旭川市旭山動物園）
將開園時間延長，可以觀察動物在夜間的模樣。

第48屆北海肚臍祭
期間 7月28、29日
會場 富良野市新相生通特設會場
洽詢 ✆0167-39-2312（北海肚臍祭執行委員會）
在肚子上畫臉、沿路舞動的肚皮舞相當有名的夏日祭典。

中富良野薰衣草節煙火大會
期間 7月16日
會場 中富良野町營薰衣草園
洽詢 ✆0167-39-3033（中富良野觀光協會）
會有各式攤販和活動，煙火大會也是亮點。

富良野歡寒村
期間 12月下旬～3月上旬
會場 新富良野王子大飯店Ningle Terrace旁
洽詢 ✆0167-23-3388（富良野觀光協會）
滑雪胎、溜滑梯很受歡迎，還有雪屋咖啡廳。

紅葉 這個區域有2次紅葉期，10月是闊葉林，11月上旬則是針葉林轉紅。

富良野・美瑛慢車號 2016年從6月中旬開始行駛至9月下旬，需留意行駛車班會因時期而有所調整。

薰衣草 早開的品種6月下旬開始綻放，直到8月上旬都能欣賞紫色美景。

雪 平原地區的初雪在10月中旬到下旬，12月已有厚實積雪，至4月左右還有殘雪。

12月	11月	10月	9月	8月	7月	6月	5月	4月	3月	2月	1月	
-1.1	6.2	14.8	21.6	26.5	25.7	22.6	17.9	10.9	2.1	-2.8	-4.1	最高氣溫
-5.2	1.8	8.9	15.7	20.9	20.1	16.5	11.7	5.2	-2.7	-8.1	-8.8	平均氣溫
-10.4	-2.4	3.7	10.6	16.3	15.5	11.1	5.6	-0.4	-8.4	-14.9	-15.1	最低氣溫
69.3	105.0	96.9	134.8	148.7	100.0	54.5	66.5	53.5	49.4	37.1	49.6	降雨量
42	24	1	0	0	0	0	0	26	68	73	62	最深積雪

※氣溫、降雨量、最深積雪等數據為1981～2010年的平均值（日本氣象廳）。此外，時令、建議等內容僅供參考，活動的舉辦日期和內容有更動的可能，請事先確認

MAP P.59
最佳時節 全年

在旭山動物園玩上一整天♪

驚奇與可愛都是特級歡樂！

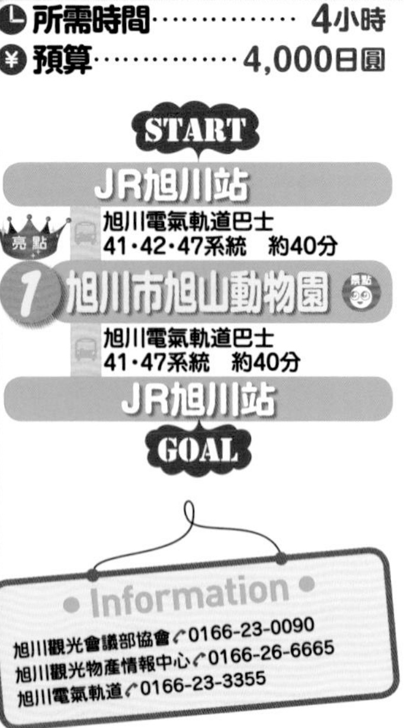

所需時間……4小時
預算……4,000日圓
START
JR旭川站
旭川電氣軌道巴士
41·42·47系統 約40分
亮點
1 旭川市旭山動物園
旭川電氣軌道巴士
41·47系統 約40分
JR旭川站
GOAL

• Information •

旭川觀光會議部協會 ✆0166-23-0090
旭川觀光物產情報中心 ✆0166-26-6665
旭川電氣軌道 ✆0166-23-3355

前所未見的多彩飼養環境是受歡迎的祕訣

旭山動物園最大的魅力，在於能看見動物們就彷彿在大自然中活蹦亂跳的模樣。並非將牠們關在狹小的柵欄內，而是採用能了解動物園原始活動的設施構造，也因此獲得眾人支持，成為吸引大批遊客前來參觀的人氣動物園。本書推薦的旭山動物園玩樂方法有三項，第一項是參觀各設施時能了解動物行動特徵的「餵食秀」絕不可錯過。第二項是園內美食，園內有各式各樣的餐廳和商店，也有不少店家推出使用北海道特有食材烹煮的料理。最後一項是伴手禮，有許多動物造型的商品，還有只在園內才買得到的限定商品。

0166-36-1104 4月29日～10月15日為9:30～16:00（關園為～:15）、10月16日～11月3日為9:30～16:00（關園為～16:30）、11月11～4月9日為10:30～15:00（關園為～15:30）※2016年度 休 4月8～28日、月4～10日、12月30日～1月1日※2016年度 ¥ 800日圓(預定調整) 址 旭市東旭川町倉沼11-18 交 JR旭川站搭乘旭川電氣軌道巴士41・42・47系統分、終點站下車即到 P 動物園停車場 700輛(免費)，附近有民營停車場 http://www5.city.asahikawa.hokkaido.jp/asahiyamazoo Mapple Code 100-2821

亮點 1 旭川市旭山動物園

あさひかわしあさひやまどうぶつえん

MAP 59 B-1

A 海豹館

豹的好奇心旺盛，可心觀賞到牠們在圓柱水槽裡上下移動的模樣，或水面游動、仿造岩山的地方睡覺等各式各樣的行動。館內還有展示水等北海道水生動物的迷你水槽。

圓柱水槽是2隻海豹可以錯身的寬綽大小

精彩看點

每到「餵食秀」就會向大水槽投入飼料，可看見北極熊為此潛入水中的泳姿，氣勢十足！

餵食秀等人潮擁擠時段會採輪流進場制

B 北極熊館

熱門的觀察地點是從館內欣賞的巨大游泳池，以及可從北極熊腳邊觀察的「海豹眼」。由於是棲息在北國的動物，夏天的炎熱時節大多在睡覺，冬季就會活躍起來，可以看見在雪上奔跑走動等北極熊原本的姿態。

C 企鵝館

讓人留下「標榜行動展示的旭山動物園」強烈印象的設施，館內飼養了4種企鵝。賣點是水中隧道，可看見企鵝快速游過的樣子。可以在近到彷彿伸手可及的距離觀察的室外飼養場也很受歡迎。

精彩看點

水中隧道能夠360度瀏覽水槽內，企鵝的泳技快速到人眼幾乎追不上，就好像在天空翱翔一般。

餵食秀有水中和陸上2種（不定期）

旅遊提案介紹♪

徹底享受旭山動物園的旅遊提案。即使是大略逛過園內也會花上2小時左右，建議至少預留半天以上的時間。午餐可利用園內的餐廳，或是在商店購買便當於草原上享用。

行程攻略

❶上午常會人潮洶湧，建議下午前往。
❷事先查好最想看的動物所在的設施及商店。
❸想看餵食秀的話需儘早佔位。

不妨做為參觀紀念？暢銷伴手禮

扭蛋ZOO 1次300日圓·400日圓

由專家捕捉動物瞬間的動作與表情而成的公仔，共4種，可在設置於正門等地的扭蛋機購買

飛天河馬 12片裝 700日圓

以在水中游泳的河馬為造型的餅乾，打開也是河馬的形狀

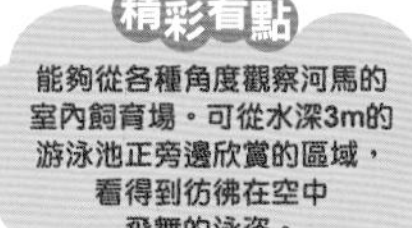

玩偶 價格因商品而異

由於販賣商品會因店鋪而異，不妨逛逛各家店挑選一下

園內美食

小小馬鈴薯 350日圓

一口大小方便食用的馬鈴薯與奶油堪稱絕配的熱銷商品

河馬印肉包 350日圓

使用北海道產小麥和豬肉，河馬的印記十分可愛

馬鈴薯吉拿棒 220日圓

加入馬鈴薯的Q彈口感，有砂糖口味和鹽味（限定夏季販賣）

D 長頸鹿舍·河馬館

可藉由前所未見的角度觀賞河馬、網紋長頸鹿、鴕鳥。在網紋長頸鹿的飼料台，可看到牠們靈活運用長脖子與舌頭吃飼料的模樣。

精彩看點
能夠從各種角度觀察河馬的室內飼育場。可從水深3m的游泳池正旁邊欣賞的區域，看得到彷彿在空中飛舞的泳姿。

透過和長頸鹿同樣高的視線一窺牠們吃飼料的樣子

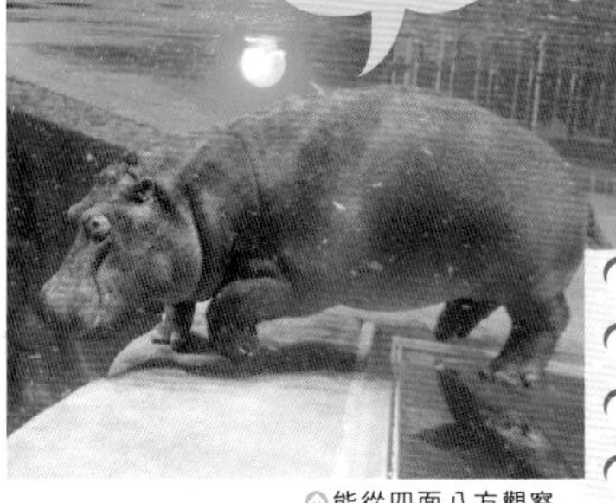

能從四面八方觀察河馬的水中動作為一大特點

E 紅毛猩猩舍 紅毛猩猩館

室內、室外兩邊皆設有仿木與繩索，紅毛猩猩會運用強大的握力與強勁的腕力自由自在移動。天性怕冷，冬天會飼養於室內。

精彩看點
賣點是餵食秀的空中散步。為了吃到飼育展示人員所放置的飼料，會活用手腳爬過張設在高16m處的繩索。

能不能看到空中散步須視當天狀況

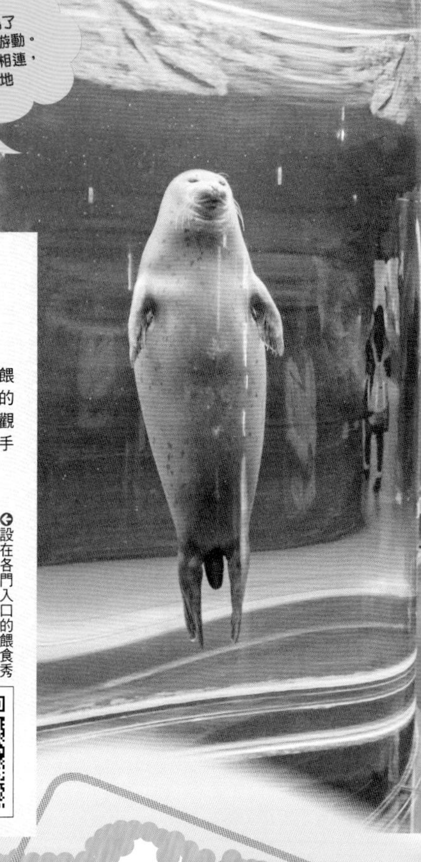

精彩看點
野生的斑海豹為了吃飼料而頻頻上下游動。圓柱水槽與大水槽相連，斑海豹會頻繁地來回悠遊。

稍稍study

☑ 首先確認餵食秀時間！

入園後首先確認公佈在各門口的「餵食秀」時程表，以無論如何都想看的動物餵食秀時間為優先，來擬定參觀計劃。時程表會在當天早上公佈，手機官方網站也會刊載。

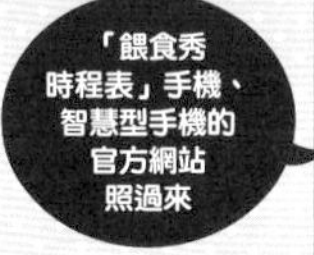

設在各門入口的餵食秀時間告示牌

「餵食秀時程表」手機、智慧型手機的官方網站照過來

士別
士別站
12
39
深川
末広1条3
永山町7
宗谷本線
櫻岡站
上川站
40
北日之出站
南永山站
東旭川站
石北本線
新旭川站
深川
START&GOAL
JR旭川站
函館本線
旭川市旭山動物園 1
豊岡15条7
旭川神社
旭川四条站
旭川
90
237
富良野線
旭山
神樂岡站
美瑛站
1:140,000 0 2km
周邊圖▶P.59

照片提供：旭川市旭山動物園

旅遊提案 09 車 美瑛

MAP P.59
最佳時節 5~9月

奔馳在丘陵地帶！遊覽美瑛之丘

這裡是日本!? 宛如置身歐洲般的景色綿延

所需時間……3小時
預算……2,000日圓
距離……車程48km

START
JR美瑛站
約3km 213 966 237 地區道路
1 Ken & Mary之樹
約4km 地區道路
2 七星之樹（亮點）
約7km 地區道路
3 七星淡菸之丘
約7km 地區道路
4 北西之丘展望公園
約8km 地區道路 237 966 213 地區道路
5 三愛之丘展望公園
約3km 地區道路
6 千代田之丘 展望台
約7km 地區道路
7 四季彩之丘
約4km 地區道路 824 地區道路
8 紅屋頂之家
約5km 地區道路 213
JR美瑛站
GOAL

Information
美瑛町觀光協會 ✆0166-92-4378
美瑛包租計程車 ✆0166-92-1181

旅遊提案介紹♪

飽覽美瑛美景的兜風提案。美瑛的道路很複雜，常有開進小路便失去方向的狀況，務必善用行車導航與四季情報館（MAP59 B-3）可索取的詳細地圖就能安心自駕。

行程攻略

❶絕對不要擅自走進田園中。
❷也可用自行車遊逛，但需留意高低落差大。
❸遊覽丘陵等地的觀光計程車也很熱門，1小時6340日圓。

景點 Ken & Mary之樹 1

けんとめりーのき

MAP 59 B-3

✆0166-92-4378（美瑛町觀光協會）
自由參觀（限於鋪設道路）
美瑛町大久保協生
JR美瑛站車程5分
50輛

Mapple Code 101-0911

仰望山丘即可看見的楊樹

在昭和47（1972）年日產汽車「愛的天際線」Ken與Mary廣告中入鏡的大樹，是「拼布之路」的象徵性風景。

⬅由於大樹旁就是車道，參觀時請遵守交通規則

農地に入らないで下さい。
Do not enter the farmland
請勿進入農地。
농지에 들어가지 말아 주십시오.

⬆為了保護美麗的風景與農作物，嚴禁擅闖田園

●田野因作物而有五顏六色的變化

景點 柔和七星之丘 3

まいるどせぶんのおか

MAP 59 B-3

整齊橫列的防風林

昭和53（1978）年出現在七星淡菸廣告中的景致，就在不遠處還有曾登上香菸包裝的「七星之樹」。

✆0166-92-4378（美瑛町觀光協會）
自由參觀（限於鋪設道路）
美瑛町中本　JR美瑛站車程8分
無

Mapple Code 101-0851

悄悄話：美瑛之丘：我們是租車自駕，因附有行車導航所以十分方便。雖然Ken & Mary之樹與七星之樹設有停車場，但也有部分景點沒有停車的地方，希望有不妨礙一般交通的辦法。（北海道／20多歲男性）

景點 4 北西之丘展望公園

ほくせいのおかてんぼうこうえん

MAP 59 B-3

附設觀光服務處的公園

廣達5公頃的觀景公園，園內開滿了薰衣草向日葵等花卉。可從金字塔形的觀景台俯瞰美瑛丘陵與十勝岳連峰。

0166-92-4445
（北西之丘觀光服務處）
自由入園
美瑛町大久保協生
JR美瑛站車程5分
34輛
Mapple Code 101-0910

觀光服務處在5～10月開設

景點 5 三愛之丘展望公園

さんあいのおかてんぼうこうえん

MAP 59 B-3

充滿起伏的拼佈狀農地廣布

遙望遠在另一端的美馬牛小學

位在全景之路上的觀景觀園，可一望色彩斑斕的丘陵，西南方可看見高塔十分醒目的美馬牛小學。還設有洗手間，推薦做為散步圖中的休憩點。

0166-92-4378（美瑛町觀光協會）
自由入園 美瑛町三愛
JR美瑛站車程7分 14輛
Mapple Code 101-1085

景點 6 千代田之丘 展望台

ちよだのおかみはらしだい

MAP 59 B-3

周圍是廣闊的牧草地

群山與人工湖清晰可見

座落在可俯瞰美瑛丘陵的高處，從瞭望台2樓望出去的視野內毫無屏障，可欣賞美麗景色。

0166-92-1718
(Farm Restaurant Chiyoda)
自由參觀 美瑛町春日台
JR美瑛站車程10分
10輛
Mapple Code 101-1086

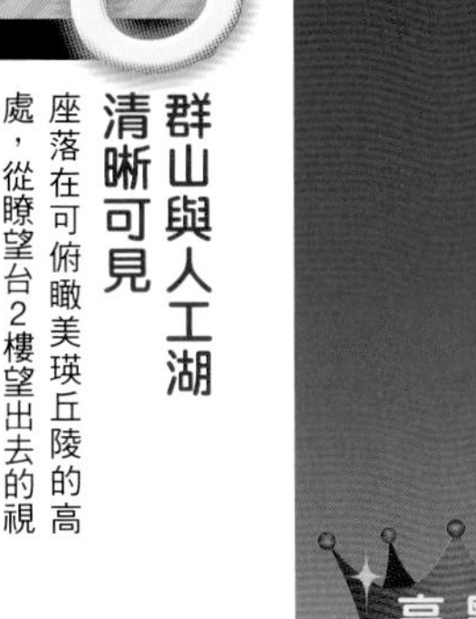

「全景之路」的歇腳處

MAP 59 B-3

三愛の丘茶屋カーブ

推薦阿芙佳朵，在濃縮咖啡或抹茶上添上霜淇淋。使用北海道產奶油。

0166-92-3318
4月下旬～10月下旬10:00～17:00 休週四（11～4月歇業）
¥阿芙佳朵500日圓
美瑛町福富瑛進
JR美瑛站車程5分
10輛
Mapple Code 101-1075

天熱時讓人無法抗拒的阿芙佳朵

「拼布之路」的歇腳處

MAP 59 A-3

ドイツ風ファーム喫茶 Land Cafe

提供德籍老闆以自家田地收成的蔬菜製作的德國家庭菜色。

0166-92-5800
4月末～11月上旬10:00～16:50
休週二、三
美瑛町美田第2
JR美瑛站車程10分
12輛
Mapple Code 100-1474

可一嘗德國家庭料理

亮點 景點 2 七星之樹

せぶんすたーのき

MAP 59 B-2

聳立於山丘上，周圍的景致也很迷人

登上香菸包裝的著名風景

一棵槲樹獨聳在小山丘上，昭和51（1976）年用於觀光菸「七星」的包裝上而得此名。

0166-92-4378(美瑛町觀光協會)
自由參觀（限於鋪設道路）
美瑛町北瑛 JR美瑛站車程13分
31輛
Mapple Code 101-0912

景點 8 紅屋頂之家

あかいやねのいえ

MAP 59 B-3

全景之路最具代表性的風景

交疊綿延的丘陵地中央有棟紅色屋頂的小屋，宛如從繪本跳出來的風景，不分季節吸引眾多攝影師走訪。

拍照請從路上取景，千萬不要為了拍到好構圖就闖進農田中

0166-92-4378(美瑛町觀光協會)
自由參觀（限於鋪設道路） 美瑛町福富
JR美瑛站車程10分 5輛
Mapple Code 101-2252

景點 7 四季彩之丘

しきさいのおか

MAP 59 B-3

以十勝岳為背景群花爭妍比美

廣布在全景之路小丘陵上的花田，寬闊的花田裡有薰衣草等約30種花卉綻放，還有16隻羊駝。

0166-95-2758
8:30～18:00（3、11月為9:00～16:30，4、5、10月為9:00～17:00，12～2月為9:00～16:00）
休無休 ¥免費入園
美瑛町新星第3
JR美馬牛站步行20分
100輛
Mapple Code 101-1080

可連同花田丘陵眺望後方的十勝岳連峰

旅遊提案

列車 10 步行

富良野

MAP P.59

最佳時節 7~8月

搭乘慢車號前往富田農場

欣賞、聞香、品味、享樂的花團錦簇之旅

所需時間…………… 4小時

預算…………… 5,000日圓

START

JR旭川站

上車

1 富良野・美瑛慢車號 玩樂

約1小時13分 JR富良野線

JR薰衣草花田站（臨時站）

亮點

約500m 地區道路

2 富田農場 景點

約500m 地區道路

JR薰衣草花田站（臨時站）

約12分 JR富良野線

JR富良野站

GOAL

Information

上富良野十勝岳觀光協會 ☎0167-45-3150
中富良野觀光協會 ☎0167-39-3033
富良野觀光協會 ☎0167-23-3388

玩樂 富良野・美瑛慢車號 1

ふらのびえいのろっこごう

MAP 59 B-3

行駛在百花盛開的富良野・美瑛大地

小貨車造型的列車行駛在宛如拼布般的風景綿延的美瑛，以及薰衣草恣意綻放的富良野，2016年於6月11日到9月25日營運（行駛日需確認）。經過美瑛的紅屋頂之家等能欣賞美麗風景的地方會放慢速度，可以悠閒感受景致。打開車窗便有涼爽的風吹進車內，彷彿坐在敞篷車般心曠神怡。中富良野町的富田農場附近，會在同時期增設臨時的「薰衣草花田站」。

↑在景色優美的地方會放慢行駛速度

↓想確保位子的話需加購對號座

↑車內還會有慢車號車掌的解說

☎011-222-7111（JR北海道電話服務中心）6:30～22:00 Mapple Code 101-3164
2016年為6月11日～9月25日（行駛日與時間需確認） ¥旭川站～薰衣草花田站30日圓、薰衣草花田站～富良野站230日圓、對號座費用520日圓 址JR富良野線（旭川站～富良野站） 交JR旭川站即到（旭川站）

車窗外的風景

↑駛近JR美馬牛站，丘陵上的高塔便會映入眼簾，那是以三角屋頂為特色的美馬牛小學。

↑慢車號的減速地點，前進方向的左側可看見因前田真三的照片而聞名的紅屋頂之家。

↑駛出JR美瑛站不久，出現在東南方的是憩橋，接著是綿延不絕的美瑛丘陵景致。

富良野・美瑛慢車號時刻表（2016年6月）

列車名		行駛區間			
		發車站	時刻	抵達站	時刻
富良野・美瑛慢車號	1號	旭川	9:56	富良野	11:36
	2號	富良野	11:53	美瑛	12:55
	3號	美瑛	13:06	富良野	13:56
	4號	富良野	14:02	旭川	15:05
	5號	美瑛	15:10	富良野	16:01
	6號	富良野	16:12	旭川	17:46

※中途停車站(1·6號):美瑛、美馬牛、上富良野、薰衣草花田、中富良野
※中途停車站(2~5號):美馬牛、上富良野、薰衣草花田、中富良野
※上述為2016年的營運時程，詳請請洽JR北海道官網或電話服務中心等。

JR富良野線

美馬牛　美瑛　旭川

車程8分　步行20分

JR富良野沿線的主要花田

景點 Flower Land上富良野

ふらわーらんどかみふらの

富良野地區規模最大的花田

MAP 59 B-4

Mapple Code 100-1423

總面積達15萬m²，是這個地區規模最大的花田。不止規模浩大，絕佳地點也是人氣的祕訣，可從山丘上連同花田一併眺望上富良野町街景和十勝岳連峰。

☎0167-45-9480
4~11月的9:00~17:00（12~3月為~16:00、6~8月為~18:00） 休12月20日~2月底 ¥免費入場 址上富良野町西5線北27号 P500輛

→隨季節綻放的花卉也很迷人

花田DATA 【賞花期】6～9月 【面積】15公頃 【設施】商店、餐廳、體驗工房等

景點 菅野農場

かんのふぁーむ

活用花人街道旁的斜坡

MAP 59 B-3

Mapple Code 100-2475

國道237號沿路的丘陵上佈滿了紅、黃、藍等五顏六色的花朵。雖然這裡是專門處理薰衣草切花出貨和園藝花草種子採集的花田，也開放一般自由參觀。據說有超過60種花卉，原創商品也很受歡迎。

☎0167-45-9528
6月中旬～10月中旬的9:00～日落 休開放期間無休 ¥免費入場 址上富良野町西12線北36美馬牛峠 P100輛

→原色般的花朵美麗綻放

花田DATA 【賞花期】6～10月 【面積】5公頃 【設施】同農園產農產物直銷所

旅遊提案介紹♪

搭乘初夏時幾乎與薰衣草開花同一時期行駛的熱門觀光列車〃慢車號〃巡遊花田。不只是車窗外的風景，離車站稍有距離的周圍花田也是重點，務必招輛計程車一探究竟。

行程攻略

❶旭川站車發的慢車號僅有「1號」。
❷薰衣草花田站原則上只有慢車號停靠。
❸薰衣草的賞花期是6月下旬到8月上旬。

悄悄話：富良野・美瑛慢車號：搭車讓我得以悠閒地享受美瑛～富良野的景色。剛好薰衣草花田臨時站也開了，用走的就能到富田農場。（京都府／60多歲男性）

約略廣布在富田農場中央的「倖之花田」

稍稍study ☑ 大力推薦美食＆伴手禮

肚子有些餓時，就來點運用當地產食材製作的輕食或甜點吧？適合當做伴手禮的富田農場原創商品也很豐富。

薰衣草精油12ml 1296日圓
採自薰衣草的100％純精油，可用香薰壺或泡澡時享受香氣

薰衣草蜂蜜布丁320日圓、薰衣草可爾必思果凍250日圓
散發淡淡的薰衣草香氣，4月下旬～10月中旬限定販賣

迷你泡澡組389日圓
是3種泡澡劑的套組

季節蔬菜咖哩620日圓
蔬菜使用該時期的當令食材

亮點 2

景點 富田農場

ふぁーむとみた

MAP 59 B-4

色彩鮮豔的花田讓人心醉神迷

設有以薰衣草為中心的廣大花田和資料館、商店等的熱門薰衣草園。為了採取香料而種植的薰衣草，在昭和51（1976）年因獲日本國鐵的月曆所採用，而開始吸引全日本的攝影師造訪富田農場。園內有販售薰衣草商品的商店，以及將當地蔬菜入菜的餐廳等，擁有許多玩上一整天也不會膩的各式設施。

0167-39-3939 7、8月8：30～18：00，5、6、9月8：30～17：00，10、11月9：00～16：30，12～4月9：30～16：30 休無休 ¥免費入園 址中富良野町基線北15號 交JR中富良野站車程3分 P220輛 Mapple Code 100-1426

花田DATA 【賞花期】6～10月 【面積】12公頃 【設施】商店、咖啡廳、參觀香水製作等

抵達JR富良野站。在此停留數分到數十分後，便往旭川方向出發。

與丘陵起伏相互融合，勾勒出彩虹般景致的「彩色花田」

車窗外的風景

水田與田園廣布的中富良野町週邊。天氣好還可遠眺東北方的十勝岳連峰。

接近JR薰衣草花田站（臨時站）便可看見西北邊斜坡上的富田農場薰衣草田。

駛過深山峠後暫時進入林中，接著視野大開，再一會兒就到了JR上富良野站。

富良野 — JR富良野線 — 中富良野 — （臨時站）薰衣草花田站 — 上富良野

步行30分 景點 彩香之里佐佐木農場

さいかのさとささきふぁーむ

MAP 59 A-4 Mapple Code 100-1431

將丘陵斜坡染上一片紫色

以薰衣草園來說，在中富良野擁有最大面積的觀光農園。從下方往上仰望，彷彿鋪上一片薰衣草地毯的風景綿延。7月上旬到8月上旬還會舉辦採薰衣草的活動。

停車場附近的紀念照拍攝景點

090-3773-3574（農場主人手機） 6月上旬～9月下旬的8:00～17:00 休開放期間無休（有因天候而公休的可能） ¥免費入場 址中富良野町丘町6-1 P100輛

花田DATA 【賞花期】6～9月 【面積】6公頃 【設施】商店、輕食區等

步行15分 景點 中富良野町營薰衣草園

なかふらのちょうえいらべんだーえん

MAP 59 B-4 Mapple Code 100-1746

改造自滑雪場的斜坡

位在北星山的斜坡上，也可搭乘觀光吊椅從山麓前往。山頂上可將薰衣草納入視野，一同眺望十勝岳連峰的群山。除了薰衣草外還有一串紅、金盞花等綻放。

也可利用階梯爬上斜坡

0167-44-2123（中富良野町產業建設課） 6月中旬～8月下旬的9:00～17:40 休開放期間無休 ¥免費入園（觀光吊椅300日圓） 址中富良野町宮町1-41 P100輛

花田DATA 【賞花期】6～9月 【面積】3.6公頃 【設施】商店、觀光吊椅等

車程5分 景點 日之出公園薰衣草園

ひのでこうえんらべんだーえん

MAP 59 B-4 Mapple Code 100-1425

從觀景台飽覽花田和街景

坐落在高地上的町營公園，薰衣草綻放於擁有獨特起伏的斜坡上。爬上瞭望台，西側能眺望薰衣草園及市區，東側則是十勝岳連峰。花季時還會在瞭望台中開設餐廳。（6～9月限定）

鋪設有彷彿將花田編織起來的步道

0167-45-6983（上富良野町產業振興課） 自由入園 址上富良野町東1線北27 P90輛

花田DATA 【賞花期】7月中旬～下旬 【面積】4.2公頃 【設施】商店、瞭望台等

旅遊提案 11 車

富良野

MAP P.59

最佳時節 全年

前往動人場景的拍攝地點

富良野日劇的取景地巡禮

所需時間……5小時
預算……2,000日圓
距離……車程56km

START

JR富良野站

約26km 地區道路 253 地區道路

亮點 1 五郎的石屋 景點

約24km 地區道路 544 38 地區道路 985 地區道路

2 風之花園 景點

即到 腹地內

3 咖啡屋 森之時鐘 輕食

約6km 地區道路 800 38 地區道路

JR富良野站

GOAL

Information

富良野觀光協會 ☎0167-23-3388
富良野巴士 ☎0167-23-3131
中央包租計程車 ☎0167-22-2800

◎紅色風車與紅色屋頂令人印象深刻，與石磚外牆自然融合

◎小屋內部完整保留 『2002遺言』的 後一幕

亮點 景點 五郎的石屋 1

ごろうのいしのいえ

MAP 59 C-5

內部的佈景也可參觀 溫馨洋溢的家

從『95秘密』到『2002遺言』，主角黑板五郎所居住的家。故事設定為孩子紛紛獨立後，五郎在此用一顆顆石頭堆積起來，花上3年建造而成的家。如今依舊沿用五郎在此生活的設定，外觀與內部都還保留著拍攝結束時的樣貌。

☎0167-23-3388（富良野觀光協會）4月下旬～11月中旬的9：30～18：0（有因時期而提早的可能）休開放期間無休 ¥500日圓 址富良野市東麓鄉1 交JR富良野站搭乘富良野巴士往麓鄉方向35分，終點站下，步行0分 P100輛 Mapple Code 100-0928

◎可從3種蛋糕選的蛋糕套餐受歡迎

◎主角所經營的咖啡廳。為求真實而真正搭建了獨棟建築

景點 風之花園 2

かぜのがーでん

MAP 59 A-5

種植365種花卉與野草的英國風庭園

日劇中做為白鳥貞三與琉衣、小岳所栽培的英式庭園。花上約2年時間打造，日劇播畢後開放參觀，招牌上的文字是由倉本聰親自提筆。

☎0167-22-1111（新富良野王子大飯店）4月下旬～10月中旬的8:00～17:30（6月15日～8月31日為～19:30，10月1～16日為～15:30）休開放期間無休 ¥800日圓 址富良野市中御料 交JR富良野站車程10分 P利用新富良野王子大飯店停車場 Mapple Code 101-5243

◎約2000㎡的腹地內有365個品種、約2萬株花卉綻放

輕食 咖啡屋 森之時鐘 3

こーひーもりのとけい

MAP 59 A-5

為拍攝日劇而建的咖啡廳

在日劇『溫柔時光』中登場的咖啡廳，家具和咖啡杯等都和拍攝時所用的一樣。若坐在吧台座還可以用磨豆機自己磨咖啡豆。從吧台對向的窗戶和設有桌椅席樓層的大片窗戶，可以欣賞隨著四季而更迭的森林景致。

☎0167-22-1111（新富良野王子大飯店）12:00～20:00（有時期性差異）休無休 址富良野市中御料 交JR富良野站車程10分 P利用新富良野王子大飯店停車場 Mapple Code 101-2939

稍稍study 在取景地用餐！

美食 くまげら

富良野らしい料理が楽しめる郷土料理店

◎使用蝦夷鹿與鴨肉的山賊鍋

『從北國來』第15集中五郎與清吉約好要去喝酒的地方，是一家吃得到鹿肉料理、起司豆腐等富良野風味菜的鄉土餐廳，砌石的內部裝潢十分特別。

☎0167-39-2345 MAP 59 D-2 11:30～22:30 休無休 址富良野市日の出町3-22 交JR富良野站即到 P40輛 Mapple Code 100-1446

周邊圖▶P.59

瀧川站 鹿討站 旭川站 島之下站 學田站 五郎的石屋 風之花園 START&GOAL JR富良野站 麓鄉之森 くまげら 根室本線 Ningle Terrace 商店 布部札幌軒 布部站 小野田そば 撿來的家 咖啡屋 森之時鐘 新得站 1:400,000 0 5km

旅遊提案介紹♪

前往編劇倉本聰所執筆的『從北國來』等3齣富良野日劇的取景地。加快腳步的話半天就很足夠，但若想在各個景點花點時間遊覽、用1天左右來遊逛會更加盡興。

行程攻略

❶需留意『風之花園』的最終接待時間。
❷路線巴士的班次少，建議以車遊覽。
❸順道造訪曾是『從北國來』取景地的鄉土餐廳。

旅遊提案 12 車 空中纜車

旭岳

MAP P.148 H-1
最佳時節 7~9月

Camuimintara─眾神嬉戲的庭園─
北海道最高峰 旭岳 健行去！

- 所需時間……4小時
- 預算……5,000日圓
- 距離……車程93km 步行1.7km（姿見之池周遊路線）

START
JR旭川站
約34km 294 1160 地區道路
1 大雪旭岳源水
約13km 地區道路 1160 空中纜車
亮點 2 姿見之池周遊路線
約46km 空中纜車 1160 294
JR旭川站
GOAL

Information
東川觀光協會 ☎0166-82-3761
旭岳遊客中心 ☎0166-97-2153
大雪山旭岳空中纜車 ☎0166-68-9111

旅遊提案介紹♪

漫步在鋪設於旭岳山腰之健行路線的旅遊提案。雖然這個路線即使是生手也能挑戰，建議還是攜帶簡單的登山服裝與鞋子。山區天氣變化大，也別忘了準備雨具前往。

行程攻略

1. 旭岳的最新資訊請洽溫泉街的遊客中心。
2. 登山路線外的迷路事故頻仍，請多留意。
3. 即使是夏天也請攜帶防寒衣物與擋風雨的外套等。

景點 1

大雪旭岳源水
たいせつあさひだけげんすい

MAP 59 C-2

↑從停車場稍微走段路可到泉源處

☎0166-82-3761（東川觀光協會）
自由參觀
址 東川町ノカナン
交 JR旭川站車程50分
P 20輛
Mapple Code 101-3170

一天湧出6600噸的名泉

旭岳的雪融水歷經數十年、數百年而湧出的泉水。雖然在停車場旁的源水岩就能汲水，從那裡再走300m就能看見泉源。

可在旭岳看見的高山植物
牛皮杜鵑 6~7月
白山報春 7~8月
日本龍膽 8~9月

↑姿見之池
周遊路線的重頭戲，天藍色的水面清楚映照出旭岳的風采。十勝岳連峰的景觀也很迷人。

↑姿見站
走下空中纜車，站內會有自然保護監視員針對旭岳做解說，也一併確認氣象和注意事項等事宜吧。

↑夫婦池
穿越第1～3展望台，便能看見擂鉢池與鏡池。由於兩座池就像彼此依偎般並列，而合稱為夫婦池。

旭岳空中纜車
行駛時間…6:00~18:00（會隨末班、季節有所調整，4月11~15日、4月18~22日、11月11日~12月10日停駛）
費用…往返2900日圓（10月21日~5月31日為1800日圓）

亮點 2 玩樂

姿見之池周遊路線
すがたみのいけしゅうゆうこーす

MAP 59 D-2

欣賞高山植物一面悠閒漫步

從旭岳空中纜車的姿見站，設有約走1小時就能繞一圈的健行路線。彷彿兩人甜蜜依偎而並列的夫婦池、倒映出旭岳的姿見之池景色優美，沿路還可看見白山報春、稚兒車花等高山植物，尤其7～8月是最佳觀賞期。周遊路線有許多浮岩和易滑的地方，建議穿上登山鞋等鞋底較厚的款式，姿見站也有提供長靴的租借服務。

☎0166-82-3761（東川觀光協會） 自由散步
址 東川町旭岳 交 JR旭川站搭乘旭川電氣軌道巴士いで湯號1小時45分，終點站下車，空中纜車10分，從姿見站步行20分
P 240輛
Mapple Code 101-3169

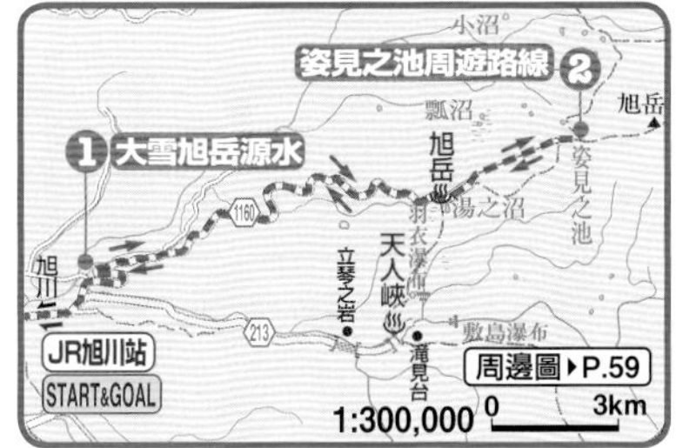

稍稍study

☑漫步旭岳所流的汗就到「旭岳溫泉」一洗疲憊吧

旭岳溫泉位在大雪山系旭岳的山腰，是位處海拔1000m高山的溫泉鄉。與同樣是大雪山溫泉鄉的層雲峽溫泉形成對比，這裡的溫泉街瀰漫著閑靜的氣息。溫泉的泉質是硫酸鈣、硫酸鎂、硫酸鈉等，源泉溫泉是50°C左右的高溫泉。週邊有9座住宿設施，也有提供不住宿純泡湯的設施。在姿見之池一帶散步過後，來悠哉泡泡溫泉再回去也不錯。

MAP 59 D-2

↑能享受流動式天然湧泉的「湯元湧駒莊」

悄悄話 姿見之池周遊路線：雖然沒有時間爬上山頂，在姿見之池週邊的散步路線就讓人心滿意足了。倒映出旭岳的姿見之池非常迷人，也有許多高山植物綻放。（北海道／20多歲男性）

FURANO・ASAHIKAWA・BIEI
富良野・旭川・美瑛

熱門景點

不妨到這裡走走！

感受花田與遊覽丘陵的樂趣後，就來去吃得到使用當地蔬菜烹調佳餚的餐廳。矚目的當地美食也不容錯過。

旅遊哏！

最佳旅遊季是5～10月

想稍微早起一些去欣賞美景 星野TOMAMU度假村的雲海平台感動體驗！

雲海平台因能搭乘纜車輕鬆上山，眺望罕見的自然現象「雲海」而一夕成為話題景點。雖然不見得一定能看見，但在清晨的澄淨空氣中，可以欣賞因當天狀況而風貌各異的天空，光是這樣就有一探究竟的價值。（星野TOMAMU度假村：0167-58-1111）

Mapple Code 101-5978

MAP 148 G-5
營業期間為5月14日～10月17日

美瑛 MAP 59 C-4 Mapple Code 101-5447

びえいしろがね あおいいけ

美瑛白金 青池

景點

0166-94-3025（美瑛白金觀光中心）

獨特的神秘湛藍深獲好評！枯木聳立的夢幻之池

美瑛川的語源是來自愛奴語的「Piye（油膩之河）」，青池則是在美瑛川中游意外產生的池塘。池中有日本落葉松等，許多枯萎林木聳立的景象散發神秘氛圍，這般美麗景致在攝影師之中口碑相傳，如今成為美瑛的觀光景點。據說池水會透出藍綠色是因為膠體生成，但真正原因尚未解開。停車場步行至青池約5分。

自由參觀（冬季僅限夜間點燈期間） 址美瑛町白金 交JR美瑛站車程20分 P100輛

在防災砂防工程中偶然形成的池塘

嚴寒孕育出的獨特風味

旭川拉麵

多為發揮豚骨湯底加上海產風味的醬油口味。

旭川

ラーメンの蜂屋 五条創業店

まっぷるコード 100-1369

らーめんのはちやごじょうそうぎょうてん

0166-22-3343

MAP 59 A-1

盡情品嘗海鮮風味與豬油的香氣

昭和22（1947）年創業，這裡的醬油拉麵（750日圓）據說是帶起旭川拉麵風潮的始祖。湯頭是以豚骨與竹筴魚乾等熬製。焦香豬油會浮在表面，即使在寒冷的旭川，吃到最後一口都還是熱騰騰的好滋味。

10:30～19:50，8、9月為～20:50 休無休 址旭川市5条通7右6 交JR函館本線旭川站步行3分 P5輛

富良野 MAP 59 A-5 Mapple Code 101-5470

かんぱーなろっかてい

Campana六花亭

購物

0120-12-6666

透過窗戶可眺望十勝岳連峰的「六花亭」直營店，也販售「富良野餅」等限定商品。4月下旬～11月的9:00～17:00（冬季為～16:00，咖啡廳為10:00～16:00） 休營業期間無休 址富良野市清水山 交JR富良野站車程7分 P100輛

美瑛 MAP 59 B-3 Mapple Code 101-4593

びえいせんか

美瑛選果

購物

0166-92-4400

販賣美瑛出產的蔬菜和加工品等。9:30～17:00（7～9月為9:00～18:00） 休無休 址美瑛町大町2 交JR美瑛站步行10分 P66輛

上富良野 MAP 59 B-4 Mapple Code 101-5506

ふぁーむれすとらんあぜみちよりみち

ファームレストラン あぜ道より道

美食

0167-45-3060

農家的婆婆媽媽掌廚 蔬菜多多的樸實菜色

由5位農家媽媽所經營的家庭味餐廳，使用的食材大多來自這些媽媽自家摘採的鮮蔬。店內散發出溫馨氣息，讓不少人不知不覺就在此久待。座落在田園地帶的中央，從大面窗戶可望見十勝岳連峰。農收期還會販賣番茄、白蘿蔔等蔬菜。

10:30～15:30 休週三 址上富良野町東6北16 交JR上富良野站車程15分 P20輛

蔬菜咖哩（附沙拉）970日圓

除了香料以外全使用當地產

富良野蛋包咖哩飯

堅持使用富良野產的美食加上富良野牛乳。

富良野

くんえん工房 Yamadori

Mapple Code 101-5101

くんえんこうぼうやまどり

0167-39-1810

MAP 59 D-1

將使用上富良野產的地養豬灌製的自製香腸、培根烹製的菜色深獲好評。「富良野蛋包咖哩飯」（1080日圓）還會附上單點菜餚，是採用地養豬與富良野起司做成的肉丸可樂餅。

11:00～15:00 休週四 址富良野市朝日町4-14 交JR富良野站步行5分 P3輛

富良野

山香食堂

Mapple Code 101-6767

やまかしょくどう

0167-22-1045

MAP 59 A-5

頗具份量的菜餚和居家氛圍深受當地人喜愛的定食餐廳。招牌菜「富良野蛋包咖哩飯」（900日圓）是在咖哩醬中加入葡萄酒做為提味秘方的必吃餐點，會附上使用富良野食材的單點菜餚。11:00～14:30、17:00～19:30 休週日 址富良野市緑町9-20 交JR富良野站車程5分 P15輛

特色是採用美瑛產小麥的麵條

美瑛咖哩烏龍麵

有沾麵、炒麵兩種，可選擇喜歡的麵條。

美瑛

丘の食事処 戀や KOI-YA

Mapple Code 101-6278

おかのしょくじどころこいや

0166-92-1007

MAP 59 B-3

美瑛站附近的餐廳，可嘗到千層麵風的美瑛咖哩烏龍麵〈炒麵〉（950日圓）、以印度甜酸醬和羅勒增添風味的湯咖哩風美瑛咖哩烏龍麵〈沾麵〉（980日圓）。11:00～14:00、17:00～19:30 休週一 址美瑛町栄町1-2-25 交JR美瑛站即到 P無（利用站前公共停車場20輛）

美瑛

ファミリーレストラン だいまる

Mapple Code 101-5242

ふぁみりーれすとらんだいまる

0166-92-3114

MAP 59 B-3

美瑛咖哩烏龍麵〈沾麵〉（850日圓）是在完美呈現豬肉與洋蔥鮮甜的咖哩醬中加入牛奶，打造出圓潤口感。美瑛咖哩烏龍麵〈炒麵〉（950日圓）則是加入當地蔬菜與美瑛豬絞肉等，份量飽足。

11:00～15:00、17:00～19:30 休週三 址美瑛町中町1-7-2 交JR美瑛站步行5分 P15輛

Pick up!!

矚目 Gourmet

美瑛・富良野 咖哩街道

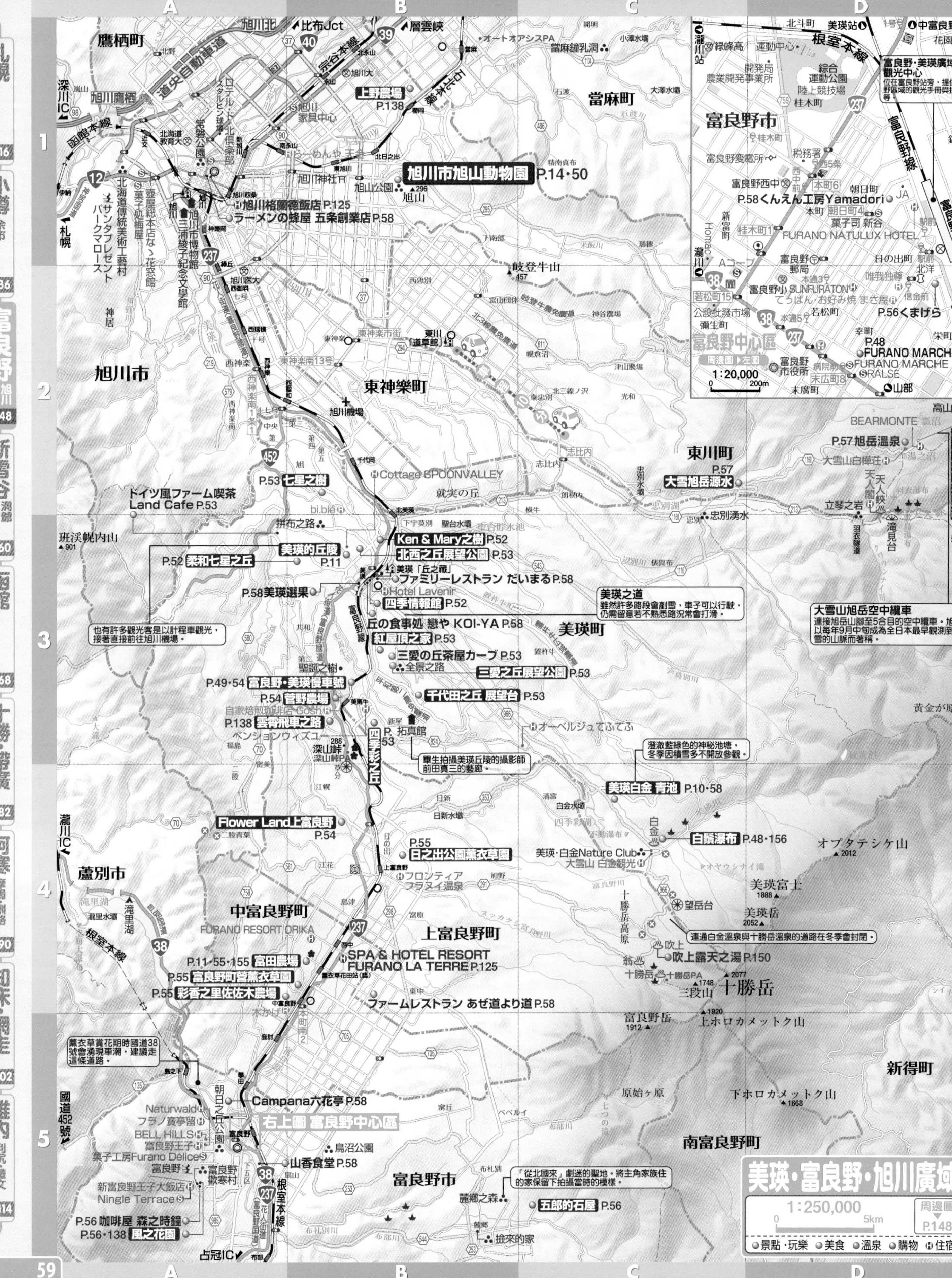
札幌 P.16
小樽 余市 P.36
富良野 美瑛 旭川 P.48
新雪谷 登別 洞爺 P.60
函館 P.68
十勝・帶廣 P.82
阿寒 摩周・釧路 P.90
知床・網走 P.102
稚內 利尻・禮文 P.114
美瑛・富良野・旭川廣域
1:250,000
周邊圖 P.148
景點・玩樂
美食
溫泉
購物
住宿
鷹栖町
當麻町
旭川市
東神樂町
東川町
美瑛町
蘆別市
中富良野町
上富良野町
富良野市
南富良野町
新得町
旭川市旭山動物園 P.14・50
上野農場 P.138
旭川格蘭德飯店 P.125
ラーメンの蜂屋 五条創業店 P.58
大雪旭岳源水 P.57
P.57 旭岳溫泉
大雪山旭岳空中纜車
連接旭岳山腳至5合目的空中纜車。旭岳以每年9月中旬成為全日本最早觀測到紅葉雪的山脈而著稱。
P.53 七星之樹
ドイツ風ファーム喫茶 Land Cafe P.53
Ken & Mary之樹 P.52
美瑛的丘陵 P.11
北西之丘展望公園 P.53
P.52 柔和七星之丘
ファミリーレストラン だいまる P.58
P.58 美瑛選果
四季情報館 P.52
美瑛之道
雖然許多路段會削雪，車子可以行駛，仍需留意若不熟悉路況常會打滑。
也有許多觀光客是以計程車觀光，接著直接前往旭川機場。
丘の食事処 戀や KOI-YA P.58
紅屋頂之家 P.53
三愛の丘茶屋カーブ P.53
三愛之丘展望公園 P.53
P.49・54 富良野・美瑛慢車號
P.54 菅野農場
千代田之丘 展望台 P.53
P.138 雲霄飛車之路
拓真館
畢生拍攝美瑛丘陵的攝影師前田真三的藝廊。
四季彩之丘 P.53
澄澈藍綠色的神秘池塘，冬季因積雪多不開放參觀。
美瑛白金 青池 P.10・58
Flower Land上富良野 P.54
白鬚瀑布 P.48・156
P.55 日之出公園薰衣草園
連通白金溫泉與十勝岳溫泉的道路在冬季會封閉。
吹上露天之湯 P.150
十勝岳
美瑛富士
美瑛岳
P.11・55・155 富田農場
P.55 富良野町營薰衣草園
P.55 彩香之里佐佐木農場
SPA & HOTEL RESORT FURANO LA TERRE P.125
ファームレストラン あぜ道より道 P.58
薰衣草賞花期時國道38號會湧現車潮，建議走這條道路。
Campana六花亭 P.58
右上圖 富良野中心區
山香食堂 P.58
「從北國來」劇迷的聖地，將主角家族住的家保留下拍攝當時的模樣。
五郎的石屋 P.56
P.56 咖啡屋 森之時鐘
P.56・138 風之花園
國道452號
富良野市
富良野中心區
1:20,000
P.58 くんえん工房Yamadori
P.56 くまげら
FURANO MARCHE
富良野・美瑛廣域觀光中心
位在富良野站旁，提供富良野區域的觀光手冊與折價券。

一目瞭然區域導覽

新雪谷・洞爺・登別

にせこ・とうや・のぼりべつ

介紹區域在這裡！

新雪谷

新雪谷・洞爺・登別是這樣的地方

新雪谷（舊稱二世古）是戶外活動盛行的高原度假地，洞爺為G8高峰會舉辦地、入選世界地質公園之列等充滿話題的地區，登別則號稱溫泉百貨公司、擁有9種泉質及每天高達1萬噸的湧出量。三個區域的周邊都有許多景點，為北海道境內屈指的溫泉度假區。

擬定行程的小竅門

登別～洞爺～新雪谷區域是絕佳的兜風勝地。能欣賞壯闊的風景、體驗馳騁於蜿蜒山路的快感，連當地人都很大力推薦。若選擇自駕旅遊，景點之間的移動過程也是一種樂趣。

日本人推薦的標準行程

第1天先在新雪谷遊玩，第2、3天再到洞爺和登別溫泉悠閒享受。

（第1天）
13 超驚險刺激！泛舟體驗
↓
（第2天）
14 感受大自然的不可思議！洞爺湖遊湖趣
↓
15 漫步登別溫泉 自然步道！

機場出發的交通指南

新千歲機場為空路交通的玄關

新千歲機場 → 洞爺湖溫泉
- 經由道央道・國道230號／119km
- 【鐵路】JR快速「AIRPORT」（南千歲換車）JR特急「(SUPER)北斗」等／約1小時25～35分 → 洞爺 → 【巴士】道南巴士往洞爺湖溫泉・東町（太陽宮酒店）／18分

札幌 → 洞爺湖溫泉
- 【巴士】道南巴士往東町（太陽宮酒店）／2小時40～50分
- 【開車】經由國道230號／約101km

新千歲機場 → 登別溫泉
- 【開車】經由道央道・道道2號／約74km
- 【巴士】道南巴士高速登別溫泉機場號／1小時15分
- 【鐵路】JR快速「AIRPORT（南千歲換車）JR特急「(SUPER)北斗」等／1小時 → 登別 → 【巴士】道南巴士往登別溫泉・足湯入口／11～16分

札幌 → 登別溫泉
- 【開車】經由道央道・道道2號／約107km
- 【巴士】道南巴士高速溫泉號／1小時40分

新千歲機場 → 新雪谷
- 【開車】經由道道16號・國道276號・道道97號・道道66號／約108km
- 【鐵路】JR快速「AIRPORT」／1小時15分 → 小樽 → 【鐵路】函館本線普通列車／1小時20分～2小時15分

札幌 → 新雪谷
- 【開車】經由國道230號・道道66號／約94km
- 【巴士】北海道中央巴士高速新雪谷號／3小時

新施設＆話題的新情報

蘭越町交流促進中心雪秩父

2015年9月重新開幕

以純泡湯溫泉設施再度復出！

曾於昭和42～47年營業的人氣溫泉「雪秩父」，規劃成純泡湯的溫泉設施後全新開張。以大自然環抱、開放感十足的露天浴池最為自豪，備有硫磺泉質和鐵礦泉質的溫泉，還有受到女性好評的天然湯之花「泥漿浴池」。冬天也照常營業，可以體驗看看「賞雪浴池」。

MAP 142 F-1

洞爺湖溫泉

2016年剛迎接開湯一百周年

7月時曾舉辦一百周年感謝祭！

洞爺湖溫泉從洞爺湖畔首家溫泉住宿設施「竜湖館」開業以來，到2016年已堂堂邁入第一百年。為慶祝周年紀念於7月23、24日舉辦了「一百周年感謝祭」，除連續施放100發水上煙火外還有鄉土藝術表演、豎立紀念碑等活動。

温泉大好き！ほっかいどう 2016年 洞爺湖 温泉開湯100年

MAP 142 G-3

登別閻魔炒麵

2015年4月開賣

目前登別市內有33家店販售中！

「登別閻魔炒麵」為登別最新誕生的在地美食，過程中必須遵守「使用道產小麥製作的扁平麵」「使用閻魔王指定的秘密醬料」「使用登別產或是登別近郊的食材」等由閻魔王訂下的準則。每家店都有獨自的特色，不妨多嘗試幾家比較風味。

詳細はhttp://www.noboribetsubrand.jp/

登別閻魔やきそば

札幌 P.16
小樽 余市 P.36
富良野 美瑛 旭川 P.48
新雪谷 洞爺 登別 P.60
函館 P.68
十勝・帶廣 P.82
阿寒 摩周・釧路 P.90
知床・網走 P.102
稚内 利尻・禮文 P.114

區域內交通資訊

觀光新雪谷時搭巴士最方便，洞爺則推薦利用觀光計程車。登別雖以徒步遊逛為主，但不妨先查一下車站到登別溫泉的巴士路線。

新雪谷・洞爺・登別

觀光時可利用的路線巴士

由新雪谷巴士營運的路線巴士涵蓋了新雪谷的大範圍區域，其中最方便觀光客利用的就是倶知安線和新雪谷線（僅夏天期間）。倶知安線是連結倶知安站與比羅夫地區、北海道新雪谷希爾頓度假酒店的路線，新雪谷線是連結新雪谷站與新雪谷安努普利國際滑雪場方向的路線。此外，倶知安町內還有「町內循環巴士じゃがりん號（Jagarin）」運行。兩條路線分別設計成東西向和南北向，可於JR倶知安站免費轉乘。搭乘時必須從巴士站上車，但在路線範圍內可自由選擇下車地點、相當便利。若要利用路線巴士，建議先將想去的地方條列出來。

搭計程車享受洞爺湖觀光

洞爺ハイヤー是提供洞爺湖周邊觀光景點導覽的觀光計程車。共有六種行程可以選擇，例如環繞昭和新山和火山口的行程、巡訪月浦地區等熱門景點的行程。

■洞爺ハイヤー ✆0142-75-2266

行程範例

A行程

JR洞爺站or溫泉街→昭和新山→熊牧場→火山科學館→西山火口→有珠金比羅火口→JR洞爺站or溫泉街
所需1小時30分
¥8340日圓～

E行程

JR洞爺站or溫泉街→西山火口→火山科學館→Lake-Hill Farm→洞爺溫莎度假酒店＆Spa→SAIRO展望台→洞爺水之站→月浦地區→JR洞爺站or溫泉街
所需2小時30分
¥13900日圓～

徒步或租自行車遊逛溫泉街

從洞爺湖溫泉街到湖畔、西山山麓火口步道等地，都在步行可及的範圍內。溫泉街上也有自行車出租店，踩著自行車要去哪兒就更輕鬆了。1小時700日圓、2小時900日圓，每增加1小時加收300日圓。

■レンタサイクル高柳商会
✆0142-75-2406

連結登別站和登別溫泉的路線巴士

抵達登別溫泉巴士總站後，接著會行經溫泉街、開往大湯沼川的天然足湯入口。從巴士站到足湯步行約5分。

登別站前—登別溫泉巴士總站—登別溫泉中央—第一瀧本館前—公園飯店前—足湯入口

積丹 余市 小樽 札幌 定山溪 新雪谷 洞爺湖 登別溫泉 新千歲機場 函館 岩內 江差 苫小牧 長萬部 洞爺 登別 南千歲 千歲IC 小樽IC 札幌北IC 新千歲空港IC 長萬部IC 虻田洞爺湖IC 登別東IC 大沼公園IC 七飯藤城IC 函館IC 新函館北斗 松前 木古內 日本海 太平洋 JR函館本線 JR千歲線 JR室蘭本線 道央自動車道 札樽自動車道 JR・巴士的起點 空路的玄關

時刻及費用的洽詢處

道南巴士登別溫泉巴士總站
✆0143-84-3111
http://donanbus.co.jp/

JR北海道電話服務中心
✆011-222-7111
http://www.jrhokkaido.co.jp/

倶知安町綜合政策課
✆0136-56-8001
http://www.town.kutchan.hokkaido.jp/

新雪谷巴士
✆0136-44-2001
http://www.nisekobus.co.jp/

⊙登別溫泉巴士總站

旅遊的活動行事曆

最推薦初夏到秋天期間來訪。洞爺、登別都有大型慶典，氣候溫暖的新雪谷則可盡情享受戶外活動。

12月 11月 10月 9月 8月 7月 6月 5月 4月 3月 2月 1月

活動

洞爺湖溫泉燈飾街
期間 11月1日～3月31日
會場 洞爺湖汽船本社前
洽詢 ✆0142-75-2446（洞爺湖溫泉觀光協會）
通往湖畔的路上有高達12000顆的彩燈絢爛閃爍。

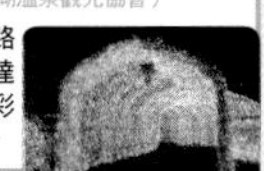

第53回登別地獄祭
期間 8月下旬
會場 登別溫泉極樂通、地獄谷特設會場
洽詢 ✆0143-84-3311（登別觀光協會）
登別溫泉最盛大的夏季慶典，絢麗壯觀的煙火大會為注目焦點。

地獄谷鬼煙火
期間 6月上旬～8月上旬的週四五
會場 地獄谷展望台
洽詢 ✆0143-84-3311（登別觀光協會）
由地獄谷的鬼怪們負責施放大型手筒煙火。

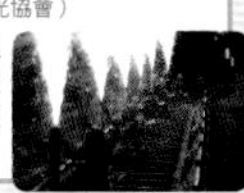

第35屆洞爺湖長期煙火大會
期間 4月28日～10月（天候不佳時暫停）
會場 洞爺湖溫泉湖畔
洽詢 ✆0142-75-2446（洞爺湖溫泉觀光協會）
長期性的湖上煙火大會，每天從20時45分約施放20分鐘。

2017年洞爺湖溫泉冬祭
期間 2月4～12日
會場 洞爺湖汽船本社前棧橋（正式祭典）
洽詢 ✆0142-75-2446（洞爺湖溫泉觀光協會）
現場有賣當季美味的攤販，活動期間還會在湖面施放煙火。

時令

紅葉 新雪谷的最佳觀賞期為10月上旬～中旬，洞爺、登別為10月中旬～11月中旬。

每到夏天農產直賣所就會擺出蘆筍、馬鈴薯、菇類等當令的在地蔬菜。

櫻 4月下旬～5月月上旬是櫻花的開花期，登別的櫻花行道樹尤其值得一看。

雪 新雪谷、洞爺湖北岸為積雪較多的豪雪地帶，洞爺湖南岸、登別的積雪則相對較少。

12月	11月	10月	9月	8月	7月	6月	5月	4月	3月	2月	1月	
0.2	6.7	14.7	21.3	25.4	23.9	20.6	16.3	9.6	2.6	-1.3	-2.2	最高氣溫
-3.1	2.8	9.4	15.9	20.7	19.2	15.3	10.7	4.8	-1.4	-5.2	-5.7	平均氣溫
-6.9	-1.2	4	10.8	16.8	15.6	10.8	5.4	0	-6.1	-10	-10.1	最低氣溫
186.8	176.6	133.2	133.6	141.6	96	51.8	75	67.5	93.1	133.1	188.9	降雨量
90	36	2	—	—	—	—	—	104	174	187	155	最深積雪

※氣溫、降雨量、最深積雪等數據為1981～2010年倶知安（新雪谷區域）的平均值（日本氣象廳）。此外，時令、建議等內容僅供參考。活動的舉辦日期和內容有更動的可能，請事先確認

旅遊提案 13 開車

新雪谷

MAP P.142

最佳時節 4~8月

在水花四濺中沿著尻別川而下

超驚險刺激！泛舟體驗

- 所需時間……6小時
- 預算……8,000日圓
- 距離……車程23km

START

JRNiseko站

此旅遊提案的出發地點為JR Niseko站

約11km 地區道路 66 343

亮點 **1 NAC Niseko Adventure Centre** 玩樂

約7km 343 地區道路

2 高橋牧場 ニセコミルク工房 購物

從ニセコヌプリホルスタインズ・ミルク工房遠眺羊蹄山

約5km 地區道路 343 66 地區道路

3 ニセコ駅前温泉 綺羅乃湯 溫泉

即到

JR Niseko站

GOAL

Information

倶知安觀光服務處 ☎0136-22-3344
新雪谷度假村觀光協會 ☎0136-43-2051
新雪谷巴士 ☎0136-44-2001

泛舟體驗行程表

8:30まで 到NAC集合

建議提早辦理報到手續，完成手續後就在NAC內等候。泛舟上午和下午各有1梯次（7月下旬～8月下旬為上午和下午各2梯次）。

8:30 進行分組

工作人員會解說注意事項和流程，然後將每7人分成一組。

※時間分配等資訊是以夏天期間（7月下旬～8月下旬）8時30分～12時的行程為例，僅供參考敬請了解。

玩樂

NAC Niseko Adventure Centre 亮點 1

泛舟的第一首選

MAP 142 F-1

以萬全的安全措施自豪於業界

由北海道戶外運動體驗的先驅者Ross Findlay所創辦的公司，備有泛舟、充氣式獨木舟、滑雪等配合季節的體驗行程。最受歡迎的泛舟行程從4月上旬到11月上旬為止，參加者必須符合各種條件，請先查詢、確認預約後再行前往。泛舟的服裝依季節而異，原則上4～6月和9～11月可穿淋濕也無妨的運動服，7～8月穿T恤、短褲或泳衣，以吸水後不會增加重量的服裝為首選。

☎0136-23-2093
8:00～21:00(泛舟、充氣式獨木舟採預約制)
無休 ¥泛舟（半天）50日圓 址倶知安町山田79-53 交JR倶知安站車程10分（有接送服務，請於預約時提出申請）
60輛
Mapple Code 100-0998
集合場所就在NAC

旅遊提案介紹♪

新雪谷觀光的焦點就是享受戶外活動的樂趣。將泛舟體驗安排在上午，下午即可前往周邊的觀光景點遊逛、品嘗美食。

行程攻略

1. 除了4、5月以外，都很適合新手體驗或闔家同樂。
2. 幾乎都會淋濕，務必要攜帶替換衣物。
3. 過程中十分耗費體力，請安排較充裕的時間。

悄悄話 NACNiseko Adventure Centre：夏天時跑去體驗了泛舟，還欣賞到羊蹄山等新雪谷古的自然景觀，但要有心理準備會全身濕透喔。（北海道／20多歲男性）

購物 高橋牧場 ニセコミルク工房 2

たかはしぼくじょうにせこみるくこうぼう

MAP 142 F-1

添加大量牛奶的柔軟口感奶油餡，會等顧客購買後再現場填充

玩累了就來享用美味的甜點

販售使用高橋牧場新鮮牛奶製作的冰淇淋等產品。客人選購後才一一注入奶油餡的泡芙相當熱銷，有時會提早賣完保險起見最好事先預約。

☎0136-44-3734
營 9:30～18:00（蛋糕10:00～） 休 無休
¥ 泡芙170日圓
址 ニセコ町曽我888-1
交 JR Niseko站車程10分
P 230輛
Mapple Code 101-0033

溫泉 ニセコ駅前温泉 綺羅乃湯 3

にせこえきまえおんせんきらのゆ

MAP 142 F-1

日式大浴場的室內檜木池

運動後來溫泉暢快淋漓地流汗吧

為純泡湯的溫泉設施，就位於沿途花朵繽紛綻放的綺羅街道上。備有西式浴池和日式浴池，並各自附露天浴池。兩個浴池每天以男女互換制輪替。

☎0136-44-1100
營 10:00～21:00 休 週三（逢假日則翌日休）
¥ 500日圓 址 ニセコ町中央通33
交 JR Niseko站即到 P 75輛
Mapple Code 101-0845

稍稍study ☑品嘗特製漢堡

泛舟結束後如果肚子餓了，可到NAC 2樓的餐廳吃個漢堡。從露天座位區還能欣賞到羊蹄山的風光。

特製漢堡1280日圓

稍稍study ☑新雪谷周邊的著名美食

美食 手打ち蕎麦 いちむら

てうちそばいちむら

堅持當日現磨、現擀的蕎麥麵

每天現磨、現擀的蕎麥麵共有3種口味。春天的山菜天麩羅蕎麥麵、秋天的蘑菇蕎麥麵等，能品嘗新雪谷季節美味的菜單也很大推。

選用滝川產鴨肉的鴨肉蕎麥冷麵1350日圓

☎0136-23-0603
營 11:00～15:00（賣完即打烊）
休 無休
址 倶知安町山田68-4
交 JR倶知安站搭計程車8分
P 17輛 MAP 142 G-1 Mapple Code 101-6769

購物 La Villa LUPICIA Boutique

ゔぃらるぴしあぶてぃっく

展店至全日本之茶葉專門店的熟食店

熟食店內提供以新雪谷近郊當令蔬菜製成的世界各地佳餚。烹調時使用的特製調味料，以及工房內手工製作的火腿、香腸等只有這裡才買得到的原創商品也很豐富。

正面可一望羊蹄山的乾淨舒適露天座位區

☎0136-21-6818
營 11:00～17:00
休 週三（有季節性變動，請上官網查詢。http://villa.lupicia.co.jp）
址 倶知安町樺山58-5
交 JR倶知安站車程10分
P 50輛 MAP 142 F-1 Mapple Code 101-6770

8:35 租借用具

租借救生衣、安全頭盔、船槳等用具並確實穿戴好。由於落水的可能性很高，請仔細檢查裝備。

要準備下水了，真讓人興奮又期待啊。

8:45 搭巴士移動

拿好隨身用具坐上專用巴士，到泛舟的出發地點約需15分。雖然周圍大多是不認識的人，但不知為何氣氛卻很熱絡。

9:00 搬運橡皮筏

從卡車卸下橡皮筏，並搬運至出發地點的河邊。橡皮筏很重，需要組員們通力合作才行。

9:15 行前講習

大家合力一起度過難關吧！

將橡皮筏放在地面上，學習船槳的握法與穿越激流的方式。參加者幾乎都是新手，因此工作人員會詳細地解說。

9:20 搬運橡皮筏

從卡車卸下橡皮筏，並搬運至出發地點的河邊。橡皮筏很重，需要組員們通力合作才行。

從這裡開始完全不用划槳，以隨波逐流的方式前進即可。

10:30 前往水流緩和的下游

出發地點附近的水流相當湍急，但越往下游走水流也漸趨平穩。可以邊欣賞周圍的大自然景色邊緩緩順流而下。

11:00 抵達終點、收拾裝備

抵達終點後，7人得合力將橡皮筏搬運至卡車。只要大家齊心協力，沉重的橡皮筏彷彿也變輕了些。

※泛舟體驗行程表的時間僅供參考。

旅遊提案 14 開車 觀光船

洞爺

MAP P.142
最佳時節 6~9月

至今仍持續噴煙的兩座火山

感受大自然的不可思議！洞爺湖遊湖趣

所需時間 ………… 5小時
預算 ………… 5,000日圓
距離 ………… 車程52km

START
虻田洞爺湖IC
約11km 230 2 703
亮點 1 有珠山空中纜車 玩樂
約7km 703 2
2 洞爺湖遊覽船玩樂 玩樂
約3km 2 地區道路
3 西山山麓火口步道 玩樂
約16km 地區道路 2 230 地區道路
4 洞爺溫莎度假酒店& Spa 玩樂
約15km 地區道路 230
虻田洞爺湖IC
GOAL

Information
洞爺湖溫泉觀光協會 ☎0142-75-2446
洞爺湖町觀光振興課 ☎0142-75-4400
壯瞥町商工觀光課（壯瞥情報館i內）☎0142-66-4200

亮點 1

玩樂 有珠山空中纜車

うすざんろーぷうぇい

MAP 142 G-3

從展望台俯瞰昭和新山與洞爺湖

從昭和新山的山麓可搭空中纜車到有珠山山頂站，只需6分鐘。由山頂站旁的洞爺湖展望台眺望，右手邊是昭和新山、左手邊為洞爺湖。昭和新山是昭和18年（1943）因大地震而隆起的台地，原本是一整片的農田和森林。如今茶褐色的岩石裸露，並且持續噴發出水蒸氣。也可從洞爺湖展望台走7分鐘左右到有珠火口原展望台，一睹因噴發活動而形成的大有珠、小有珠、有珠新山等仍持續活躍中的火山模樣。

☎0142-75-2401（WAKASA RESORT）
8:15～17:30（最後入場時間有季節性變動） 休維修期間公休（2016年1月11～31日を予定） ¥票價（來回）1500日圓 址壯瞥町昭和新山184-5 交JR洞爺站車程25分 P400輛 Mapple Code 100-0952

玩樂 洞爺湖遊覽船

とうやこゆうらんせん

MAP 142 G-3

造訪洞爺湖中的中島 從湖上觀賞煙火也很熱門

搭遊覽船環繞洞爺湖中央處的島嶼一周。4月下旬～10月還可登上中島四座島嶼之一的大島遊逛，大島上有食堂、賣店和森林博物館等設施。若只是環湖行程的話所需約50分鐘，洞爺湖長期煙火大會的舉辦期間還有觀賞船。

☎0142-75-2137（洞爺湖汽船） 8:00～16:30（每隔30分鐘發船） 休無休 ¥遊覽船1420日圓、煙火觀賞船1600日圓 址洞爺湖町洞爺湖溫泉29 交JR洞爺站搭道南巴士往東町太陽宮酒店17分，洞爺湖溫泉下車步行3分 P150輛 Mapple Code 100-0955

⬇白天的「中島巡遊」於「洞爺格蘭飯店」附近的棧橋搭船，晚上的煙火觀賞船則從「Toyako Manseikaku Hotel Lake Side Terrace」附近的棧橋搭船

旅遊提案介紹♪

盡情飽覽洞爺湖周邊的火山和大自然景色。前半段會走同一條路徑來回，因此可配合時間替換行程。午餐就在溫泉街享用名物料理，伴手禮的首選即「若狹芋」。

行程攻略

❶洞爺湖畔有許多知名藝術家的雕刻作品。
❷4月下旬～10月會舉辦洞爺湖長期煙火大會。
❸洞爺湖訪客中心 火山科學館，也是必去景點。

玩樂

洞爺溫莎度假酒店& Spa 4

ざうぃんざーほてるとうやりぞーとあんどすぱ

MAP 142 G-2

曾為北海道洞爺湖高峰會主會場的飯店

可瞭望洞爺湖和內浦灣的長期滯留型渡假飯店。雖以住宿為主，但販售酒店自製麵包和原創產品的商店、供應午餐的餐廳、SPA等非住宿客也能利用的設施也很多。腹地內矗立著刻有參加高峰會各國元首簽名的石碑，還有一座G8北海道洞爺湖高峰會紀念公園。

☎0142-73-1111
🕒因設施而異
休無休 ¥因設施而異（G8北海道洞爺湖高峰會紀念公園可自由參觀） 址洞爺湖町清水 交JR洞爺站車程40分（從JR洞爺站有免費接駁巴士，需預約）
P241輛

Mapple Code 101-1745

坐落於可眺望洞爺湖和內浦灣的位置，視野絕佳

坐落於可眺望洞爺湖和內浦灣的位置，視野絕佳

堅持使用北海道產小麥和裸麥的頂級烘焙坊「Boulangerie Windsor」

從有珠火口原展望台望見的銀沼大火口

於洞爺湖展望台可將粗糙岩壁的昭和新山及綠色幽靜湖面上漂浮著中島的洞爺湖都盡收眼底

Pit in 順道一遊的**推薦景點**

醬汁風味濃郁的料理

美食

望羊蹄

ぼうようてい MAP 142 G-3 Mapple Code 100-0982

昭和21（1946）年開業、外觀和內裝都呈復古氛圍的餐廳，連餐點也以傳統口味的洋食為主。開店當時因從店內可一望羊蹄山，所以取了這個店名。

☎0142-75-2311
🕒11:00～20:30
休不定休 址洞爺湖町洞爺湖溫泉36-12
交JR洞爺站搭道南巴士往洞爺湖溫泉15分，終點站下車步行3分 P18輛

人氣很高的漢堡排

以特產品製成的白色紅豆湯

美食

岡田屋

おかだや MAP 142 G-3 Mapple Code 101-5956

創業已超過六十年的甜點店，就坐落於洞爺湖溫泉街的中心位置。採用北海道產牛奶和洞爺湖町周邊生產的大福豆製作的白色紅豆湯為招牌商品，店內還設有伴手禮區。

☎0142-75-2608
🕒10:00～16:00 休不定休 ¥白色紅豆湯350日圓～ 址洞爺湖町洞爺湖溫泉36
交JR洞爺站搭道南巴士往洞爺湖溫泉15分，洞爺湖溫泉下車步行3分 P5輛

著名的白色紅豆湯

位居可俯視洞爺湖的高台上

購物

Lake-Hill Farm

れーくひるふぁーむ MAP 142 G-2 Mapple Code 100-0987

四周為廣大的牧場，可品嘗以自家產牛奶製作的義式冰淇淋。恰到好處的甜度廣受歡迎，備有南瓜、藍莓、奶油乳酪等20多種口味。

☎0142-83-3376
🕒9:00～19:00（11～4月は～17:00） 休無休
¥義式冰淇淋（2種口味）350日圓 址洞爺湖町花和127 交JR洞爺站車程20分 P50輛

豐富口味大受歡迎的義式冰淇淋

稍稍 study ☑ 名物伴手禮

購物

わかさいも本舗

わかさいもほんぽ MAP 142 G-3

洞爺湖的代表伴手禮！

「若狹芋」是以白色內餡仿番薯纖維再加入昆布製成，為材料中完全沒番薯但看起來像是烤番薯的獨特點心。

☎0142-75-4111 🕒9:00～19:00 休無休
¥若狹芋648日圓（6個裝） 址洞爺湖町洞爺湖溫泉144 交JR洞爺站搭道南巴士往東町太陽宮酒店17分，洞爺湖溫泉下車即到 P100輛

Mapple Code 101-0289

現炸現賣的若狹芋天麩羅，3個340日圓

日本首次嘗試以醬油製作的和菓子「若狹芋」

玩樂

西山山麓火口步道 3

にしやまさんろくかこうさんさくろ

MAP 142 G-3

近距離觀賞有珠山噴發的痕跡

步道全程約需1小時，能一睹2000年3月噴發的有珠山西山山麓火口。有珠山的火山活動雖處於休息狀態，但可以近距離觀賞因地殼變動而突起的地面及地熱、噴煙等威脅。遭破壞的製菓工廠、長達70m的隆起道路、損毀的建築物等，都還維持受災後的原貌。位於車程不遠處，另有一條金比羅火口災害遺跡步道。

因地殼變動幾近倒榻的菓子工廠

☎0142-75-4400（洞爺湖町觀光振興課）
🕒4月中旬～11月末の7:00～18:00（11月1～10日～17:00、11月11～30日8:00～16:00） 休期間中無休 ¥免費入場 址洞爺湖町泉 交JR洞爺站搭道南巴士往東町太陽宮酒店12分，西山遊步道入口下車即到 P300輛

Mapple Code 101-0716

鋪設有單程約1km的木製步道

稍稍 study ☑ 洞爺湖溫泉

位於洞爺湖南岸，2016年剛迎接開湯100周年的溫泉地。泉質有芒硝泉、石膏泉、食鹽泉等種類，具改善神經痛、關節痛、疲勞恢復等功效。溫泉街上到處可見可免費使用的手湯和足湯。

MAP 142 G-3

位於洞爺湖畔的「洞龍之湯」，可邊欣賞湖景邊泡湯

旅遊提案 15 步行

登別

MAP P.141
最佳時節 6~9月

享受森林浴和足湯讓身心煥然一新！

漫步登別溫泉自然步道！

所要時間……3小時
預算……1,000日圓
距離……步行3.7km

START
登別溫泉巴士總站
約400m 350
1 閻魔堂 景點
約500m 350
2 地獄谷 景點
約400m 地獄谷、大湯沼自然步道
3 大湯沼 景點
約400m 地獄谷、大湯沼自然步道
4 大正地獄 景點
約200m 地獄谷、大湯沼自然步道
亮點 5 大湯沼川天然足湯 溫泉
約1800m 350
登別溫泉巴士總站
GOAL

Information
登別觀光協會 ☎0143-84-3311
道南巴士登別溫泉巴士總站 ☎0143-84-3111

旅遊提案介紹♪

到登別溫泉的名勝體驗浸泡天然足湯。抵達登別溫泉後，可先到飯店Check in或是寄放好行李後隨即動身前往步道。白天的溫泉街就很好逛，但夜晚時分漫步其間也很有意思。

行程攻略

❶景點也可驅車巡覽。
❷登別地獄谷停車場一次的停車費用（410日圓）也包含大湯沼停車場的使用費（以各停一次為限）。

景點 7 閻魔堂

えんまどう

MAP 141 A-3

「地獄審判」表演一天有6場

上演變臉秀進行地獄審判的閻魔王

堂內安置著統率眾鬼神的閻魔王。每到固定時間就會睜開雙眼露出憤怒表情的「地獄審判」表演是最大看點，最好先行確認閻魔堂內公佈的審判時間表。閻魔王平常都會待在這個閻魔堂內，但每當8月下旬舉辦「登別地獄祭」時就會隨著閻魔大王山車在溫泉街上遊行。周圍各處還能見到許多象徵登別溫泉特色的鬼怪雕像。

☎0143-84-3311（登別觀光協會）
自由參觀 登別市登別溫泉町
登別溫泉巴士總站步行5分 P無
Mapple Code 101-2904

稍稍study ☑ 登別熊牧場

MAP 141 A-3
Mapple Code 100-0979

山頂的放牧場內飼養了多頭個性活潑的棕熊。還設有全世界僅有的棕熊博物館，著名的鴨子賽跑活動也很吸引遊客目光。

☎0143-84-2225（登別溫泉纜車）
8:30～16:30（7～9月～17:00、2・3月～16:00）
休冬天會休園20天左右（請洽詢） ¥2592日圓（內含8%消費稅） 登別市登別溫泉町224 JR登別站搭道南巴士往登別溫泉15分（纜車） P150輛

⊙可近距離觀察棕熊的第1牧場

⊙討食物的模樣很可愛

⊙5～10月期間會有觀光志工導覽解說周邊景點

景點 2 地獄谷

じごくだに

MAP 141 A-3

冒著陣陣白煙的壯觀景象 猶如地獄般的樣貌

直徑450m、面積11公頃的爆裂火山口遺跡，瀰漫著刺鼻的硫磺味。被赤褐色岩壁的劍峰環繞，從地底不斷地噴出水蒸氣和火山瓦斯。如此的地景風貌，因此有「鬼所棲息的地獄」之稱。同時也是登別溫泉最大的源泉地，各式各樣溫泉的自然湧出量每天高達1萬噸之多。

0143-84-3311（登別觀光協會）
自由參觀
登別市登別溫泉町
登別溫泉巴士總站步行10分
160輛（收費）
Mapple Code 100-0981

悄悄話 大湯沼川天然足湯：在登別溫泉過夜後隔天去了一趟。可以從大湯沼沿路悠閒地散步到足湯。（大阪府／40多歲男性）

Pit in 登別溫泉街的**推薦店家**

美食
閻魔王大推的地獄拉麵
味の大王 登別温泉店
あじのだいおうのぼりべつおんせんてん MAP 141 A-3 Mapple Code 101-0839

↑每增加1丁目價格會提高50日圓

以激辣地獄拉麵著稱的名店。0丁目代表普通辣度，每增加1丁目辣度也跟著上升，據說最高紀錄為60丁目。

☎0143-84-2415
時 11:30～15:00、21:00～0:00
休 第1・3・5週二 ¥ 地獄拉麵850日圓～
址 登別市登別溫泉町29-9
交 登別溫泉巴士總站即到 P 無

美食
傳統的江戶前風味蕎麥麵
そば処 福庵
そばどころふくあん MAP 141 A-3 Mapple Code 101-3223

↑手打蕎麥冷麵

選用道產蕎麥粉的自家製麵條分成手工麵和機器麵兩種，傳統的江戶前風味廣受好評。

☎0143-84-2758
時 11:30～14:00、18:00～21:00
休 不定休 ¥ 手打蕎麥冷麵880日圓
址 登別市登別溫泉町30
交 登別溫泉巴士總站即到 P 無

購物
應有盡有的伴手禮店
貴泉堂
きせんどう MAP 141 A-3 Mapple Code 101-4587

↑鬼怪商品種類豐富

除了生鮮食品外什麼都有賣的伴手禮店。樣式齊全品質優良、新產品也很多，不論來逛幾次都不會膩。

☎0143-84-2460
時 8:30～22:00 休 無休
址 登別市登別溫泉町46
交 登別溫泉巴士總站即到 P 2輛

稍稍study ☑ 登別觀光導覽志工協會

5～10月期間的地獄谷會有常駐會員，提供免費的周邊觀光景點導覽。（天候不佳時暫停）

景點 4 大正地獄
たいしょうじごく
MAP 141 A-3

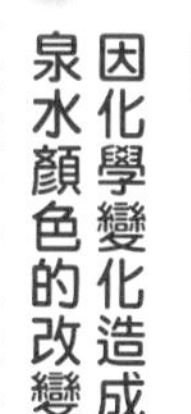

因化學變化造成泉水顏色的改變

於大正年間火山小爆發所形成的湯沼，周長約10m。屬於間歇泉，水量會不定時地增減。每當水量減少泉水顏色就會出現變化。曾在2007年相隔23年後再度噴出3～5m高的熱泉。

☎0143-84-3311（登別觀光協會）
時 自由參觀
址 登別市登別溫泉町
交 登別溫泉巴士總站步行30分
P 無
Mapple Code 101-5063

↑火山活動過於頻繁時會暫時關閉

↑水面上經常會冒出蒸氣

景點 3 大湯沼
おおゆぬま
MAP 141 A-3

沼底還不斷湧出熱水

因囤積在爆裂火山口遺跡的熱水而形成的大湯沼，灰黑色的水面溫度達40～50℃，從沼底湧出的熱泉則有130℃。由南側的大湯沼展望台可觀賞到全貌。

☎0143-84-3311（登別觀光協會）
時 自由參觀
址 登別市登別溫泉町
交 登別溫泉巴士總站車程5分
P 20輛
Mapple Code 100-1061

溫泉 5 大湯沼川天然足湯 亮點
おおゆぬまがわてんねんあしゆ
MAP 141 A-3

流經登別原生林的溫泉河

大湯沼川就是從上游的大湯沼所流出的溫泉河。大湯沼的水溫相當高，但越往下游溫度也隨之遞減。近幾年河邊還設有長椅，讓遊客可以輕鬆享受足湯。上游的水溫最高可達50℃，請尋找適合溫度的水域後再浸泡。

☎0143-84-3311（登別觀光協會）
時 自由使用
址 登別市登別溫泉 交 登別溫泉巴士總站步行25分 P 無
Mapple Code 101-2896

↑天然足湯就在大湯沼川的下游處

↑腹地寬廣，不妨找找適合自己溫度的場所

→足湯的溫泉水白濁並略帶青色

一目瞭然區域導覽 函館

はこだて

函館是這樣的地方

安政6（1859）年，函館（箱館）與橫濱、長崎同時開放成為對外國通商的港口。很早就受到西洋文化的薰陶，整座城市洋溢著異國風情。四周被海洋環繞的函館也是海鮮的寶庫，每天早上現釣的活墨魚尤其美味。還有教堂群、函館山、函館朝市等眾多景點。

擬定行程是的小竅門

只在函館市內的話2天1夜就已足夠，第一天觀光函館站周邊，第二天造訪郊外景點。若有三天時間還可選擇到周邊地區遊逛，前往大沼等周邊地區時租車自駕會比較方便。

日本人推薦的標準行程

將函館的主要景點一網打盡！如果時間充裕第二天還可排入五稜郭。

（第1天）
- 17 濃濃異國風情的元町懷舊散步
- 18 到港區搜尋函館伴手禮
- 16 函館山夜景與山麓夜間點燈景點

（第2天）
- 20 一早到函館朝市大啖新鮮海味！

函館著名的活烏賊 P.76・78

元町的教堂群 P.72

機場出發的交通指南

出發	交通方式	經由	交通方式	抵達
函館機場	【開車】道道63號・國道278號／約3km	湯之川溫泉	【開車】國道278號／約5km	函館
函館機場	【巴士】函館帝產巴士／8分	湯之川溫泉	【巴士】函館帝產巴士／12分	函館
函館機場	【開車】經由道道63號・國道278號／約8km			函館

出發	交通方式	抵達
函館	【巴士】北海道中央巴士等聯營的高速函館號／5小時25分	札幌
函館	【鐵路】JR特急「(SUPER)北斗」／3小時25～55分	札幌
函館	【開車】經由道央道・國道5號／約309km	札幌

※北海道新幹線出發的交通指南請參照P.129

新設施&話題的新情報

北海道新幹線 2016年3月通車

翹首盼望許久的新幹線終於駛入北海道！

當北海道的木古內站、新函館北斗站等新車站以及連結新車站與函館市內的新路線完工後，道南地區就沉浸在迎接新幹線到來的氣氛。不易受天候影響的新幹線，也將成為前進北海道的最新交通方式。

（照片提供：JR北海道）

函館市連續2年奪下市町村魅力度排行榜的冠軍！

大家公認最想要去的美麗城市

在品牌綜合研究所的「地區品牌調查2015」中，函館市延續2014的佳績再度蟬聯地區魅力度排行榜的冠軍。知名度、觀光意欲度的得分都很高，主要原因可能與北海道新幹線通車的媒體曝光度大增有關。

函館取景拍攝的電影 分別於2016年5月、9月推出

兩部話題作品陸續上映

以函館為取景地的電影目前相當受到注目。在日本銷售量已突破100萬本的作品『如果這世界貓消失了』5月上映，函館出身作家佐藤泰志的作品『OverFence』於9月上映。

●原作：川村元氣「如果這世界貓消失了」●導演：永井聰 ●演員：佐藤健、宮崎葵等 ©2016「如果這世界貓消失了」製作委員會

●導演：山下敦弘 ●演員：小田切讓、蒼井優、松田翔太等 ●發行：Tokyo Theatres Company＋函館CINEMA IRIS（北海道地區）©2016「OverFence」製作委員會

如果這世界貓消失了

OverFence

區域內交通資訊

函館市內的移動，以路線涵蓋各區的市電最為推薦。也可善用巡迴各觀光景點的循環巴士或出租自行車，讓旅程更加順暢。

函館市

觀光交通工具以函館市電為主

函館市電有湯の川～函館駅前～十字街～函館どつく前和湯の川～函館駅前～十字街～谷地頭2個系統，白天每隔6分鐘交替運行。搭乘方式為後門上車並抽取整理券，下車時對照司機座位旁上方螢幕顯示的車資，將整理券和現金投入車費箱。

便於觀光的循環巴士

元町‧港區周遊號為巡迴函館主要觀光地區的巴士。繞行一周約30分鐘，搭乘一次210日圓。可用於景點之間的移動，或是搭車閒晃也很有意思。とびっこ（Tobiko）是以函館機場為起訖站，行經湯之川、五稜郭的機場循環巴士。從函館機場到五稜郭公園入口，單程的大人票價270～290日圓。

電動自行車「はこりん♪（Hakorin）」♪

若想遊逛函館站周邊和元町、港區的話，不妨試試以自行車「はこりん♪」代步。可以租用附電動馬達的自行車，租借窗口有LoisirHotelHakodate、函館市地域交流中心等處。

・站前地區:LoisirHotelHakodate ☎0138-22-0111
・西部地區:函館市地域交流中心☎0138-22-9700
・五稜郭地區:納滋飯店函館☎0138-30-2111

前往郊外或夜間景點時可搭觀光計程車

要到離市電較遠的觀光地或欣賞夜景時，建議利用觀光計程車。除了下述範例行程外，只要在時間內皆可自由安排觀光景點。

函館タクシー ☎0138-51-0168

●歷史行程（5月中旬～9月）

函館市內出發→大野町二股口→五稜郭公園→一本木關門→碧血碑→土方歲三紀念館　4小時21840日圓～

●函館山夜景行程（4月中旬～10月）

從函館市內出發前往函館山頂上，之後巡訪聖約翰教會、天主教元町教會等夜間點燈景點。1小時5460日圓～

搭乘市電和巴士最划算的方式

市電1日乘車券（600日圓）可於一天內不限次數搭乘市電。市電‧函館巴士共通乘車券可在有效期限日內不限次數搭乘市電和函館巴士，1日乘車券1000日圓、2日乘車券1700日圓。除了函館站內觀光服務處等場所外，市電、函館巴士的車內也能購票。

時刻和費用的洽詢處

JR北海道電話服務中心
☎011-222-7111
http://www.jrhokkaido.co.jp/

函館市企業局交通部
☎0138-52-1273
http://www.city.hakodate.hokkaido.jp/bunya/hakodateshiden/

函館巴士
☎0138-51-3137
http://www.hakobus.jp/

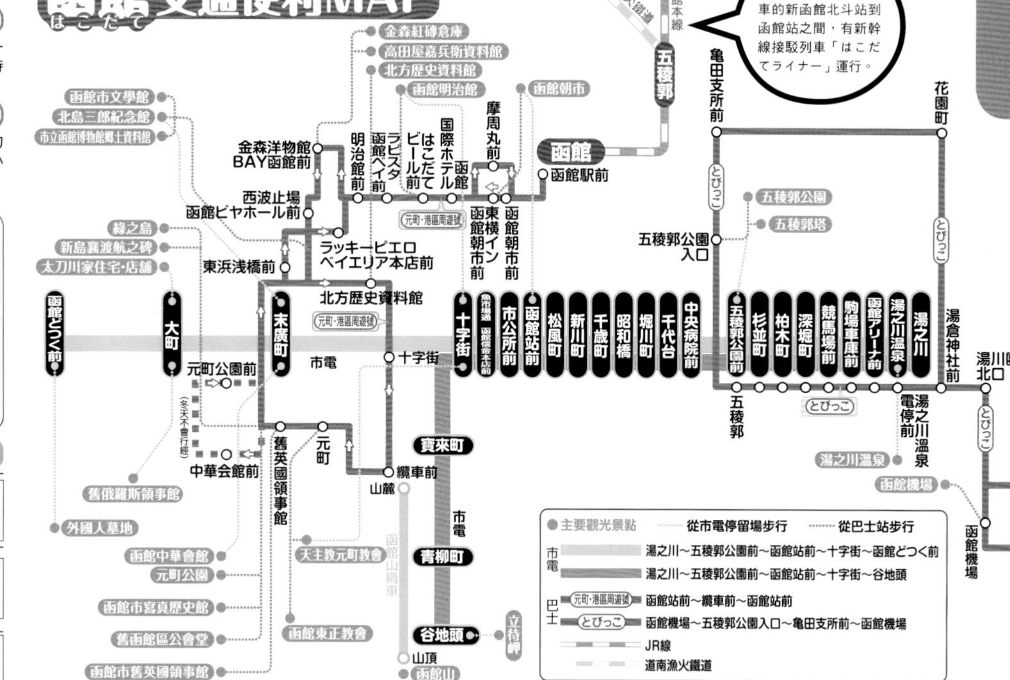

旅遊的活動行事曆

春天可到五稜郭賞櫻、夏天有函館港節、冬天的元町地區有彩燈節活動，一整年都魅力無窮。尤其以氣候宜人又能大啖海膽、槍烏賊等盛產海鮮的夏天最有人氣。

12月　11月　10月　9月　8月　7月　6月　5月　4月　3月　2月　1月

活動

函館聖誕夢幻節
期間 12月1～25日
會場 紅磚倉庫群前方海面
洽詢 ☎0138-27-3535（函館聖誕夢幻節實行委員會）
漂浮在海面上、高達20m的巨大聖誕樹閃爍著耀眼光芒。

函館甜點節
期間 10月下旬
會場 棒二森屋本館
洽詢 ☎0138-77-7491（函館甜點節實行委員會事務局）
將20多家函館知名的和洋甜點店齊聚於一堂，還設有內用區。

函館港節
期間 8月1～5日
會場 函館港、市內全域
洽詢 ☎0138-27-3535（函館港節實行委員會）
首日的盛大煙火大會最為吸睛，墨魚舞也很有人氣。

第47回箱館五稜郭祭
期間 5月21·22日
會場 五稜郭公園、行啟通等
洽詢 ☎0138-51-4785（箱館五稜郭祭實行委員會）
重現戊辰戰爭當時的維新列隊和音樂演奏遊行，吸引眾人目光。

第50屆大沼函館雪與冰之祭典
期間 2月6·7日
會場 大沼國定公園廣場
洽詢 ☎0138-67-3020（七飯大沼國際觀光會議協會）
巨型冰滑梯、冰雕都很受歡迎。

函館夢幻彩燈節
期間 12月～2017年2月底（預定）
會場 開港通、二十間坂、八幡坂
洽詢 ☎0138-27-3535（函館冬季嘉年華實行委員會）
元町、函館山地區的行道樹都裝飾著美麗的彩燈。

時令

紅葉 10月上旬左右樹葉就會開始變色，點燈裝飾的香雪園更是美不勝收。

槍烏賊 又名為真烏賊，體型大、肉厚。函館的6～12月是盛產期。

櫻花 開花期在4月下旬～5月上旬，五稜郭公園即著名的賞櫻景點。

長槍烏賊 體型小、肉薄，但口感鮮甜柔軟。函館12～5月期間都吃得到。

	12月	11月	10月	9月	8月	7月	6月	5月	4月	3月	2月	1月
最高氣溫(℃)	3.3	9.7	16.8	22.7	25.8	23.4	19.9	16.5	11.8	5.3	1.5	0.7
平均氣溫(℃)	0	5.7	12.2	18.3	22	19.7	15.8	11.9	7.2	1.4	-2.1	-2.6
最低氣溫(℃)	-3.5	1.4	7.4	14.1	18.7	16.6	12.1	7.5	2.6	-2.6	-5.9	-6.2
降雨量(mm)	84.7	108.2	100	152.5	153.8	130.3	72.9	83.6	70.1	59.3	59.3	77.2
最深積雪(cm)	23	11	0	—	—	—	—	—	2	29	41	35

※氣溫、降雨量、最深積雪等數據為1981～2010年的平均值（日本氣象廳）。此外，時令、建議等內容僅供參考。活動的舉辦日期和內容有更動的可能，請事先確認。

旅遊提案 16

步行 纜車

函館

MAP P.80・81

最佳時節 全年

浪漫迷人的百萬夜景 函館山夜景與山麓夜間點燈景點

所需時間……4小時

預算……5,000日圓

距離……車程2.9km

START

市電 十字街

約600m 279 地區道路

函館山纜車

亮點 約3分 纜車

1 函館山山頂展望台 景點

約3分・約400m 纜車 地區道路

2 函館東正教會 景點

即到 地區道路

3 天主教元町教會 景點

約400m 地區道路

由八幡坂望去的夜景

4 舊函館區公會堂 景點

約1100m 地區道路

5 金森紅磚倉庫 景點

約400m 地區道路

市電十字街

GOAL

• Information •

函館市觀光部 0138-21-3323

函館國際觀光會議協會 0138-27-3535

函館市企業局交通部 0138-52-1273

旅遊提案介紹♪

函館夜晚的熱門行程即欣賞元町的美麗夜景。可利用纜車等交通工具上到函館山山頂展望台，建議日落前就先到場。函館山下山後，再前往元町教會群、洋館感受夜間點燈的景致以及遊逛港區。

行程攻略

❶要注意夜景時段搭乘纜車的人潮非常多。

❷從函館站等處有函館山登山巴士運行。

❸函館山觀光道路在夏天期間的晚上禁止一般車輛通行。

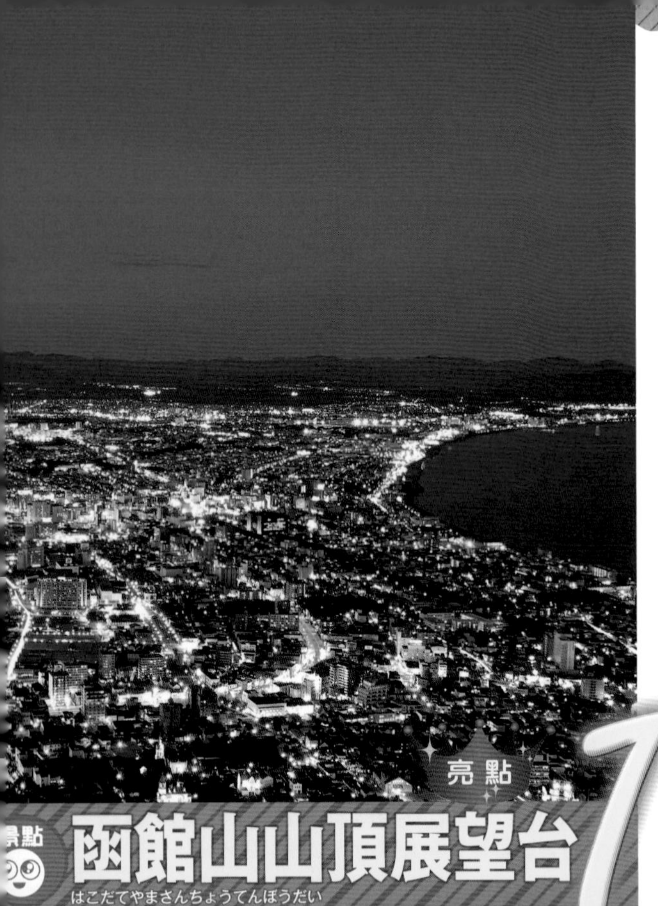

亮點 1

景點 函館山山頂展望台

はこだてやまさんちょうてんぼうだい

MAP 81 A-5

可飽覽百萬夜景的展望台

海拔334m的函館山突出於津輕海峽上，能將整個函館市街盡收眼底。山型看似臥倒的牛因此又名為「臥牛山」，從位於山頂的展望台能眺望到世界級的美麗夜景。左右兩邊都往內縮的弧線海灣地形、彷彿打翻珠寶盒般霓虹閃爍的街景以及海面上的點點漁火，形成了一幅如夢似幻的風景。尤其黃昏時分至夜晚，夕陽西沉入海的晚霞餘暉搭配城市的璀璨燈火更是美不勝收。

0138-27-3130
10:00～22:00（有季節性變動）
無休 ¥入場免費，纜車1280日圓
函館市函館山
市電十字街步行10分，搭函館山纜車3分
100輛（纜車山麓站）

Mapple Code 101-2061

晚餐就來這兒 Restaurant Genova

位於函館山山頂展望台的餐廳。白天以義大利麵、咖哩之類的單品為主，晚上則推薦預約數量有限的全餐料理。還能飽覽城市的夜景。

0138-27-3127
11:30～21:00(有季節性變動) 休無休 ¥晚餐1300日圓～ 址函館市函館山 交市電十字街步行10分，搭函館山纜車3分 P100輛(纜車山麓站)

MAP 81 A-5 Mapple Code 101-0002

若想欣賞夜景就挑靠窗座

2

景點 函館東正教會

はこだてはりすとすせいきょうかい

MAP 81 C-4

於黑暗中浮現的鮮明白色外牆

俄羅斯風格拜占庭樣式的華麗教堂，每當夜間點燈高聳的綠色塔樓與純白牆面也越發顯得出色，恰恰坡的頂端是最佳欣賞位置。

0138-27-3333
（函館市元町觀光服務處）
外觀可自由參觀 址函館市元町3-13 交市電十字街步行15分 P無

Mapple Code 101-0002

Light up Time
日落～22:00

從恰恰坡看到的景致，可感受與白天不一樣的美

悄悄話 悄悄話函館山山頂展望台：搭巴士抵達山頂後，往下俯瞰這片號稱「百萬夜景」的景象真的讓人很感動。外頭氣溫很低，還好展望台內有些地方有玻璃可擋住些寒意。（愛知縣 / 50多歲女性）

稍稍study ☑ 夜景餐廳&酒吧

一天行程的最後就到可眺望函館夜景邊享用佳餚、美酒的餐廳&酒吧，度過片刻的浪漫時光吧。

美食 Bar Summerwood
ばーさまーうっど

窗外可一望港區的街景

位於「Winning Hotel」頂樓的酒吧。右前方能看到港區，中央有「青函渡輪紀念館摩周丸」及沿著港灣而建的函館灣岸大橋，很推薦給餐廳用完餐後還想喝一杯的人。需預約。

店內只有吧檯座，眺望視野也很棒

☎0138-26-3111（Restaurant Winning）
營17:00～22:30 休無休 ¥預算2500日圓
址函館市末広町22-11 Winning Hotel
交市電末廣町即到 P30輛
MAP 81 D-3 Mapple Code 101-5437

美食 海のダイニングしろくま
うみのだいにんぐしろくま

可享用到堅持以當地產新鮮海鮮，和北海道產蔬菜等料理的餐廳。也是很受歡迎的欣賞夜景絕佳景點。

午餐1200日圓

靠窗座位可聞到海潮香

☎0138-76-9650
營11:30～21:30 休週四 ¥預算午1000日圓 ※晚3000日圓 址函館市末広町24-23 交市電末廣町下車即到
P10輛
MAP 81 D-2 Mapple Code 101-6734

美食 Le Mont Gagyu
るもんがぎゅー

窗外即遼闊的函館灣夜景

位於函館站附近「Hakodate Kokusai Hotel」西館9F的酒吧。能瞧見點燈裝飾的「青函渡輪紀念館摩周丸」、從函館山到函館港的一整片夜景。不需入場費即可輕鬆入店，也廣受情侶歡迎。

聽說連當地人也是常客

☎0138-23-8757
營20:00～23:30 休無休 ¥預算1000～2500日圓
址函館市大手町5-10 Hakodate Kokusai Hotel西館9F
交JR函館站步行7分 P150輛
MAP 80 F-2 Mapple Code 100-2639

景點 舊函館區公會堂 4
きゅうはこだてくこうかいどう

MAP 81 C-3

可感受迥異於白天的莊嚴樣貌

矗立於函館山山麓，漆黑夜色中柔和色調的牆面很引人目光。與白天的清新風格大異其趣，點燈裝飾後的建物給人感覺氣勢十足。

☎0138-22-1001
營外觀可自由參觀
址函館市元町11-13
交市電末広町步行7分
P無
Mapple Code 100-1312

Light up Time
日落～22:00

位於公會堂下方的元町公園內也有點燈

景點 金森紅磚倉庫 5
かねもりあかれんがそうこ

MAP 80 E-3

繽紛光影環繞的倉庫群

港區最著名的景觀景點。倉庫群的正面就是函館港，海面上搖曳的漁火和點燈後的建物營造出羅曼蒂克的氛圍。從七財橋上欣賞的風景也很迷人。

☎0138-27-5530
（代表號）
營外觀可自由參觀
址函館市末広町13-9(金森洋物館)
交市電十字街步行5分
P100輛
Mapple Code 100-1185

Light up Time
日落～23:00

營業時間結束後仍有許多來欣賞夜景的觀光客

稍稍study ☑ 函館夢幻彩燈節

MAP 81 C-3

在歷史建物林立的元町地區，斜坡道和行道樹上掛滿約5萬顆的彩燈將夜色點綴得繽紛燦爛。點燈時間為11月28日～2月28日的日落～22時。（☎0138-27-3535／函館冬季嘉年華實行委員會事務局）

日落時間參考表

1月	16:30
2月	17:10
3月	17:45
4月	18:20
5月	18:50
6月	19:15
7月	19:10
8月	18:40
9月	17:50
10月	16:55
11月	16:20
12月	16:10

最佳時間點是日落10～20分後，能觀賞到從暮色過渡到夜空的變化

景點 天主教元町教會 3
かとりっくもとまちきょうかい

MAP 81 D-4

[illegible]的大鐘樓和風向雞令人印象深刻

採用哥德樣式建造的紅磚水泥建物。當夜晚燈光打在六角型屋頂和風向雞時，會散發出一股獨特的美感。不同的角度有不一樣的氛圍感受，所以不只正面、不妨也到側邊或斜坡道上眺望看看吧。

☎0138-27-3333
（函館市元町觀光服務處）
營外觀可自由參觀
址函館市元町15-30
交市電十字街步行10分
P無
Mapple Code 100-1187

Light up Time
日落～22:00

由大三坂望過去的天主教元町教會

札幌 P.16
小樽 余市 P.36
富良野 美瑛 旭川 P.48
新雪谷 登別 洞爺 P.60
函館 P.68
十勝・帶廣 P.82
阿寒 摩周・釧路 P.90
知床・網走 P.102
稚內 利尻・禮文 P.114

旅遊提案 17 步行 市電 函館

MAP P.81
最佳時節 5~9月

造訪瀰漫外國氛圍的教堂&洋館！

濃濃異國風情的元町懷舊散步

所需時間……4小時
預算……3,000円
距離……步行1.3km

START
JR函館站
即到 地區道路
市電 函館站前
約5分 市電
市電 十字街
約600m 279 地區道路

東本願寺別院

1 天主教元町教會
即到 地區道路
2 函館東正教會
約400m 地區道路

八幡坂

3 舊函館區公會堂
即到 地區道路
4 元町公園
即到 地區道路
5 函館市舊英國領事館
約300m 地區道路 457

基基坂

市電 末廣町
約10分 市電
市電 函館站前
即到 地區道路
JR函館站
GOAL

旅遊提案介紹♪

為函館觀光的基本行程，尤其適合初來乍到函館的人。由於觀光景點集中，以步行方式即可逛遍。不過有些坡道走起來很吃力，不妨可到咖啡廳小歇會兒。

• Information •
函館市觀光部 0138-21-3323
函館國際觀光會議協會 0138-27-3535
函館市企業局交通部 0138-52-1273

行程攻略
❶挑間由歷史建築物改裝的咖啡廳坐下來休息一下。
❷也有發行可參觀函館市舊英國領事館、舊函館區公會堂等景點的共通入館券（於各景點窗口販售）。

景點 天主教元町教會 1
かとりっくもとまちきょうかい
MAP 81 D-4

⬆建物為磚造水泥牆面
⬅附近還有思想家兼評論家的亀井勝一郎誕生地碑

哥德樣式的莊嚴建築物

頒布基督教禁教令後，首間重啟宣教活動的歷史悠久教會。教會源起於江戶時代末期，原本是法國傳教士Mermet De Cachon興建的臨時教堂。明治40（1907）年毀於大火，大正13（1924）年重建成現在的模樣，並同時築起一座高33m的大鐘樓。

0138-27-3333（函館市元町觀光服務處）
10:00～16:00
休 無休（週六上午、週日、彌撒期間暫停開放）
¥ 免費 址 函館市元町15-30 交 市電十字街步行10分 P 無
Mapple Code 100-1187

從這兒眺望 恰恰坡

函館東正教會和函館聖約翰教會，可從位於大三坂上方的恰恰坡頂端眺望。順道一提，恰恰其實是愛奴語中「老爺爺」的意思。由於坡道十分陡峭，往上走的時候必須彎著腰故得此名。
MAP 81 C-4

⬅拍紀念照的最佳取景角度

景點 函館東正教會 2 亮點
はこだてはりすとせいきょうかい
MAP 81 C-4

元町教會群的代表象徵

建於安政6（1859）年，原本是做為俄羅斯領事館的附屬教堂。2年後俄羅斯司祭尼古拉來到函館，正式開啟了東正教在日本的萌芽發展。目前的建物是大正5（1916）年所重建的俄羅斯風格拜占庭樣式，設計師為當時擔任東正教會輔祭的河村伊藏，如今存留在日本各地的東正教會幾乎都是出自他手。以白色牆面搭配兩個連續的拱型窗為特色，洋蔥狀的小穹頂（Cupola）上還立有十字架。

0138-27-3333
函館市元町觀光服務處）
10:00～17:00（週六～
00、週日13:00～16:00）
無休（冬天有不定，週日上午和教會儀活動期間暫停開放）
內部參觀200日圓奉獻金） 址 函館市町3-13 交 市市電十街步行15分
無
Mapple Code 100-1313

景點 **舊函館區公會堂 3**
きゅうはこだてくこうかいどう
MAP 81 C-3

藍灰色的外牆重現了竣工當時的顏色

明治43（1910）年完工的公會堂，是由富商相馬哲平捐贈鉅資打造而成。這棟洋風建築物為日本工程師的作品，內部的裝飾設計相當出色。建築物的歷史悠久，明治44（1911）年還曾做為當時皇太子殿下巡視時的下榻地，大正11（1922）年攝政宮殿下來訪北海道時也利用過。

✆0138-22-1001
9:00～19:00（11～3月～17:00）
休 無休（9～4月每月1次不定休） ¥300日圓
址 函館市元町11-13 交 市電末廣町步行7分
P 無
Mapple Code 100-1312

◎也可做為音樂會等場地的宴客廳
◎屬於殖民地樣式建築，陽台的科林斯式柱頭裝飾也是其中特色之一

玩樂 **元町公園 4**
もとまちこうえん
MAP 81 C-3

曾是箱館奉行所的設置場所

從明治到昭和年間分別設有箱館奉行所、開拓史支廳、北海道廳支廳等，為道南政治機能中樞的所在地。現在是一座庭園風格的公園，已修繕復原的舊北道廳函館支廳廳舍內還附設有觀光服務處。

✆0138-27-3333（函館市元町觀光服務處）
自由入園 址 函館市元町12-18
交 市電末廣町步行8分 P 無 附近有元町觀光停車場
Mapple Code 101-1854

◎左邊是以前的北海道廳函館支廳廳舍，為文藝復興風格的美麗建物

◎從公園可一望函館港

◎教堂內裝飾著約70幅的宗教畫，呈現出莊嚴肅穆的氛圍。禁止拍照攝影 ◎被當地人暱稱為「噹噹寺」

景點 **函館市舊英國領事館 5**
はこだてしきゅういぎりすりょうじかん
MAP 81 C-3

到昭和9年前為領事館之用

安政6（1859）年首任領事Christopher Pemberton Hodgson被派駐函館。建築物數度遭火災焚毀，大正2（1913）年由英國政府上海工事局重新設計建造。目前已無領事業務的功能，改為介紹領事館業務和函館開館歷史的紀念館。玫瑰花綻放的西式庭園也很值得欣賞。

✆0138-27-8159
9:00～19:00（11～3月～17:00）
休 無休 ¥300日圓
址 函館市元町33-14
交 市電末廣町步行5分 P 無 附近有元町觀光停車場

◎已列為函館市的有形文化財，用於展示的器具都是選自同時代之物

◎重現領事辦公室的模樣

◎開港紀念廳的地板上有整面的世界地圖（鳥瞰圖），上頭標示出培里的航行路線及開館當時的箱館

小憩片刻 Victorian Rose

MAP 81 C-3 Mapple Code 100-2535

舊英國領事館內附設的英式茶館，家具擺飾全都是從英國進口的骨董品。道地的英式下午茶套餐相當有人氣。

✆0138-27-8159
（函館市舊英國領事館）

◎可讓人沉浸在英式氛圍中的下午茶套餐

旅遊提案 18 步行 函館

MAP P.80

最佳時節 全年

到港區搜尋函館伴手禮

集購物、美食、玩樂於一身的人氣景點

所需時間……2小時
預算……5,000円日圓
距離……步行1km

START
市電 十字街
約500m 地區道路
1 金森紅磚倉庫
即到 地區道路
2 函館海鮮市場本店
約500m 地區道路
市電 十字街
GOAL

• Information •
函館市觀光部 0138-21-3323
函館國際觀光會議協會 0138-27-3535
函館市企業局交通部 0138-52-1273

旅遊提案介紹♪
要選購函館伴手禮的話不妨參考這個提案。兩大購物設施內的商品包羅萬象，從熱門伴手禮到特色雜貨應有盡有。

行程攻略
❶港區位在元町教會群的徒步圈內。
❷也有餐廳和手作體驗設施。
❸若大量採買而且停留時間夠久可利用宅配寄送到飯店。

函館手帕 各648日圓
金森紅磚倉庫和烏賊圖案是只有這裡才買得到的限定款式●函館歷史廣場・にっぽんCHACHACHA函館ストア

綜合包540日圓
烏賊造型包裝盒內為綜合口味的米菓。函館店限定販售●函館歷史廣場・寺子屋本舗もち焼きせんべい

乳酪蛋糕（8個裝）1296日圓
函館最新熱門伴手禮的人氣甜點●PASTRY SNAFFLE'S金森洋物館店

二色束口袋 1300日圓
以函館近海的烏賊墨汁染成的原創束口袋●BAY函館・烏賊墨染工房シングラーズ

可到館內索取方便實用的綜合導覽手冊

亮點 1

購物 金森紅磚倉庫

かねもりあかれんがそうこ

MAP 80 E-3

0138-27-5530（代表）
9:30～19:00（因店而異、有季節性變動）
休 無休
址 函館市末広町13-9（金森洋物館）
交 電十字街步行5分
P 100輛
Mapple Code 100-1185

函館特色商品豐富齊全

眼前即函館港的紅磚倉庫是明治末年建造的函館首座營業倉庫，為北洋漁業的重要基地。後來改建成現在的複合式商場，7棟倉庫內共計有商店、咖啡廳、餐廳等40多家店舖。最受觀光客喜愛的是利用兩棟倉庫空間規畫而成的金森洋物館，以「西歐豐富的生活文化」為主題匯集了各式各樣富有個性的商店。

社長烏賊鹽辛 516日圓
原本是函館食品加工公司社長送給客戶的伴手禮，因為廣受好評而開始商品化

英式咖哩 540日圓
從大正年間傳承至今的老舖「五島軒」的正統牛肉咖哩，在自家就能品嘗到與餐廳一樣的風味

烏賊飯421日圓
烏賊飯可說是函館最著名的美食，真空包裝是伴手禮的最佳選擇

想得到的伴手禮幾乎都有的大型店

7棟建築物一覽！（背對港灣）

BAY函館	金森洋物館	函館歷史廣場	金森廳
左側為婚禮教堂和音樂盒專賣店，右側有雜貨屋等店鋪	赤紅磚倉庫群中佔地最廣的購物商場，還設有可坐下來休息的咖啡廳	有充滿復古氛圍的啤酒館、煎餅店和路邊攤等	可作為現場表演場地的多功能大廳

亮點 2

購物 函館海鮮市場本店

はこだてかいせんいちばほんてん

MAP 80 E-3

從生鮮食品到知名糕點等熱門伴手禮一應俱全

由鮮魚店直營的綜合市場，除了海產外還有各地方的點心、乳製品等多元化商品。也有販售剛捕撈上岸的鮮魚，可當場在內用區享用扇貝、烏賊等料理。店內自製加工的「函館黃金魷魚絲」也很有人氣。

0138-22-5656
6:30～20:00（有季節性變動）
休 無休 址 函館市豊川町12-12 交 市市電十字街步行5分 P 4輛
Mapple Code 100-2508

周邊圖 ▶P.80

悄悄話
金森紅磚倉庫：各式店家齊聚一堂，逛起來很有意思。
我12月份去的時候剛好是「函館聖誕夢幻節」，聖誕樹真的很美。（北海道 / 30多歲男性）

旅遊提案 19 步行 函館

MAP P.80

最佳時節 5~10月

五稜郭

走訪箱館戰爭的舞台

成為內戰最後戰場的日本首座西洋式城郭

所需時間……3小時
預算……3,000日圓
距離……步行2.4km

START
市電 五稜郭公園前
約700m 571
亮點 1 五稜郭塔
約200m 571
2 五稜郭公園
約300m 五稜郭公園內
3 箱館奉行所
約1200m 571
市電 五稜郭公園前
GOAL

• Information •
函館市觀光部 ☎0138-21-3323
函館國際觀光會議協會 ☎0138-27-3535
函館市企業局交通部 ☎0138-52-1273

旅遊提案介紹♪
先登上五稜郭塔從空中俯視星型的城郭全景，再步行到五稜郭公園內。中央置有2010年復原完成的箱館奉行所。

行程攻略
❶五稜郭公園也是知名的賞櫻景點。
❷開車前往的話可利用函館美術館的停車場。
❸五稜郭的護城河還提供租船的服務。

亮點 1

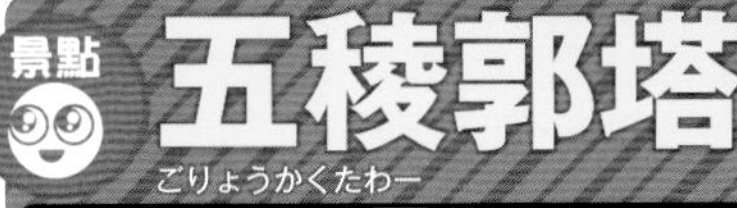

景點 五稜郭塔

ごりょうかくたわー

MAP 80 H-4

由展望2樓眺望的五稜郭，若於1600多株櫻花綻放的5月上旬更是美不勝收

塔上還有「五島軒」等餐廳

從最上層眺望星型的五稜郭！

矗立於五稜郭外側、高達90m的展望台。由展望2樓望出去，不僅能看到五稜郭5個端點的全貌、函館山，天氣晴朗的時候甚至能遠望至下北半島。展望1樓設有伴手禮店，販售新選組的相關商品。

☎0138-51-4785
8:00~19:00
休 無休
¥ 840日圓
址 函館市五稜郭町43-9
交 市電五稜郭公園前步行10分
P 可利用道立函館美術館、函館市五稜郭觀光停車場
Mapple Code 100-1031

從塔上欣賞**五稜郭公園**的

四季景緻！

春 每年4月下旬~5月上旬會有1600多株的櫻花樹盛開綻放

夏 夏天的五稜郭擁有美麗的新綠景色，城郭中央的箱館奉行所清晰可見

秋 10月中旬~11月上旬五稜郭的樹木會陸續渲染上鮮紅的色彩

冬 白雪覆蓋的五稜郭令人印象深刻，還能清楚看到護城河水面結冰的模樣

照片中央是用來抵禦外來攻擊的偽裝堡壘

玩樂 五稜郭公園 2

ごりょうかくこうえん

MAP 80 H-4

護城河和石垣等均保留當時的原貌

五稜郭是箱館開港時，為了抵禦外國船來航而興建的防衛據點。星型的端點位置設有炮台，面對外部攻擊時可互相支援幾乎毫無死角。大正時代改成公園對外開放，如今是市民的最佳休憩場所。

☎0138-31-5505（管理事務所）
4~10月5:00~19:00、11~3月5:00~18:00
址 函館市五稜郭町44 交 市電五稜郭公園前步行15分
P 附近的市營停車場（收費）
Mapple Code 100-2549

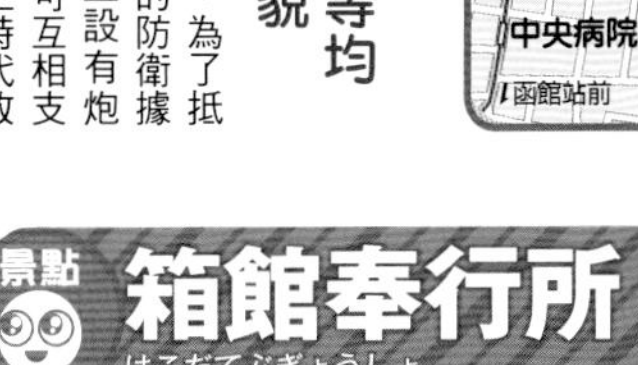

景點 箱館奉行所 3

はこだてぶぎょうしょ

MAP 80 H-4

忠實重現部分的奉行所舊貌

箱館奉行所是幕末時期統轄蝦夷地的政務中心。函館市於2006年開始進行奉行所的復原工程，以現存的照片、舊設計圖等為基礎盡可能使用同樣的材質和工法重現。奉行所內展示有箱館開港以來到箱館戰爭為止的歷史相關資料。

☎0138-51-2864
9:00~17:45（11~3月~16:45）
休 有臨時休館 ¥ 入館費500日元 址 函館市五稜郭町44
交 市電五稜郭公園前步行18分
P 利用函館市五稜郭觀光停車場或附近停車場
Mapple Code 101-5579

將紙拉門全部打開就成了36坪空間大的宴會廳

奉行所的對面有間休息處，售有奉行所限定的伴手禮

旅遊提案 20 步行

函館

MAP P.80
最佳時節 全年

稍微早一點起床享用現撈魚貨
一早到函館朝市大啖新鮮海味！

所需時間……2小時
預算……110,000日圓
距離……步行500m

START
JR函館站
亮點 即到 地區道路
1 函館朝市
即到
2 函館朝市蓋飯橫丁市場
即到 地區道路
JR函館站
GOAL

• Information •
函館市觀光部 ☎0138-21-3323
函館國際觀光會議協會 ☎0138-27-3535
函館市企業局交通部 ☎0138-52-1273

1 購物 函館朝市
はこだてあさいち
MAP 80 G-1

只要勾住烏賊的身體即可釣起

北海道境內最大的海鮮市場

地處函館站旁的絕佳位置，除了眾多鮮魚店外還有販售農產品、乾貨等近250家店鋪。可邊逛邊隨意試吃，享受購物的樂趣。市場內很多小吃店都會提供以當地食材製作的海鮮蓋飯等料理。

☎0138-22-7981（函館朝市協同組合連合會） Mapple Code 100-1281
5:00～14:00左右（因店而異 冬天6:00～）
休 因店而異
址 函館市若松町9-19
交 JR函館站即到
P 220輛（到連合會推薦店消費2100日圓以上者可免費停第1停車場1小時、大停車場1.5小時）

稍稍study ☑ 到元祖活釣烏賊堀體驗釣烏賊

二市場的中央廣場設有水槽，可現釣烏賊並當場享用。水槽內都是當天清晨才捕獲的烏賊，鮮度自然不在話下。費用約600日圓起跳。

工作人員會將顧客釣起的烏賊做成生魚片食用

稍稍study ☑ 海鮮燒烤區

位於駅二市場的2樓，5～10月期間可於1樓購買食材自己燒烤來吃。

現場會提供烹調用具和碗盤，兩手空空去就好

函館朝市的平面圖

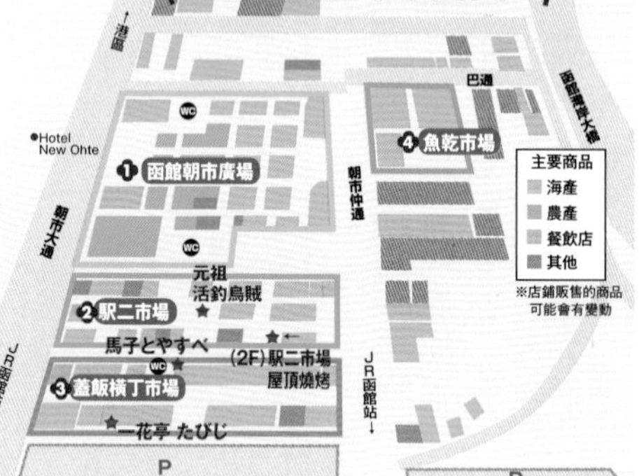

1 函館朝市廣場
…由農漁民直接販售海鮮、蔬菜、水果給消費者。設有美食區，只點少量品嘗也 OK。

2 駅二市場
…地處函館朝市的中央位置，設有釣烏賊區和燒烤區

3 蓋飯橫丁市場
…有 10 多家以海鮮蓋飯為主的小吃店以及拉麵店、壽司店等

4 魚乾市場
…位於面朝市仲通的場所，以鹽巴醃漬的花鯽魚乾、鮭魚乾等乾貨製品為大宗

2 美食 函館朝市蓋飯橫丁市場
はこだてあさいちどんぶりよこちょういちば
MAP 80 G-1

「一花亭 たびじ」的活烏賊蓋飯 1890日圓

「馬子とやすべ」的朝市五色蓋飯 1500日圓

朝市內也有許多老店

想早起大啖一整排的海鮮蓋飯！

市場內集結了20家店，有選用當地產食材烹調的海鮮料理店、拉麵店以及販售各種伴手禮的商店。

☎0138-22-6034（函館朝市第一商業協同組合） 休 因店而異
址 函館市若松町9-15 交 JR函館站即到 P 350輛（到連合會推薦店消費2100日圓以上者可免費停1小時）
Mapple Code 101-3136

旅遊提案介紹♪

到函館朝市採買海產類的伴手禮以及來碗海鮮蓋飯當早餐。朝市就在函館站旁，即便一大清早也能輕鬆前往。買東西之餘，還可嘗試釣烏賊、海鮮燒烤等稍微不一樣的樂趣！

行程攻略

1 商品最齊全的時段為清晨5時到中午為止。
2 大多數店家都會提供海產品、加工品的試吃。
3 採買的東西不需提著大包小包到處走，可利用宅配服務寄送到飯店。

悄悄話 函館朝市：我是第一次去，看到這麼多店家還真是嚇了一跳。大多數店家都有提供試吃，購買前最好先確認過味道。因為採買的東西太重所以就用宅配寄回家了。（北海道／30多歲男性）

旅遊提案 21 列車

函館

MAP P.136・137

最佳時節 7~12月

北海道新幹線新車站周邊的注目景點

新幹線與新地方線的鐵道之旅

(照片提供:JR北海道)

旅遊提案介紹♪

搭當前備受矚目的新幹線進入北海道後,再轉乘道南漁火鐵道前往各觀光景點。沿途可光顧名廚餐廳、造訪祈禱的聖地,一路搭往湖畔度假區的大沼國定公園。抵達GOAL後看是要往函館走或是繼續往北挺進也行!

行程攻略

❶利用隨著北海道新幹線通車而誕生的地方線。

❷沿著海岸線行駛的道南漁火鐵道有絕佳的眺望視野。

❸品嘗名廚的新風格義大利菜。

所需時間……………6小時

預算……………8,000日圓

START

JR木古內站

100m

1 どうなんde's Ocuda Spirits 美食

道南漁火鐵道

亮點 2 特拉普派男子修道院 景點

道南漁火鐵道

3 大沼國定公園 玩樂

100m

JR大沼公園站

GOAL

• Information •

木古内觀光協會☎01392-2-2046
北斗市觀光協會☎0138-74-3566
大沼國際交流廣場☎0138-67-2170

⊙將木古內和牛等道南食材以燒烤的烹調方式品嘗(照片為示意圖)

美食 どうなんde's Ocuda Spirits 1

どうなんですおくだすぴりっつ

MAP 137 D-3

⊙就位於JR木古內站前的道路休息站內

⊙奧田主廚(右)與飯田料理長(左)

名廚親臨指導的燒烤義大利料理

由獲選「世界料理人1000人」、山形縣鶴岡市「Al-chè-cciano」的經營者兼主廚奧田政行所監督規劃的餐廳,以「燒烤」為主題的新風格義大利菜則出自其弟子飯田晃久料理長。

☎01392-6-7210 ⏰11:30~14:00、17:30~20:45(餐廳有時會包場來店前請先聯絡)
休不定休 址木古內町本町338-14道路休息站禊之鄉木古內 交JR木古內站即到 P103輛

Mapple Code 101-7698

⊙隱身於行道樹後方的哥德樣式建築物相當出色

⊙特拉普派奶油(200g、1008日圓)、鮮奶油和甜筒杯都以特拉普派奶油製成的霜淇淋(350日圓)(為4~11月第二週日的限定販售品)

亮點 景點 特拉普派男子修道院 2

とうだいのせいぼとらぴすとしゅうどういん

MAP 137 D-2

日本第一間男子修道院

首度在日本設立的男子修道院,修士們就在修道院內過著自給自足的生活。修道院外的資料展示室、賣店和露德洞窟可自由參觀,但院內的設施僅開放男性參觀,而且必須事先以往返式明信片提出申請。

☎0138-75-2108 ⏰院外自由參觀,賣店9:00~17:00(11~3月8:30~16:30),院內參觀僅限週一14:00~(須事前申請)
休無休(賣店1~3月的週日) ¥免費 址北斗市三ツ石392 交道南漁火鐵道渡島當別站步行 P30輛

Mapple Code 100-0672

⊙照片左側為盧森堡製造的管風琴※參觀須事前申請而且僅限男性

周邊圖▶P.136
1:625,000
0 10km

森町 駒ケ岳 鹿部町 函館本線 東山站 駒ケ岳站 砂原岳 銚子口站 赤井川站 流山溫泉站 池田園站 大沼站 大沼國定公園 3 大沼公園 JR大沼公園站 GOAL 七飯町 仁山站 毛無山 新函館北斗站 七飯站 大中山站 北海道 北斗市 東久根別站 久根別站 清川口站 桔梗站 梅漬峠 上磯站 七重濱站 五稜郭站 函館站 函館山 函館市 桂岳 特拉普派男子修道院 2 茂邊地站 木古內町 泉澤站 釜谷站 渡島當別站 札苅站 道南漁火鐵道 津輕海峽 JR木古內站 START 1 どうなんde's Ocuda Spirits

玩樂 大沼國定公園 3

おおぬまこくていこうえん

MAP 136 E-1

⊙可搭遊船來趟水上散步

入選為日本新三景

大沼為日本新三景之一。在這湖面上多達126座小島的湖畔度假區,有各式各樣可親近大自然的享樂方式。

☎0138-67-2170(大沼國際交流廣場) ⏰自由參觀
址七飯町大沼町 交JR大沼公園站步行5分 P260輛

Mapple Code 100-1716

HAKODATE

函館 熱門景點

不妨到這裡走走！

逛遍異國情調濃郁的函館街道後還有不可錯過的在地特有美食、與函館出身的名人博物館！

函館站周邊 MAP 80 H-1 Mapple Code 101-6889

じーふぉーすぺーす

G4Space

景點

☎0138-22-8277(SODA POP)

展示搖滾樂團GLAY成員們的表演服裝、樂器等相關物品，同時售有限定版的原創商品。 🕒11:00～20:00 休第3週二 址函館市松風町6-18SODA POP內 交JR函館本線函館站步行7分 P無

上湯川町 MAP 80 H-5 Mapple Code 100-0477

とらぴすちぬしゅうどういん

特拉皮斯汀女子修道院

景點

☎0138-57-3331(賣店)

瀰漫著嚴肅氛圍的女子觀想修道院。 f8:00～17:00（冬天～16:30） 休無休 ¥免費入場 址函館市上湯川町346 交JR函館站搭函館巴士19・39・39-1系統29分、湯川団地北口下車步行15分 P無

函館站 MAP 80 F-1 Mapple Code 100-2489

はこだてしせいかんれんらくせんきねんかんましゅうまる

函館市青函連絡船記念館摩周丸

景點

☎0138-27-2500

漂浮在海上的交通博物館

青函渡輪是明治末年到昭和末年的80年間連結青森和函館兩地的交通工具。現在停泊在函館港的摩周丸即曾經用於青函渡輪的船隻，如今規劃成展示渡輪歷史和船體結構的資料館。 🕒8:30～18:00(11～3月は9:00～17:00) 休無休 ¥500日圓 址函館市若松町12番地先 交JR函館站步行4分 P無

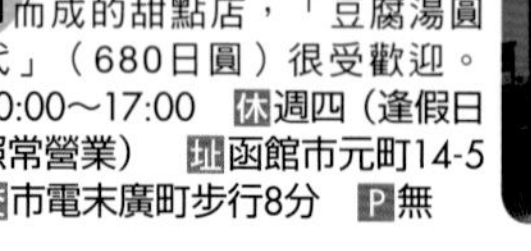

有「海上新幹線」之稱的青函渡輪

五稜郭周邊 MAP 80 G-5 Mapple Code 101-0737

かつぎょりょうりいかせい

活魚料理 いか清

美食

☎0138-54-1919

以種類豐富的烏賊料理自豪 備有大小4個魚槽

函館當地品嘗烏賊料理的首選店家。可於店內的魚槽看到悠游的烏賊、扇貝、螃蟹等魚貝類，生魚片的食材就是來自這些活魚，鮮度當然不同。招牌的活真烏賊生魚片色澤透明、肉質彈牙，越嚼越有甜味。1～5月期間還能吃到活槍烏賊的生魚片。 🕒17:00～23:30 休無休 址函館市本町2-14 交市電中央病院前即到 P有簽約停車場

活真烏賊生魚片（6～12月）1000日圓～

元町 MAP 81 C-4 Mapple Code 101-3113

さぼうきくいずみ

茶房 菊泉

美食

☎0138-22-0306

由大正時代酒批發商別邸改裝而成的甜點店，「豆腐湯圓聖代」（680日圓）很受歡迎。 🕒10:00～17:00 休週四（逢假日則照常營業） 址函館市元町14-5 交市電末廣町步行8分 P無

函館站周邊 MAP 80 H-1 Mapple Code 101-3131

じものさんぴんおりょうりどころねぼっけ

地物產品御料理処 根ぼっけ

美食

☎0138-27-4040

「根ぼっけ」指的是體型較大、油脂豐厚的花鯽魚，能吃到紅燒、生魚片、押壽司、魚丸湯等烹調手法的風味。 🕒17:00～22:30 休不定休 址函館市松風町8-19 交市電松風町步行3分 P5輛

元町 MAP 80 E-5 Mapple Code 100-1562

さぼうひしい

茶房ひし伊

美食

☎0138-27-3300

和洋交錯的時尚古民家咖啡廳

建物前身為當鋪的倉庫，據說石川啄木之妻節子也上門光顧過，現在已改裝成融合和洋風格的咖啡廳空間。特調綜合咖啡的風味濃郁又順口，廣受好評。 🕒10:00～17:30 休無休 所函館市宝来町9-4 交市市電寶來町即到 P10輛

由大正10（1921）年的當舖建築翻修而成

Pick up!! 焦點Gourmet

來碗函館鹽味拉麵吧！

將華僑傳入日本的鹽味湯頭拉麵再加上海鮮高湯，就成了函館獨創的風味。

函館站周邊

滋養軒

Mapple Code 101-5914

じようけん

☎0138-22-2433 MAP 80 H-1

昭和22（1947）年創業的老店。只以麵粉、鹼水、鹽和生蛋為材料堅持無添加的自家製麵與清爽的湯頭相當對味，滿滿配料的「特製營養麵（鹽、醤油）」（各650日圓）也很推薦。🕒11:30～14:00、17:00～20:00（湯頭用完即打烊） 休週二 址函館市松風町7-12 交JR函館站步行5分 P3輛

港區

えん楽

Mapple Code 101-4417

えんらく

☎0138-24-8320 MAP 81 D-3

店面位於港區「函館西波止場」的1樓，能品嘗以道產小麥麵、中札內產地雞、森町產貝柱等嚴選北海道產食材精心調製的鹽味拉麵（870日圓）。🕒11:00～18:00（7～9月～19:00） 休無休 址函館市末広町24-6 函館西波止場1F 交市電十字街步行5分 P無

五稜郭

麺厨房あじさい

Mapple Code 100-0593

めんちゅうぼうあじさい

☎0138-51-8373 MAP 80 H-4

擁有80餘年歷史的老字號拉麵店。「味彩鹽拉麵」（750日圓）的湯頭是選用道南產昆布為基底搭配雞骨、豬骨熬煮而成，以清澈度極高的湯汁與濃郁口感為特色。🕒11:00～20:25 休第4週三（逢假日則翌日休） 址函館市五稜郭町29-22 2F 交市電五稜郭公園前步行7分 P7輛

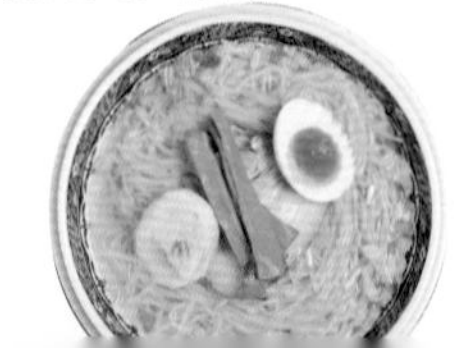

旅遊呗！

從以料理自豪的高級飯店到價格實惠的旅館應有盡有！

到擁有350年歷史的湯之川溫泉住宿泡湯

承應2（1653）年松前藩第四代藩主松前高廣曾親身造訪過的古湯。明治18（1885）年石川藤助進行鑽掘工程後開發成溫泉區，目前當地有20多家旅館。7～12月期間，靠海的旅館還能見到烏賊釣船的點點漁火。

MAP 80 H-5

從「湯川王子飯店渚亭」（MAP 80 H-5）男用露天浴池看到的漁火

港區 MAP 81 D-3 Mapple Code 100-2515
らっきーぴえろべいえりあほんてん
LUCKY PIERROT港區本店
美食
0138-26-2099

受當地人喜愛的在地漢堡 個性十足的室內裝潢也很吸睛

函館市與近郊共有17家店鋪的連鎖漢堡店。店家的裝潢設計都別具風格，本店則以森林中的旋轉木馬為意象。內餡夾入鹹甜口味炸雞的「中華炸雞堡」是熱賣商品。美味的祕訣在於現點現做，隨時都能吃到熱騰騰剛做好的漢堡。漢堡之外還有咖哩、冰淇淋等選項。
L 10:00～ 翌0:30（週六～翌日1:30） 休 無休 址 函館市末広町23-18 交 市電末広町步行3分 P 無

中華炸雞堡378日圓

港區 MAP 80 F-2 Mapple Code 100-0618
はこだてびーる
HAKODATE BEER
美食
0138-23-8000

能品嘗在地現釀啤酒的啤酒餐廳，使用函館海鮮烹調的料理種類也很多樣。 L 11:00～14:30、17:00～21:30 休 週三 址 函館市大手町5-22 交 市電魚市場通即到 P 30輛

港區 MAP 81 D-3 Mapple Code 101-3118
ばるれすとらんらこんちゃ
BARRESTAURANTE LA CONCHA
美食
0138-27-2181

供應以函館產真烏賊等當地食材製作的西班牙菜，葡萄酒的選項也很齊全。
L 12:00～13:30、17:00～23:00(週日～22:30) 休 週一 址 函館市末広町14-6 交 市電十字街步行5分 P 3輛

港區 MAP 80 E-3 Mapple Code 101-4404
かいてんずしはこだてまるかつすいさんほんてん
回転寿司 函館まるかつ水産本店
美食
0138-22-9696

當地的人氣迴轉壽司店 供應鮮魚店才有的豐富食材

由專賣函館海鮮的鮮魚店直營的迴轉壽司店，以市場直送的在地鮮魚製作的握壽司是推薦必點。會視當天的進貨狀況變換食材，因此隨時都能吃到最當令的美味。迴轉壽司的輸送軌道共有兩條，壽司盤基本上分成135～616日圓等7種價位。也備有外帶菜單。
L 11:30～15:00、16:30～21:00 休 不定休 址 函館市豊川町12-10 函館ベイ美食倶楽部 交 市市電十字街步行5分 P 95輛

人氣菜色「鮪魚三好」832日圓（前）

港區 MAP 81 D-3 Mapple Code 100-2762
はせがわすとあべいえりあてん
ハセガワストア港區店
購物
0138-24-0024

分佈於道南地區的連鎖便利店，暢銷商品為豬肉串便當。
L 7:00～22:00 休 無休 址 函館市末廣町23-5 交 市電十字街步行5分 P 5輛

元町 MAP 81 C-2 Mapple Code 101-5439
あんじぇりっくゔぉやーじゅ
Angelique Voyage
購物
0138-76-7150

滑順口感的「ChocolatVoyage」（12個裝1300日圓）是當店人氣No.1。 L 10:00～19:00(賣完即打烊) 休 週一(逢假日則翌日休) 址 函館市弥生町3-11 交 市電末廣町步行5分 P 無

函館站周邊 MAP 80 H-1 Mapple Code 101-0860
ぺいすとりーすなっふるす えきまえてん
PASTRY SNAFFLE'S站前店
購物
0138-22-4704

有招牌的乳酪蛋糕 以及多款使用新鮮食材製成的蛋糕

以函館熱門伴手禮「乳酪蛋糕」而廣為人知的「PASTRY SNAFFLE'S」店面。除了已成為函館必買伴手禮之列的「乳酪蛋糕」外，「蒸烤巧克力蛋糕」和餅乾類產品也十分受歡迎。2樓為咖啡廳，能享用蛋糕加324日圓附飲料的蛋糕套餐或種類豐富的聖代。
L 10:00～19:00 休 週三 址 函館市若松町18-2 交 市電函館站前步行3分 P 6輛

可在咖啡廳慢慢享用

港區 MAP 80 E-3 Mapple Code 100-2509
はこだてめいじかん
函館明治館
購物
0138-27-7070

販售音樂盒、玻璃製品為主的函館特色商品，也有泰迪熊專賣店。
L 10:00～18:00 休 因店而異 址 函館市豊川町11-17 交 市電十字街步行5分 P 40輛

五稜郭 MAP 80 H-4 Mapple Code 101-5206
ろっかていごりょうかくてんきっさしつ
六花亭 五稜郭店 喫茶室
美食
0120-12-6666

由北海道知名甜點所經營的喫茶室，不只甜點、連餐點菜單的選項也很豐富。
L 10:00～17:00（商店9:30～18:30, 有季節性變動） 休 無休 址 函館市五稜郭町27-6 交 市電五稜郭公園前步行10分 P 18輛

Pick up!! 焦點Gourmet 元町・港區的洋食店

函館自江戶時代開港以來即國際貿易港口，是最早引進西洋文化的城市。

元町
Jolly Jellyfish
Mapple Code 100-2533
じょりーじぇりーふぃっしゅ
0138-23-1932
MAP 80 E-5

昭和57（1982）年創業的餐廳酒吧。招牌菜為份量滿點的「ステピ」（牛排奶油飯的始祖），是年間熱賣超過一萬份以上的函館家鄉味。
L 11:30～14:30、18:00～24:00 休 週四（逢假日則照常營業） 址 函館市宝来町9-6 交 市電寶來町即到 P 最大15輛

港區
CALIFORNIA BABY
Mapple Code 100-2513
かりふぉるにあべいびー
0138-22-0643
MAP 81 D-3

由大正時代郵局建物改裝而成的美式餐廳。超大份量的「Cisco Rice」（770日圓），濃郁的肉醬與清爽口味的奶油飯搭配得天衣無縫。
L 11:00～22:00 休 週四 址 函館市末広町23-15 交 市電末廣町步行5分 P 無

元町
五島軒本店
Mapple Code 100-0614
ごとうけんほんてん
0138-23-1106
MAP 81 D-4

函館當地歷史最悠久的餐廳。洋食老店風味的餐點每一道都很吸引人，推薦可一次吃到五島軒人氣佳餚的「明治洋食套餐」（2160日圓）。 L 11:30～20:30（10～3月～20:00） 休 無休（1、2月週一休） 址 函館市末広町4-5 交 市電十字街步行5分 P 60輛

下榻車站附近時的晚餐好去處！ 旅遊眼！

前往函館ひかりの屋台 大門横丁 在道南規模最大的屋台街邊走邊吃

集結了26家提供北海道、函館當地特色料理的店家，有販賣函館近郊新鮮海味的居酒屋、壽司店、拉麵店、成吉思汗烤肉店等。價格實在多吃幾攤也沒問題，有些店家還有外送服務。設施管理公司：0138・24・0033（函館TMO）

MAP 80 H-1

入住函館站周邊飯店時用餐就很方便

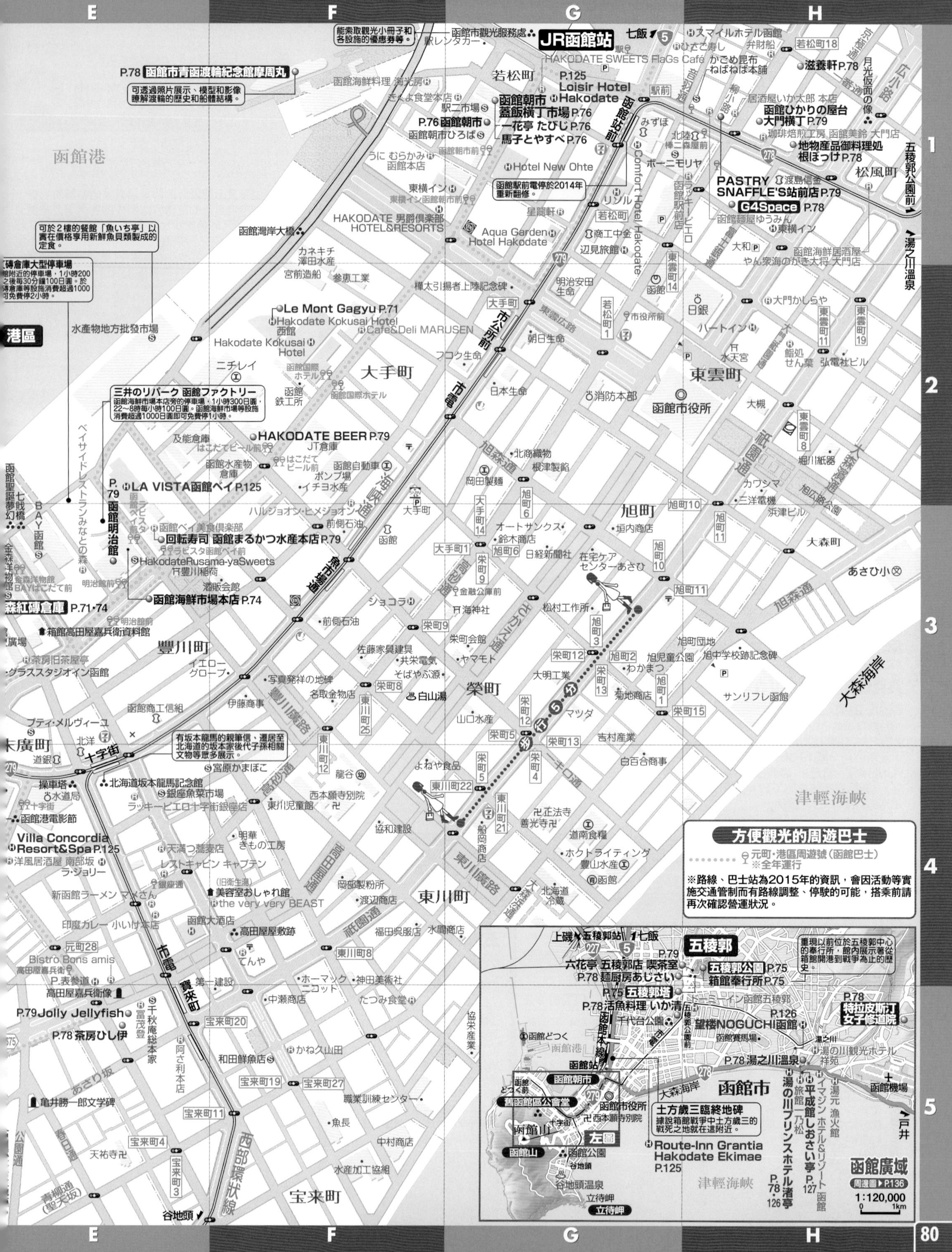

E
F
G
H
1
2
3
4
5
JR函館站
能乘取觀光小冊子和各設施的優惠券等。
函館市觀光服務處
駅レンタカー
七飯
スマイルホテル函館
ひさご寿し
弁財船
若松町18
HAKODATE SWEETS FlaGs Café
かごめ昆布 ねばねば本舗
P.78 函館市青函渡輪紀念館摩周丸
可透過照片展示、模型和影像瞭解渡輪的歷史和船體結構。
函館海鮮料理 海光房
若松町
P.125 Loisir Hotel Hakodate
滋養軒 P.78
駅二市場
函館朝市 蓋飯橫丁市場 P.76
P.76 函館朝市
一花亭 たびじ P.76
馬子とやすべ P.76
函館朝市ひろば
函館站前
函館ひかりの屋台 大門横丁 P.79
珈琲焙煎工房 函館美鈴 大門店
地物產品御料理処 根ぼっけ P.78
函館港
うに むらかみ 函館本店
Hotel New Ohte
Comfort Hotel Hakodate
ボーニモリヤ
松風町
五稜郭公園前
東横イン
函館駅前電停於2014年重新翻修。
PASTRY SNAFFLE'S站前店 P.79
渡島信金
G4Space P.78
HAKODATE 男爵倶楽部 HOTEL&RESORTS
Aqua Garden Hotel Hakodate
若松町
函館麺屋ゆうみん
東横イン
可於2樓的餐館「魚いち亭」以實在價格享用新鮮魚貝類製成的定食。
函館灣岸大橋
辺見旅館
湯之川溫泉
カネキチ澤田水產
宮前造船
参惠工業
函館鮮居酒屋 やん衆海のがき大将 大門店
明治安田生命
樺太引揚者上陸記念碑
大手町
Le Mont Gagyu P.71
Hakodate Kokusai Hotel
Cafe&Deli MARUSEN
市役所前
東雲町
日銀
大門かしらや
港區
水產物地方批發市場
Hakodate Kokusai Hotel
ニチレイ
朝日生命
フコク生命
ハートイン
水天宮
鮨処 せん葉
弘電社ビル
大手町
東雲町
三井のリバーク 函館ファクトリー
函館海鮮市場本店旁的停車場，1小時300日圓，22～8時每小時100日圓。函館海鮮市場等設施消費超過1000日圓即可免費停1小時。
日本生命
消防本部
函館市役所
大槻
HAKODATE BEER P.79
JT倉庫
函館自動車
北商織物
根津製餡
堀川紙器
P.79 函館明治館
LA VISTA函館ベイ P.125
ポンプ場
イチヨ水產
岡田製麺
カワシマ
三洋電機
浜津ビル
旭町
旭広路公園
函館ベイ美食倶楽部
回転寿司 函館まるかつ水産本店 P.79
前側石油
大手町
オートサンクス
垣内商店
鈴木商店
日経新聞社
大森町
HakodateRusama-yaSweets
豊川稲荷
函館海鮮市場本店 P.74
酒販会館
在宅ケアセンターあさひ
あさひ小
森紅磚倉庫 P.71･74
箱館高田屋嘉兵衛資料館
ショコラ
前側石油
海神社
栄町会館
松村工作所
旭森通
豊川町
佐藤家具建具
共栄電気
ヤマモト
旭町団地
旭児童公園
旭中学校跡記念碑
大森海岸
イエローグループ
写真発祥の地碑
名取金物店
白山湯
大明工業
わかまつ
菊地商店
サンリフレ函館
伊藤商事
栄町
山口水産
マツダ
函館商工信組
プティ・メルヴィーユ
吉村産業
末廣町
十字街
有坂本龍馬的親筆信、還原坂本家的家族們等多數貴重文物等眾多展示。
宮原かまぼこ
北海道坂本龍馬記念館
銀座傘菜市場
ラッキーピエロ十字街銀座店
よねや食品
龍谷
西本願寺別院
東川児童館
白百合商事
津輕海峽
函館港電影館
Villa Concordia Resort&Spa P.125
洋風居酒屋 南部坂
ラ・ジョリー
天満つ蕎麦店
明華 きもの工房
レストキャビン キャプテン
協和建設
正法寺
善光寺
道南食糧
ホクトライティング
豊山水産
函館
方便觀光的周遊巴士
元町・港區周遊號（函館巴士）※全年運行
※路線、巴士站為2015年的資訊，會因活動等實施交通管制而有路線調整、停駛的可能，搭乘前請再次確認營運狀況。
新函館ラーメン マメさん
美容室おしゃれ館
the very very BEAST
函館大酒店
高田屋屋敷跡
函館製粉所
渡辺商店
東川町
北海道冷蔵
印度カレー 小いけ本店
福田呉服店
水間商店
元町28
Bistro Bons amis
高田屋嘉兵衛像
P.79 Jolly Jellyfish
P.78 茶房ひし伊
市電
寶來町
第一建設
ホーマック ニコット
神田美術社
中瀬商店
たつみ食堂
千秋庵総本家
阿さ利本店
宝来町20
和田鮮魚店
かねく山田
協栄産業
宝来町19
宝来町27
職業訓練センター
亀井勝一郎文学碑
宝来町11
魚長
宝来町4
天祐寺
中村商店
水産加工協組
西部環状線
青柳通（聖天坂）
宝来町
谷地頭
五稜郭
上磯
五稜郭站
七飯
P.79 六花亭 五稜郭店 喫茶室
P.78 麺厨房あじさい
五稜郭公園 P.75
箱館奉行所 P.75
P.75 五稜郭塔
重現以前位於五稜郭中心的奉行所，館內展示著從箱館開港到戰爭為止的歷史。
P.78 活魚料理 いか清
千代台公園
P.126 望楼NOGUCHI函館
P.78 特拉皮斯汀女子修道院
函館どつく
函館競馬場
湯之川
湯の川觀光ホテル 祥苑
函館站
P.78 湯之川溫泉
函館朝市
大森海岸
函館市
函館機場
舊函館區公會堂
函館市役所
西本願寺別院
土方歲三臨終地碑
據說箱館戰爭中土方歲三的戰死之地就在這附近。
湯の川プリンスホテル渚亭 P.78 126
平成館しおさい亭 P.127
湯元 漁火館
戸井
函館山
左圖
函館公園
Route-Inn Grantia Hakodate Ekimae P.125
谷地頭
谷地頭溫泉
立待岬
津輕海峽
函館廣域
周邊圖 P.136
1:120,000

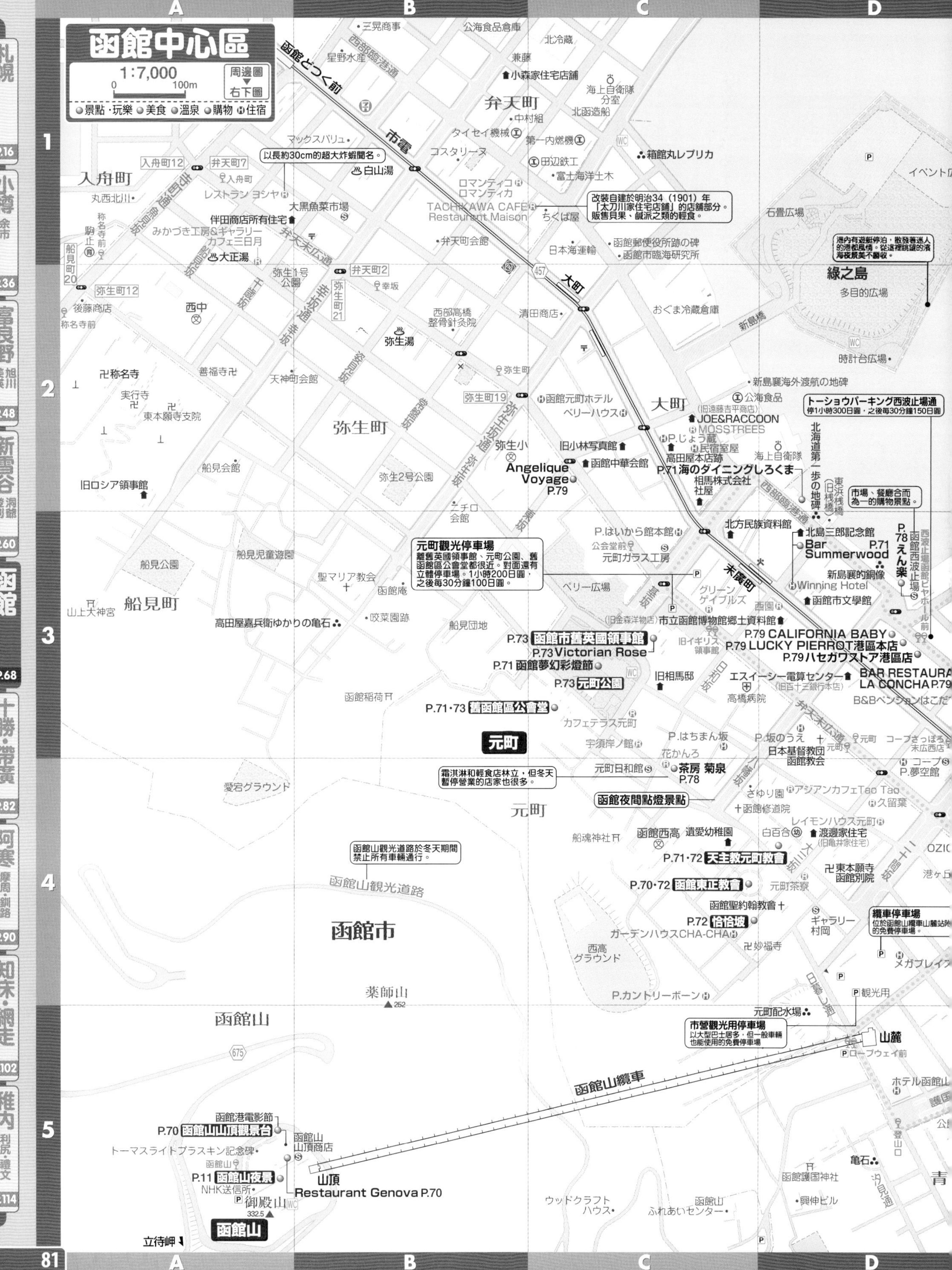

函館中心區
1:7,000
0
100m
周邊圖
右下圖
景點·玩樂
美食
溫泉
購物
住宿
A
B
C
D
1
2
3
4
5
函館どつく前
市電
弁天町
入舟町
入舟町12
弁天町7
以長約30cm的超大炸蝦聞名。
白山湯
レストラン ヨシヤ
丸西北川
大黒魚菜市場
伴田商店所有住宅
みかづき工房&ギャラリー カフェ三日月
大正湯
弁天末広通
弁天町2
弥生1号公園
弥生町12
後藤商店
称名寺前
称名寺
西中
弥生町
弥生町21
幸坂
弥生湯
三晃商事
公海食品倉庫
北冷蔵
星野水産
西部臨港通
兼藤
小森家住宅店舗
海上自衛隊分室
中村組
北函造船
タイセイ機械
第一内燃機
マックスバリュ
コスタリーヌ
田辺鉄工
富士海洋土木
箱館丸レプリカ
ロマンティコ ロマンティカ
TACHIKAWA CAFE Restaurant Maison
ちくば屋
改裝自建於明治34（1901）年「太刀川家住宅店舗」的店舗部分。販售貝果、鹹派之類的輕食。
弁天町会館
函館郵便役所跡の碑
日本海運輸
函館市臨海研究所
大町
石畳広場
港內有遊艇停泊，散發著迷人的港都風情。從這裡眺望的清海夜景美不勝收。
綠之島
多目的広場
おぐま冷蔵倉庫
新島橋
時計台広場
イベント広
西部高橋整骨針灸院
清田商店
称名寺
善福寺
天神町会館
実行寺
東本願寺支院
弥生町19
函館元町ホテル
ペリーハウス
公海食品
新島襄海外渡航の地碑
トーショウパーキング西波止場通
停1小時300日圓，之後每30分鐘150日圓
JOE&RACCOON
MOSSTREES
P.じょう蔵
民宿室屋
高田屋本店跡
海上自衛隊
弥生小
旧小林写真館
函館中華会館
Angelique Voyage
P.79
P.71 海のダイニングしろくま
相馬株式会社社屋
北海道第一歩の地碑
東浜桟橋
市場、餐廳合而為一的購物景點。
船見会館
弥生2号公園
旧ロシア領事館
ニチロ会館
北方民族資料館
北島三郎記念館
Bar Summerwood
P.71
P.78 えん楽
西波止場
函館西波止場ビヤホール
元町觀光停車場
離舊英國領事館、元町公園、舊函館區公會堂都很近。對面還有立體停車場。1小時200日圓，之後每30分鐘100日圓。
P.はいから館本館
公会堂前
元町ガラス工房
末広町
新島襄的銅像
船見公園
船見児童遊園
聖マリア教会
函館庵
ペリー広場
グリーンゲイブルズ
Winning Hotel
函館市文學館
船見町
山上大神宮
高田屋嘉兵衛ゆかりの亀石
咬菜園跡
船見団地
市立函館博物館郷土資料館
西園
P.79 CALIFORNIA BABY
P.79 LUCKY PIERROT港區本店
P.79 ハセガワストア港區店
P.73 函館市舊英國領事館
P.73 Victorian Rose
P.71 函館夢幻彩燈節
P.73 元町公園
旧相馬邸
エスイーシー電算センター
高橋病院
BAR RESTAURA LA CONCHA P.79
B&Bペンションはこだ
函館稲荷
P.71·73 舊函館區公會堂
カフェテラス元町
元町
宇須岸ノ館
P.はちまん坂
花かんろ
P.坂のうえ
日本基督教団函館教会
元町
コープさっぽろ末広西店
コープ
P.夢空館
霜淇淋和輕食店林立，但冬天暫停營業的店家也很多。
元町日和館
茶房 菊泉
P.78
函館夜間點燈景點
さゆり園
アジアンカフェTao Tao
久留葉
函館修道院
愛宕グラウンド
元町
船魂神社
函館西高
遺愛幼稚園
白百合
レイモンハウス元町
渡邊家住宅
P.71·72 天主教元町教會
東本願寺函館別院
函館山觀光道路於冬天期間禁止所有車輛通行。
函館山観光道路
P.70·72 函館東正教會
元町茶寮
函館聖約翰教會
P.72 恰恰坂
ギャラリー村岡
纜車停車場
位於函館山纜車山麓站附的免費停車場。
メガブレイク
函館市
ガーデンハウスCHA-CHA
妙福寺
西高グラウンド
日和坂
薬師山
252
P.カントリーボーン
観光用
元町配水場
市營觀光用停車場
以大型巴士居多，但一般車輛也能使用的免費停車場
山麓
ロープウェイ前
函館山
675
函館山纜車
ホテル函館山
函館港電影節
P.70 函館山山頂觀景台
函館山山頂商店
トーマスライトブラスキン記念碑
函館山
P.11 函館山夜景
山頂
Restaurant Genova P.70
NHK送信所
御殿山
332.5
函館山
立待岬
ウッドクラフトハウス
函館山ふれあいセンター
亀石
函館護国神社
興伸ビル
汐見通
登山口
青

一目瞭然區域導覽

十勝・帶廣

とかち・おびひろ

十勝・帶廣是這樣的地方

擁有廣大耕地面積的十勝地方是全日本屈指的穀物產區。小麥、砂糖、紅豆、乳製品以及製作點心的食材都一應俱全，因此也誕生出各式各樣的知名糕點。此外，輓曳賽馬、庭園街道等觀光景點也不容錯過。

擬定行程的小竅門

只待在帶廣的話2天1夜就已足夠。第一天遊逛帶廣市內和近郊，第二天到郊外觀光。若有三天時間，還可前往周邊地區晃晃。希望一天之內造訪多處庭園的人，由於移動距離長建議租車自駕比較方便。

日本人推薦的標準行程

十勝的人氣遊逛方式有下列3種，晚上還可到小吃攤嘗嘗著名美食。

(第1天)
22 漫步十勝的庭園街道欣賞絕美花景♪

(第2天)
23 體驗魄力十足的輓曳賽馬！

24 吃遍十勝甜點的名店

介紹區域在這裡！

帶廣

機場出發的交通指南

十勝帶廣機場 → 帶廣

【巴士】十勝巴士／38分

【開車】經由道道109號・國道236號／約26km

新設施&話題的新情報

2017札幌亞洲冬季運動會 2017年2月19～26日

帶廣為比賽會場之一

在2017札幌亞洲冬季運動會中，各國選手將於5種冬季運動項目的比賽中競技。其中競速滑冰的會場就在「帶廣之森室內競速滑冰場」，官方吉祥物「蝦夷飛鼠（ＥＺＯＭＯＮ）」也已經亮相炒熱氣氛。

MAP 139 B-1

2017 札幌亞洲冬季運動會

©SAWGOC

GARDEN SPA TOKACHIGAWA ONSEN 2016年12月開幕！

能一次享受溫泉和十勝美食的全新複合設施

即將於十勝川溫泉誕生的複合設施！除了可著泳衣享受植物性溫泉的SPA外還有烘焙坊、市集、餐廳等店家進駐，以及提供使用十勝食材製作生火腿、哈克雷特起司等的加工體驗。詳情請洽0155-46-2447（十勝川溫泉旅館協同組合事務局）。

MAP 147 B-5

とかち天空カフェin芽室

期間限定營業的夢幻絕景咖啡廳

每年於新嵐山展望台會推出只營業數天的咖啡廳。在可一望十勝平原的露天咖啡區，邊用餐還能邊欣賞彷彿大地彩色拼圖的田園風光。預定營業時間請洽詢0155-62-9736（芽室町役場商工觀光課）。

MAP 139 A-1

全景視野！

札幌 P.16
小樽 余市 P.36
富良野 美瑛 旭川 P.48
新雪谷 登別 洞爺 P.60
函館 P.68
十勝·帶廣 P.82
阿寒 摩周·釧路 P.90
知床·網走 P.102
稚內 利尻·禮文 P.114

十勝·帶廣地區的移動建議搭乘巴士。定期觀光巴士的行程相當充實，可再搭配路線巴士、計程車和租車自駕靈活運用。

區域內交通資訊

十勝·帶廣

方便利用的定期觀光巴士

十勝巴士6～9月期間每天都有巡覽十勝人氣觀光景點的定期觀光巴士運行。分為一日行程（約9小時、7300日圓）、上午行程（約4小時、3800日圓）、下午行程（約4小時、3800日圓）3種，皆以帶廣站巴士總站為起訖站。利用定期觀光巴士者，可享當日免費搭乘單趟機場連絡巴士。採事前預約制，詳情請洽詢。

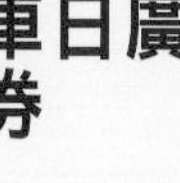

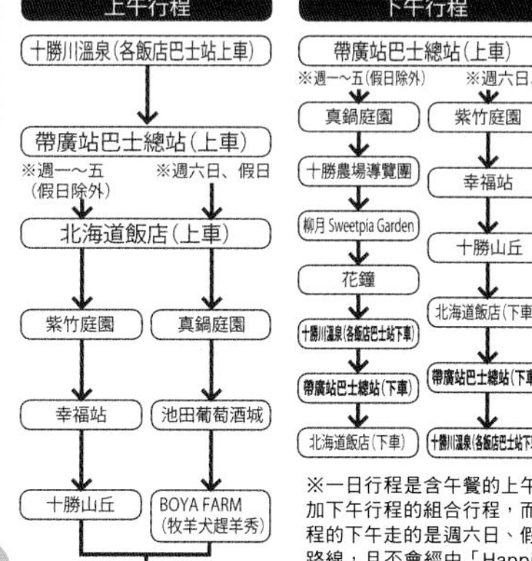

※一日行程是含午餐的上午行程加下午行程的組合行程，而此行程的下午走的是週六日、假日的路線，且不會經由「Happiness Dairy」。

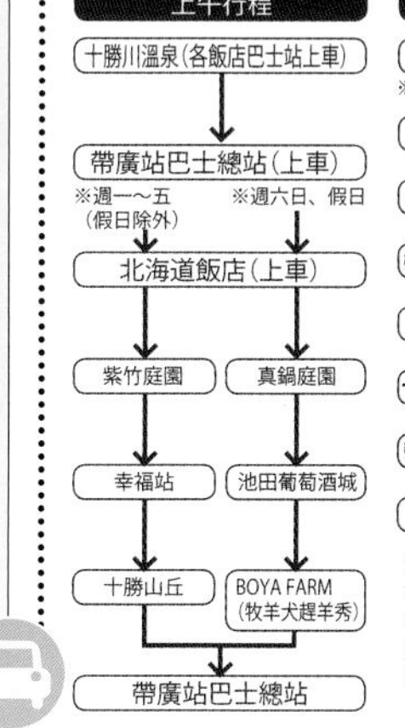

合理價格與舒適度兼具的巴士·計程車轉乘方案

十勝地區的計程車公司與巴士公司聯手合作，策畫出「巴士·計程車轉乘觀光」的方案。搭乘定期觀光巴士不易前往的景點或路線，只需搭配使用巴士和計程車就能增加旅程的自由度，移動也更為順暢。費用等相關細節請洽詢。

行程範例

●真鍋庭園·紫竹庭園巴士&計程車方案

小型計程車1台4800日圓+巴士車資1人1000日圓
帶廣站前（巴士）→紫竹庭園（計程車）→真鍋庭園（計程車）→帶廣站前（車程和參觀時間合計50分）

●十勝千年之森巴士&計程車方案

小型計程車1台+巴士車資1人5300日圓
帶廣站前（巴士）→芽室站前（計程車）→十勝千年之森（計程車）→芽室站前（巴士）→帶廣站前

■エコバスセンターりくる ✆0155-23-5920

帶廣一日乘車券

可不限次數搭乘十勝巴士在帶廣市內所有路線（機場連絡巴士、臨時運行班次等除外）的乘車券（900日圓），另外也有發售附甜點巡遊券的「甜點飽享套票」（1350日圓）。帶廣站巴士站總站和十勝巴士各窗口都買得到。

方便又划算的一日觀光巴士套票

十勝巴士售有結合帶廣站與觀光景點間的來回巴士乘車券、門票、景點設施內和周邊賣店折價券的套票。不只方便，比現場賣價來得便宜的這點也很吸引人。以「真鍋庭園」巴士套票為例，巴士券加入園門票原本要1280日圓但套票只需1000日圓，而且路線巴士的利用時間可自由選擇。此巴士套票於使用當日發售，並僅限發售當日有效。十勝巴士的帶廣站巴士總站服務處等地均有售。

行程範例

●「真鍋庭園」巴士套票

1000日圓　4月下旬～11月
帶廣站巴士總站⇔西4条39丁目來回巴士車票、真鍋庭園門票等

●「六花之森」巴士套票

1600日圓　4月下旬～10月中旬
到最靠近巴士站為止的巴士車資、六花之森門票等

●「中札內美術村」巴士套票

1900日圓　4月下旬～10月中旬
到最靠近巴士站為止的巴士車資、中札內美術村共通入館券等

●「十勝川溫泉·十勝生態公園」巴士套票

1200日圓　全年
到最靠近巴士站為止的巴士車資、十勝川溫泉入浴費等

●「輓曳十勝·十勝村」巴士套票

500日圓　全年※但原則上僅週六·日·一有賽事
到最靠近巴士站為止的巴士車資、輓曳十勝入場券等

●「從愛之國走向幸福」巴士套票

1000日圓　全年
帶廣一日乘車券、北海道觀光周遊紀念「十勝」乘車券（紀念乘車券無法搭乘使用）

市區觀光就租自行車『おびりん（Obirin）』

帶廣站ESTA東館2樓的帶廣觀光會議協會事務所，有提供自行車、電動自行車、登山車等的租借服務。自行車1小時100日圓，電動自行車、登山車1小時200日圓，利用時間為4月下旬～11月上旬（預定）的9時～17時30分。

■帶廣觀光會議協會 ✆0155-22-8600

十勝花園·甜點·溫泉優惠券（十勝GSO券）

優惠券內容涵蓋十勝區域的北海道庭園街道設施、餐廳、溫泉等超值服務及折價券，還附輓曳十勝（P.87）賽馬場的免費入場券。十勝巴士帶廣站巴士總站、十勝巴士帶廣機場事務所與各利用設施都有販售。優惠券一本1600日圓，實施期間為4月20日～10月10日。

真鍋庭園

輓曳十勝

■十勝シーニックバイウェイ トカプチ雄大空間事務局 ✆0155-25-7121

時刻和費用的洽詢處

JR北海道電話服務中心
✆011-222-7111
http://www.jrhokkaido.co.jp/

十勝巴士 ✆0155-37-6500
http://www.tokachibus.jp/

旅遊的活動行事曆

十勝是北海道內晴天機率較高的地區。綠意盎然的初夏到秋天期間是欣賞田園風景的最佳時節，也是各庭園花卉美麗綻放的季節。

12月　11月　10月　9月　8月　7月　6月　5月　4月　3月　2月　1月

活動

第43屆池田町秋天葡萄酒節

期間 10月2日
會場 葡萄酒城旁的活動廣場
洽詢 ✆015-572-2286（池田町觀光協會）

為葡萄酒喝到飽、十勝牛吃到飽的熱鬧活動。

日本蕎麥麵博覽會　同時舉辦　新得新蕎麥祭

期間 9月24·25日（展示活動19日～）
會場 新得町保健福祉センターなごみ前停車場
洽詢 ✆0156-64-0522（新得新蕎麥祭實行委員會）

由町內蕎麥麵店和蕎麥愛好者推出的「蕎麥屋台村」很有人氣。

第66屆勝每煙火大會

期間 8月13日（雨天順延）
會場 十勝川河川敷特設會場
洽詢 ✆0155-22-7555（十勝每日新聞社事業局）

約燃放2萬發煙火，為北海道境內規模最大的煙火大會。

第四十四回十勝川漂筏

期間 7月上旬
會場 十勝川中流部
洽詢 ✆090-5950-5030（十勝川漂筏實行委員會事務局）

總長約12km，由參加者乘著自行設計製作的橡皮筏順流而下。

音更十勝川天鵝祭彩凜華

期間 1月下旬～2月下旬
會場 十勝之丘公園花鐘廣場
洽詢 ✆0155-32-6633（音更町十勝川溫泉觀光協會）

結合光線與音樂的夢幻表演秀很受歡迎，廣場上還有攤販區。

2017然別湖冰上村

期間 1月下旬～3月下旬
會場 然別湖上
洽詢 ✆0156-69-8181（然別湖冰上村實行委員會）

會在結冰的湖面上打造出冰上露天溫泉和冰酒吧。

時令

紅葉 山間地區從9月下旬就會開始染上顏色，10月上旬是最美的時候。

玫瑰 7～9月為最佳觀賞季節，十勝各庭園內也都瀰漫著濃濃的玫瑰花香。

櫻花 於5月中旬～下旬開花，帶廣市的綠之丘公園為賞櫻名勝。

雪 平原地區的初雪於11月上旬～下旬，12月為積雪期，殘雪會持續到到4月左右。

	12月	11月	10月	9月	8月	7月	6月	5月	4月	3月	2月	1月
最高氣溫(°C)	1.1	8	15.6	21.5	25.2	23.5	20.8	17.6	11.9	4	-0.6	-1.9
平均氣溫(°C)	-3.7	3.2	10	16.3	20.2	18.3	14.8	11.1	5.8	-1	-6.2	-7.5
最低氣溫(°C)	-8.9	-1.5	4.8	12.1	16.4	14.5	10.3	5.7	0.6	-6	-12.6	-13.7
降雨量(mm)	46.1	57.6	75	138.1	139.1	106.4	75.5	81	58.9	42.4	24.9	42.8
最深積雪(cm)	30	6	－	－	－	－	－	1	8	46	54	53

※氣溫、降雨量、最深積雪等數據為1981～2010年帶廣的平均值（日本氣象廳）。此外，時令、建議等內容僅供參考。活動的舉辦日期和內容有更動的可能，請事先確認

MAP P.139・140
最佳時節 6~9月

由雄偉大地孕育而生的花園 漫步十勝的庭園街道 欣賞絕美花景♪

所需時間 1日
預算 10,000日圓
距離 車程144km

START
JR帶廣站
約32km 236 帶廣廣尾道 1166 地區道路
1 六花之森
約12km 地區道路 55 240 地區道路
2 紫竹庭園
約19km 地區道路 240 214 236
3 真鍋庭園
約7km 236 地區道路 238 地區道路
4 十勝丘陵
約42km 地區道路 238 236 38 地區道路
5 十勝千年之森（亮點）
約32km 地區道路 38 26 地區道路
JR帶廣站
GOAL

Information
十勝觀光聯盟 0155-22-1370
十勝清水觀光協會 0156-62-1156
昭和タクシー 0156-62-2165

景點 1 六花之森
ろっかのもり
MAP 139 A-2

廣達10萬m²的園內四季有不同的花卉盛開

賣店內售有手帕（440日）、馬克杯（650日圓）等商

因「六花亭」包裝紙而聞名的花草

「六花之森」裡綻放著甜點製造商「六花亭」包裝紙上描繪的花草。佔地10萬m²的園內有濱梨野玫瑰、片栗花等被稱為十勝六花的山野花草，一年四季都能欣賞到繽紛盛開的花卉。

0155-63-1000
4月下旬～10月中旬の10:00～17:00（有季節性差異）
休 期間中無休 ¥800日圓 址 中札内村常盤西3線249-6
交 JR帶廣站車程35分
P 80輛
Mapple Code 101-5073

景點 2 紫竹庭園
しちくがーでん
MAP 139 A-2

紫竹奶奶打造的庭園

紫竹昭葉於63歲才開始著手設計的庭園，1800坪的腹地內栽種了約2500種類的花卉。依照花的種類和顏色分成22個區域，每年的設計都會有不同變化。

0155-60-2377 4月下旬～10月下旬の8:00～17:00 休 期間中無休 ¥800日圓 址 帯広市美栄町西4-107 交 JR帶廣站車程40分 P 50輛 Mapple Code 101-0365

有「Rosehill」、「Wildflower Garden」等區域

附設餐廳所提供的司康套餐600日圓

十勝平原SA 新得 士幌 音更帯広 芽室 おとふけIC 道東自動車道 帯広Jct 十勝清水 羽帯站 御影站 根室本線 芽室帯広 芽室站 大成站 西帯廣站 柏林台站 START&GOAL JR帶廣站 札内站 池田IC 5 十勝千年之森 真鍋庭園 3 十勝丘陵 4 帯広川西 剣山 美生湖 紫竹庭園 2 幸福 十勝帯廣機場 十勝幌尻岳 六花之森 1 中札内 なかさつない 更別IC 1:500,000 0 5km 周邊圖▶P.139

稍稍study

☑ 北海道庭園街道

從大雪山系的山麓經由旭川、富良野連結到十勝的地區，散落著8座以北海道獨特的氣候和景觀設計而成的庭園設施。每一座庭園都極富個性，一年四季都能欣賞到不同的表情讓人想一去再去。實施期間還會發行可從8座庭園中任選4座參觀的超值票券，不妨就來規畫一趟庭園巡禮吧！實施期間中（2016年5月14日～10月16日）於各庭園的窗口都買得到。

北海道庭園街道入場券1人2200日圓

旅遊提案介紹♪

造訪5座位於十勝地方的庭園，有些地方還設有伴手禮區、咖啡區等。利用超值票券有效率地遊逛，在各具特色的庭園享受花卉巡禮的樂趣。

行程攻略

❶比起搭乘交通工具，開車自駕會方便得多。
❷要利用計程車的話請以JR十勝清水站為起點。
❸若時間充裕還可前往旭川地方的庭園（P.85・138）參觀，將北海道庭園街道整個走遍。

景點 3 真鍋庭園

まなべていえん

MAP 139 B-1

以三大主題規劃設計的庭園

為日本第一座以針葉樹為中心的庭園。2400坪的庭園分別由歐洲庭園、日本庭園、風景式森林庭園組成，可環繞一圈感受庭園之美。此外，還附設有園藝用品店和咖啡廳。

0155-48-2120
4月23日～12月4日の8:00～日落（夏天～18:00） 休 期間中無休 ¥800日圓
址 帯広市稲田町東2-6
交 JR帶廣站車程10分
P 30輛
Mapple Code 101-0364

可到咖啡廳「Green Garden」享用甜點

以棲息於庭園內的松鼠為主題的「松鼠餅乾」

在可一望帶廣市街的小山丘上有一大片庭園和草原

景點 4 十勝丘陵

とかちひるず

MAP 139 B-1

坐落於小山丘上的庭園

以「食與農」為主題的園內，設有「Skymirror」和以蔬菜為中心的「Viz potager」等依主題區分的庭園，年間可欣賞到千種以上的植物。餐廳內提供的菜色，都是使用自家農園和當地十勝產的食材所製成。

0155-56-1111
4月23日～10月下旬の9:00～18:00
休 期間中無休
¥ 800日圓
址 幕別町日新13-5
交 JR帶廣站車程15分
P 150輛
Mapple Code 101-0879

可自選一款主菜的自助午餐1600日圓～

十勝丘陵特製的炒黑大豆200g裝300日圓

景點 5 十勝千年之森 亮點

とかちせんねんのもり

MAP 140 H-1

在英國庭園設計師協會主辦的「SGD Awards 2012」中榮獲大賞的Meadow Garden

能感受十勝平原的遼闊與壯觀

以日高山脈山麓的廣大腹地為舞台，打造出原野意象的「MeadowGarden」、草原波浪的「Earth Garden」等4座庭園。還提供騎乘賽格威、起司手作體驗之類的活動。

0156-63-3000
4月29日～11月3日9：30～17：00（有季節性差異） 休 期間中無休
¥ 1000日圓 址 清水町羽帯南10線
交 JR十勝清水站車程15分 P 200輛
Mapple Code 101-2132

添加手作起司的自家製香草披薩1100日圓

4座庭園與自然環境融合成一體

賽格威導覽團2小時8800日圓

其他還有 北海道的庭園

時間尚有餘裕的話，不妨從十勝將腳程拉遠些造訪旭川、富良野的庭園吧！

上野農場 P.138

設計出自知名造園家之手

風之花園 P.56

連續劇「風之花園」的拍攝舞台

大雪 森的花園 P.138

以大雪山為背景的繽紛花海

旅遊提案 23 開車

帶廣

MAP P.139
最佳時節 全年

體驗魄力十足的輓曳賽馬！

拉著最高重達1噸的鐵橇奔跑的北海道獨有賽事

重達1噸的大型馬奮力爭先向前奔馳

所需時間……3小時
預算……3,000日圓
距離……車程4km

START
JR帶廣站
約2km 26 地區道路
亮點 1 輓曳十勝（帶廣賽馬場） 熱點39
約2km 26 地區道路

帶廣賽馬場入口

JR帶廣站
GOAL

Information
帶廣觀光議會協會 0155-22-8600
帶廣市觀光課 0155-65-4169
十勝觀光聯盟 0155-22-1370

旅遊提案介紹♪

親臨現場觀賞北海道才有的輓曳賽馬，不買馬票純粹看比賽也OK。賽馬場雖有其獨特的氣氛，但這裡是闔家大小同遊也能安心的場所。

行程攻略

❶不只看賽馬，還能吃美食、逛伴手禮店。
❷設有各式設施，大人小孩都能玩得盡興。
❸參加備受好評的賽馬場導覽之旅一探賽馬場的內部模樣。

遇見十勝美食 十勝村

觀賞「輓曳賽馬」時可順道造訪

十勝特有的美食和伴手禮大集合

腹地內網羅了各式店家，從十勝名物豬肉蓋飯、使用十勝產小麥自家製麵的拉麵以及法式小餐館、咖啡廳，到卡通『銀之匙』相關產品、十勝當地商品等應有盡有。還有手工窯烤披薩體驗。
0155-34-7307 Mapple Code 101-5599 MAP 139 B-1

有好多知名美食！ KITCHEN

可享用豬肉蓋飯、法式家庭料理、湯咖哩等選用十勝產食材烹調而成的美味。
11:00～20:00（有些店家不同）
休 因店而異

million santa的「十勝村哈克雷特起司溫沙拉」

人氣十勝甜點 SWEET & SELECT

品嘗甜點王國十勝的自豪甜點
「紫竹Garden Cafe」的玫瑰霜淇淋

除了「紫竹Garden Cafe」外，還有新開的「Loca lista☆」。
4月29日～10月31日10:00～19:00（11月1日～4月28日～18:00）
休 無休

十勝村名物 窯烤披薩體驗

可於FARM FRESH MARKET購買冷凍披薩，然後到園區內的石窯自己動手烤。會有工作人員在旁幫忙，不需擔心。
5～10中旬的週六日12:00～14:00 休 天候不佳時取消

每個週末都會推出

買山珍海味當伴手禮！ FARM FRESH MARKET

為生產者直接販售新鮮蔬菜給消費者的產地直銷市場，以道產食材製作的各種加工品和伴手禮選項也很豐富。也提供購買商品的宅配服務。
4月29日～10月31日の10:00～19:00（11月1日～4月28日～18:00） 休 無休

蔬菜等商品上還貼有生產者的資訊

如何體驗輓曳賽馬的樂趣

不妨觀察一下出賽馬匹的狀態

①購買入場券

進入賽馬場必須要有入場券（15歲以上），請於賽馬場入口的窗口購買。此外入場券會附上數個月內有效的招待券，可以多次入場。

第一次來必須買入場券，之後用招待券入場即可

②拿到排位表後前往馬廄

記得索取置於賽馬場入口的排位表。可到馬廄瞧瞧待會要出賽的馬匹，仔細觀察馬兒是否健康和毛髮狀態等。

③確認投注賠率

賠率指的是該場比賽的馬票每賭100日圓的預測賠率，當然較冷門的馬兒賠率也會越高。無論是挑穩定可靠、人氣旺的馬匹還是要押寶賭「萬馬券」，都必須慎重選擇。

賠率會隨時變動

④購買馬票

決定好預測結果後填入投注單，再到購買馬票的窗口。若不知如何填寫可到1樓的「Beginner Corner」詢問。

備有字體放大版的投注單

⑤觀看比賽

買好馬票就準備看比賽了。可到賽場的看台上觀賞，或是稍微享受一下選擇貴賓室。只需付500日圓的利用費就能在視野良好的室內空間觀戰，還備有桌椅和沙發。

可近距離觀賞賽馬的Exciting Zone

⑥確認結果

所有馬匹通過終點後請查看電子螢幕上顯示的比賽成績，當確定燈號亮起就代表排名順序底定。到結果出爐以前請保管好馬票。

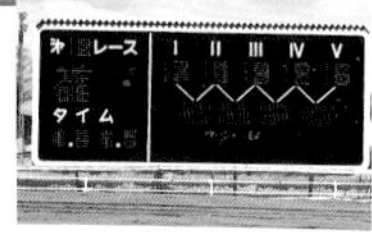

比賽結束後一定要查看電子螢幕

⑦領取彩金

猜中結果的人可拿著馬票到領取彩金的機器，放入機台計算後馬上就能領到彩金。中獎的馬票於60日內有效。

有時比賽完會看到大排長龍的景象

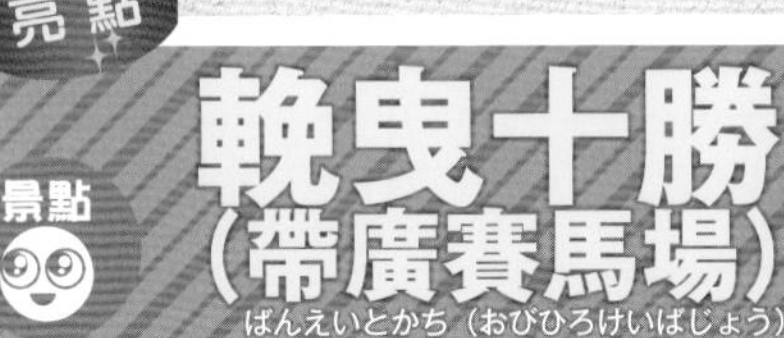

亮點 7

景點

輓曳十勝（帶廣賽馬場）

ばんえいとかち（おびひろけいばじょう）

MAP 139 B-1

的第2障礙（坡道）

輓曳賽馬是讓馬匹拖著鐵橇往前跑，在全長200m的筆直跑道途中還設有2個障礙的競賽。體重高達1噸的巨大馬匹們奔馳在厚沙地跑道上，場面極其壯觀。北海道的馬文化（輓馬、日高的撒拉布列特馬等）已經被指定為北海道遺產，輓曳賽馬在全世界也只有北海道才看得到。比賽過程中從起點到終點，觀眾也能在Exciting Zone跟著一起往前邊為馬兒加油打氣。

0155-34-0825 4月下旬～3月下旬的週六·日·一，夜間比賽為開幕～12月下旬※比賽開始時間請洽詢 休週二～五 ¥入場費100日圓 址帯広市西13南9 交JR帶廣站車程7分 P1100輛

Mapple Code 101-5066

何謂輓曳賽馬

馬匹拖曳的鐵橇，據說在重賞比賽中重量高達1噸

北海道開拓時期無論是搬運重物、開墾廣大的高原地區，馬兒都是不可或缺的存在。明治時代為了測試馬匹的力氣曾經讓兩頭馬往不同方向互拉，到了明治末年演變為拖曳載著重物的鐵橇競賽，現在則成了農耕馬慶典比賽中的項目。如今的輓曳賽馬則是鐵橇荷重達500kg以上，直線200m內設有2個障礙（坡道）的短距離競賽。比賽途中還會暫時停下馬兒腳步以保持體力，觀察騎師們的作戰策略也很有意思。

稍稍study ☑賽馬場導覽之旅

於輓曳賽馬比賽日所舉辦的導覽之旅相當有人氣，能參觀平常非工作人員禁止進入的賽馬場內部。可近距離看到準備上場比賽的馬兒，或是搭專車遊覽馬廄。報名請洽服務中心。（收費）

說不定還聽到輓曳十勝的奇聞趣事

悄悄話：輓曳賽馬：去看了一場巨大馬匹震撼力十足的比賽，雖然是生平第一次看賽馬但工作人員很詳細地為我解說如何購買馬票。小孩看到龐大身軀的馬兒也十分[illegible]動，場內還有兒童區全家人都玩得很開心。（北海道／20多歲男性）

旅遊提案 24 開車 十勝

MAP P.89・147 最佳時節 全年

吃遍十勝甜點的名店

在甜點王國十勝大啖知名甜點！

所需時間……3小時
預算……3,000日圓
距離……車程21.5km

START JR帶廣站
約0.5km 26
亮點 1 六花亭帶廣本店
約11km 26 38 241
2 柳月Sweetpia Garden
約10km 241 地區道路 241 26
JR帶廣站 GOAL

Information
帶廣觀光議會協會 ✆0155-22-8600
帶廣市觀光課 ✆0155-65-4169
十勝觀光聯盟 ✆0155-22-1370

⊃北海道的必買伴手禮「蘭姆葡萄夾心餅乾」1個120日圓

亮點 1 購物 六花亭帶廣本店

ろっかていおびひろほんてん

MAP 89

☎0120-12-6666
9:00～20:00(有季節性變動)
無休 ¥十勝日誌3000日圓～
帯広市西2条南9-6 交JR帶廣站步行5
P9輛
Mapple Code 100-1339

琳琅滿目的商品極具吸引力還附設有咖啡廳

昭和8（1933）年創業，以「蘭姆葡萄夾心餅乾」聞名的和洋菓子店。離JR帶廣站很近的帶廣本店，商品種類也比其他分店要來得齊全。1樓的販售區設有內用空間方便顧客買完後當場食用，還有免費咖啡可以喝。

2樓咖啡廳有供應鬆餅、披薩之類的餐點

周邊圖▶P.139
1:180,000 0 2km

⊃賞味期限只有3小時的「香酥鮮奶油派」1個160日圓

⊃整顆成熟草莓冷凍乾燥後裹上巧克力的「草莓牛奶巧克力球・草莓白巧克力球」各650日圓

稍稍study

甜點王國十勝！甜點周遊券♪也很熱門！

只需500日圓即可造訪多家十勝甜點店的超值方案。周遊券的內容、參加店家、交換商品等相關細節，請上帶廣觀光會議協會的網站（http://www.obikan.jp/）查詢。

2 購物 柳月Sweetpia Garden

りゅうげつすいーとぴあがーでん

MAP 147 B-5

✆0155-32-3366 9:00～18:00（冬天9:30～17:30） 休無休
¥三方六雙條組1475日圓 住音更町下音更北9線西18-2 交JR帶廣站車程15分 P200輛
Mapple Code 101-0821

匯集各式各樣設施的甜點庭園

成立於昭和22（1947）年的糕點製造商，以「三方六」為招牌商品。複合設施內除了販售糕點的店鋪，還有咖啡廳、製菓體驗工房（收費）等。產品「三方六」的製造工廠就在這裡，可實地參觀製作過程。

招牌商品「三方六」1條630日圓，「三方六楓糖」1條720日圓）系列產品也廣受好評。另有推出三方雙條組（原味・楓糖各1條）

可拿著剛買的甜點到咖啡廳坐下來享用，現場還供應免費咖啡

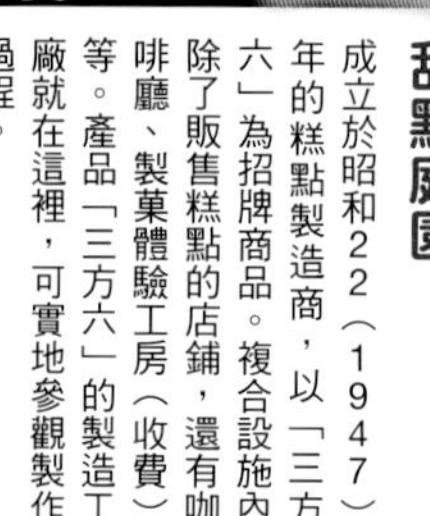

⊃該店鋪限定的「Garden Roll」1條700日圓

⊃「Garden Crepe」(440日圓）是咖啡廳的人氣商品

旅遊提案介紹♪

親臨現場觀賞北海道才有的輓曳賽馬，不買馬票純粹看比賽也OK。賽馬場雖有其獨特的氣氛，但這裡是闔家大小同遊也能安心的場所。

行程攻略

❶兩家店都有提供免費咖啡的服務。
❷「柳月」在離JR帶廣站步行7分的位置還有本店。
❸帶廣市內另有各式各樣的甜點店。

TOKACHI・OBIHIRO

十勝・帶廣 熱門景點

這個區域的郊外也有很多觀光景點。從帶廣市中心前往有公路休息站和美術村的中札內村，經由帶廣尾道車程約需30分鐘。

帶廣 MAP 139 B-2 Mapple Code 101-6588

こうふくえき

幸福站 景點

✆0155-22-8600（帶廣觀光會議協會）

以「從愛之國走向幸福」廣為人知的舊國鐵廣尾線車站，2008年被選定為「戀人的聖地」。

自由參觀 址帶広市幸福町東1線-161 交JR帶廣站車程40分 P36輛

中札內 MAP 139 B-2 Mapple Code 101-7085

ふぁーむれすとらんのじまさんち

ファームレストラン野島さんち 美食

✆0155-67-2880

招牌菜為自家製高麗菜與道產豬肉的薑汁燒肉（895日圓）。

11:00～17:00，午餐時段～14:00 休週四（有臨時休） 址中札內村新生東1線199-4 交JR帶廣站搭十勝巴士往廣尾53分，中札內31號下車步行15分 P10輛

芽室 MAP 139 A-1 Mapple Code 101-5990

めいじとかちちーずかん

明治十勝起司館 景點

✆0155-61-3710

參觀完全日本最大的天然起司工廠後還可試吃品嘗

除了瞭解起司的相關知識外，還能參觀起司製作過程的生產現場。於參觀的尾聲，還會提供3種起司試吃。

9:50～16:30(需預約) 休週日 址芽室町東芽室北1-15-2 交JR芽室站搭計程車10分 P12輛

⇧輕鬆學習起司的知識

旅遊哏！

離帶廣市中心車程20分鐘的溫泉地

到十勝川溫泉享受美人湯！褐碳溫泉在全世界也很罕見

十勝川溫泉位於從帶廣搭巴士25分、十勝川流經的田園地帶。日本的溫泉幾乎都是火山性溫泉，但十勝川溫泉為非火山性溫泉，而且還是世界少數幾個植物性褐碳溫泉。含植物性腐植質等有機物的茶褐色溫泉具有光滑肌膚之效，因此有「美人湯」之稱。

MAP 147 B-5

從遠古植物堆積而成的褐煤層所湧出的褐碳溫泉

帶廣 MAP 148 H-4 Mapple Code 100-1730

よーくしゃーふぁーむ

YORKSHIRE FARM 美食

✆0156-64-4948

位於十勝平原西端新得町的牧場內，能品嘗到羊肉料理。

11:00～19:00(7・8月的晚餐需預約) 休週二 址新得町新得基線115-7 交JR新得站搭計程車10分 P30輛

帶廣 MAP 89 Mapple Code 101-5461

えすたおびひろにしかんとかちしょくものがたり

ESTA帶廣西館とかち食物語 購物

✆0155-23-2181（ESTA帶廣）

甜點、豬肉蓋飯等十勝美味大集合的美食＆購物區。

8:30～19:00（部分店家除外） 休第3週三（因店而異） 址帯広市西2南12 交JR直通JR帶廣站 P218輛

中札內 MAP 139 B-2 Mapple Code 101-3743

みちのえきなかさつない

公路休息站中札內 美食

✆0155-67-2811

十勝在地美味齊聚的休息站

集結了以中札內食材入菜的餐廳、由歷史建物改裝而成蕎麥麵店、特產品賣場、販售當地農家自己栽種的蔬菜直賣所等。還置有特產新鮮雞蛋的自動販賣機等有趣設施。

9:00～18:00(11～翌年3月～17:00)餐廳11:00～※因設施而異 休無休(12～翌年3月週一休，「花水山」冬天公休)※因設施而異 址中札內村大通南7 交JR帶廣站車程40分 P130輛

⇧可到物產販賣所花水山內的「畑のキッチンあんてぃ～」吃生蛋拌飯

Pick up!! 焦點Gourmet

發源於帶廣的當地美食「豬肉蓋飯」

從十勝地方自開拓時代以來常用的食材「豬肉」所研發出的「豬肉蓋飯」。

帶廣

ぶた丼のとん田

Mapple Code 101-3328

ぶたどんのとんた

✆0155-24-4358 MAP 139 B-1

通常豬肉蓋飯都是放里肌肉，但這家店卻提供五花肉、腰内肉、里肌肉讓客人自行挑選。最受歡迎的「豬五花肉蓋飯」並不會過於油膩，沒三兩下就吃得碗底朝天了。豬肉為十勝產。

11:00～18:00(賣完即打烊) 休週日 ¥豬五花肉蓋飯780日圓～ 址帯広市東6条南16-3 交JR帶廣站車程3分 P4輛

帶廣

帯広はげ天本店

Mapple Code 101-3336

おびひろはげてんほんてん

✆0155-23-4478 MAP 89

在當地無人不知的鄉土料理店，也是從戰前就已經推出豬肉蓋飯的老字號店鋪。淋上70年秘傳醬汁的豬肉是選用道內產的頂級霜降里肌肉，以一片片在鐵網上燒烤的方式逼出肉質的甘甜味。

11:00～20:30 休不定休 ¥豬肉蓋飯980日圓～ 址帯広市西1南10-5-2 交JR帶廣站步行5分 P無

帶廣

元祖豚丼のぱんちょう

Mapple Code 100-1549

がんそぶたどんのぱんちょう

✆0155-22-1974 MAP 89

由上一代經營者於昭和8（1933）年開發出來的豬肉蓋飯。將道內產肉質軟嫩的里肌肉以炭火慢慢燒烤，與鹹甜醬汁相當契合。可外帶。 11:00～19:00 休週一、第1·3週二（逢假日則翌日休） ¥豬肉蓋飯（梅）1100日圓 址帯広市西1条南11-19 交JR帶廣站即到 P無

札幌 P.16 小樽 余市 P.36 富良野 美瑛 旭川 P.48 新雪谷 登別 洞爺 P.60 函館 P.68 十勝·帶廣 P.82 阿寒 摩周·釧路 P.90 知床·網走 P.102 稚內 利尻·禮文 P.114

一目瞭然區域導覽

阿寒 摩周 釧路

あかん・ましゅう・くしろ

阿寒・摩周・釧路是這樣的地方

阿寒國立公園周邊為北海道內屈指的觀光地，有盛產綠球藻的阿寒湖、濃霧之中的摩周湖、日本最大破火山口湖的屈斜路湖等。綿延於南側的釧路濕原，為丹頂鶴等眾多生物棲息的日本最大濕地。此外，還有阿寒湖溫泉、川湯溫泉、摩周湖溫泉等溫泉鄉散佈其間。

擬定行程的小竅門

如果只觀光釧路2天1夜就已足夠。第1天遊逛釧路市內和郊外，第2天造訪濕原，若還有第3天時間即可前往周邊地區。要到郊外景點時租車自駕會比較方便。

日本人推薦的標準行程

巡遊區域內三大觀光地阿寒、摩周、釧路濕原的行程。

(第1天)
- 28 到和商市場來份特大碗的勝手蓋飯
- 27 搭乘慢車號穿越釧路濕原的絕景之旅

(第2天)
- 26 前往雲霧瀰漫的神秘之湖──摩周湖！
- 25 在阿寒湖溫泉街接觸大自然與愛奴文化

機場出發的交通指南

- 釧路→摩周(弟子屈)：【開車】經由國道391號／約75km
- 釧路→摩周(弟子屈)：【鐵路】JR釧網本線快速・普通列車／1小時30分
- 釧路→摩周(弟子屈)：【開車】國道38・240號經由／約74km
- 釧路→たんちょう釧路空港：【開車】國道38號・240號經由／約22km
- 釧路→たんちょう釧路空港：【巴士】阿寒巴士／45分
- たんちょう釧路空港→阿寒湖溫泉：【開車國道240號經由／約56km
- たんちょう釧路空港→阿寒湖溫泉：【巴士】阿寒巴士／1小時5～20分
- 阿寒湖溫泉→摩周(弟子屈)：【開車】國道240・241經由／約40km

新設施&話題的新情報

Hotel Kamuinoyu La Vista Akangawa

2015年秋天開幕

阿寒湖溫泉時隔29年的新建飯店！

佇立於原始森林和阿寒川畔、充滿秘境氛圍的全新飯店，可於豐沛自然與寂靜包圍的空間度過片刻時光。引自源泉的溫泉有附露天浴池的大浴場及3種類的包租浴池，可邊眺望阿寒川邊享受溫泉浴。

MAP 146 F-3

追蹤「阿寒湖夏希燈」！

將願望寄託於阿寒湖的浪漫活動

活動場地位於綠球藻棲息的阿寒湖，將寫上願望的紙卡裝進綠球藻造型的光球後丟入湖中祈求美夢成真。看著大量綠色光球漂浮在阿寒湖上的畫面，有種夢幻之美。2016年的舉辦日期為7月1日～8月31日。

MAP 146 F-3

Farm Restaurant Cuore

ふぁーむれすとらんくおーれ

2015年9月開張

能吃到新鮮的羊肉料理！

由茶路めん羊牧場直營的餐廳，用餐時還能望見羊群吃草的模樣。以羊肉料理為主，提供選用白糠當地生產的起司、蔬菜、魚貝等食材烹調的菜色。

01547-2-5030
4～12月11:30～17:00（週五六11:30～14:00、18:00～20:00） 休 週一（逢假日則翌日休） 址 白糠町川西 JR白糠站車程16分 P 有

MAP 146 E-5

區域內交通資訊

釧路・阿寒・摩周區域的巴士交通網四通八達。有定期觀光巴士和路線巴士，還有可利用上述巴士的超值乘車券種類也很多。

阿寒・摩周・釧路

方便利用的定期觀光巴士

觀光阿寒・摩周・釧路區域除了開車自駕外，最推薦搭乘定期觀光巴士。阿寒巴士有推出一日遊行程「PIRIKA號」，從釧路站出發巡覽釧路濕原、摩周湖、阿寒湖等地。

PIRIKA號

以釧路站為起訖點，從釧路濕原經摩周湖、阿寒湖等地繞行一周。黃金週期間～11月上旬運行，約需8小時50分、4600日圓。

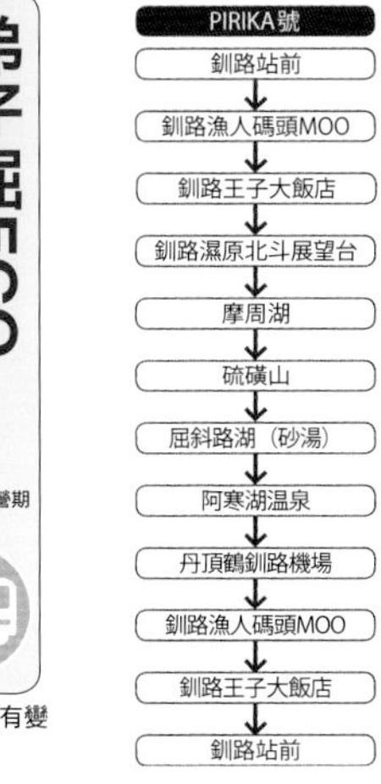

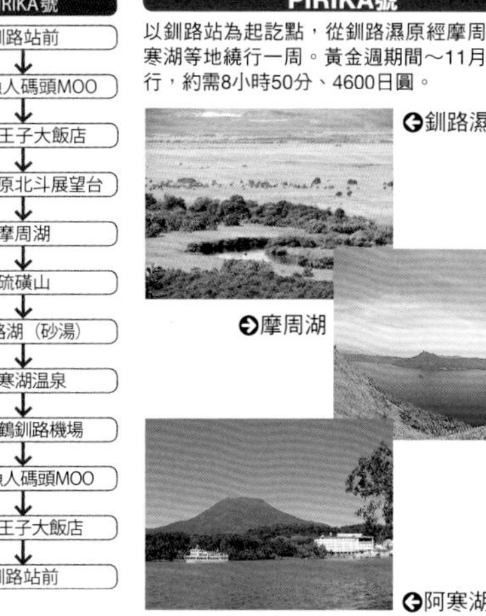
↑釧路濕原
↑摩周湖
↑阿寒湖

弟子屈ECO Passport

能任意搭乘弟子屈町內路線巴士的2日乘車券，夏天還提供免費租借自行車。可於JR摩周站內的觀光服務處、巴士車內購買。有時出示乘車券還能得到贊助商店提供的優惠折扣。

※夏天的運營期間需洽詢

※內容可能會有變動。

↑摩周湖第一展望台

■TourismTeshikaga ☎015-483-2101

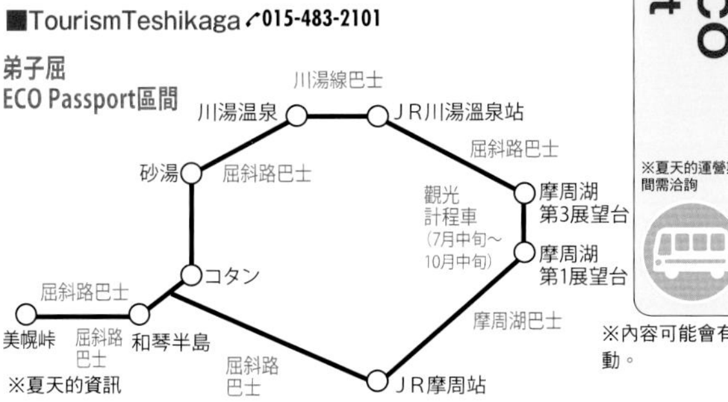

※夏天的資訊

釧路・網走4日乘車券

阿寒巴士有發行4天4000日圓的乘車券，可不限次數搭乘釧路區域、阿寒・網走區域的路線巴士。只需這張乘車券在手，就能隨心所欲地遊逛摩周湖、屈斜路湖、阿寒湖、釧路濕原等魅力觀光地。利用期間7月中旬～10月上旬，詳情請洽阿寒巴士。

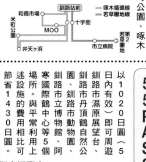

釧路市內的路線巴士

由釧路巴士營運、以釧路站前為起訖點的啄木循環線，是一條行經米町公園、啄木夢公園、釧路王子大飯店、ANA Crowne Plaza釧路、釧路漁人碼頭MOO等主要設施和飯店的便利路線。往春採湖方向的若草團地線也很方便。

釧路站前
和商市場
十字街
MOO
米町公園
弁天ヶ浜
市立病院
第2若草團地
啄木循環線
若草團地線

自由上下車的乘車券

可利用行駛於舊釧路市內和釧路町的路線巴士，購買1天500日圓的乘車券就能隨意上下車。只於每週日、假日以及8月「釧路港節」等活動舉辦期間的週六限定發售。路線巴士車內購票、自購買當日內有效，釧路巴士和阿寒巴士都通用。

超划算的道東兩大周遊券

米其林三星街道共通周遊券

能享受甜點＋阿寒湖愛奴劇場＋阿寒國際鶴中心＋阿寒觀光汽船＋森林和湖泊等各種體驗優惠，價值相當於4900日圓的內容只需3000日圓就能買到。販售期間為5月～11月，使用有效期限3天，可於阿寒湖溫泉各飯店、阿寒湖まりむ館購買。

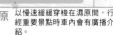

■阿寒觀光協會 ☎0154-67-3200

濕原55PASS

以1020日圓（5日內有效）即可周遊釧路市濕原展望台、釧路市丹頂鶴自然公園、釧路市動物園、釧路市立博物館、阿寒國際鶴中心等5個場所。與平常利用上述設施的費用相比可節省1430日圓。釧路站、釧路機場內的觀光服務處以及上述各設施內均有販售。

■釧路市產業振興部觀光振興室 ☎0154-31-4549

時刻和費用的洽詢處

JR北海道電話服務中心 ☎011-222-7111 http://www.jrhokkaido.co.jp/

阿寒巴士 ☎0154-37-2221 http://www.akanbus.co.jp/

釧路巴士 ☎0154-36-8181 http://www.kushirobus.jp/index.html

旅遊的活動行事曆

天氣穩定舒適的初夏到秋天期間是最適宜觀光的季節，能欣賞到綠色濕原和湖水在陽光照射下的美麗風景。釧路周邊也以多霧聞名。

12月 11月 10月 9月 8月 7月 6月 5月 4月 3月 2月 1月

活動

厚岸牡蠣節
期間 10月1～10日(予定)
會場 子野日公園
洽詢 ☎0153-52-3131（厚岸觀光協會）
能吃到牡蠣、秋刀魚、扇貝等以炭火燒烤的美味。

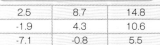

釧路大漁DONPAKU
期間 9月2～4日
會場 釧路市觀光國際交流中心等
洽詢 ☎0154-31-1993（釧路觀光會議協會）
釧路市最具規模的活動，以煙火大會、多樣豐富的攤販最吸引人。

釧路港節
期間 8月上旬
會場 釧路港、北大通等
洽詢 ☎0154-53-3371（釧路港節會）
釧路最大的慶典，除了主要的三場大遊行外還有各式各樣的活動。

釧路冬祭典
期間 2月7·8日
會場 釧路市觀光國際交流中心前庭
洽詢 ☎0154-47-0808（釧路冬祭典會）
有雪像、冰滑梯以及舞台表演。

鑽石星辰inKAWAYU
期間 2月2～22日
會場 川湯溫泉湯之川園地一帶
洽詢 ☎015-483-2101（DIAMOND DUST實行委員會）
會點亮約1000盞的冰蠟燭。

Ice Land阿寒
期間 1～3月
會場 阿寒湖上
洽詢 ☎0154-67-2057（Ice Land阿寒）
位於結冰湖面上的遊樂園，有香蕉船等設施。

時令

秋刀魚 港都釧路最具代表性的魚，肉厚、脂質豐富的當令特大秋刀魚實為絕品。

阿寒湖遊覽船 巡覽阿寒湖的風景名勝，還能眺望雄阿寒岳、雌阿寒岳的壯闊景色。

釧路濕原慢車號 以慢速緩緩穿梭在濕原間，行經重要景點時車內會有廣播介紹。

SL冬季濕原號 行駛在銀白色釧路濕原的SL蒸汽火車，沿途還會有生態嚮導介紹濕原的自然生態。

	12月	11月	10月	9月	8月	7月	6月	5月	4月	3月	2月	1月
最高氣溫	2.5	8.7	14.8	19.7	21.2	18.6	15.2	12	7.7	2.7	-0.4	-0.6
平均氣溫	-1.9	4.3	10.6	16	18	15.3	11.7	8.1	3.7	-0.9	-4.7	-5.4
最低氣溫	-7.1	-0.8	5.5	12.3	15.5	12.8	9	5	0.3	-4.9	-9.9	-10.4
降雨量	50.8	64	94.6	155.6	130.8	127.7	107.7	111.9	75.8	58.2	22.6	43.2
最深積雪	15	3	–	–	–	–	–	–	6	25	26	25

※氣溫、降雨量、最深積雪等數據為1981～2010年釧路的平均值（日本氣象廳）。此外，時令、建議等內容僅供參考。活動的舉辦日期和內容有更動的可能，請事先確認

旅遊提案 觀光船 25 步行

阿寒

MAP P.146
最佳時節 5～10月

搭遊覽船前往綠球藻棲息的忠類島

在阿寒湖溫泉街接觸大自然和愛奴文化

所需時間……5小時
預算……5,000日圓
距離……步行3.3km

START
阿寒湖巴士總站
約500m 地區道路

也進去阿寒湖畔生態展覽中心瞧瞧吧

1 阿寒湖自然探勝路 玩樂
約1500m 地區道路
亮點 2 阿寒湖觀光汽船 玩樂
即到 地區道路
3 奈辺久 美食
約400m 地區道路
4 阿寒湖愛奴村 景點
約900m 地區道路 240
阿寒湖巴士總站
GOAL

• Information •
阿寒觀光協會 ☎0154-67-3200
阿寒巴士阿寒湖營業所 ☎0154-67-2205
阿寒ハイヤー ☎0154-67-3311

旅遊提案介紹♪

有效率地周遊阿寒湖溫泉街的主要觀光景點。全都在徒步圈的範圍內，因此可配合時間替換行程。觀光的同時還能多多瞭解生長於阿寒湖的綠球藻和愛奴族的文化。

行程攻略

❶遊覽船的運行時間為4月中旬～11月中旬。
❷前往阿寒湖自然步道時請穿上方便行動的鞋和服裝。
❸若選擇在阿寒湖溫泉街住一晚的話遊覽船可留到隔天再搭。

亮點 2 玩樂 阿寒觀光汽船

あかんかんこうきせん

MAP 146 F-3

欣賞阿寒破火山口湖壯闊的自然之美

阿寒湖以擁有特別天然紀念物綠球藻而聞名，蔥鬱的森林和湖泊一年四季都有不同的美麗風貌。湖中有大島、忠類島等大大小小的島嶼，呈現出豐富的景觀變化。遊覽船的航程約18km、繞行一圈需1小時25分，沿途能眺望阿寒湖和雄阿寒岳等壯闊美景。中間還會停靠忠類島15分鐘左右參觀綠球藻展示觀察中心，設有可觀察綠球藻成長過程的水槽以及透過攝影機的即時影像欣賞綠球藻在湖底生息的模樣，展示內容相當豐富。

☎0154-67-2511
營 4月中旬～11月中旬6:00～18:00（有季節性變動） 休 期間中無休
址 釧路市阿寒町阿寒湖溫泉1-5-20 交 阿寒湖巴士總站步行5分 P 無
Mapple Code 100-1053

綠球藻是生長在淡水中的一種綠藻，細絲狀的綠藻個體經過不斷在湖底滾動後形成了球狀集合體

觀光船DATA
期間…4月中旬～11月中旬
時間…6:00～17:00期間8～22個船班(有季節性變動)
費用…1900日圓(包含綠球藻展示觀察中心的門票)
HP…http://www.akankisen.com/

240 241
4 阿寒湖愛奴村
阿寒湖まりむ館（觀光服務處）
オンネチセ
コロポックル公園
阿寒湖愛奴劇場
津別足寄
奈辺久
ホテル御前水
阿寒遊久之里鶴雅
阿寒湖鶴雅之翼
阿寒觀光汽船「幸運之森」碼頭

1 玩樂 阿寒湖自然探勝路

あかんこしぜんたんしょうろ

MAP 146 F-3

湖畔邊有被稱為Bokke的泥火山

阿寒湖畔生態展覽中心旁邊就有步道的入口，從展覽中心走到Bokke約15分。周邊飄散著濃濃的硫磺味，用手碰觸地面即可感覺到熱度。湖畔的視野還算開闊，能眺望到雄阿寒岳的美景。回程沿著湖岸步道往溫泉街方向，慢慢走的話大約1小時左右。

☎0154-67-4100(阿寒湖畔生態展覽中心)
營 自由參觀(冬天不會除雪) 址 釧路市阿寒町阿寒湖溫泉1-1-1(阿寒湖畔生態展覽中心) 交 阿寒湖巴士總站步行6分 P 無
Mapple Code 101-3263

相傳弁慶曾在此地歇腳所以取名為「弁慶的足湯」

伴隨著水蒸氣、硫磺氣不斷冒出氣泡的Bokke為活火山的最佳證明

稍稍study ☑ 綠球藻家族硬幣

只要入住阿寒湖溫泉的贊助飯店就能得到硬幣，可於各贊助商店享有特別優惠，不妨多逛幾家感受各店的熱情招待吧。

⊃可從傳單上確認優惠內容

⊃以此Logo為標誌！

美食 奈辺久 3
なべきゅう
MAP 146 F-3

鄉土菜色豐富的阿寒湖畔老店

昭和40（1965）年開業、位於阿寒湖畔的鄉土料理店，能吃到以阿寒湖捕獲的若鷺魚和姬鱒烹調的料理。推薦肉質清淡順口的若鷺魚炸成天麩羅，風味濃郁的紅鮭、姬鱒則以生魚片方式享用，還有山蒜、舞茹等阿寒在地山菜也都很美味。

☎0154-67-2607
🕒11:00～15:00、18:00～20:00 休不定休
址釧路市阿寒町阿寒湖溫泉4丁目4-1 交阿寒湖巴士總站步行9分 P無
Mapple Code 100-1491

⊃店內還保有一貫的沉穩氛圍，能悠閒地好好享用一頓餐

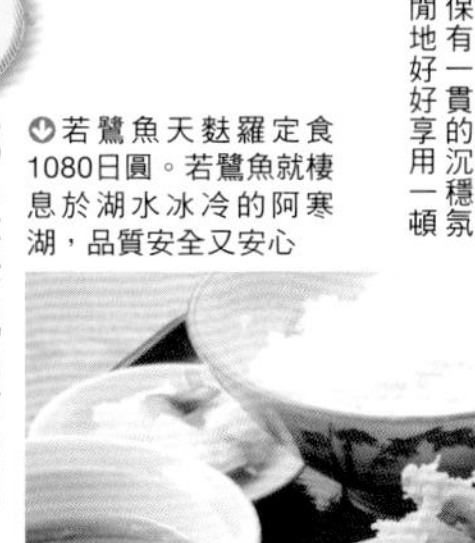

⊃若鷺魚天麩羅定食1080日圓。若鷺魚就棲息於湖水冰冷的阿寒湖，品質安全又安心

遙遙望靜靜佇立的雄阿寒岳和雌阿寒岳的雄偉英姿邊巡遊阿寒湖的風景勝地

景點 阿寒湖愛奴村 4
あかんこあいぬこたん
MAP 146 F-3

接觸愛奴族人的文化

愛奴村內共有36戶、約120多名愛奴族人在此生活。腹地內有販賣愛奴族手工藝品的商店、重現傳統愛奴住家樣式的「愛奴生活紀念館」、提供愛奴料理的餐館等各種能接觸愛奴文化的設施，除了認識愛奴文化外還有手作體驗可以參加。

☎0154-67-2727（阿寒愛奴工藝協同組合）
🕒11:00～22:00（因設施、商店而異） 休不定休 ¥阿寒湖愛奴劇場1080日圓 址釧路市阿寒町阿寒湖溫泉4-7-84 交阿寒湖巴士總站步行10分 P50輛
Mapple Code 100-0603

⊃約有30家店內有附設可品嘗鄉土料理的餐廳

⊃愛奴村內的「阿寒湖愛奴劇場」有愛奴族傳統舞蹈等表演

愛奴村的知名伴手禮&美食

⊃束口袋 1200日圓
上面有愛奴紋樣刺繡的原創束口袋，也有杯墊商品（ユーカラ堂）

⊃馬鈴薯丸子 450日圓
以越冬的馬鈴薯製成，會搭配奶油一起吃（民芸喫茶ポロンノ）

稍稍study ☑ 綠球藻觀察中

位於阿寒湖北端的忠類島上，能近距離觀察處於自然狀態的綠球藻。

⊃可從水槽的展示設施和水中攝影機的畫面觀察綠球藻的模樣

☎0154-67-2511
🕒4月下旬～11月下旬6:00～18:00
休期間中無休
¥門票410日圓
MAP 146 F-3

稍稍study ☑ Pan de Pan（ぱんでぱん） MAP 146 F-3

以現烤麵包和甜點廣受當地人喜愛的人氣烘焙坊。附有咖啡空間，可點杯飲料一起享用。

☎0154-67-4188 🕒通年の8:30～18:30 休第1·3週三（11～4月每週三休） 址釧路市阿寒町阿寒湖溫泉1-6-6 交阿寒湖巴士總站步行4分 P2輛
Mapple Code 101-4852

⊃時尚風格的烘焙坊

稍稍study ☑ 還有還有！溫泉街上的名物伴手禮

除了阿寒湖愛奴村內的民藝品店外還有許多伴手禮店。其中最熱銷的是仿綠球藻造型的食物和商品，在飯店內的賣店或飯店前的伴手禮街都買得到。

⊃綠球藻羊羹每盒5顆裝1080日圓

⊃人工養殖綠球藻420日圓

⊃綠球藻茶6杯份432日圓

MAP P.146
最佳時節 5~10月

前往雲霧瀰漫的神秘之湖摩周湖！

晴天時可以見到有摩周藍之稱的湖面

所需時間……3小時
預算……3,000日圓
距離……開車26km

START
JR摩周站
約3km 53 243
1 摩周湖のあいす 購物
約9km 243 52
亮點 2 摩周湖第一展望台 景點
約3km 52
3 摩周湖第三展望台 景點
約11km 52 391 地區道路
4 OrchardGrass 咖啡
即到
JR川湯溫泉站
GOAL

• Information •
摩周湖觀光協會 ☎015-482-2200
弟子屈町觀光商工課 ☎015-482-2940
阿寒巴士 ☎0154-37-2221

旅遊提案介紹♪

造訪北海道著名的風景勝地——摩周湖。一般旅客大多參觀完摩周湖第一展望台後就折返了，但其實能欣賞到不一樣景色的第三展望台也很推薦。若時間充裕，不妨也到可眺望屈斜路湖的景點逛逛。

行程攻略

❶夏天期間從JR摩周站到第一展望台有巴士運行。
❷拿第一展望台的停車券也可以利用硫磺山停車場。
❸摩周湖休息所內有許多美食小吃。

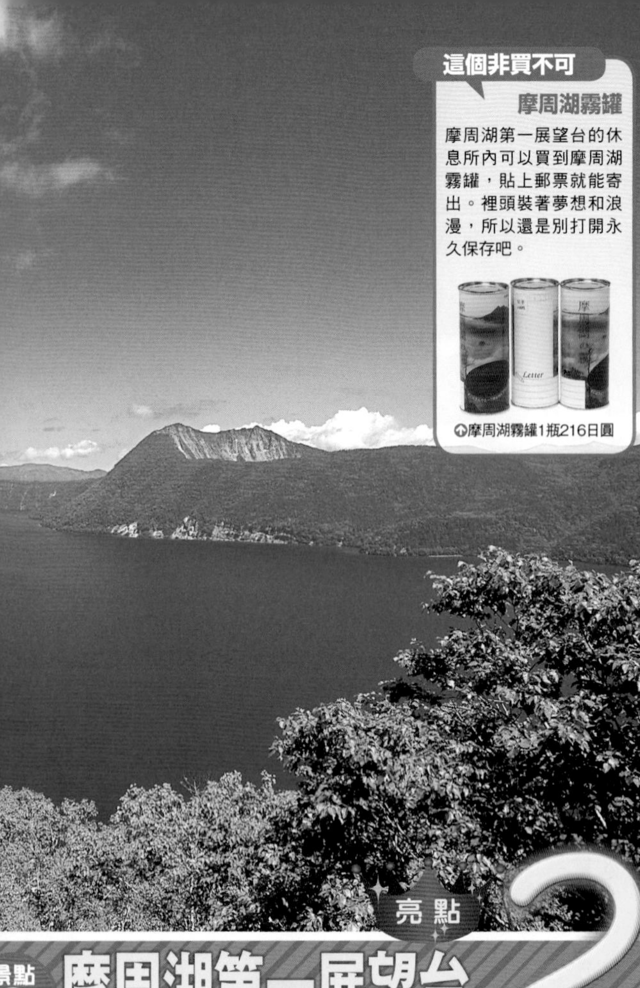

這個非買不可

摩周湖霧罐

摩周湖第一展望台的休息所內可以買到摩周湖霧罐，貼上郵票就能寄出。裡頭裝著夢想和浪漫，所以還是別打開永久保存吧。

摩周湖霧罐1瓶216日圓

亮點 2 景點 摩周湖第一展望台

ましゅうこだいいちてんぼうだい

MAP 146 G-2

☎015-482-1530
(摩周湖休息所)
自由參觀
弟子屈町国有林内
JR摩周站搭阿寒巴士往摩周湖第一展望台25分，摩周湖第1展望台下車即到
140輛
Mapple Code 100-1198

能眺望美麗湖面與遠方山巒的展望台

摩周湖展望台中造訪遊客最多的一座，甚至還設有休息所。由於地處湖岸的高台上景色美不勝收，常見於海報中的風景照就是從這裡取景拍攝。四周斷崖絕壁環繞，散發出讓人無法接近的險峻氛圍。摩周湖是摩周岳噴發而形成的破火山口湖，周長20km、最大深度達212m。

1 購物 摩周湖のあいす

ましゅうこのあいす

MAP 146 G-2

以摩周湖的湖面為意象的義式冰淇淋

人氣No.1的「摩周Blue」義式冰淇淋，淡藍色的魅力吸引了源源不絕的遊客上門。牛奶是使用當天早上現擠的生乳並經過72℃低溫殺菌處理，甜度適中的清爽口感不僅女生、連男生也愛吃。其他還有摩周蕎麥粉&蕎麥籽、哈密瓜等多款特殊口味的義式冰淇淋&霜淇淋。

☎015-482-6500 Mapple Code 101-4607
9:00~18:00(10~4月は~17:00)
休 週四
¥ 摩周Blue 300日圓（單球）
址 弟子屈町摩周2-8-6
交 JR摩周站車程3分
P 20輛

店家自創的義式冰淇淋摩周Blue 300日圓

稍稍study ☑也可到裏摩周湖展望台所在的清里町逛逛

位於摩周湖北海岸清里町的裏摩周湖展望台（MAP 146 G-2）海拔較摩周湖第一・第三展望台低100mm，所以比較能清楚看到湖面。清里町還有呈現一片鈷藍色的神之子池（MAP 146 G-1）。弟子屈町到清里町的交通雖只能經由養老牛，行經國道243號、道道885號、道道150號，或是經由野上峠行駛國道391號、道道1115號，但仍相當值得一去。

以眺望摩周湖秘密景點著稱的裏摩周展望台

會湧出摩周湖伏流水的神之子池

悄悄話 摩周湖第一展望台：景色真是好得沒話說，簡直就像一幅畫般。遙遠另一邊的上空白雲繚繞，美得不可言喻 （東京都／50多歲男性）
Orchard Grass：利用車站建物的店面，有種既新穎又復古的氛圍。（北海道／20多歲女性）

札幌 P.16
小樽 余市 P.36
富良野 美瑛 旭川 P.48
新雪谷 登別 洞爺 P.60
函館 P.68
十勝・帶廣 P.82
阿寒 摩周・釧路 P.90
知床・網走 P.102
稚內 利尻・禮文 P.114

稍稍study ☑ 屈斜路湖展望景點

屈斜路湖是因火山場陷而形成的破火山口湖，周長57km、面積79.7km²。以湖泊面積來說位居北海道第2與全日本第6名，但若以破火山口湖的規模來看則是日本最大、在全世界也是屈指可數。周圍群山環繞，也設有許多能欣賞屈斜路湖全景的展望台。

●美幌峠 びほろとうげ

眺望景觀在屈斜路湖所有展望景點中最為出色。這裡曾是電影『請問芳名』經典畫面的取景地，美空雲雀也唱過一首以「美幌峠」為名的歌。從山頂上的展望台不僅能將整座湖一覽無遺，連摩周岳、斜里岳甚至更遠方的大雪連峰都能望見。

✆0152-75-0700
（美幌峠物產館）
自由參觀
址 美幌町古梅
交 JR美幌站車程35分
P 120輛
MAP 146 F-1 Mapple Code 100-1212

↑湖水的藍搭配周邊整片山白竹的綠十分漂亮

●高原小清水725 はいらんどこしみずななにご

坐落於藻琴山的山腰、海拔725m位置的展望休息所。超廣角的視野除了能欣賞到屈斜路湖的景色，也能遠眺至知床連山和鄂霍次克海。晴朗好天氣的清晨，還有機會可以看到覆蓋住屈斜路湖的雲海。

✆0152-62-3217
（小清水町觀光協會）
6～8月9:00～17:00（5・9月～16:00、10月～15:00）
休 期間中無休
¥ 免費入場
址 小清水町もこと山1
交 JR川湯溫泉站車程25分
P 40輛
MAP 146 G-1 Mapple Code 100-1199

↑由於海拔位置高所以能清楚看到屈斜路破火山口湖的輪廓

●津別峠展望台 つべつとうげてんぼうだい

位於海拔947m處的展望台。往下俯瞰即廣大的屈斜路湖，還可遙望到鄂霍次克海、知床連山、大雪山。雄阿寒岳、雌阿寒岳就近在咫尺，清晨時分能欣賞到北海道境內最美的雲海和日出絕景。

✆0152-76-2151
（津別町商工觀光集團）
6～10月 9:00～19:00
（洗手間24小時開放）
休 期間中無休
¥ 免費入場
址 津別町上里
交 JR美幌站搭北海道北見巴士往津別30分，津別町役場下車搭計程車40分
P 32輛
MAP 146 F-2 Mapple Code 101-5376

↑從津別峠欣賞的雲海

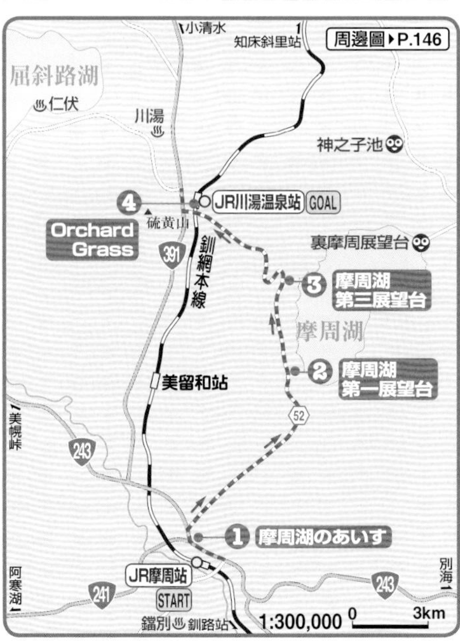

美食 Orchard Grass 4
おーちゃーどぐらす

MAP 146 G-2

車站建物內的餐廳

午餐最受歡迎的菜色是風味濃郁、入口即化的燉牛肉（附白飯、沙拉），使用自家製餅皮和醬料的綜合披薩和西西里披薩也很大推。

✆015-483-3787
10:00～17:30，冬天～15:30
休 週二（逢假日則照常營業） ¥ 燉牛肉1566日圓
址 弟子屈町川湯駅前1-1 交 JR湯川溫泉站即到 P 10輛
Mapple Code 100-1231

↓川湯溫泉站的建物為昭和11（1936）年所建

↑費時一整天燉煮而成的燉牛肉

↑透明度極高是因為本身屬於破火山口湖，無任何流出流入的河川加上人跡難以到達的緣故

↓為3座摩周湖展望台中海拔最高者

景點 摩周湖第三展望台 3
ましゅうこだいさんてんぼうだい

MAP 146 G-2

眼前即聳立的摩周岳

從正面能欣賞到摩周岳和摩周湖唯一的小島「卡姆依修島」的展望台。觀光客比第一展望台來得稀少，很適合想安靜眺望摩周湖的人。從摩周湖的反方向望去，還能遠眺白煙嬝嬝的硫磺山和屈斜路湖。

✆015-482-2200
（摩周湖觀光協會）
自由參觀（冬天關閉）
址 弟子屈町國有林內
交 JR摩周站搭計程車25分 P 20輛
Mapple Code 100-1197

↓比第一展望台的晴天率高，摩周湖經常是一片薄霧壟罩甚至還有「看到湖面的人會晚婚」的說法

旅遊提案 27 列車

釧路

MAP P.101・146
最佳時節 5~10月

從大車窗欣賞濕原的超廣角全景
搭乘慢車號穿越釧路濕原的絕景之旅

所需時間……2小時
預算……3,000日圓

START
JR釧路站
JR釧網本線
亮點1 釧路濕原慢車號
JR釧網本線
JR釧路站
GOAL

• Information •
釧路觀光議會協會 ☎0154-31-1993
釧路町產業經濟課 ☎0154-62-2111

亮點 1

玩樂 釧路濕原慢車號
くしろしつげんのろっこごう

MAP 101

可一望釧路濕原和釧路川的人氣慢速列車

JR釧路本線是以網走站為起點一路延伸至釧路的鐵道路線，4月下旬~10月期間會加開以釧路站為起點的「釧路濕原慢車號」。行經沿途的觀光景點時車速會放得很慢，因此能夠好好欣賞濕原的景色。特殊規格的展望車廂座位可是十分搶手。該區間視不同季節還會有「SL冬季濕原號」等列車運行，詳情請上官網查詢。

☎011-222-7111
(JR北海道電話服務中心，6:30~22:00)
🕒4月下旬~10月下旬(運行時間、區間需確認)
¥釧釧路~塘路間(單程)540日圓，指定席需另付310日圓
交釧路~塘路間
HP http://www.jrhokkaido.co.jp/
※運行期間為2015年資料
Mapple Code 100-1398

釧路川和釧網本線

釧路川於途中會與釧網本線平行。釧路川的水源來自屈斜路湖，進入濕原地後以蛇行方式穿梭其間。細岡附近的水流平緩，因此也成為熱門的獨木舟路線。

②紀念章戳

在慢車號的乘車證明蓋上戳印。車內會提供章戳專用紙，可當成旅行的紀念品。

⊙也可事先自備戳章本

⊙就位於賣店的附近

③挖洞拍照看板

將臉擺在挖洞內拍照。在車內即可隨意照相，不過有這樣的道具也很有意思。

⊙雖然有點不好意思但還是拍張照留念吧

旅遊提案介紹♪

享受最愜意的釧路濕原之旅，只需坐著就能輕鬆遊覽。若想欣賞更多的濕原景觀，可於途中下車前往展望景點瞧瞧。

行程攻略

❶夏天遊客較多，要確保有座位的話請買指定席。
❷觀光客大多會在JR釧路濕原站下車。
❸會有隨車導覽員介紹解說釧路濕原。

悄悄話 釧路濕原慢車號：可搭乘列車一路悠閒地眺望釧路濕原的風景。在景色優美的區段會慢速通過，方便乘客拍照。我在途中的釧路濕原站下車後，還另外去了細岡展望台。（北海道 / 20多歲男性）

札幌
P.16
小樽 余市
P.36
富良野 美瑛 旭川
P.48
新雪谷 登別 洞爺
P.60
函館
P.68
十勝・帶廣
P.82
阿寒 摩周・釧路
P.90
知床・網走
P.102
稚內 利尻・禮文
P.114

沿線的主要景點

↑還保留遠古時代的自然狀態

可太羅濕原展望台

こったろしつげんてんぼうだい MAP 146 G-4

可一望濕原和群山

被指定為特別保護區的可太羅濕原，有股難以讓人接近的神秘氛圍。在橫越濕原的道路旁設有展望台。

✆015-485-2111（標茶町企畫財政課觀光振興係）
自由參觀 址標茶町コッタロ P20輛
Mapple Code 100-1066

↑Sarubo在愛奴語中意為「小濕原」

Sarubo展望台

さるぼてんぼうだい MAP 146 G-4

能將塘路湖等湖沼盡收眼底

位於塘路湖和Shirarutoro湖的中間、海拔80m山丘上的展望台。沿著陡急的坡道往上走，就能看到前方細長形的塘路湖和釧路濕原、遠方的雌阿寒岳和雄阿寒岳。

✆015-485-2111（標茶町企畫財政課觀光振興係）
自由參觀 址標茶町塘路 P10輛
Mapple Code 100-1062

細岡展望台

ほそおかてんぼうだい MAP 146 G-5

擁有全濕原展望台中最美的眺望景致

釧路濕原最具代表性的展望台之一。能欣賞到整片遼闊綠意的釧路濕原、蛇行的釧路川，以及更遠方的阿寒連峰。

✆0154-40-4455（細岡遊客休息室）
自由參觀 址釧路町達古武 P60輛
Mapple Code 100-1396

↻7、8月期間是綠意景致最美的季節

塘路
細岡
JR釧網本線
釧路濕原
東釧路
釧路
10分
5分
10分
※僅列出主要車站

從車窗看出去的風景

慢車號終點站的JR塘路站。設有喫茶店 Norokko & 8001，出發前來杯咖啡也不賴。

JR細岡站～塘路站間有一段會沿著釧路川行駛，偶而還能看到獨木舟划行的身影。

小木屋風的內裝與以丹頂鶴雙翅為意象的車站建物，可在這站下車再前往細岡展望台。

從JR東釧路站出發後，可於左手邊看到岩保木水門。昭和6（1931）年設置，目前水門為關閉狀態。

稍微遠離市中心後會行經幅度格外寬闊的釧路川，以前被稱為舊釧路川。

慢車號以JR釧路站為起點站。車站內設有觀光服務處，也有販售車站便當、釧路伴手禮的賣店，很適合等車時利用。

◐車內還會有隨車導覽員提供解說
◐運氣好的話還能瞧見野鳥等野生動物的身影

沿著釧路川運行的釧路濕原慢車號

稍稍 study

在慢車號車廂內還能這樣玩

不僅可以從車窗欣賞風景，車廂內有很多好玩的。不妨趁著等待下一景點的空檔到賣店附近逛逛。

①慢車號原創商品

買個車內限定販售的商品當作乘車紀念吧。有規定的販售區間，屆時會有車內廣播。

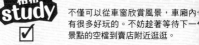

↑不論鐵道迷還是孩都愛的Chorco Q玩具零食1000日圓

※上述內容為2015年的資料，價格可能會有變動。

旅遊提案 28 步行

釧路

MAP P.101

最佳時節 5~10月

選擇想吃的魚貝海鮮和份量做出一碗自己喜好口味的蓋飯

到和商市場來份特大碗的勝手蓋飯

所需時間…………4小時
預算…………5,000日圓
距離…………步行2.5km

START
JR釧路站
↓ 約250m 地區道路
亮點 1 和商市場
↓ 約1000m 地區道路
2 釧路漁人碼頭 MOO
↓ 即到
3 岸壁炉ばた
↓ 約1200m 地區道路 38 24
JR釧路站
GOAL

Information
釧路觀光議會協會 ☎0154-31-1993
釧路市觀光振興室 ☎0154-31-4549
金星釧路ハイヤー ☎0154-22-8141

旅遊提案介紹♪

大啖釧路當地捕獲的新鮮海味。有兩種品味方式，一是自選新鮮魚貝製成的「勝手蓋飯」，一是以炭火慢慢燒烤的「爐端燒」。

行程攻略

❶住宿商務飯店時早餐就選勝手蓋飯。
❷「岸壁炉ばた」（P.99）位於河邊，晚上氣溫會比較低。
❸市中心就有很多爐端燒店。

購物

和商市場 亮點 7

わしょういちば

MAP 101

新鮮海產齊聚的釧路觀光勝地

集結魚店、蔬菜店、壽司店等60多家攤商的市場。什麼都有賣，因此長久以來一直是釧路市民的廚房。戰後沒多久開始有人在車站前搭起棚子做起生意，現在是將店家都集中在建築物內，從一大早就叫賣聲此起彼落的場景則跟以前沒有兩樣。烏賊、鮭魚、鰈魚等現捕直送的魚貨羅列，但最受觀光客青睞的還是螃蟹。不過若要說和商市場最有名的當然就是「勝手蓋飯」，可以任選喜歡的食材做出一碗自己專屬的蓋飯。

0154-22-3226
釧路和商協同組合事務局）
8:00～18:00（1～3月8:00～17:00）
週日（有時週日會照常營業，需洽詢）
釧路市黑金町13-25 交JR釧路站步行3分
134輛

Mapple Code 100-1252

↑售有紅鮭、時鮭等道東地方的當令海鮮。如果停留時間夠久，也可利用宅配將生鮮食品寄送到飯店
←不用客氣請直接向店員詢問當季新鮮魚貝或推薦商品

釧路站出來後往右手邊就是和商市場

人氣伴手禮TOP3

調味鮭魚卵、魚貝乾貨之類，不需費時烹調就能做出美味佳餚的加工品最熱賣

No.1 調味鮭魚卵
No.2 花鯽魚一夜干
No.3 宗八鰈魚乾

如此豐盛也不過2000日圓左右！

和商市場名物！「勝手蓋飯」的作法

所謂的勝手蓋飯，是買碗白飯後再到各家魚店挑選喜歡配料放上的簡單料理。據說是某家鮮魚店老闆為了招待行經的遊客品嘗便宜海鮮所想出來的方法。做好的勝手蓋飯可以拿到市場內的座位區享用。

←市場內還設有勝手蓋飯的內用區

5 …再放上滿滿的鮭魚卵就大功告成

在最後剩下的空間鋪上鮭魚卵就完成了，鮭魚卵350日圓。總計1960日圓（取材時），比在店裡吃的海鮮蓋飯還要便宜，而且全都是自己喜歡的配料。也很推薦到家常菜店再買碗螃蟹湯（120日圓）一起品嘗。

※價格僅供參考。
協助攝影：瀨野商店

1 購買白飯

勝手蓋飯指的是在市場內逛一圈，少量採買想吃的食材並逐一鋪在白飯上的海鮮蓋飯。所以第一站要先去市場內的家常菜店（大內商店等）買碗白飯（150日圓、一人份）

2 北海道的首選當然是鮭魚和生扇貝！

接著到鮮魚店等攤位挑選喜歡的食材，秘訣是多逛幾家店後再來決定。每家店都以一片為最小單位販售，而且價格便宜！價位依季節會有變動，取材當時鮭魚和生扇貝的標價為100日圓。

悄悄話：和商市場：似乎是經常在電視上看到的名景點，早上10點到市場就已經很熱鬧了。馬上享用了有名的「勝手蓋飯」。挑選的食材從最便宜的100日圓，到最貴也才500日圓以內就可以把碗裝得滿滿的。（千葉縣／30多歲男性）

建物晚上會有點燈裝飾
市場內也有賣海產品和海產加工品
能吃到在地美食的「港の屋台」

購物

釧路漁人碼頭MOO 2

くしろふぃっしゃーまんずわーふむー

MAP 101

釧路伴手禮商品應有盡有

位於幣舞橋附近、河濱旁的複合式商場，可同時享受美食和購物之樂。內部有市場、特產品店、屋台村等，每年5～10月於室外釧路川岸邊營業的「岸壁炉ばた」特別受歡迎。

☎0154-23-0600（釧路河畔開發公社）
10:00～19:00（7～8月9:00～）
休 無休 址 釧路市錦町2-4
交 JR釧路站步行15分
P 76輛
Mapple Code 100-1253

釧路的當令魚貝月曆

	1月	2月	3月	4月	5月	6月	7月	8月	9月	10月	11月	12月
秋刀魚								●	●	●		
鮭魚（時鮭）				●	●	●						
鮭魚（秋鮭）									●	●	●	
牡丹蝦			●	●	●	●	●	●	●	●	●	
槍烏賊									●	●	●	
喜知次魚					●	●	●	●	●	●	●	
扇貝	●	●	●	●	●	●	●	●	●	●	●	●
牡蠣	●	●	●	●	●			●	●	●	●	●
花鯽魚	●	●	●	●	●	●	●	●	●	●	●	●
柳葉魚										●	●	
助宗鱈魚	●	●	●									●

和商市場地圖

鮮魚・加工品 / 蔬果 / 其他 / 珍味・上等肉 / 飲食

茶 徳寿園 / 家常菜 大内 / 蒲鉾 いしざき / 宅配 ゆうパック取扱所
鮮魚 石山 / 鮮魚 うおせん / 魚乾 北匠 / 魚乾 このしろ / 鮮魚・生魚片 矢部 / 螃蟹 嶋田 / 鹽辛 政屋 / 魚乾 さとむら / 蔬果 八百吉 / 螃蟹 北光 / 露風 邦紀
魚乾 田村 / 魚乾 酒井 / 鮮魚 真羽太 / 中庭 / 鮮魚・螃蟹 佐藤 / 螃蟹 水野 / 魚乾 ささき
魚乾 相原 / 家常菜 後藤 / 蔬果 むさしや / 魚乾 田村 / 螃蟹 山崎 / 魚乾 鮭の匠 / 鮮魚 千葉 / 魚乾 橋本 / 蔬果 佐藤 / 家常菜 岩崎
鮮魚 瀬野 / 魚乾 柿田 / 魚乾 鮭処 / 鮮魚・螃蟹 ふくい / 鮮魚・螃蟹 魚萬 / 地場產品 マルシェくしろ / 鮮魚 山口 / 鮮魚 木村 / 螃蟹 宍戸 / 魚乾 能登
花 山下 / 空き店舗 / 喫茶 マルシェ / 服務處 服務處 / 茶・生珍味 小町園 / 珍味 秋田 / 珍味 高橋 / 點心 岡田 / 珍味 川島 / 點心 くしろキッチン / 上等肉 吉岡 / 寺岡
WC / 餐館 市場亭 / 壽司 竹寿司 / 便利商店 LAWSON / 服飾 衣類のみき
正面入口

稍稍 study ☑ さんまんま

使用道東產秋刀魚入菜的當地美食。為去骨淋上秘傳醬油調味料的道東產秋刀魚，包入紅豆飯後放上炭火燒烤的佳餚。釧路漁人碼頭MOO內的「魚政」和「鳥政」都吃得到。

也有販售伴手禮用的盒裝

美食

岸壁炉ばた 3

がんぺきろばた

MAP 101

可邊眺望釧路川邊享用爐端燒

每年從5月中旬到夏天限定營業的爐端燒區。就位於「釧路漁人碼頭MOO」所在地釧路川邊的碼頭，可以吹著河風邊品嘗當令海鮮的炭燒好滋味。要先買一本票券（1000日圓一本，也能零買），再到帳篷內選購食材。基本上是由顧客自行將海鮮放上烤網燒烤，不過也可請店員看一下火候協助烤出完美風味。

☎0154-23-0600（釧路河畔開發公社）
5月中旬～10月の17:00～22:00（5・6・10月～21:00、7・8月的週日12:00～） 休 期間中無休
址 釧路市錦町2-4釧路漁人碼頭MOO
交 JR釧路站步行15分 P 76輛
Mapple Code 101-5455

點扇貝、花鯽魚、烏賊這3樣也只需1000日圓左右（2015年取材時的價格）

爐端燒
將海鮮用炭火燒烤的爐端燒起源於釧路，是從仙台的蔬菜爐端燒衍生而來的料理。

尤其推薦給想輕鬆體驗爐端燒的人

棚內的工作人員會提供燒烤和品嘗方式的建議

④ 還有平常無法享受的奢侈食材！

旅行中所以稍微享受一下，海膽和螃蟹都來一份吧！鹽水海膽500日圓，帝王蟹300日圓

③ 來到釧路非吃不可的就是秋刀魚！

也別忘了道東的特色海味。店頭的商品都會註明產地，請仔細確認。羅臼產牡丹蝦350日圓，釧路產當季秋刀魚150日圓。

旅遊提案 29 列車 獨木舟 步行 釧路

MAP P.146 最佳時節 6～9月

划獨木舟泛遊釧路川

在獨木舟愛好者憧憬的河川緩緩划行

所需時間……4小時
預算……12,000日圓

START
JR釧路站
約24分 JR釧網本線
JR細岡站
（接送）
亮點 1 釧路Marsh & River
約8km 獨木舟
岩保木水門
約6km（接送）
JR遠矢站
約7分 JR釧網本線
JR釧路濕原站
約500m
景點 2 細岡展望台
約500m
JR釧路濕原站
約20分 JR釧網本線
JR釧路站
GOAL

※上述為白天的獨木舟之旅範例行程。依不同體驗項目交通方式等也會隨之改變，請事前確認。

享受悠閒欣賞釧路濕原的片刻時光

1 說明講解＆出發
由嚮導解說相關安全注意事項。穿上救生衣，一切準備周全後坐上獨木舟。

2 眺望原始的大自然景觀
習慣獨木舟的操作後，不妨將視線放在周圍的自然美景。能體驗與平常不同觀賞視野的樂趣。

3 彷彿靜止不動的緩流河川
釧路濕原的地形較為平坦，河川的水流也很緩慢。四周只聽得到大自然的聲音。

4 穿梭濕原間一路前行
河道反覆向左向右地蜿蜒蛇行，正是在濕原間順流往下的證據。沿途中聆聽嚮導的解說也很有意思。

5 行經岩保木水門
看到岩保木水門就表示離終點也近了，從細岡獨木舟港口出發到這裡約8km遠。

6 終點
上岸後擺個特別姿勢拍照留念吧，還可邊眺望景色邊喝杯咖啡。

※從集合、準備、划行獨木舟、解散約需2小時

Information
釧路町產業經濟課 ☎0154-62-2111
JR北海道電話服務中心 ☎011-222-7111
金星釧路ハイヤー ☎0154-22-8141

玩樂 釧路Marsh & River 亮點 1

くしろまーしゅあんどりばー

MAP 146 G-4

釧路濕原的大自然能讓身心都得到療癒

釧路濕原可於大自然的寶庫——釧路濕原國立公園內划獨木舟泛遊。採完全包場制，所以能享受一段怡然自得的私人時光。從春天到冬天依季節、時段備有各式各樣的行程，其中最熱門的是「晨間獨木舟之旅」。服裝、攜帶物品、注意事項等細節，請於預約時確認。

☎0154-23-7116
8:00～19:00
不定休 ￥獨木舟之1人9000日圓（2人以一起報名的價格，附導、一套獨木舟裝備。害保險1人500日圓另）住釧路町河畔79 交JR釧路濕原、細岡站接送（因行而異）10輛
Mapple Code 101-3181

景點 細岡展望台 2

ほそおかてんぼうだい

MAP 146 G-5

7～8月的綠意景最為迷人

能將濕原盡收眼底的觀景點

獨木舟體驗結束後，可前往細岡展望台眺望剛剛一路划行的釧路川和釧路濕原的全景。在濕原內所有展望台中擁有最棒的瞭望視野，甚至連遠方的阿寒群山都看得到，黃昏時分的景色也很美。

☎0154-40-4455（細岡遊客休息室）
自由參觀 住釧路町達古武 交JR釧路濕原站行10分 P60輛
Mapple Code 100-1396

旅遊提案介紹♪
最適合想要細細欣賞釧路濕原的人，邊划著獨木舟還能邊悠然享受大自然。也有清晨和傍晚出發的行程，可先透過電話等方式洽詢。

行程攻略
❶最好穿輕便方便活動的服裝。
❷河面上有時比較冷，請多帶件外套。
❸可搭配慢車號（P.96）安排旅程。

悄悄話 釧路Marsh & River：我報名參加了划獨木舟泛遊釧路川的活動，沿途中能從獨木舟特有的視線欣賞到釧路濕原的景色。獨木舟的穩定性很高，所以可以放心好好地享受旅程。（北海道／20多歲男性）

札幌 P.16
小樽 余市 P.36
富良野 美瑛 旭川 P.48
新雪谷 洞爺 登別 P.60
函館 P.68
十勝・帶廣 P.82
阿寒 摩周 釧路 P.90
知床・網走 P.102
稚內 利尻・禮文 P.114

KUSHIRO 釧路
熱門景點

釧路擁有日本屈指可數的漁獲量，以新鮮海產著稱。釧路站與釧路川之間為熱鬧的商圈。與石川啄木有淵源的景點也不妨去看看吧。

釧路 MAP 101 Mapple Code 101-0394

こうぶんかん
港文館
景點

☎0154-42-5584

由石川啄木曾任職的報社建築復原而成的設施，展示石川啄木的原稿等相關文物。
營10:00～18:00(11～4月～17:00) 休無休 ¥免費入館
址釧路市大町2-1-12 交JR釧路站步行20分 P3輛

釧路 MAP 146 G-5 Mapple Code 101-2103

まるひら
美食

☎0154-41-7233

被譽為最能代表釧路拉麵的店家。「醬油拉麵」（650日圓）的柴魚高湯香氣濃郁，清爽不膩口。
營9:30～16:30 休週三、第2·4週四 址釧路市浦見8-1-13 交JR根室本線釧路站車程5分 P25輛

釧路 MAP 101 Mapple Code 100-1424

ぬさまいばし
幣舞橋
景點

☎0154-31-1993(釧路觀光議會協會)

北海道三大名橋之一 釧路港的夕陽也是必看的美景

連結市中心北大通到對岸南大通的大橋。橋梁上有4座青銅像，出自本鄉新等4位代表性雕刻家之手，讓人有種置身戶外美術館般的感覺。每當夜晚整座橋點上燈飾後，則變成如夢似幻的氣氛。河川沿岸設有規劃完善的寬敞步道。此外，釧路的夕陽還與峇厘島和馬尼拉同列為「世界三大夕景」。
營自由參觀
址釧路市北大通
交JR釧路站步行10分 P無

橋梁欄杆上的佐藤忠良作品『夏之像』

人氣拉麵大評比！ 旅遊眼！

若選釧路拉麵當晚餐的話就來這兒！「釧路拉麵元氣橫丁」

「釧路拉麵元氣橫丁」內集結了4家釧路市內的人氣拉麵店。各店都會提供橫丁限定菜單，還有點拉麵附送白飯的優惠。可自由選擇店家、挑自己喜歡的拉麵口味，再端到共用空間開心享用。

各店的拉麵價格1碗約700日圓左右

吧檯區加桌椅區等共用空間約有40個座位

Mapple Code 101-6747 MAP 101

釧路濕原 MAP 146 F-5 Mapple Code 100-1455

くしろしたんちょうづるしぜんこうえん
釧路市丹頂鶴自然公園
景點

☎0154-56-2219

全年都能見到丹頂鶴的地方。
營9:00～18:00（10月第2週一的體育節隔天～4月9日～16:00）
休無休 ¥門票470日圓 址釧路市鶴丘112 交JR釧路站搭計程車30分 P85輛

釧路 MAP 101 Mapple Code 101-0401

ろばた
炉ばた
美食

☎0154-22-6636

擁有60多年歷史的釧路爐端燒老店，預算大約1人2500日圓～。
營17:00～23:00 休週日（8、9月和黃金週無休） 址釧路市栄町3-1 交JR釧路站步行15分 P無

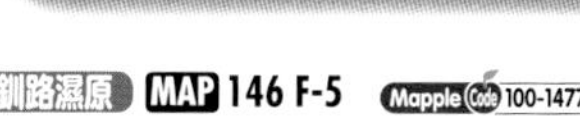

釧路濕原 MAP 146 F-5 Mapple Code 100-1477

くしろしつげんてんぼうだい
釧路市濕原展望台
景點

☎0154-56-2424

透過展示看板和即時影像認識釧路濕原

1樓有照片看板，2樓展示著濕原的形成歷史、動植物、遺跡、地形和地質等資料，3樓設有展望室和頂樓展望陽台可飽覽濕原的景色。展望台旁就有濕原步道的入口，若要走到瞭望視野最寬闊的衛星展望台單程約20分鐘左右。
營8:30～17:30（11～4月9:00～16:30）
休無休 ¥門票470日圓 址釧路市北斗6-11 交JR釧路站車程30分
P110輛

中央的挑高空間置有立體模型

Pick up!! 焦點Gourmet 品嘗釧路知名美食！

釧路有許多知名美食的發祥店，樸實的風味廣受當地市民喜愛。

釧路

南蛮酊
Mapple Code 101-4100
なんばんてい
☎0154-40-3117 MAP 146 G-5

為炸雞淋上酸甜醬的「Zantare」創始店。重達700g的雞肉份量也成功引起話題，外帶也OK。Zantare定食1300日圓。店家位於釧路市街10km外的遠矢地區，呈傳統居家般的氛圍。
營11:00～21:00 休週一、第1·3週二 址釧路町遠矢1-39 交JR遠矢站步行3分 P8輛

釧路

レストラン 泉屋
Mapple Code 101-3028
れすとらんいずみや
☎0154-24-4611 MAP 101

昭和34（1959）年創業的老字號西餐廳。在烤箱加溫過的熱騰騰鐵板上鋪著肉醬義大利麵和豬排的獨創菜色「義大利麵豬排」（961日圓）為本店的招牌，燉牛肉（1490日圓）也很受歡迎。營11:00～21:00（地下樓17:00～22:30） 休每月店休一天週二 址釧路市末広町2-28 交JR釧路站步行15分 P利用簽約停車場

釧路

鳥松
Mapple Code 101-5595
とりまつ
☎0154-22-9761 MAP 101

北海道名物「炸雞」的發祥店。炸雞（580日圓）是先將雞翅等各部位雞肉切成適當大小，以10多種調味料醃漬後再下鍋油炸，然後沾些內含辛香料的特調醬一起吃。去骨雞腿肉炸雞690日圓。營17:00～翌日0:30 休週日 址釧路市栄町3-1 交JR釧路站步行15分 P無

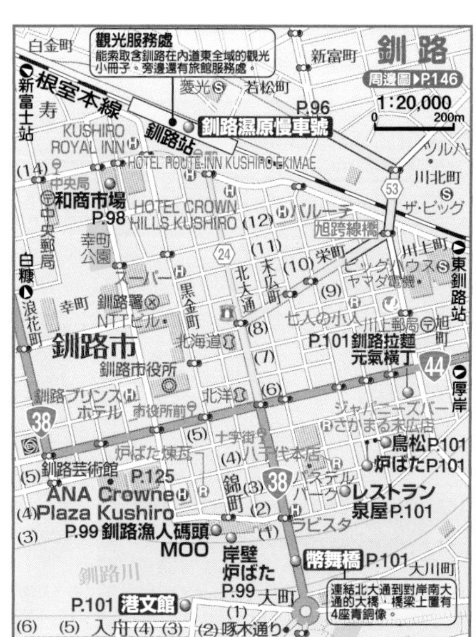

一目瞭然區域導覽

知床・網走

しれとこ・あばしり

知床・網走是這樣的地方

知床半島是還保有未經開發自然資源的世界遺產登錄地。蝦夷松、庫頁冷杉茂密林立，也是包含瀕臨絕種危機動物在內的野生生物棲息的原始大地。網走面鄂霍次克海，2月到3月會有流冰抵達岸邊。兩地都能享用到以喜知次魚、花鯽魚、鮭兒等當地產魚烹調的海鮮料理。

擬定行程的小竅門

若要由網走一路逛到知床最好安排3天2夜，第1天在網走、第2天去宇登呂，第3天再到羅臼。雖然可搭乘公共交通工具，但移動距離較長租車自駕會比較適合。

日本人推薦的標準行程

前往網走和知床宇登呂的觀光路線，如果要到羅臼則必須再多一天時間。

- (第1天) 34 到博物館網走監獄瞭解北海道開拓的秘辛
- (第2天) 30 讓人期待的知床半島秘境巡遊
- (第3天) 31 漫遊知床五湖和Furepe瀑布！

介紹區域在這裡！

網走　知床

必遊景點　區域名　※當地人稱呼的地名

休息站

PLAN 33 搭流冰觀光破冰船極光號展開破冰巡航之旅

PLAN 31 漫遊知床五湖和Furepe瀑布！

PLAN 30 讓人期待的知床半島秘境巡遊

PLAN 34 到博物館網走監獄瞭解北海道開拓的秘辛

PLAN 32 到羅臼外海體驗賞鯨樂趣

知床岬　知床國立公園　知床岳　知床半島　硫黃山　知床觀光船極光號　知床五湖　岩尾別　宇登呂　うとろ・シリエトク　羅臼岳　知床峠　羅臼　知床・羅臼　知床　鄂霍次克海　能取岬　能取湖　流冰　流冰街道網走　網走　あばしり　網走港　網走監獄　網走湖畔　天都山　小清水原生花園　はなやか小清水　釧網本線　しゃり　斜里　しれとこしゃり　大空　メルヘンの丘めまんべつ　女滿別機場　女滿別空港IC　美幌IC　小清水　清里　海別岳　根室海峽　石北本線　びほろ　美幌　芝櫻公園　パパスランドさっつる　斜里岳　根北峠　藻琴山　野上峠　津別　仁伏　川湯　屈斜路湖　中島　硫黃山　和琴　摩周湖　第一展望台　根室中標津機場　中標津　尾岱沼

238　39　244　334　335　391　243　272

機場出發的交通指南

- 紋別→佐呂間湖：【開車】經由國道238號／約71km
- 佐呂間湖→網走：【開車】經由國道238號／約46km
- 女滿別機場→網走：【開車】經由道國道64號・國道39號／約22km
- 女滿別機場→網走：【巴士】網走巴士／30分
- 網走站為JR、都市間巴士的起點
- 網走→宇登呂溫泉：【巴士】斜里巴士知床AirportLiner／1小時39～44分（冬天有部分期間停駛）
- 網走→斜里（知床斜里）：【開車】經由國道244號／約41km
- 網走→斜里（知床斜里）：【鐵道】JR釧網本線快速・普通列車／45分
- 斜里（知床斜里）→宇登呂溫泉：【開車】經由國道334號／約35km
- 斜里（知床斜里）→宇登呂溫泉：【巴士】斜里巴士／50分
- 宇登呂溫泉→羅臼：【開車】經由國道334號／約27km
- 宇登呂溫泉→羅臼：【巴士】阿寒巴士／50分（6月中旬～10月中旬運行）

新施設&話題的新情報

知床羅臼的炭燒魚寶

2015年4月開幕

挑喜歡的魚貝海鮮自己烤來吃！

由水產加工公司直營的炭烤店，就設在公路休息站「知床・羅臼」的後方。可挑選花鯽魚、喜知次魚的一夜干等羅臼產魚貝自己烤來享用。

☎080-5583-0430
營4月下旬～10月10:00～20:00
休不定休　址羅臼町本町27　交阿寒巴士羅臼營業所搭阿寒巴士往釧路3分，本町下車即到　P8輛

MAP 144 H-4

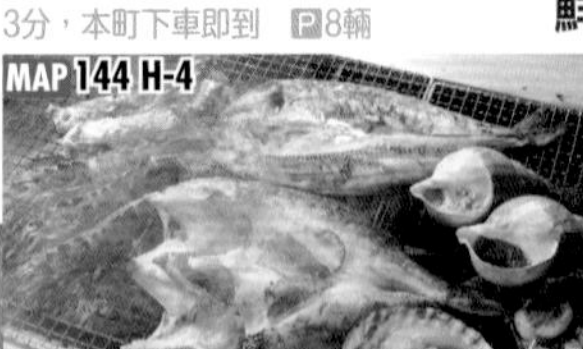

博物館網走監獄

2016年2月9日已指定為重要文化財！

由博物館網走監獄（P.112）移建保存的兩件八棟，已於平成28（2016）年2月被指定為國家重要文化財。完整保留的木造行刑設施因具有珍貴的價值而受到好評。

鄂霍次克流冰館

2015年8月開幕！

設有5面環繞屏幕播放鄂霍次克流冰從誕生到消滅的壯觀自然過程，還有以流冰為主題的立體光雕投影壁面。從展望露台還可眺望鄂霍次克的美景。

還能遇見流冰天使！

區域內交通資訊

網走、知床區域的路線巴士和接駁巴士都很便利，也有出租自行車。知床峠的交通管制時間很長，最好要事前確認。

因季節會有不同前往Kamuiwakka溫泉瀑布的方式

從道知床公園線的知床五湖往Kamuiwakka方向，僅於6月1日～10月下旬期間開放通行。不過，2015年8月1～25日和秋季9月下旬連假的白銀週期間（參照左表）有實施私人車輛的限制規定。這段期間從知床自然中心到Kamuiwakka溫泉瀑布有接駁巴士運行，一般車輛（含機車在內）禁止通行。

宇登呂溫泉巴士總站
宇登呂溫泉街的附近，巴士總站並無一般車輛的停車場。
車 巴士 10分
知床自然中心
自行開車的遊客若要前往Kamuiwakka溫泉瀑布，請將車先停放這裡再轉搭接駁巴士。
車 巴士 15分
知床五湖
持Kamuiwakka溫泉瀑布來回乘車券者可於途中下車再搭車。自行開車的遊客並無法從這裡搭乘接駁巴士。
巴士 28分
Kamuiwakka溫泉瀑布

知床自然中心～Kamuiwakka溫泉瀑布來回	1300日圓
宇登呂溫泉巴士總站～Kamuiwakka溫泉瀑布來回	1980日圓

知床半島道路通行規定的預定時程

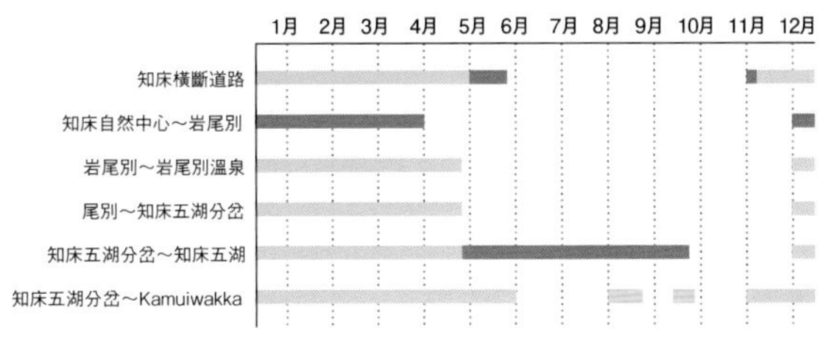

規定繁瑣的知床道路

知床方面的道路，有些路線會在冬天期間禁止通行或是進行夜間管制、汽車通行限制。全年度的規定預定時程如上表所記。尤其是知床橫斷道路因11月上旬～4月下旬禁止通行，因此要留意從宇登呂到羅臼必須改經由半島最下方的國道244號。開放通車後～5月、10～11月上旬冬天禁止通行前，因氣溫或路面狀況有時會進行夜間通行管制。

知床橫斷道路

宇登呂的推薦定期觀光巴士

斜里巴士有營運從斜里巴士總站到宇登呂溫泉巴士總站的定期觀光巴士，也可當成JR知床斜里站到宇登呂區間的交通工具。除了下面介紹的3條路線外，還有能觀賞夜間動物的「知床夜間大自然號」。搭乘前須事先預約，詳細情形請洽詢。

行程範例

●知床浪漫之旅號　A路線
4月28日～10月31日／1800日圓
斜里巴士總站→Oshinkoshin瀑布→宇登呂港→宇登呂溫泉巴士總站

●知床浪漫之旅號　B路線
4月28日～10月31日／3200日圓
宇登呂溫泉各飯店巡迴→宇登呂溫泉巴士總站→Puyuni岬（車窗）→知床峠→知床五湖→知床自然中心→宇登呂溫泉各飯店巡迴→宇登呂溫泉巴士總站

●知床浪漫之旅號　C路線
4月28日～10月31日／1800日圓
宇登呂溫泉巴士總站→通稱為「希望之丘」（車窗）→斜里巴士總站

行駛於網走市內觀光設施的周遊巴士

周遊巴士連結了網走市中心與網走監獄等觀光設施聚集的天都山。夏天每日有5～6班來回，流冰時期有10班以上來回。也有發售可於當日不限次數搭乘的1DAY乘車券（800日圓）。

夏天會從網走巴士總站出發。1月中旬～3月的路線會延長至流冰觀光破冰船「極光號」碼頭所在的公路休息站流冰街道網走。

公路休息站流冰破冰船碼頭
↓↑
網走巴士總站
↓↑
網走站
↓↑
刑務所前
↓↑
天都山入口
↓↑
博物館網走監獄
↓↑
天都山（鄂霍次克流冰館）
↓↑
北方民族博物館

網走・羅臼租自行車也很方便

網走市區和天都山觀光、羅臼市區景點和羅臼國後展望塔等，稍微短距離的移動時自行車最實用。兩地都設有自行車出租處，可以多加利用。

出租自行車資訊

羅臼 4月中旬～10月底
普通自行車
1次／500日圓
■知床羅臼觀光服務處
☎0153-87-3330

網走 5～10月
普通自行車　3小時以內／500日圓、電動自行車3小時以內／1000日圓
■流冰街道網走內網走市觀光協會
☎0152-44-5849

時刻和費用的洽詢處

JR北海道電話服務中心
☎011-222-7111
http://www.jrhokkaido.co.jp/

斜里巴士
☎0152-23-0766
http://www.sharibus.co.jp/

網走巴士
☎0152-43-4101
http://www.abashiribus.com/

旅遊的活動行事曆

5月中旬～10月上旬左右是欣賞知床綠意美景的最佳季節。這段期間已經沒有流冰，但可以搭遊艇觀賞海洋生物。網走則是一整年都有各式各樣的觀光樂趣。

12月　11月　10月　9月　8月　7月　6月　5月　4月　3月　2月　1月

羅臼產業祭「漁火節」
期間 9月17‧18日
會場 羅臼漁港特設會場（共榮町）
洽詢 ☎0153-87-3360（知床羅臼町觀光協會）

能免費享用秋鮭魚卵蓋飯，秋鮭、鮮魚的競標市場也相當熱鬧。

紋別觀光港節
期間 7月22～24日
會場 舊紋別站前通特設會場
洽詢 ☎0158-24-3900（紋別觀光協會）

道北規模最大的煙火大會相當值得一看，還有整排的攤販區。

知床節
期間 6月18‧19日
會場 羅臼漁港
洽詢 ☎0153-87-2126（羅臼町水產商工觀光課）

海產現場展銷會、知床千人鍋都很有人氣，還有現場表演活動。

知床雪壁漫步
期間 4月上旬（予定）
會場 知床橫斷道路
洽詢 ☎0152-22-2125（知床斜里觀光協會）

在還留有殘雪、即將開放通車前的知床橫斷道路來趟漫步之旅。

網走鄂霍次克流冰節
期間 2月11～14日
會場 網走商港埠頭會場
洽詢 ☎0152-44-6111（實行委員會）

大雪像和冰雕林立，舞台表演活動也很精采。

紅葉 知床五湖周邊從9月下旬以後就開始染上顏色，10月上～中旬是最美的時候。

鯨魚‧海豚 Watching 從羅臼出發的賞鯨豚遊艇之旅很受歡迎，4～10月期間運行。

芝櫻 大空町等地於5月中旬～6月上旬是芝櫻的最佳觀賞季節。

流冰 2月上旬接岸，直到4月上旬前都在沿岸一帶漂流。流冰覆蓋著大片海面的場景相當壯觀。

	12月	11月	10月	9月	8月	7月	6月	5月	4月	3月	2月	1月
最高氣溫	0.5	7.1	14.1	19.6	23.3	21.3	17.8	14.3	8.1	0.7	-3.3	-2.8
平均氣溫	-2.3	3.5	10	15.4	19	17	13.2	9.5	3.9	-2.6	-6.5	-5.6
最低氣溫	-5.4	0.1	6	11.5	15.1	13.1	8.9	4.7	-0.2	-6.4	-10.4	-8.9
降雨量(	91.1	108.7	113.2	128.8	119.3	100.6	73.1	100.5	88	71.8	52.6	82.7
最深積雪(	41	11	—	—	—	—	—	4	72	112	104	80

※氣溫、降雨量、最深積雪數據為1981～2010年宇登呂（知床區域）的平均值（日本氣象廳）。此外，時令、建議等內容僅供參考。活動的舉辦日期和內容有更動的可能，請事先確認

旅遊提案 30 觀光船 步行

知床

MAP P.144
最佳時節 6～8月

從海上欣賞日本最後的秘境

令人期待的知床半島秘境巡遊

所需時間……………5小時
預算……………8,000日圓
距離……………步行2.2km

START

宇登呂溫泉巴士總站

約800m 地區道路

宇登呂溫泉巴士總站

亮點 1 知床觀光船極光號 玩樂

約300m 地區道路

2 知床料理一休屋 美食

約700m 地區道路

3 公路休息站うとろ・シリエトク 購物

約400m 地區道路

宇登呂溫泉巴士總站

GOAL

Information

斜里町商工觀光課 0152-23-3131
知床斜里町觀光協會 0152-22-2125
斜里巴士宇登呂溫泉巴士總站 0152-24-2054

旅遊提案介紹♪

出發地點為各地方巴士起訖站的宇登呂溫泉巴士總站。穿越宇登呂市區後，前往位於宇登呂崎的知床觀光船碼頭。宇登呂崎設有收費的町營停車場。

行程攻略

❶出發前須確認運行時刻表，也別忘了先預約。
❷若想找尋動物的蹤影請自備望眼鏡。
❸海上即便夏天有時氣溫還是偏低，最好多帶一件外衣。

亮點 1

玩樂 知床觀光船極光號

しれとこかんこうせんおーろら

MAP 144 G-4

大型船才能提供的平穩舒適航程

搭船從海上眺望陸路無法抵達的秘境，沿著知床半島的西北側航行享受觀光船才能看到的風景。海岸線有多處斷崖，高約80～200m的海蝕崖綿延，還有好幾個瀑布直接傾洩落入大海。遊覽路線分為行駛至硫磺山外海即折返的硫磺山航路與航行至知床岬的知床岬航路，運行的觀光船有「極光號」和「極光號2」兩艘。兩艘船都備有冷暖氣、鮮少有大幅度的搖晃因此不需擔心暈船，可以享受一趟舒適的船旅。想直接欣賞風景時就走到甲板上吧，不過海上即使是夏天白天有時氣溫還是很低，隨身多帶一件外衣會比較保險。

0152-24-2147(道東觀光開發)
4月28日～10月25日(需預約) 休 期間中無休
斜里町ウトロ東107 交 宇登呂溫泉巴士總站步行8分
100輛

Mapple Code 100-1363

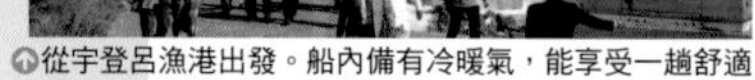
從宇登呂漁港出發。船內備有冷暖氣，能享受一趟舒適的旅程

1 Puyuni岬

從宇登呂崎出航後隨即出現在右手邊的就是Puyuni岬。為名列「知床八景」中的著名夕陽景點，從海上能欣賞到完全不一樣的風貌。

走到能感受海風吹拂的甲板上欣賞景色吧

2 宇登呂燈塔

立於斷崖上的燈塔，陸地上話可從Furepe瀑布步道欣賞燈塔身影。附近就是被稱為「少女的眼淚」的Furepe瀑布。

斷崖絕壁的頂上有座燈塔

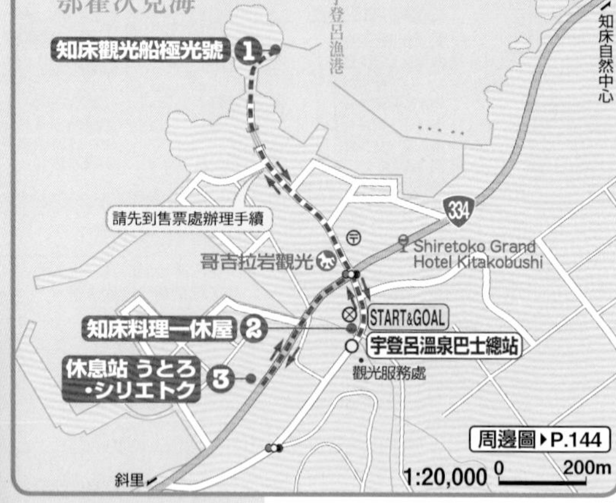

若想更靠近海岸……

哥吉拉岩觀光 ごじらいわかんこう

MAP 144 G-4

遊艇的機動性高、景點之間移動順暢最適合用來觀察野生動物，推薦給想要有更多戶外活動體驗的遊客。哥吉拉岩觀光有1～3小時等3種行程。

☎0152-24-3060
時 1小時行程1天4班，2、3小時行程1天2班 休 天候不佳時停駛 ¥ 3小時行程8000日圓(黃金週、6月1日～10月14日)、2小時行程5500日圓(黃金週、6月1日～9月20日)、1小時行程3300日圓(4月15日～11月15日) 址 斜里町ウトロ東50 交 宇登呂溫泉巴士總站步行5分 P 30輛

Mapple Code 101-3032

夏天期間會有兩艘船運行

棕熊的目擊機率在2小時以上的行程中有90%以上

有兩條航路可選！

硫磺山航路

可輕鬆體驗知床半島遊船之旅的航路，於知床岬航路大約1/3航程地點的Kamuiwakka瀑布折返。從宇登呂港出發後，馬上就能看到原始粗曠的海岸斷崖、奇特形狀的海蝕洞以及眾多瀑布直接落入大海的景觀。行經每個重要景點時，船內都會廣播解說介紹。

DATA
所需時間…1小時30分
運航期間…4月28日～10月25日
出航時間…8:15、10:30、12:30、14:30、16:30（4月28日～8月31日加開16:30、9月1～10日加開16:15），天候不佳時停駛
費用…3100日圓 / 需預約

只需少少時間就能體驗知床觀光船的人氣航路

知床岬航路

知床岬。半島的另一端即遼闊的太平洋

行駛至知床半島最前端的知床岬後折返的航路，行程中如果夠幸運的話還能看到鯨魚或海豚群自在悠遊的景象。知床岬的前方為約30m高的海岸段丘，還有一座無人燈塔。完全呈現出大地盡頭的氛圍，有時還能望見遙遠另一頭的國後島。

DATA
所需時間…3小時45分
運航期間…6～9月
出航時間…10:00、(7～8月加開14:15)，天候不佳時停駛
費用…6500日圓 / 需預約

正航行於Kamuiwakka瀑布外海的知床觀光船極光號，能眺望知床連山的壯麗景致也是搭船才能享受的魅力之一

美食 知床料理一休屋 2
しれとこりょうりいっきゅうや

MAP 144 G-4

能享用自家製醬汁醃漬的鮭魚卵和鮭魚的「鮭魚親子蓋飯」

招牌菜為使用當季鮭魚製作的「鮭魚親子蓋飯」！

宇登呂當地歷史最悠久的鄉土料理店。對知床海鮮無所不知的老闆會隨機應變採購時令鮮味，並以最實在的價格提供給上門的顧客。食材會視當天漁獲而定，所以請事先確認。

☎0152-24-2557 時 11:00～18:00（賣完即打烊） 休 不定休
¥ 鮭魚親子蓋飯1836日圓 址 斜里町ウトロ東13
交 宇登呂溫泉巴士總站即到 P 無

Mapple Code 101-3024

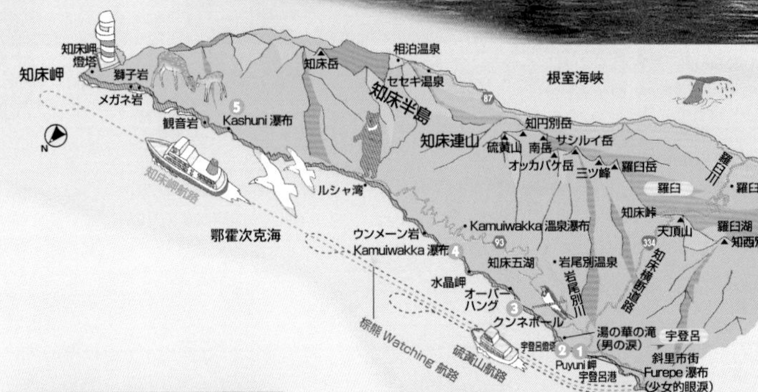

4 Kamuiwakka瀑布 カムイワッカの滝

從知床五湖的斷崖飛瀉而下的瀑布，硫磺山航路的觀光船會在行經瀑布後即掉頭折返。知床岬航路到這裡大約才1/3的航程。

欣賞海上才能看到的風景

3 Kunneporu クンネポール

傍晚有時能見到成群飛出的蝙蝠

位於斷崖的洞窟，kunneporu在愛奴語中有「黑洞」之意。洞窟為海浪沖刷侵蝕而成，裡面據說棲息著許多蝙蝠。

5 Kashuni瀑布 カシュニの滝

從洞窟正上方落下的瀑布，為知床岬航路中的絕景景點之一。松浦武四郎在『知床日誌』裡將此瀑布比喻為孫悟空居住的水濂洞。

Kashuni在愛奴語中意為「搭建臨時宿舍的場所」

購物 公路休息站うとろ・シリエトク 3
みちのえきうとろしりえとく

MAP 144 G-4

國道334號沿線的公路休息站

宇登呂的觀光據點！名物伴手禮和美食都有口皆碑

附設鄂霍次克沿岸地區特產品羅列的商店、販賣海產加工品和活魚等的宇登呂漁協直售店，能吃到時節海鮮的餐廳也廣受好評。旁邊就是知床世界遺產中心，有介紹知床的大自然與歷史等相關展示，觀光前不妨先去瞧瞧吧。

「知床濱梨花生起司」1620日圓，為濃郁生起司再抹上以濱梨花種子製成的調味醬

以知床產鮭魚製成的「鮭魚片」共有3種口味，各468日圓

☎0152-22-5000
時 8:30～18:30（11～4月9:00～17:00）
休 無休 ¥ 免費入場
址 斜里町ウトロ西186-8
交 宇登呂溫泉巴士總站步行3分
P 101輛

Mapple Code 101-4682

亮點
7

景點

知床五湖

しれとこごこ

MAP 144 G-4

參觀四周原始森林環繞的5個湖泊

五湖周邊位於水無法穿透的堅硬岩盤上，由硫磺山崩塌時滾下的熔岩石塊堆積而成。兩個地層之間的地下水源源不絕，當地下水從地表較薄處湧出後即形成了湖泊。也因為如此，知床五湖既沒有流入也沒有流出的河川。森林內有棕熊等野生動物棲息，散步途中偶而還能發現牠們留下的痕跡。自２０１１年以後地上步道的利用手續和行走路徑已有部分變更。

☎0152-24-3323(知床五湖Field House) 4月下旬或5月上旬(視積雪狀況而定)~11月下旬 斜里町岩尾別 宇登呂溫泉巴士總站搭斜里巴士往知床五湖25分，知床五湖下車即到 P 130輛

Mapple code 100-1324

參加Nature Tour！

只要參加Nature Tour，就會有導遊提供周邊棲息的野生動物、植物和歷史的詳細解說。此外，在棕熊活動期中只限定有認證導遊同行才得以進入二～五湖區間的地上步道。詳情請洽提供自然體驗活動的相關團體，主要團體在知床斜里町觀光協會的官網（http://www.shiretoko.asia/）上都有介紹。

坐落於Furepe瀑布步道入口的知床自然中心

二湖

五湖中面積最大的湖，可從正面能眺望知床連山的角度拍張紀念照

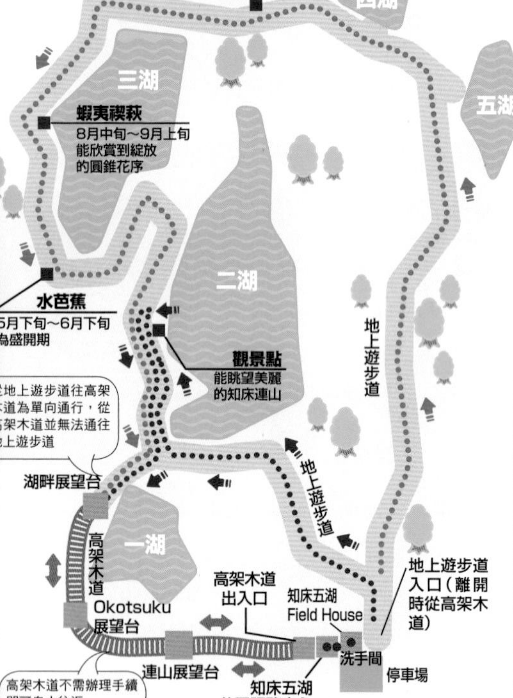

A路線＝植被保護期得先參加講座課程，棕熊活動期必須有認證導遊同行才可。
B路線＝植被保護期得先參加講座課程，棕熊活動期禁止進入。
※利用期間的細節請參照P.107
紫杉
別名Onko，以前常用來製作牧場的柵欄
四湖
三湖
五湖
蝦夷禊萩
8月中旬~9月上旬能欣賞到綻放的圓錐花序
二湖
地上遊步道
水芭蕉
5月下旬~6月下旬為盛開期
觀景點
能眺望美麗的知床連山
從地上遊步道往高架木道為單向通行，從高架木道並無法通往地上遊步道
湖畔展望台
地上遊步道
一湖
高架木道
Okotsuku展望台
高架木道出入口
知床五湖Field House
地上遊步道入口(離開時從高架木道)
洗手間
停車場
連山展望台
知床五湖公園服務中心
高架木道不需辦理手續即可自由往返
能吃到鹿肉漢堡

旅遊提案31 開車 步行

知床

MAP P.144

最佳時節 6~9月

將知床的自然美景一次盡收眼底

漫遊知床五湖和Furepe瀑布！

所需時間…………3小時
預算…………5,000日圓
距離…………開車28km
…………步行5km(步道)

START

宇登呂溫泉巴士總站

約14km 334 93 地區道路

亮點1 知床五湖 景點

約9km 地區道路 93 334

2 Furepe瀑布步道 玩樂

五湖的周圍都有規劃完善的木板步道

約5km 334

宇登呂溫泉巴士總站

GOAL

Information

斜里町商工觀光課☎0152-23-3131
知床斜里町觀光協會☎0152-22-2125
斜里巴士宇登呂溫泉巴士總站☎0152-24-2054

2 漫步知床五湖高架木道

連結停車場和一湖的高架木道上設有3個展望台，能欣賞到各異其趣的不同風景。其中最推薦的是位於最後方、離一湖最近的湖畔展望台，遠方的知床連山以及眼前的湖景、倒映水面上的群山景致都美不勝收。從停車場到湖畔展望台來回約40分，地勢平緩少有高低落差走起來很輕鬆。

利用DATA

- 高架木道於開園期間中，不需辦理手續即可自由往返一湖（免費）
- 地上遊步道的A、B路線，視不同期間須接受講座課程或導遊同行

旅遊提案介紹♪

漫步知床兩條人氣散步路線。知床五湖設有高架木道因此就算棕熊出沒也不用擔心，進入地上遊步道則必須辦理登記。

從湖畔展望台望出去的一湖，據說湖泊的周邊在大正~昭和年間也曾嘗試過進行開墾 木道高2~5m，下方為接上約700伏特電流的通電柵欄，避免棕熊等野生動物闖入

行程攻略

1. 五湖高架木道加Furepe瀑布只需半天遊逛時間。
2. 最好穿雙好走的鞋和活動方便的服裝。
3. 為避免蚊蟲叮咬引起發炎請穿長袖、長褲。

札幌
P.16
小樽 余市
P.36
富良野 美瑛 旭川
P.48
新雪谷 洞爺 登別
P.60
函館
P.68
十勝・帶廣
P.82
阿寒 摩周・釧路
P.90
知床・網走
P.102
稚內 利尻・禮文
P.114

稍稍study ☑ Kamuiwakka溫泉瀑布

有天然溫泉流入的瀑布，由活火山知床硫磺山的山腰湧出的溫泉流入河川後所形成的秘湯。因為有落石的危險，目前只能走到離登山口約100m上游處的「一之瀑布」。沿著河床往上攀爬時得做好與溯溪同樣的準備，雙手必須在沒有拿任何東西的安全狀態。關於接駁巴士、車輛通行的開放期間請事先確認。

☎0152-22-2125
（知床斜里町觀光協會）
🕒接駁巴士運行期間預定為8月上旬～下旬、9月中旬～下旬（接駁巴士運行期間以外的6月～10月下旬會開放一般車輛通行）址知床國立公園內 交知床自然中心搭接駁巴士40分，Kamuiwakka下車步行10分 P18輛

MAP 144 G-3
Mapple Code 100-1328

↑赤腳可是相當危險，先到知床自然中心買雙止滑襪吧

→接駁巴士從知床自然中心發車（來回1300日圓）

→沿途並無確保安全的設施所以請自己做好周全準備

↑走進入口後就要自己承擔責任了，請先確認注意事項再出發

→抵達一之瀑布，水溫只有30℃的微溫。可以泡個足湯享受一下

一湖

↑從地上遊步道和高架木道都能眺望到

三湖

↑以湖面上漂浮著小島為特色，還能欣賞到五顏六色的花

四湖

↑四周為靜靜佇立的原生林，有許多水鳥棲息

五湖

↑知床五湖中面積最小，5月還能觀察到青蛙卵

1 漫步知床五湖地上遊步道

知床五湖設有環繞1周約3km的步道，仔細慢慢逛的話大概要1.5個小時。自2011年以後根據自然公園法周圍已被指定為利用調整地區，針對地上遊步道設有管制規定。請參照下表確認來訪時期的規定，若有必要就報名參加各戶外活動公司的旅遊團吧。

棕熊活動期（5月10日～7月31日）	只限定有認證導遊同行的旅遊團（需付費、參加講座課程）。一團最多10人、一天407人以內，導遊費用約5000日圓（含手續費）
植被保護期（開園～5月9日、8月1日～10月20日）	在知床五湖Field House辦理進入許可（支付手續費、參加講座課程）後即可自由進入（不需認證導遊同行）。講座課程一次最多50人、每隔10分鐘一梯，一天3000人以內，手續費250日圓。
自由利用期（10月21日～閉園）	A·B路線皆可自由進入遊逛（請注意地上遊步道和高架木道為單向通行）

※詳情請參閱官網http://www.goko.go.jp/

稍稍study ☑ 知床五湖Field House

辦理知床五湖地上遊步道的講座課程和相關手續的據點，也提供觀光、自然資訊和輪椅租借的服務。

☎0152-24-3323
🕒4月下旬～11月中旬7:30～日落（有季節性變動）休期間中無休 址斜里町岩宇別549
交宇登呂溫泉巴士總站搭斜里巴士往知床五湖25分，知床五湖下車即到 P130輛
MAP 144 G-4 Mapple Code 101-5927

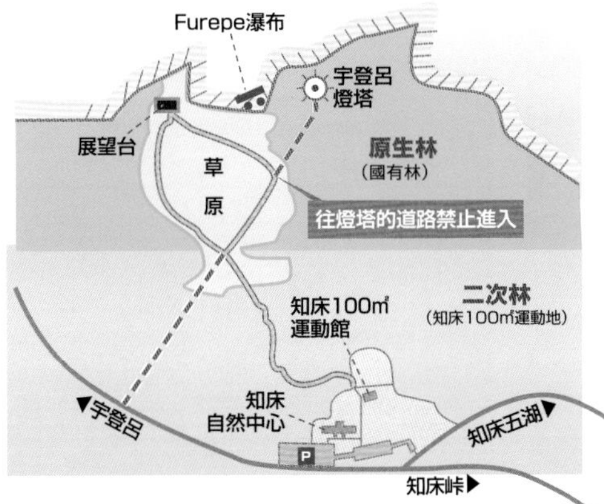

玩樂 2 Furepe瀑布步道

ふれぺのたきゆうほどう

MAP 144 G-4

早晚遇見蝦夷鹿群的機率最高

步道路口就在知床自然中心的後方，可體驗繞行一周約1小時（約2km）的自然健行樂趣。穿梭在原生林和草原的途中，偶而會見到蝦夷鹿、野鳥等動物的蹤影。入口出發走約20分鐘即可抵達Furepe瀑布的展望台，水流從高約100m的斷崖涓涓而下因此被形容成是「少女的眼淚」。瀑布在午後陽光的反射下，有時還能欣賞到美麗的彩虹。

↑強風穿越而形成的天然草原

←也名列「知床八景」的奇特瀑布

☎0152-24-2114（知床自然中心） Mapple Code 101-5062
🕒自由散步 址知床國立公園內 交宇登呂溫泉巴士總站搭斜里巴士往知床五湖10分，知床自然中心下車步行20分 P利用知床自然中心停車場

旅遊提案

開車 32 觀光船

羅臼

MAP P.144

最佳時節 1～4月、8～9月

到羅臼外海體驗賞鯨樂趣

欣賞抹香鯨迫力十足的下潛畫面！

所需時間 6小時
預算 10,000日圓
距離 車程181km

START

JR知床斜里站

約87km 92 334 335 地區道路

亮點 1 知床Nature Cruise 玩樂

約4km 地區道路 87

2 看得到鯨魚的山丘公園展望台 景點

約90km 87 335 244 92

JR知床斜里站

GOAL

• Information •

知床羅臼觀光協會 ☎0153-87-3360
羅臼町水產商工觀光課 ☎0153-87-2126
阿寒巴士羅臼營業所 ☎0153-87-2046

玩樂 知床Nature Cruise 1

しれとこねいちゃーくるーず

MAP 144 H-4

可邊聽取曾是漁夫的船長全程解說

夾在世界自然遺產知床半島和北方領土之間的根室海峽，不僅擁有花鯽魚、鮭魚等豐富的海洋資源，也是眾多以這些魚類為食物的海上動物所居住的海域。搭乘知床Nature Cruise公司營運的觀光船「鯨魚．海豚．野鳥Watching」，就有機會見到棲息於羅臼外海的鯨魚、海豚等動物。發揮小型船的優點，能夠仔細觀察動物們的生態。由於是野生動物所以無法保證100%發現蹤影，但有些季節的機率還挺高的。最有人氣的動物就是抹香鯨，能看到牠悠遊於海上並噴出5m高的氣柱，以及將尾鰭舉出水面後縱身下潛的模樣。據說5、6月也會有虎鯨出沒。

☎0153-87-4001
L 休 ¥ 參照下記HP（需洽詢） 址 羅臼町本町27-1 交 本町巴士站步行5分 P 10輛
HP http://www.e-shiretoko.com/index.htm

Mapple Code 101-4693

亮點

航程	出航時間	費用	所需時間
鯨魚·海豚·野鳥Watching（5～10月）	9:00 13:00	8000日圓	約2小時30分

※至少5人以上才出航。黃金週、暑假等旺季期間的出航時間會有變動，請事先洽詢。

◐原本為漁夫的長谷川船長 　◐載客限額50名的Ever Green號

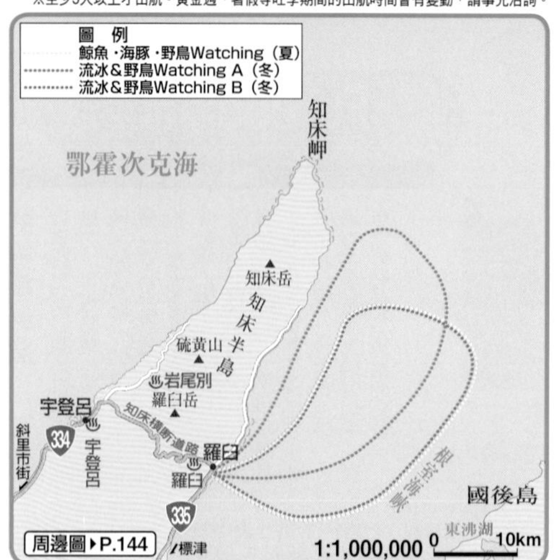

觀光船上能見到的主要動物

	1	2	3	4	5	6	7	8	9	10	11	12
流冰	□	■	■	□								
白尾海鵰	□	■	■	□								
虎頭海雕北海獅	□	■	■	□								
北海獅	■	■	□	□	□							■
斑海豹	□	■	■	□								
環海豹	□	■	■	□								
短尾水薙鳥				□	■	■	■	□	□			
灰水薙鳥				□	■	■	■	□	□			
白腰鼠海豚					■	■	■	■	■	□	□	
太平洋斑紋海豚						□	■	■	■	□	□	
虎鯨	□	□	□	■	■	■	□					
貝氏喙鯨		□	■	■			□	■	■	■	□	
抹香鯨						□	■	■	■	□		
小鬚鯨				□	■	■	■	□	□	□	□	

■經常能見到　□偶而能見到

悄悄話　知床Nature Cruise：我參加的是夏天的鯨魚 海豚 野鳥Watching航程。能夠一睹巨大抹香鯨那極具魄力的身影真是太令人感動了，下次還想參加看看冬天的流冰＆野鳥Watching。（北海道／20多歲男性）

旅遊提案介紹♪

前往羅臼海域尋找棲息於知床的動物。知床觀光大多聚焦在宇登呂，但若想觀賞動物、品嘗美味海鮮則推薦羅臼。

行程攻略

❶海上即使夏天體感溫度還是很低，務必做好禦寒措施。
❷請注意各航程必須達5人以上才會出航。
❸擔心會暈船的人請記得攜帶止暈藥。

能觀賞毛腿漁鴞的旅館

鷲の宿

わしのやど MAP 144 H-4 Mapple Code 101-7221

↑毛腿漁鴞是世界上體型最大的貓頭鷹之一

經確認全北海道只剩下140隻而且已被列為瀕臨絕種動物的毛腿漁鴞，在民宿「鷲の宿」就看得到。機會難得不妨來體驗一下觀察毛腿漁鴞的樂趣吧。

☎0153-87-2877
IN15:00、OUT10:00 ¥1泊2食9000日圓～(含毛腿漁鴞觀察費用)，不住宿僅參觀者3000日圓 址羅臼町共栄町6 交阿寒巴士羅臼營業所車程10分 P8輛

水產加工公司直營的餐廳

純の番屋

じゅんのばんや MAP 144 H-4 Mapple Code 101-2911

↑「烤北海獅肉」750日圓（後）

建物是利用日劇「從北國來 2002遺言」中黑板純居住過的房子復原而成。為水產公司「舟木水產」的直營店，因此能以實在的價格提供最新鮮的魚貝美味。

☎0153-87-5667
4～11月の8:30～16:00 休期間中無休
¥夢幻葡萄蝦1000日圓～
址羅臼町礼文町
交本町巴士站步行5分 P15輛

非造訪不可的羅臼觀光據點

公路休息站 知床・羅臼

みちのえきしれとこらうす MAP 144 H-4 Mapple Code 101-3574

附設羅臼漁協的直營店和販售海產的當地商店，最適合來選購羅臼的伴手禮。還會提供當地遊艇公司的賞鯨行程最新資訊，也很推薦到能品嘗羅臼在地海鮮的餐館享用午餐。

☎0153-87-5151
9:00～17:00(因店而異)
休無休（因店而異）
¥羅臼昆布鮭魚片調味醬830日圓
址羅臼町本町361-1
交阿寒巴士本町巴士站即到
P30輛

→放上羅臼產鮭魚片的「超美味鮭魚蓋飯」1800日圓

←以羅臼產鮭魚製成的鮭魚片432日圓

↑位於國道335號沿線

→毛腿漁鴞是世界上體型最大的貓頭鷹之一

觀光船上能見到的

動物們

↑運氣好的話還能見到貝氏喙鯨躍姿態

抹香鯨

7～10月經常會現身。是世紀上最大的齒鯨，特徵為佔三分之一身長的巨大頭部和形狀。

→巨大的身軀極具震撼力！

虎鯨

位於海洋生態系頂點的虎鯨擁有旺盛的好奇心，有時還會游到船身附近。

→5～6月能看到的可能性較高

白腰鼠海豚

在鼠海豚科中體型偏大，體長約2.3m，游泳的速度最高可達時速55km。

→雖然速度飛快但遇見的機率很高

野鳥

5、6月經常能見到。幾乎都是短尾水薙鳥，為遠從澳洲近海飛來的嬌客。

→一大群貼著水面盤旋飛舞的水薙鳥

↑可到客艙上方較高的位置尋找鯨魚的蹤影

稍稍study ☑ **冬天就參加流冰&野鳥Watching**

冬天的行程為「流冰&野鳥Watching」。1～3月左右羅臼外海的根室海峽會有流冰流入，還有虎頭海雕、白尾海鵰飛來越冬。全世界能在流冰上欣賞到一整群虎頭海雕、白尾海鵰的地方也只有羅臼而已。氣溫當然在零度以下，請穿上嚴冬抗寒的保暖外套並做好禦寒措施。床艙內備有暖氣，待在裡面相當舒適。

↑知床半島只有羅臼有營運流冰觀光船

行程	出發時間	費用	所需時間
流冰&野鳥 Watching A（1～3月左右）	13:00	4000日圓	約1小時
流冰&野鳥 Watching B（拍照攝影等、1～3月左右）	日出時分 9:00	8000日圓	約2.5小時

※至少要5人以上才出航

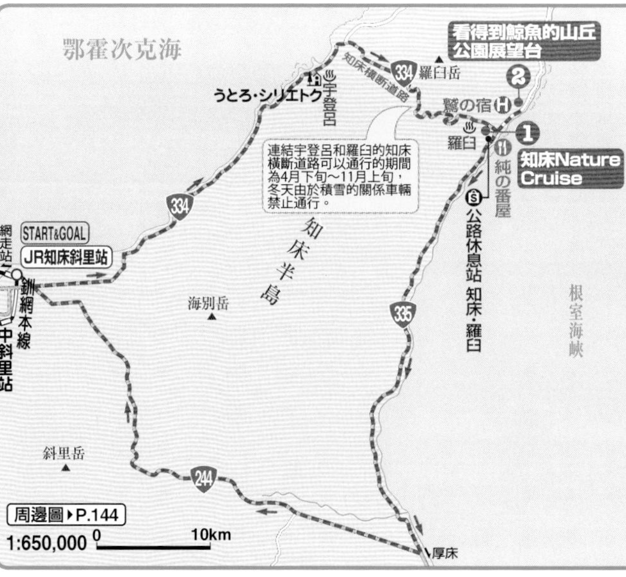

景點

看得到鯨魚的山丘公園展望台 2

くじらのみえるおかこうえんてんぼうだい

MAP 144 H-4

可從陸地看到鯨魚和海豚

由「知床鯨魚之會」所設置的展望台，就位於羅臼燈塔旁、海拔約80m的臨海斷崖上，是從陸地欣賞根室海峽的鯨魚、海豚和野鳥等動物的最佳場所。但要馬上發現動物的蹤影是有難度的，必須有心理準備可能得等上1小時左右。有望遠鏡的話會比較方便。

☎0153-87-3360
（知床羅臼町觀光協會）
自由參觀（冬天前往展望台的道路會因積雪而關閉）
址羅臼町海岸町
交ガゼ岩巴士站步行8分
P3輛

Mapple Code 101-5064

↑從山丘上就能眺望抹香鯨的地方全日本也只有這裡才有

↑就在羅臼燈塔的旁邊

札幌 P.16 小樽 余市 P.36 富良野 美瑛 旭川 P.48 新雪谷 洞爺 登別 P.60 函館 P.68 十勝・帶廣 P.82 阿寒 摩周・釧路 P.90 知床・網走 P.102 稚內 利尻・禮文 P.114

旅遊提案 33 巴士 觀光船
網走
MAP P.113
最佳時節 2~3月

前進鄂霍次克海廣大流冰原野的中心
搭流冰觀光破冰船極光號 展開破冰巡航之旅

所需時間……………5小時
預算…………8,000日圓

START
JR網走站
約8分 市內觀光設施周遊巴士
1 公路休息站 流冰街道網走
搭船處在公路休息站流冰街道網走內
亮點 2 流冰觀光破冰船極光號
即到
3 シーニックカフェ 帽子岩
約20分 市內觀光設施周遊巴士
4 鄂霍次克流冰館景點
約13分 市內觀光設施周遊巴士
JR網走站
GOAL

Information
網走市觀光協會✆0152-44-5849
網走市觀光課✆0152-44-6111
網走巴士✆0152-43-4101

旅遊提案介紹♪
享受冬天北海道觀光的重頭戲──參觀流冰。可利用網走巴士的市內觀光設施周遊巴士前往搭船處，班次不多最好事先確認好運行時刻表。

行程攻略
1. 嚴冬時期的船上相當寒冷，務必做好禦寒措施。
2. 破冰船的1、2樓也有附暖氣的客艙。
3. 流冰很容易受到風向影響，因此運航狀況也會隨時變動。

玩樂 流冰觀光破冰船極光號 2
りゅうひょうかんこうさいひょうせんおーろら
MAP 113

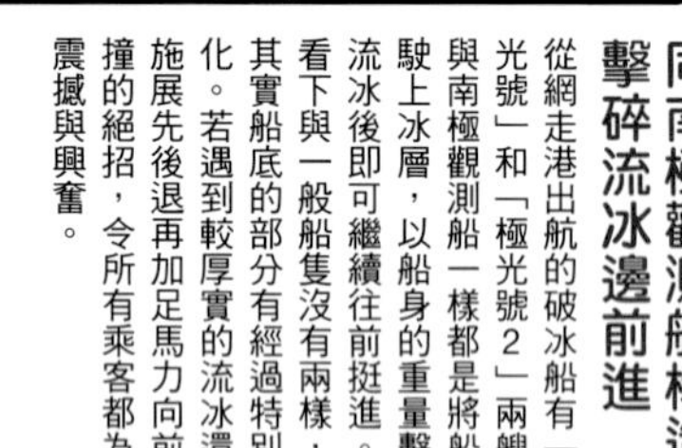

亮點
同南極觀測船構造邊擊碎流冰邊前進
從網走港出航的破冰船有「極光號」和「極光號２」兩艘。與南極觀測船一樣都是將船首駛上冰層，以船身的重量擊碎流冰後即可繼續往前挺進。乍看下與一般船隻沒有兩樣，但其實船底的部分有經過特別強化。若遇到較厚實的流冰還會施展先後退再加足馬力向前衝撞的絕招，令所有乘客都為之震撼與興奮。

✆0152-43-6000(道東觀光開發) 1月20日～4月3日、1日2～6便（2017年度的運行期間、出航時刻需再洽詢） 休天候不佳時停駛 ¥費用（遠海航線）3300日圓※需預約 址網走市南3東4 道の駅 流氷街道網走 交JR網走站搭網走巴士市內觀光設施周遊巴士（季節運行）8分，道の駅 流氷砕氷船下車即到 P100輛
Mapple Code 100-1351

幸運的話或許可以碰到！？
◎有時還能在流冰上瞧見海豹的身影

網走流冰月曆
流冰初日 休漁解禁 接岸初日 流冰終日

往年	1月20日 2月1日 3月24日 4月16日
最早	12月27日(1953·2001年) 1月8日(2001年) 2月10日(1990年) 3月19日(1991年)
最遲	2月10日(1993年) 2月21日(1991年) 5月5日(1993年) 5月12日(1965年)

※數據來自北海道立鄂霍次克流冰科學中心

◎偶而會遇到成群的海鷗或海鵜，但嚴禁餵食野生動物 ◎從甲板望出去的景致。保暖防寒外套、帽子、手套都是不可或缺的禦寒配備

景點 公路休息站 流冰街道網走 1
みちのえきりゅうひょうかいどうあばしり
MAP 113

網走知名美食和特產品應有盡有
公路休息站為「流冰觀光破冰船極光號」的起訖場所。2樓有美食廣場「キネマ館」，能吃到使用網走產樺太鱒製成的「鄂霍次克網走炸魚蓋飯」等人氣美食。

✆0152-67-5007 9:00～18:30 休無休 ¥免費入場 址網走站搭網走巴士市內觀光設施周遊巴士（季節運行）8分，道の駅 流氷砕氷船下車即到 P夏期126輛、冬天86輛
Mapple Code 101-5291

◎1樓外帶區的人氣商品「網走炸魚包」300日圓

◎公路休息站的後方即網走川，離網走港也很近

◎流冰蘇打600日圓
店內還能望見「極光號」出港入港的畫面

美食 シーニックカフェ 帽子岩 3
しーにっくかふぇぼうしいわ
MAP 113

從店內的大面窗就能眺望鄂霍次克海
位於面網走川的流冰硝子館內的咖啡廳，冬天可以見到結凍的網走川和鄂霍次克海的流冰。推薦餐點為以當地食材製成的吐司、每日更換口味的戚風蛋糕，飲料類的選項也很豐富。

0152-43-3480 流氷硝子館) 9:00～17:30 休週三 逢假日則翌日休) 本日蛋糕400日圓 網走市南4東6-2-1 流氷 子館 JR網走站搭網走巴士市內 光設施周遊巴士（季節運) 3分，道の駅 流氷砕氷 下車即到 30輛
Mapple Code 101-5616

悄悄話 流冰觀光破冰船「極光號」：我搭乘的是日落巡遊的航班，景色真的好美，去程和回程照射在流冰上的陽光顏色變化讓人留下深刻印象。（兵庫縣／30多歲女性）

稍稍study ☑ 破冰船如何在冰上前進？

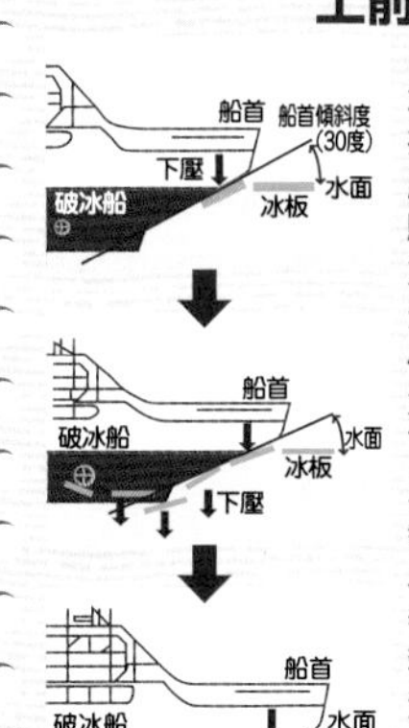

「極光號」的破冰方法分為連續式破冰和撞擊式破冰兩種，但原理一樣都是將船首駛上冰層藉由船身的重量擊碎流冰。「極光號」的船體重達491噸，若流冰不是太厚在正常運航狀態下就能擊碎流冰，魄力十足。破冰船極光號在夏天期間還另外以「知床觀光船極光號」（P.104）的名稱行駛於宇登呂的外海。

➲約50cm厚度的流冰以3節的速度前進即可，以普通船隻航行的方式就能順利擊碎流冰

注意
若航路上沒有流冰時會改成前往能取岬的海上觀光之旅。

流冰的不可思議

由於從北海道的遙遠北方、西伯利亞的阿穆爾河流入的水量太多造成鄂霍次克海域的鹽分濃度降低，結凍後就形成了流冰。流冰會隨著海流和季風往南方飄移，最後集結成一整片流冰群漂流至鄂霍次克沿海。

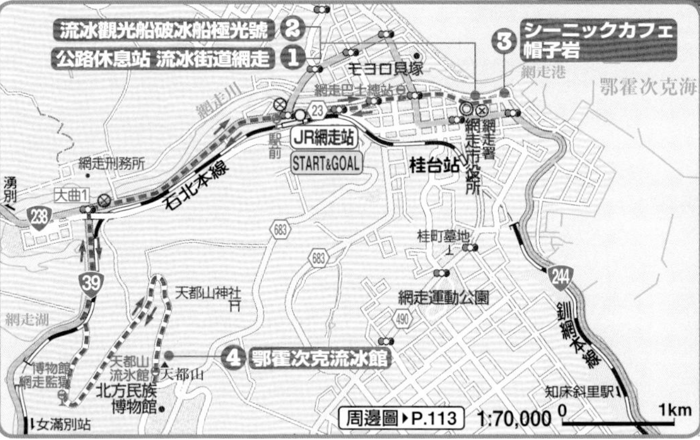

稍稍study ☑ 搭乘以大型鑽頭擊碎流冰的破冰船GARINKO號II

船首有兩隻長長突出的大型鑽頭，透過旋轉鑽頭擊碎流冰讓船身順利向前推進。破冰時的聲響和震動極具刺激感，大多數乘客都會待在甲板上欣賞破冰的場景。

運氣好的話，還能見著在流冰上休息的虎頭海雕和白尾海鵰。船內備有冷暖氣，坐起來相當舒適。夏天一到破冰船就會變身成鰈魚釣船，船上有出租釣具、販賣釣餌所以任何人都能輕鬆體驗。

●運航時刻

期間	出航時刻
1～3月	☆6:00 9:00 10:30 12:00 13:30 15:00 ☆16:10

※全部航班都至少10人以上才出航
※☆為2月限定航班

☎0158-24-8000
（オホーツク・ガリンコタワー株式会社）
🕒1月10日～3月底 ¥3000日圓（需預約） 址紋別市海洋公園1 交網走巴士總站搭EXPRESS巴士（限冬天，需預約）2.5小時，紋別ガリンコステーション下車即到 P400輛

MAP 153 B-2 Mapple Code 100-1153

➲位於2樓船艙的甲板。由於是小型船所以能看到近在咫尺的流冰

紋別的人氣觀光船！

➲2月還會推出「日出·日落航程」
➲出了鄂霍次克海後會以最高10.4節的速度行駛

景點 鄂霍次克流冰館 4
おほーつくりゅうひょうかん

MAP 113

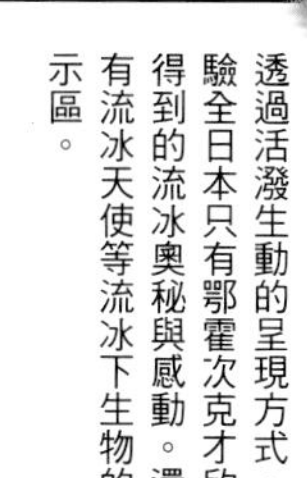
➲坐落於網走著名景點天都山的山頂

2015年8月開館

透過活潑生動的呈現方式，體驗全日本只有鄂霍次克才欣賞得到的流冰奧秘與感動。還設有流冰天使等流冰下生物的展示區。

➲持約-15℃溫度的流冰體感室裡有流冰的常設展示，還可體驗將濕毛巾揮舞幾下就會瞬間結凍的遊戲

☎0152-43-5951
🕒5～10月8:30～18:00、11～4月9:00～16:3
休無休 ¥540日圓（8月～750日圓）
址網走市天都山244-3 交JR網走站搭網走巴士市內觀光設施周遊巴士（季節運行）15分，終點下車即到 P150輛

Mapple Code 100-1354

稍稍study ☑ 搭Ever Green尋找野生動物

遊艇「Ever Green」是採取邊將流冰撥開邊往前進的方式。流冰＆野鳥Watching又分為1小時和2.5小時兩種航程。

☎0153-87-4001
（知床Nature Cruise）
🕒因行程而異 休天候不佳時停駛
¥1小時行程4000日圓、2.5小時行程8000日圓（持三腳架、單眼相機等照相器材者加收2000日圓） 址羅臼町本町27-1 交巴士站羅臼本町下車即到 P10輛

MAP 144 H-4 Mapple Code 101-4693

羅臼的人氣觀光船！

➲能近距離欣賞流冰和動物的遊艇

➲全世界也只有羅臼能見到流冰上成群的虎頭海雕和白尾海鵰

旅遊提案 34 巴士

網走

MAP P.113

最佳時節 全年

總共兩件八棟已被列為國家的重要文化財

到博物館網走監獄瞭解北海道開拓的秘辛

旅遊提案介紹♪

造訪網走的人氣觀光景點博物館網走監獄，也可前往天都山的鄂霍次克流冰館（P.111）和北海道立北方民族博物館（P.113）逛逛。

行程攻略

❶可從官網自行列印入館優待券。

❷有提供免費的導覽行程，詳情請洽詢。

所需時間……………2小時

預算……………3,000日圓

START

JR網走站

約7分 市內觀光設施周遊巴士

亮點 1 博物館 網走監獄

約9分 市內觀光設施周遊巴士

JR網走站

GOAL

• Information •

網走市觀光協會 ☎0152-44-5849

網走市觀光課 ☎0152-44-6111

網走巴士 ☎0152-43-4101

◎左側是明治時代有越獄王之稱的「五寸釘寅吉」人偶

1 正門（重現建築）

博物館的象徵、通稱為紅磚門，左右兩個房間是傳達室和會面家屬的等候室。鮮豔的紅磚瓦是在製作過程中添加鹽一起燒製，製法獨特所以相當珍貴。

亮點 7

景點 博物館 網走監獄

はくぶつかんあばしりかんごく

MAP 113

「監獄歷史館」是最精采的部分！

坐落於可眺望網走湖的天都山山麓，將明治末年使用的舊網走刑務所建築物群搬遷至此地並重新復原而成。在各處擺放著實際大小的人偶，簡單展示當時的生活模樣和北海道開拓的歷史。除了能透過影像和體驗型展示一窺125年前囚犯們進行道路工程的樣子，春天到秋天期間還能欣賞多達12000株宿根草花的美景。

☎0152-45-2411 營5月1日～9月30日は8:30～18:00、10月1日～4月30日は9:00～17:00 休無休 ¥門票1000日圓（外稅） 址網走市呼人1-1 交JR網走站搭市內觀光設施周遊巴士（依季節調整運行）7分，博物館網走監獄下車即到 P412輛

Mapple Code 100-1344

乍看之下是西式，但從屋頂和等處能發現許多和風的要素

2 廳舍（重要文化財）

日式西式風格並存的建築物內，有典獄長室（刑務所長）、面會室、休息空間、博物館商店等，也有販售咖啡和非酒精性飲料。

◎以照片看板和影像介紹監獄的歷史

3 監獄歷史館

以北海道中央道路開鑿工程為主題的影像展示為中心，從左右前方三面螢幕上會播放1世紀前的施工現場影像。另外，還有重現目前網走刑務所牢房的展示區。

◎「體感劇場」

4 獄舍及中央監視室（重要文化財）

使用至昭和59（1984）年為止的獄舍，從中央監視室就能完全控管呈放射狀延伸的五棟獄舍。

◎參考比利時魯汶監獄建造的放射狀獄舍

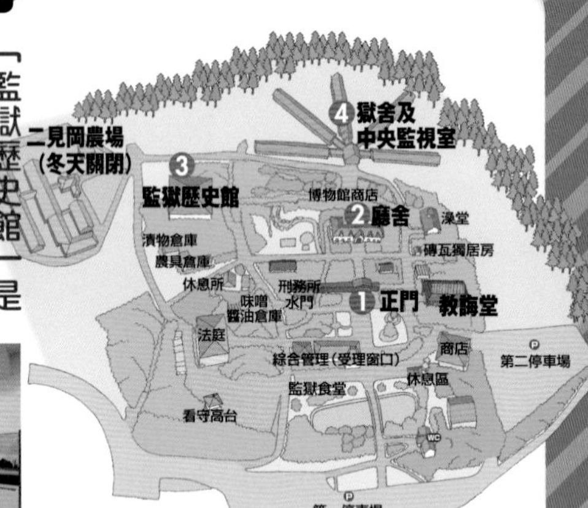

稍稍study ☑ 監獄餐

監獄餐是重現目前網走刑務所內某日的午餐菜色，主食為小麥3：白米7的小麥飯。

◎有鰤魚（820日圓）及秋刀魚（720日圓）兩種

札幌 P.16 | 小樽 余市 P.36 | 富良野 美瑛 旭川 P.48 | 新雪谷 洞爺 登別 P.60 | 函館 P.68 | 十勝・帶廣 P.82 | 阿寒 摩周・釧路 P.90 | 知床・網走 P.102 | 稚內 利尻・禮文 P.114

ABASHIRI

網走

熱門景點

從JR網走站往東走約10分鐘就是熱鬧的繁華街，到處都是能享用鄂霍次克海域新鮮海味的餐廳。

天都山 MAP 113 Mapple 100-1349

ほっかいどうりつほっぽうみんぞくはくぶつかん

北海道立北方民族博物館 景點

☎0152-45-3888

展示北方民族和鄂霍次克文化的介紹。 ⏱9:00～17:00（10～6月9:30～16:30） 休週一（逢假日則翌日休、7～9月、2月無休） ¥門票550日圓 址網走市潮見309-1 交JR網走站車程15分 P100輛

網走 MAP 113 Mapple 101-6635

もよろかいづかかん

最寄貝塚館 景點

☎0152-43-2608

可一窺在考古挖掘調查中發現的北方海洋民族「最寄人」生活模樣的博物館。 ⏱9:00～17:00（11～4月～16:00） 休無休（10～6月週一、假日休） ¥300日圓 址網走市北1東2 交JR網走站車程3分 P20輛

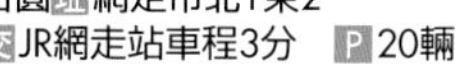

網走 MAP 113 Mapple 101-5619

とうきょうのうだいばいおいんだすとりー『しょっぷえみゅー』

東京農大Bioindustry『Shop笑友』購物 購物

☎0152-43-7233

販售東京農大創業投資公司的鴯鶓相關商品

店裡販賣著與位於網走的東京農大生物產業學系合作開發的商品。有鴯鶓油、含鴯鶓油成分的香皂、以鴯鶓蛋製成的生銅鑼燒（數量有限）等豐富多樣的鴯鶓相關產品。 ⏱10:00～17:00 休週日、假日 址網走市南6東3-3 交JR網走站步行15分 P10輛

「鴯鶓油」30ml 5400日圓

網走 MAP 113 Mapple 101-5617

あばしりねいちゃーくるーず

網走Nature Cruise 玩樂

☎0152-44-5849（網走市觀光協會）

體驗鯨魚・海豚・野鳥Watching的樂趣

有推出能觀察鯨魚、海豚、海鳥等鄂霍次克生態系生物的巡航之旅，參加者必須事前預約。 ⏱4～10月的上午和下午共兩個航班（出發時間每月會有變動） 休無休（天候不佳時停駛） ¥8000日圓 址網走市南3東4公路休息站流冰街道網走東側停車場後方的碼頭 交JR網走站步行5分 P150輛

航程約需2.5～3小時

網走 MAP 113 Mapple 101-3923

いさばや

五十集屋 美食

☎0152-43-1011

能以炭火燒烤方式品嘗鄂霍次克產海鮮的美味，當令或推薦食材請直接向店員詢問。 ⏱18:00～23:00（週日17:00～22:00） 休不定休 址網走市南5西1 太陽ビル1F 交JR網走站步行15分 P無

網走 MAP 113 Mapple 100-1298

かふぇぐらするーつ

café Grass Roots 美食

☎0152-43-2992

招牌餐點為番紅花飯淋上海鮮奶油醬的蛋包飯。 ⏱11:00～19:30 休週三 址網走市大曲46-18 交JR網走站車程5分 P10輛

網走 MAP 113 Mapple 101-5618

りゅうひょうがらすかん

流冰硝子館 購物

☎0152-43-3480

以回收廢棄日光燈管的玻璃為原料製成的作品

販售被稱為「Eco Pirika」、以廢棄日光燈管為原料製作的玻璃作品。也提供各種DIY製作教學，吹玻璃（2500日圓～）和琉璃珠（1400日圓～）體驗都很受歡迎。建物內還附設有可一望網走川的咖啡廳「シーニックカフェ帽子岩」。 ⏱9:00～18:00 休週三（逢假日則翌日休） 址網走市南4東6-2-1 交JR網走站車程5分 P30輛

店內的樣子

Pick up!! 焦點Gourmet 品嘗鄂霍次克產海鮮料理！

面鄂霍次克海的網走周邊以海鮮著稱，午餐或晚餐一定要來嘗嘗！

網走

公路休息站流冰街道網走 美食區「キネマ」館

みちのえきりゅうひょうかいどうあばしり ふーどこーときねまかん Mapple 101-5291

☎0152-44-0688 MAP 113

以網走產樺太鱒製成的「鄂霍次克網走炸魚蓋飯」（880日圓）和使用扇貝、裙帶菜等鄂霍次克產海鮮烹調的「鄂霍次克貝柱鹽味拉麵」（880日圓）都很大推。能眺望海景的靠窗座位相當搶手。 ⏱11:00～16:30 休無休 址網走市南3東4-5 道の駅流氷街道網走 交JR網走站車程5分 P夏天126輛、冬天86輛

網走

花のれん

はなのれん Mapple 101-3335

☎0152-44-7576 MAP 113

能吃到壽司、螃蟹、喜知次魚等道地的日本料理。其中的喜知次魚並非選用拖網法捕撈的魚貨，而是只在限定的期間內提供海釣鮮魚（需預約），能以生魚片或壽司等方式品嘗美味。「鄂霍次克壽司」（3024日圓，外稅）也相當推薦。 ⏱11:00～14:00、17:00～20:30 休不定休 址網走市南5東2 交JR網走站車程5分 P無

網走

回転寿司 かに源

かいてんずしかにげん Mapple 101-3022

☎0152-43-8383 MAP 113

以實在價格就能吃到新鮮魚貝的迴轉壽司店，有富含脂質的帝王鮭（432日圓）、自家製蟹膏（324日圓）等許多別家吃不到的特製食材。 ⏱11:00～22:00 休週一（逢假日則翌日休） 址網走市新町2-4 交網走站步行7分 P10輛

一目瞭然區域導覽

稚內 利尻 禮文

わっかないりしりれぶん

稚內·利尻·禮文是這樣的地方

稚內與戰前曾為日本領土的樺太(薩哈林)關係匪淺，並且也是為人熟知的日本最北端地區。前往稚內最北端的宗谷岬，"利尻富士"利尻島，"花之浮島"禮文島等兩座離島的旅客絡繹不絕。

擬定行程的小竅門

從稚內遊覽2島需要三天兩夜，一天計畫遊玩一個地區能夠玩得更加盡興。由於車子無法駛進離島，建議利用價格便宜的租車服務。除此之外，各地區皆設有溫泉旅館，可以讓來到這裡的旅客暖暖身子，品嘗利尻、禮文特有的海鮮料理。

日本人推薦的標準行程

建議第一天在利尻島租車環島一圈，第二天搭乘渡輪前往禮文島，享受悠閒散步欣賞高山植物。

(第1天)
35 利尻島駕車周遊一圈行程
↓
(第2天)
36 禮文島賞花步道健行之旅

必遊景點
區域名
※當地人稱呼的地名

宗谷海峽 宗谷岬 ノシャップ岬 宗谷灣 238 稚內 稚內港 KITA color 稚內機場 大沼 幕別平野 40 宗谷丘陵 禮文島 PLAN 36 禮文島賞花步道健行之旅 桃岩展望台步道 香深港 禮文(香深) 高山植物群落 禮文水道 Heart Land Ferry 利尻機場 鴛泊港 利尻富士(鴛泊) 姬沼 沓形港 利尻(沓形) 利尻山 PLAN 35 利尻島駕車周遊一圈行程 利尻島 利尻水道 白色戀人之丘 利尻禮文佐呂別國立公園 佐呂別原野 宗谷本線 佐呂別原生花園 豐富 日本海 幌尻山

介紹區域在這裡！ 禮文 稚內 利尻

利尻龜一的蝦夷馬糞海膽 P.116

炉ばたちどり的花鯽魚鏘鏘燒 P.117

機場出發的交通指南

宗谷岬 —【開車】經國道238·40號／31km；【巴士】宗谷巴士／50分 — 稚內

宗谷岬 —【開車】經由國道238號／23km — 稚內機場

稚內機場 —【開車】經由國道238·40號／約13km；【巴士】宗谷巴士／30分 — 稚內

稚內機場是空路的玄關

JR·跨都市巴士的起點皆在稚內站

稚內 —【步行】10分 — 稚內渡輪碼頭

稚內渡輪碼頭 —【渡輪】Heart Land Ferry／1小時55分 2等2260日圓 — 禮文島

稚內渡輪碼頭 —【渡輪 Heart Land Ferry／1小時40～50分 2等2030日圓 — 利尻島

新施設&話題的新情報

稚內市區漫遊

在當地導遊的帶領下，來一趟發掘稚內魅力之旅

這裡有一面聽當地導遊解說日本最北端的城市—稚內之美、一面散步的觀光導覽。去年度曾大膽舉辦訪問最北端酒廠、穿著和服在街頭散步等獨特活動。今年度的舉辦日程請至官方網站查詢！http://www.welcome.wakkanai.hokkaido.jp/guidewalk/

わっかない朝Cafe 西海岸909

在視野絕佳的咖啡廳，享受奢侈的早晨時光

會舉行在欣賞利尻富士、佐呂別原野景緻的同時，享用早餐的活動。採完全預約制，申請對象為稚內市內旅館的住宿者。不妨在大自然的圍繞下享受優雅的一刻吧？今年度的舉辦請至官方網站查詢！http://www.welcome.wakkanai.hokkaido.jp/cafe/

MAP 157 C-2

因北海道人氣甜點而出名的「白色戀人之丘」

一起去欣賞不管是日本或是海外都相當知名的「那個風景」吧

從這個山丘可清楚眺望因經典甜點「白色戀人」包裝照片而聞名的利尻富士景色。在此求婚的情侶，可以獲得利尻富士町觀光協會以「白色戀人」為主題設計的求婚證明書。

MAP 157 B-3

區域內交通資訊

各地區之間都有便利的地區觀光巴士運行。除此之外，利尻、禮文還有提供租車服務。航行各島之間的渡輪碼頭資訊都可以在這裡找到。

稚內・利尻・禮文

稚內搭程渡輪到利尻・禮文

從稚內前往利尻、禮文的唯一手段便是搭乘渡輪。起訖港口在利尻島的鴛泊港、禮文島的香深港。夏季期間還可利用利尻島上的沓形港，往返於香深港之間。在乘船日的2個月前即可辦理預約。若遇高山植物的開花時期請及早預約。

稚內渡輪碼頭

稚內～鴛泊的船班1天2～4班，稚內～香深的船班1天2～4班。運費方面，稚內→鴛泊2030日圓～、稚內→香深2260日圓～。

利尻・鴛泊港渡輪碼頭

鴛泊～香深的船班1天2班。運費為800日圓～。1樓設有觀光服務處和商店，2樓備有咖啡廳，讓旅客在等船的時間也能在站內休憩。

利尻・沓形渡輪碼頭

6月1日～9月30日期間，連接沓形港與香深港之間的夏季限定渡輪碼頭。沓形～香深的船班1天2班。運費為800日圓～

禮文・香深渡輪碼頭

連接稚內、利尻的禮文島主要渡輪碼頭。來自桃岩莊青年旅館的盛大迎賓和送行活動十分出名

稚內的定期觀光巴士

夏季行駛的2種路線皆會行經人氣觀光景點，如北防波堤圓頂、宗谷丘陵、野寒布岬、宗谷岬。採事先預約制。

●稚內A・日本最北端和北海道遺產遊覽

5月3日～9月30日（5月7～20日休息）／3300日圓
稚內站前巴士總站（8:00）→北防波堤圓頂→稚內公園→野寒布岬～太陽能電廠（車窗）→宗谷丘陵→宗谷岬→稚內機場→副港市場→稚內站前巴士總站

●稚內B・日本最北端和紀念塔賞景

5月3日～9月30日（5月7～20日休息）／3600日圓
稚內站前巴士總站（14:00，9月13:00）→北防波堤圓頂→百年紀念塔→稚內公園→宗谷丘陵→宗谷岬～太陽能電廠（車窗）～夕日之丘停車場→野寒布岬→稚內站前巴士總站

利尻的定期觀光巴士

3種行駛路線皆從鴛泊渡輪碼頭以順時針方向運行。有時渡輪到港後只停留約15分鐘，若是抓緊時間是可以轉乘的。

行程的範例

●利尻A・秀峰利尻富士巡覽

5月3日～9月30日（5月7～20日休息）／3300日圓
鴛泊渡輪碼頭（9:10、5月3～6日9:25）→姫沼→野塚展望台（車窗）→資料館→Otatomari沼→仙法志御崎公園→人面岩·寢熊岩（車窗）→利尻機場→鴛泊渡輪碼頭※8～9月部份行程有所更動

●利尻B・利尻景點巡覽

6月1日～9月30日／3100日圓
渡輪碼頭（14:25）→野塚展望台（車窗）→オタドマリ沼→仙法志御崎公園→人面岩·寢熊の岩（車窗）→沓形岬公園→鴛泊渡輪碼頭

稚內機場出發的機場連絡巴士

稚內機場的機場連絡巴士，會視飛機的出發抵達時刻運行，行經稚內站前往稚內渡輪總站。夏季時期還有運行行經宗谷岬的混合動力巴士（2015年資訊）。

利尻島・禮文島的租車服務費用

搭乘渡輪抵達利尻島、禮文島，若預計在當地使用租車服務，因該服務有附加離島費用，請使用的旅客多加注意。以某租車公司為例，V2 Class3小時9907日圓，24小時1萬9980日圓。比起其他地區多了一倍以上。另外也有部分營業所在冬季不營業。

禮文的定期觀光巴士

禮文島的交通手段有限，若打算以租車之外的方式觀光，最推薦的方式是定期觀光巴士。每一輛班次都會通往島嶼北側的須古頓岬。

行程範例

●禮文A夢之浮島禮文巡覽

5月3日～9月30日（5月7～20日休息）／3300日圓
香深渡輪碼頭（8:40，5月3～6日8:45）→西上泊.澄海岬→須古頓岬→桃台貓台→香深渡輪碼頭→北方的金絲雀公園→香深渡輪碼頭

●禮文B

6月1日～9月30日／3100日圓
香深渡輪碼頭（14:05）→西上泊・澄海岬→須古頓岬→香深渡輪碼頭

近距離觀光的話租自行車最方便

各地區皆各自設有租自行車的店家，用來短距離觀光非常方便。利尻・禮文甚至還備有50cc摩托車。

自行車租借情報

利尻 4月下旬～10月底
自行車　1小時400日圓～／50cc摩托車　1小時1000日圓～
■レンタルバイク雪国
0163-82-1046

稚內 5月30日～10月14日(預定)
自行車　2小時500日圓～
■喫茶YOU
0162-23-3739

禮文 自行車　1小時500日圓～／50cc摩托車　1小時1000日圓～
■Cat★Rock　0090-7517-1095（夏季）

時刻與費用的洽詢處

JR海道電話服務中心
011-222-7111
http://www.jrhokkaido.co.jp/

宗谷巴士
0162-32-5151
http://www.soyabus.co.jp/

Heart Land Ferry稚內分店
0162-23-3780
http://www.heartlandferry.jp/index.html

旅遊的活動行事曆

稚內大部分景點都為全年開放，若想到利尻・禮文賞花，推薦在6月上旬～10月下旬前往，可以盡情地享受清爽的空氣和美景。

活動

JAPAN CUP 2017 第33回全國狗拉雪橇稚內大會
期間 2月27·28日
會場 大沼特設会場
洽詢 0162-23-6468（全國狗拉雪橇稚內大會實行委員會）
歷史悠久的雪橇犬大賽。愛犬時尚秀也很具人氣。

水產祭 美味美食節
期間 7月中旬
會場 會場香深港新港停車場
洽詢 0163-86-1001（禮文町產業課）
「島上美～食」齊聚一堂。舉辦有現撈海鮮等活動。

稚內港口南極祭
期間 8月6·7日
會場 會場稚內中央Arcade街及其他
洽詢 0162-23-4400（稚內港口南極祭實行委員會事務局）
多達2500發的大型煙火大會，觀光物產祭等都很有人氣。

利尻浮島節
期間 8月5·6日
會場 利尻町沓形·仙法志市街
洽詢 0163-84-2345（利尻浮島節實行委員會事務局）
販售使用當地海產的攤販和跳舞遊行等都很受歡迎。

海膽節
期間 8月上旬
會場 會場總合交流促進設施「りぷら」停車場
洽詢 0163-82-1125（利尻富士町商工會）
使用海膽的各種飲食專區、還會舉辦各種活動等。

時令

雪 平原地區的初雪在10月下旬，11月到12月時會轉變為長期積雪，殘雪會一直留到4月。

高山植物 6月～7月下旬期間，有禮文敦盛草等多樣的原生花綻放。

海膽 食用利尻最頂級昆布長大的海膽，連味道也是最頂級的。6～8月是產季。

花鯽魚 整年都能捕獲，但7～9月左右捕獲的禮文真花鯽魚，脂肪厚實肥美堪稱一絕。

	12月	11月	10月	9月	8月	7月	6月	5月	4月	3月	2月	1月
最高氣溫	0.1	6.1	13.7	19.7	22.3	19.7	15.7	12	7.2	1.2	-2.5	-2.7
平均氣溫	-2	3.6	11.1	16.8	19.6	16.8	12.7	8.8	4.4	-1	-4.7	-4.7
最低氣溫	-4.2	1	8.1	14	17.3	14.5	10.1	6	1.8	-3.5	-7.1	-6.8
降雨量(m	112.8	120.9	134.1	123.5	116	90.6	53	67.6	49	50.3	60.7	84.3
最深積雪(	43	15	0	—	—	—	—	0	25	68	75	63

＊氣溫，降雨量、最深積雪等數據為1981～2010年稚內地區的平均值（日本氣象廳）。此外，時令、建議等內容僅供參考。活動的舉辦日期和內容有更動的可能，請事先確認

旅遊提案 35 開車 利尻

MAP P.157
最佳時節 6~8月

利尻島駕車周遊一圈行程

利尻山為中心環島一圈約60km

前往利尻島

從稚內港搭乘前往利尻島鴛泊港的Heart Land Ferry。2等艙2030日圓，運送超過4m未滿5m汽車16960日圓。http://www.heartland ferry.jp/※上述價格為2016年4月的資訊

- 所需時間…… 5小時
- 預算…… 5,000日圓
- 距離…… 車程58km

START

鴛泊渡輪碼頭

🚗 5km 108 地區道路

亮點 1 姬沼

🚗 20km 地區道路 108

2 オタトマリ沼

🚗 19km 108 地區道路

3 利尻 島の駅「海藻の里・利尻」

🚗 11km 地區道路 105

4 富士野園地

🚗 3km 105

鴛泊渡輪碼頭

GOAL

Information

利尻富士町產業振興課商工觀光係 ☎0163-82-1114
利尻町城市振興課商工觀光振興係 ☎0163-84-2345
宗谷巴士利尻營業所 ☎0163-84-2550

必吃美食

利尻亀一 オタトマリ沼店

りしりかめいちおたとまりてん

設有工廠直營的伴手禮店的餐廳。推薦使用海膽的握壽司和蓋飯，限量販售的香鬆「利尻っ子」也很受歡迎。

☎0163-83-1446 4月中旬~11月上旬8:30~17:30 休營業期間無休 址利尻富士町鬼脇オタトマリ沼 交鴛泊港駕車30分 P30輛

MAP 157 B-3 Mapple Code 101-0054

➡蝦夷馬糞海膽的握壽司（價格需洽詢）

從姬沼可以欣賞到利尻山險峻的樣貌

亮點 1 景點 姬沼

ひめぬま

MAP 157 B-2

靜靜地流淌於原生林中

從此處看見的利尻山，別稱「利尻富士」。山腹有一條巨大的裂谷，展現出與富士山的秀麗模樣截然不同的景色。圍繞姬沼四周的遊步道可欣賞高山植物以及聆聽駒鳥等野鳥的啼鳴。所需時間約20分。

☎0163-82-1114（利尻富士町産業振興課） 自由參觀 址利尻富士町鴛泊湾内 交鴛泊港搭乘宗谷巴士往鬼脇方向4分，姬沼口下車，步行15分 P20輛

Mapple Code 100-0590

2 景點 オタトマリ沼

おたとまりぬま

MAP 157 B-3

沼澤四周百花爭艷，給人活潑感覺的沼澤

位在島嶼南側的沼澤，四周圍繞著日本最北端的赤蝦夷松原生林。設有步行一圈約30分的散步遊步道，7月初旬可欣賞到蝦夷萱草等各式各樣的花朵。湖畔則設有商店和供應海膽的食堂。

☎0163-82-1114（利尻富士町産業振興課） 自由參觀 址利尻富士町鬼脇沼浦 交鴛泊港搭乘宗谷巴士往沓形方向35分，沼浦下車即到 P40輛

Mapple Code 100-1177

⬆爆裂火山口的底部是由泥炭地形成，周圍是成片的濕地

3 景點 利尻 島の駅「海藻の里・利尻」

りしりしまのえきかいそうのさとりしり

MAP 157 A-2

來製作利尻島特有的紀念品吧

利用約120年前建造的海產批發店主屋和石窖改建而成，石窖改建的藝廊展示、販售著許多使用海藻加工製成的壓花作品。另設有供應昆布茶（400日圓）等飲品的咖啡廳。

☎0163-84-2514 8:30~17:00(4~10月)、9:00~17:00(11~3月) 休11~3月為週六、日、假日 ¥免費 址利尻町沓形町本町53-1 交鴛泊港車程約20分 P無

Mapple Code 101-5601

4 景點 富士野園地

ふじのえんち

MAP 157 B-2

周遭圍一帶綻放著滿滿的蝦夷萱草

6月中旬~7月中旬期間，是蝦夷萱草盛開的時期。從展望台可以眺望Ponmosir島、禮文島，以及火山噴發形成的奇岩怪石。除此之外，附近還有夕日之丘展望台、面朝御來光的名勝景點—佩西岬，被稱為日落賞景勝地。尤其是沒入禮文島方向的夕陽顯

☎0163-82-1114（利尻富士町産業振興課） 自由參觀 址利尻富士町鴛泊富士野 交鴛泊港車程約5分 P9輛

Mapple Code 101-3173

➡位在照片中央的即

⬇畫廊中展示著壓花作品和海藻文化的歷史資料等

旅遊提案介紹♪

建議沿著利尻山左側欣賞美景，照順時針方向繞行。途中的Otatomari沼和沓形港周邊設有供應海膽蓋飯的餐廳和伴手禮店。

行程攻略

❶單純環繞繞行利尻島一圈約2小時30分。
❷5~9月期間沓形港有通往禮文島的渡輪。
❸夏季期間有定期觀光巴士運行。

悄悄話 オタトマリ沼：除了海膽，也可以品嘗到冰淇淋，非常適合停下來稍作休息。（北海道／30多歲左右男性）

旅遊提案 36 巴士 步行

禮文

MAP P.157
最佳時節 6~7月

禮文島賞花步道健行之旅

超過300種高山植物盛開的浮島

所需時間……4小時
預算……1,000日圓
距離……步行6km

START
香深渡輪碼頭
約900m 地區道路 765
亮點 1 桃岩展望台步道
約5km 步道
知床巴士站
約8分 宗谷巴士
香深渡輪碼頭
GOAL

Information
禮文島觀光協會 ☎0163-86-1001
宗谷巴士禮文營業所 ☎0163-86-1020
禮文租車處 ☎0163-86-1320

前往禮文島
從稚內港搭乘前往禮文島香深港的Heart Land Ferry。2等艙2260日圓，運送超過4m未滿5m汽車19230日圓。http://www.heartlandferry.jp/※上述價格為2016年4月的資訊

步道上時常可看見橘色令人印象深刻的蝦夷萱草

亮點 7

玩樂 桃岩展望台步道
ももいわてんぼうだいこーす
MAP 157 A-2

☎0163-86-2655(禮文島觀光服務處)
自由參觀 址礼文町香深村元地 交香深港搭乘宗谷巴士往元地方向8分，桃岩登山口下車，步行15分（桃岩展望台） P無
Mapple Code 101-3175

↖延續著蜿蜒的斜坡

↙從步道入口步行約30分即可抵達桃岩

一面欣賞利尻山一面步行前往尾根

行程從765號道路旁的步道入口處開始，沿路途會行經外型貌似桃子的桃岩展望台，並一路往知床前進。天氣良好時，可清楚看見利尻山聳立於草原另一端的模樣，路邊也可見到禮文島特有的各種花朵。步道雖較為平坦，但還是建議穿著輕便登山裝搭配布鞋。

1:54,000 0 500m
周邊圖▶P.157

※巴士時刻為2016年9月30日前之資訊。10月以後的時刻資訊，請電洽宗谷巴士禮文營業所☎0163-86-1020 確認

必吃美食 炉ばたちどり

這間餐廳是禮文島特色美食"花鯽魚鏘鏘燒"的發祥店。厚實的花鯽魚加上特製味噌燒烤十分值得品嘗，據說連不喜魚肉的人也能大快朵頤。能讓人細細品嘗其鮮味的海膽蓋飯也堪稱一絕。

☎0163-86-2130
11:00~21:30 休不定休
¥花鯽魚鏘鏘燒900日圓
址礼文町香深村香深
交香深港步行5分 P4輛
MAP 157 A-2 Mapple Code 100-1128

↑花鯽魚肉質厚實、油花肥美

稍稍study 禮文島花圖鑑

禮文敦盛草 6月
禮文金梅草 6~7月
禮文薄雪草 6~8月
禮文草 6~8月
禮文小櫻 5~6月
先代萩 6~7月

稍稍study ☑須古頓岬

禮文島最北端的草原海岬。夏季時期蝦夷豬獨活、輪葉沙參等植物會開花。位於海面上的是海驢島。

☎0163-86-2655(禮文島觀光服務處)
自由參觀 址礼文町船泊村須古頓
交香深港搭乘宗谷巴士往スコトン方向1小時2分，終點站下車即到 P30輛
MAP 157 A-1 Mapple Code 100-0522

↖有時可看見薩哈林島的輪廓

☑澄海岬(すかい)

日本海所形成的秘境中的秘境。附近一帶是足以媲美元地海岸的禮文島西海岸景點。可俯瞰如同寶石般的海洋景緻。

↑非常清澈的美麗海洋

☎0163-86-2655(禮文島觀光服務處)
自由參觀 址礼文町船泊村西上泊
交香深港車程50分，停車場步行5分
P10輛
MAP 157 A-1 Mapple Code 100-1159

旅遊提案介紹♪

本行程將漫步在花開遍地的桃岩展望台步道。若只預計進行這項行程，建議可一大早來到禮文島，並且在當天返回稚內。

行程攻略

❶渡輪總站距離步道入口有段距離，可考慮**搭乘計程車**。
❷終點的知床巴士站時刻表**請盡早確認**。
❸**夏季一房難求**，請盡早預約。

悄悄話：桃岩展望台步道：整體距離稍微偏長，不過在路上可以看到利尻山，欣賞令人心曠神怡的美景。由於需要走蠻長的一段路，建議可以隨身攜帶飲用水。（北海道／20多歲男性）

盡情享受多彩的設施

新千歲機場 玩樂指南

The Fun Guide of NEW CHITOSE AIRPORT

玩樂方式 新千歲機場匯集約180間各式各樣的設施，是一座讓即使不搭乘飛機的人都想去遊玩的大型娛樂設施。來自北海道各地的美食特產齊聚一堂，十分適合度過搭機前的時光。適合攜家帶眷的人氣設施也千萬不要錯過。

☎0123-23-0111（機場綜合服務處6:20～23:00）
Mapple Code 101-5386　MAP 141 C-1
休 因店而異　址 千歲市美々　交 JR新千歲機場站直通　P 3930輛　HP http://www.new-chitose-airport.jp/
需時 3小時　餐飲設施 有　商店 有
如遇下雨 皆為館內設施

找伴手禮可前往2、3樓，玩樂則可到3、4樓。先鎖定好想去的區域再開始逛吧。

※內容為2016年3月的資訊，可能會有變更的情況發生，詳情請至官方網站確認。

伴手禮店和餐廳都集中在2·3樓！

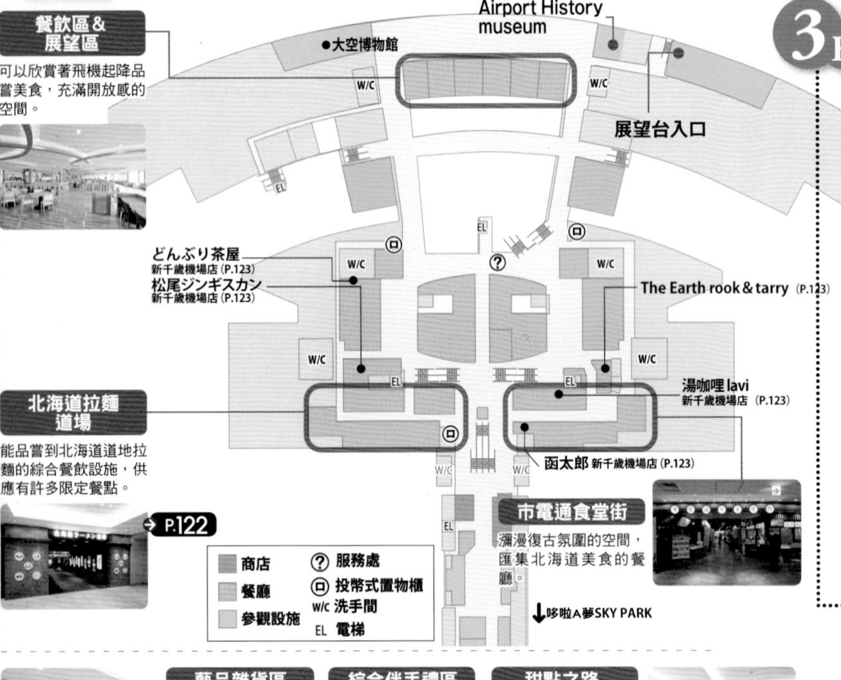

藝品雜貨區 販售玻璃製品、民藝品等工藝雜貨店家聚集的區域。

綜合伴手禮區 販售經典北海道甜點、加工品、周邊商品等的店家的區域。

甜點之路 來自北海道各地的知名甜點店齊聚一堂。時常可看到人氣商品的直營店大排長龍。

2F

ANA FESTA GL-4
ANA FESTA GL-3
ANA FESTA GL-2
ANA FESTA GL-1
B
BLUE SKY GL-10
BLUE SKY GL-12
BLUE SKY GL-14
BLUE SKY GL-15
BLUE SKY GL-16
BLUE SKY GL-18
C
Calbee+ (P.121)
北の味覚 すず花 (P.123)
空弁道場 装苑 (P.123)
スカイショップ小笠原 (P.119)
BLUE SKY 出發大廳店 (P.121)
センカ (P.121)
さっぽろ東急百貨店 新千歲機場店 (P.120)
紀伊國屋書店 千歲店 (P.121)
丸井今井 きたキッチン 新千歲機場店 (P.119)
CARAMEL KITCHEN (P.119)
北海道本舗 甜點零食專賣店 (P.121)
JA道央 新千歲機場店 (P.120)
花畑牧場 新千歲機場店 (P.121)
Royce' 新千歲機場店 (P.123)
Craft Studio (P.120)
知床 三佐ェ門本舗 (P.120)
島の人 新千歲機場店 (P.120)
札幌市中央卸売市場水産仲卸
札幌シーフーズ (P.120)
佐藤水産 新千歲機場店 (P.120)
JAびえい 美瑛選果 新千歲機場店 (P.119)
柳月 三方六 studio (P.119)
北菓楼 新千歲機場店 (P.119・123)
きのとや 新千歲機場店 (P.119・123)
情熱ファーム北海道 (P.119・120)

北海道特產品直銷市場 供應北海道海鮮、蔬菜、肉類加工品店聚集的區域。

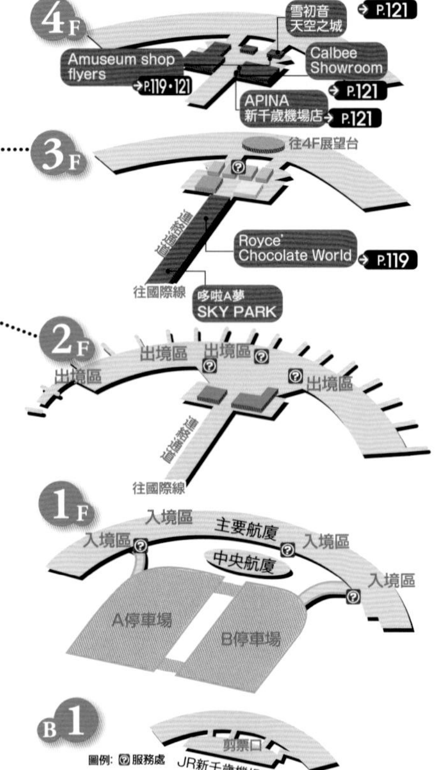

生鮮甜點&麵包

現在必買、最熱門的伴手禮都在這裡！

新千歲機場員工票選，甜點伴手禮No.1！

現烤起司塔

6個入1080日圓 賞味期限 3天 需冷藏

店門口隨時都大排長龍，人氣極高。烤得酥脆的塔皮，搭配綿密濃厚起司奶油的味道，堪稱一絕。

販賣店 2樓 KINOTOYA 新千歲機場店

新千歲機場可以買到Royce'原創的現烤麵包！

生巧克力可頌麵包［歐蕾］

1個270日圓 賞味期限 當天

可頌麵包裡加入滿滿的滑順生巧克力。底下則為杏仁奶油。

販賣店 3樓 Royce' Chocolate World

Gouter

1個303日圓 賞味期限 當天

大膽地將Royce'巧克力整片夾進去的麵包。底下還塗有堅果風味的巧克力醬。

販賣店 3樓 Royce' Chocolate World

固力果第一間焦糖甜點專賣店

焦糖餅乾

960日圓 賞味期限 製造日起14天內 需冷藏

奶油風味十足的餅乾上疊上焦糖，可以同時享受到兩種不同的美味。

販賣店 2階CARAMEL KITCHEN

軟Q大福

1個 155日圓 賞味期限 3天

綿密柔軟的餅皮吸引了許多饕客。鹽豆、艾草、南瓜等，各式各樣的口味齊全，供應多種稀奇的口味也是這裡的特色。

販賣店 2樓 情熱ファーム北海道

全國第一糯米生產地的名寄的特產！

杯子泡芙夢風船

新千歲機場限定

1個 185日圓 賞味期限 當天 需冷藏

外皮酥脆中間Q彈的口感。表面淋上蜜糖霜配上不會太甜的奶油內餡，堪稱絕配。

販賣店 2樓 北菓楼 新千歲機場店

因開拓米果而聞名的北菓樓甜點也是絕品！

新千歲發

新千歲機場限定

5個入 800日圓 賞味期限 當天 需冷凍

酥脆餅乾夾著包裹藍靛果起司的生巧克力。接到訂單後才會開始在店內現做。

販賣店 2樓 スカイショップ小笠原

六花亭在心千歲機場的限定甜點！

卡芒貝爾起司蛋糕

3個入 756日圓 賞味期限 4天 需冷藏

新千歲機場販售的起司蛋糕中的熱門商品。外表看起來跟卡芒貝爾起司一模一樣。口味濃郁圓潤。

販賣店 2樓丸井今井きたキッチン新千歲機場店等處

美瑛玉米麵包 美瑛豆子麵包

新千歲機場限定

1箱(5個裝)1080日圓 賞味期限 製造日起1天內

不添加水和砂糖，只靠玉米本身的甜味烘培烤制而成的玉米麵包，以及大量擺滿美瑛產豆類的豆子麵包。店內提供有現烤麵包。

販賣店 2樓 JAびえい 美瑛選果 新千歲機場店

確認好出爐時間GO！

麵包烤好的時間CHECK！

玉米麵包在開店後的早上8點左右會第1次出爐，之後每隔2～3小時、1天出爐4～5次。豆子麵包則只有早上8點左右出爐1次。

新千歲機場限定包裝也要記得CHECK！

有些北海道的經典人氣伴手禮，在新千歲機場販售時，會以限定包裝的模樣登場！找找看有沒有喜歡的造型吧。

三方六的小割 機場限定包裝

3條裝 360日圓 賞味期限 15天

將必吃甜點「三方六」切成一口大小。印有北海道觀光名勝的包裝，只有在柳月 三方六studio限定販售。

販賣店 2樓 柳月 三方六studio

洋蔥湯

15條裝 540日圓 賞味期限 製造日起18個月內

使用大量北見產洋蔥製作的洋蔥湯，配上AIR DO吉祥物「Bear Do」的插圖販售。

販賣店 4樓 Amuseum shop flyers

塞滿鮑魚、鮭魚卵的奢侈松前漬！

新千歲機場限定

北之寶石箱

280g 2500日圓

賞味期限 解凍後約1個禮拜　需冷凍

放上2顆整粒蝦夷鮑魚和大量鮭魚卵的松前漬。是札幌シーフーズ最有人氣的原創商品。

販賣店 2樓 札幌市中央卸売市場水産仲卸 札幌シーフーズ

海膽奶油

150g
4500日圓

賞味期限 製造日起120天內　需冷凍

蒸海膽碾成泥狀，再和奶油混合的逸品。除了可以加進各種料理，也很適合搭配土司、餅乾或配飯。

販賣店 2樓 札幌市中央卸売市場水産仲卸 札幌シーフーズ

添加海膽的濃郁奶油

鮭魚乾一番干し

1000日圓

賞味期限 製造日起120天內

將北海道廣為人知的乾貨「鮭魚乾」，設計成方便食用的外型。北海道產鮭魚醃漬入味，讓人一吃就上癮。

販賣店 2樓 札幌市中央卸売市場水産仲卸 札幌シーフーズ

軟式鮭魚乾方便食用！

醬油漬鮭魚卵

1440日圓

賞味期限 製造日起14天內　需冷藏

出自在鮭魚製品頗負聲譽的佐藤水產。人氣的醬油漬鮭魚卵是使用較重口味的醬油調味，口味濃郁。

販賣店 2樓 佐藤水産 新千歲機場店

新千歲機場限定的調味很具人氣！

新千歲機場限定

使用無農藥的米醋製作

醋昆布

450日圓

賞味期限 製造日起240天內

道南．尾禮部海邊的真昆布，加上使用無農藥稻米釀造的富士醋下去醃製。自然的甜味會在口中散開。

販賣店 2樓 知床三佐ヱ門本舗

將新鮮食材製成的極品帶回自家餐桌！

山珍海味

夢美人

480日圓(3合)

保存期限約1～2個月

著名的最頂級北海道米「夢美人」，特徵在於恰到好處的黏性和富含甜味。

販賣店 2樓 JA道央 新千歲機場店

廣受好評的北海道米以試吃包裝販售！

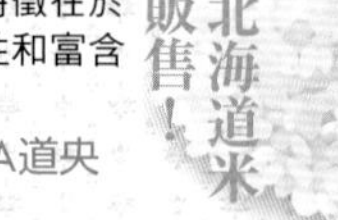

鮭魚和利尻昆布的絕妙組合！

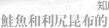

昆布重ね巻【鮭魚】

1350日圓

賞味期限 約90天

利尻昆布加上大量熬煮至骨頭軟爛的鮭魚製成。使用秘傳醬汁調味。

販賣店 2樓 島の人 新千歲機場店

ピルカ法式香腸

1200日圓

賞味期限 製造日起21天內　需冷藏

當別町．淺野農場製作，使用當地產小麥飼養的健康豬做成的香腸。添加行者大蒜。

販賣店 2樓 情熱ファーム北海道

脂肪部份非常美味 肉汁十足！

牧家 喝的優格（原味）

200g 280日圓

賞味期限 18天(包含製造日)

需冷藏

使用道南．伊達市近郊的生乳，透過獨家的低溫發酵製法，製作出順口、濃郁的口感。

販賣店 2樓 さっぽろ東急百貨店 新千歲機場店

滑順濃郁的口感！

各種北海道產起司

NEEDS的手撕莫札瑞拉起司388日圓、共働學社的笹雪1620日圓、牧家Cacio a cavallo起司928日圓等

賞味期限 因產品而異　需冷藏

供應來自北海道各地的起司，種類豐富。每一款都各有特色，試吃比較一番也不錯。

販賣店 2樓 さっぽろ東急百貨店 新千歲機場店

各有特色的起司種類豐富

北海道衫樹 保濕噴霧

1350日圓

將修整森林時所砍伐的冷杉趁新鮮時進行蒸餾而成的精油。也可搭配房間的保濕噴霧器使用。

販賣店 2樓 Craft Studio

令人回想起北方森林的柔和香味

北海道豪華組合

5個裝 2160日圓

可使用在頭髮、嘴唇、身體的人氣馬油，調配有薄荷、柑橘、薰衣草等天然精油。

販賣店 2樓 Craft Studio

人氣的護膚油系列

北海道天然素材的精華！

美妝商品

薄荷油噴霧

10ml 1080日圓

天然薄荷蒸餾而成的薄荷油，使用噴霧瓶裝。效果萬能甚至可以驅趕蚊蟲，因此很受歡迎。

販賣店 2樓 Craft Studio

只要輕輕一噴！

PURE HONEY LIP ESSEENCE

1296日圓

添加遠輕町的蜂蜜、蜜蠟等保溼成份的護唇膏。Craft Studio還有販售限定的薄荷香味。

販賣店 2樓 Craft Studio

添加蜂蜜散發淡淡香甜！

甜點零食

適合送人的伴手禮！

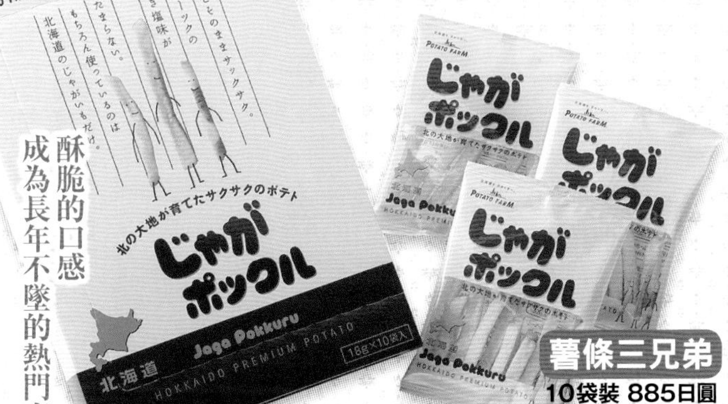

酥脆的口感成為長年不墜的熱門商品

薯條三兄弟

10袋裝 885日圓

賞味期限 製造日起90天內

嚴選北海道產馬鈴薯製作，為保留原有的美味，將馬鈴薯帶皮直接切割。調味只簡單使用佐呂間湖的燒鹽。

販賣店 4樓 Calbee Showroom

焦糖口味頂級爆米花

1袋 390日圓

賞味期限 製造日起180天內

酥脆爆米花包裹上融化後的焦糖，是店家的人氣商品。另外還有夕張哈密瓜口味和起司口味等。

販賣店 2樓 花畑牧場 新千歲機場店

外層滿是花畑牧場的生焦糖

北海道Beet chips

6袋裝 864日圓

賞味期限 製造日起90天內

新千歲機場限定

北海道產的Beet（砂糖蘿蔔）製作的洋芋片。爽脆口感和淡淡甜味為其特徵。

販賣店 2樓 Calbee+

甜味溫和的洋芋片回購率持續增加

ほがじゃ帆立

各種口味小2片×8袋裝 648日圓

賞味期限 製造日起180天內

奢侈地使用帆立貝的肉。特徵是滋味微辣。口味共有帆立貝、起司、培根＆鮭魚3種。

販賣店 北海道本舖 甜點零食專賣店

奢侈使用帆立貝製作的仙貝

札幌米果 Oh！烤玉蜀黍

6袋裝 648日圓

賞味期限 製造日起120天內

將糯米和玉米混合成的米果，以及冷凍乾燥的玉米裝成一袋。也有10袋裝1029日圓。

販賣店 2樓 BLUE SKY 出發大廳店

烤玉米的味道

きのこの山 頂級白巧克力

10袋裝 864日圓

賞味期限 製造日起12個月

堅持北海道產的限定販售蘑菇山巧克力。可享受到白巧克力濃郁的味道。餅乾部份的口感與牛奶奢侈的濃郁風味配合得恰到好處。

販賣店 2樓センカ

北海道限定販售的稀有感令人注目

周邊商品

人氣角色周邊GET！

北海道模型伴手禮

1回 400日圓

北海道觀光景點等的模型。2016年3月開始販售全明星版。北海道新幹線、GLAY重點登場。

販賣店 2樓紀伊國屋書店 千歲店 4樓 APINA新千歲機場店等

轉蛋機就能買到！

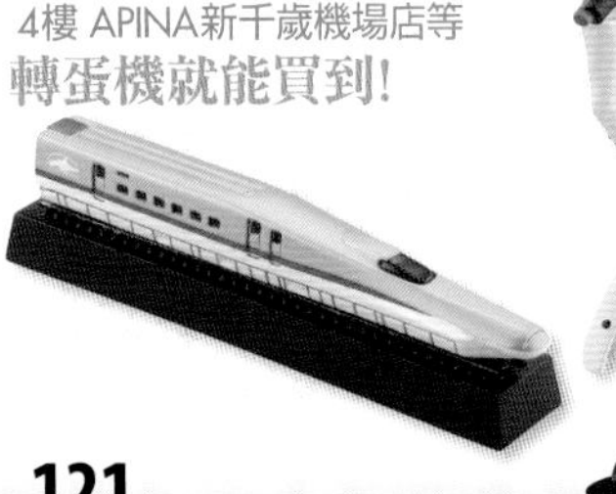

AIR DO索引書籤夾

756日圓

AIR DO吉祥物角色「Bear Do」造型的書籤夾。

販賣店 4樓 Amuseum shop flyers

新千歲機場限定

Bear Do造型的書籤夾！

雪初音 人物橡膠吊飾

648日圓

應援北海道的「雪初音」以及其同伴們的吊飾。全部共有6款，會抽中哪個角色請期待購買後的驚喜！

販賣店 4樓 雪初音天空之城

©CFM

在「雪初音天空之城」GET！

全部都能在三樓的北海道拉麵道場品嘗到！道地拉麵

使用大量甜蝦頭熬煮而成的湯頭極具人氣！

本店在札幌 えびそば一幻 新千歲機場店

P.19

●えびそばいちげんしんちとせくうこうてん

0123-45-6755 Mapple Code 101-6420

使用大量甜蝦頭熬煮的湯頭滋味豐富，加上豚骨湯頭混合的熱門拉麵。湯頭分為兩種，濃郁鮮美的「あじわい」和單純豪邁的「そのまま」。使用招牌甜蝦湯頭蒸煮的鮮蝦飯糰（160日圓）也是大受歡迎的副餐。

10:00～20:30 休 無休

あじわい えびみそ 780日圓

混合鮮蝦高湯和豬骨高湯的「あじわい」搭配上濃郁味噌，堪稱絕配。

口味雖濃郁卻毫不膩口！享受這一碗極品

本店在札幌 麺処白樺山荘 新千歲機場店

●めんどころしらかばさんそうしんちとせくうこうてん

0123-45-7575 Mapple Code 101-6422

口感濃郁、入喉清爽的湯頭廣受好評。機場限定餐點「まるごと北海道ラーメン」（1300日圓）也十分推薦。放在桌上的水煮蛋可以免費食用的服務也頗受好評。

10:00～20:15 休 無休

味噌拉麵 800日圓

豬骨高湯為主的湯頭。混合白麹味噌和白味噌的味噌醬汁口味極佳。

本店在旭川 旭川ラーメン 梅光軒 新千歲機場店

●あさひかわらーめんばいこうけんしんちとせくうこうてん

0123-46-2126 Mapple Code 101-6423

豚骨加海鮮的雙重湯頭，搭配自製的中細卷麵兩者緊密融合，令人享受到回味無窮的美味。瘦肉加上些許油花的かみこみ豬叉燒和超粗筍乾是店家的特徵。

10:00～20:30 休 無休

醬油拉麵 780日圓

加入浸泡叉燒一晚的熟成醬油，讓整碗麵更增風味

突顯海鮮精華雙重湯頭是人氣的祕密

清爽鹽味湯頭搭配順口麵條

本店在函館 函館麺厨房あじさい 新千歲機場店

P.78

●はこだてめんちゅうぼうあじさいしんちとせくうこうてん

0123-45-8550 Mapple Code 101-6016

擁有創業超過70年的歷史，函館鹽味拉麵的代表性店家。混合北海道昆布、乾貝等海鮮熬煮的湯頭，與特製的直麵非常搭配。

10:00～20:00(週六、日，假日～20:30) 休 無休

味彩鹽味拉麵 780日圓

豬五花叉燒、鴨兒芹、日本蕪菁等配菜與清爽湯頭堪稱絕配。

拉麵店都集中在這裡！

3樓 北海道拉麵道場

●北海道ラーメン道場

來自札幌、旭川、帶廣的當地人氣拉麵店齊聚一堂。加上新千歲機場限定店，總共連綿10家店鋪。部份店家供應有新千歲機場限定餐點。

預算 800～1000日圓 位置 吧台、桌位 香煙 禁煙
預約 不可 推薦 家庭、情侶、團體、單人

↑同層樓內各店鋪都有著自己的包廂

還有更多人氣拉麵

本店在帶廣 麺屋開高的 十勝豚麺（白味噌） 980日圓

使用大量十勝名產、夢幻級特選食材"乳清豬"，是道十分值得品嘗的料理。除了照片中的白味噌口味之外，還有供應紅味噌口味，數量有限。

0123-45-8787 Mapple Code 101-6427

8:30～21:00 休 無休

僅限新千歲機場店 札幌ラーメン 雪あかり的 碎叉燒味噌拉麵 918日圓

大量使用加入辣味噌調味的碎叉燒肉。湯頭屬於雞骨、豬骨高湯為底加上日高昆布的清爽風格。

0123-46-5688 Mapple Code 101-6421

9:00～20:30 休 無休

本店在札幌 らーめん空 新千歲機場店的 味噌拉麵 850日圓

道產大骨熬煮的清湯濃郁又清爽，搭配上炒過的味噌調味。麵條使用中粗雞蛋麵。

0123-45-6038 Mapple Code 101-7562

10:00～20:00 休 無休

本店在札幌 札幌ラーメン専門店 にとりのけやき新千歳店的 味噌拉麵 870日圓

混合玄米、小麥味噌等不同的味噌，加上蔬菜甘甜的湯汁是店家的招牌。色彩繽紛的蔬菜令人食指大動。

0123-45-6010 Mapple Code 101-6847

9:00～20:30 休 無休

以北海道產的海鮮為主 捏出的當季滋味！

烏賊 292日圓

函館當地產的真烏賊，特徵在於甜度較高，是最受歡迎的壽司食材。時令在夏季到秋季期間。

海寶滿溢卷 594日圓

放有螃蟹、蔥花鮪魚、甜蝦、鮭魚卵、黃瓜、雞蛋、海膽的豪華餐點。

本店在函館 3樓 函太郎 新千歲機場店

●かんたろうしんちとせくうこうてん

0123-25-3310 Mapple Code 101-7558

以函館為中心，在全國各地拓展20間店面的人氣壽司店。2015年7月新千歲機場店開張。食材以函館、北海道為主，嚴選來自全國各地的當季食材。

10:30～20:45 休無休

當作飯後甜點！ 知名甜點廠商的原創霜淇淋

主廚特製霜淇淋 308日圓

添加香草籽，味道濃郁香醇，口感圓潤

販賣店 2樓 北菓楼 新千歲機場店

霜淇淋（巧克力）300日圓

可享受嚴選巧克力的香氣和濃郁，也不會太甜。吃完後仍感到非常清爽

※機器檢修時停止販售

販賣店 2樓 Royce' 新千歲機場店

極上牛乳霜淇淋 388日圓

新鮮牛奶濃郁的口味。超大份量的長度也值得注目

販賣店 2樓 KINOTOYA 新千歲機場店

本店在瀧川 3樓 松尾ジンギスカン 新千歲機場店

●まつおじんぎすかんしんちとせくうこうてん

0123-46-5829 Mapple Code 101-6021

秘傳醬汁醃漬入味 軟嫩的羊肉

起源於瀧川的醃漬蒙古烤肉店。可以品嘗到浸泡特製醬汁、肉質軟嫩的醃漬羊肉。推薦嚴選的特上瘦羊肉搭配白飯和味噌湯的套餐。

10:00～21:00 休無休

特上蒙古烤肉 1330日圓

「肉用烤的、菜用煮的」是店家特有的吃法。秘傳醬汁會滲透到蔬菜之中，十分下飯。

本店在札幌 3樓 湯咖哩 lavi 新千歲機場店

●スープカレー lavi 新千歲空港店

0123-21-8618 Mapple Code 101-7559

蕃茄酸味搭配肉桂風味，令人印象深刻的湯咖哩專賣店。湯頭共有「原創湯頭」「焙煎鮮蝦湯頭」「椰汁湯頭」三種可供選擇。

10:30～20:00

休無休

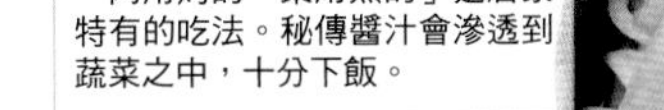

邊走邊吃北海道各地的美食！ 知名美食

椰汁雞肉咖哩 1330日圓

椰汁圓潤口味為其特徵，並加入了雞腿、鮮蝦以及多種蔬菜的人氣餐點。

特製絞肉醬讓湯頭口感更加有層次！

本店在札幌 3樓 どんぶり茶屋 新千歲機場店

P.21 ●どんぶりちゃやしんちとせくうこうてん

0123-25-6650 Mapple Code 101-7561

重視「產地」「鮮度」每天進貨新鮮食材，除了基本的「螃蟹」「海膽」「鮭魚卵」外，還提供可品嘗到北海道「時鮮」的海鮮蓋飯。新千歲機場店限定的創意蓋飯也不容錯過。

10:30～20:00

休無休

丸鮮丼 3480日圓

牡丹蝦、鮪魚、干貝、海膽等四款小型蓋飯，附贈味噌湯。

二条市場的豪邁海鮮蓋飯出現在新千歲機場！

想在回程的機上品嘗！ 機上便當

生海膽、鮭魚卵蓋飯 2380日圓(中)

接到訂單後才開始製作。在機上便當中添加生海膽十分少見。

販賣店 2樓 北の味覚 すず花

石狩鮨 950日圓

塞滿道產的秋鮭和剝好的蟹肉，新千歲機場的長期熱銷產品。

販賣店 2樓 空弁道場 裝苑

北海珍羞組合 1180日圓

奢侈地添加松葉蟹、蒸海膽、鮭魚卵、Ruibe漬鮭的散壽司。

販賣店 2樓 空弁道場 裝苑

本店在網走 3樓 The Earth rook&tarry

可以品嘗到使用道東珍貴食材的料理

●ジアス ルーク&タリー

0123-46-3959 Mapple Code 101-7560

併設吧台座位和Lounge Bar的酒吧。使用來自北海道東、鄂霍次克食材烹飪的料理齊全。使用網走流冰的特製飲料也值得試試。

10:30～21:30 休無休

白酒蒸牡蠣（2個） 1050日圓

厚岸產的大牡蠣淋上白葡萄酒，用接近生食的方式微蒸。

上TRIPCON搜尋

網上訂購最低價格的飯店！

北海道的熱門飯店

便於觀光的市中心飯店、料理出名的飯店、
頂級的溫泉飯店等，嚴選魅力無限、富有個性的北海道飯店。
使用TRIPCON搜尋，就能找到最低價的飯店！

刊載超過25000家的日本飯店！

※照片為示意圖

TRIPCON是什麼？

可以搜尋日本以及全世界超過80萬家飯店的旅遊綜合比較網站。也刊載許多北海道的飯店。
加入條件搜尋就能輕鬆地比較、找出量身訂做的飯店。
除了飯店之外，還能夠線上訂購機票、機加酒套票。

搜尋最低價！ 比較住宿方案！ 評價口碑滿載！

現在就搜尋

札幌 SAPPORO

便於觀光的飯店

高檔的私人空間

札幌站周邊

三井花園飯店札幌

●三井ガーデンホテル札幌

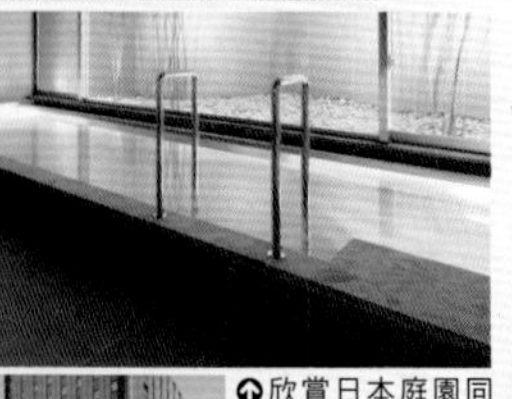

☎011-280-1131 MAP 33 C-3 Mapple Code 101-5468

位置極佳，札幌站步行即到。不論作為觀光、商務行程的據點都十分便利。高檔的私人空間和富設計性裝潢都頗受好評。備有舒緩旅途疲勞的住宿者專用大浴場。

址札幌市中央区北5西6-18-3 交JR札幌站步行4分 P28輛

⬆欣賞日本庭園同時享受入浴時光
⬅素雅時尚的外觀
➡全客房都設有無線LAN

溫泉 露天
IN/OUT 15:00/11:00
費用 單人房 30000日圓~(1房費用)
客房數 247室 信用卡可

⬆位於酒店中層的大浴場，使用挑高充滿開放感的御影石設計

位於都心卻綠意盎然的旅館

中島公園

札幌公園飯店

●札幌パークホテル

☎011-511-3131 MAP 35 D-5 Mapple Code 100-0699

雖然位於市中心但四周卻有綠蔭圍繞的旅館。設有2016年1月翻新的早餐自助餐、日本料理老店「札幌なだ万雅殿」等餐廳和酒吧，護膚中心的設備也十分充實。

址札幌市中央區南10西3
交地下鐵中島公園步行即到
P220台

溫泉 露天
IN/OUT 14:00/11:00
費用 單人房 21600日圓~
客房數 216室 信用卡可

⬆實現物超所值的住宿體驗，10樓商務樓層的客房一例

⬆因選擇多樣而頗受歡迎的早餐自助餐 ➡公園側房間能欣賞到四季轉變的景緻

享受奢華景緻同時放鬆身心

札幌站周邊

札幌蒙特利埃德爾霍夫酒店

●ホテルモントレエーデルホフ札幌

☎011-242-7111
MAP 32 E-4 Mapple Code 101-0721

以19世紀末的維也納為主題建造的時尚建築。16～22樓皆為客房、視野極佳。設有天然溫泉大浴場和岩盤浴等設備的「Karlovy Vary SPA」也頗受好評（另外計費）。

址札幌市中央區北2西1 交JR札幌站步行7分 P60輛

⬆客房共有4種房型，每一種都頗具特色。照片為邊間雙人房
➡早餐是以北海道食材為主的自助餐

溫泉 露天
IN/OUT 14:00/11:00
費用 1晚附早餐 9000日圓~
客房數 181室 信用卡可

浴池的圖例 溫泉 有溫泉 溫泉 無溫泉 露天 有露天溫泉 露天 無露天溫泉

還有更多的熱門旅館&飯店

札幌 **ANA Holiday Inn Sapporo Susukino**
ANAホリデイ·イン札幌すすきの
☎011-512-5533
MAP 35 D-3 Mapple Code 100-0688
地 札幌市中央区南5西3-7 交 地下鐵薄野站步行即到 P10輛

溫泉 露天
IN/OUT 14:00/11:00
費用 單人房7000日圓~
客房數 178室 信用卡可

札幌 **Chateraise Gateaux Kingdom Sapporo**
シャトレーゼガトーキングダムサッポロ
☎011-773-2211
MAP 149 B-4 Mapple Code 101-2169
地 札幌市北区東茨戸132 交 JR札幌站搭計程車45分(有免費接駁車) P2000輛

溫泉 露天
IN/OUT 15:00/11:00
費用 34000日圓
客房數 283室 信用卡可

札幌 **札幌蒙特利酒店**
ホテルモントレ札幌
☎011-232-7111
MAP 32 E-3 Mapple Code 100-0733
地 札幌市中央区北4東1-3 交 JR札幌站步行5分 P63輛
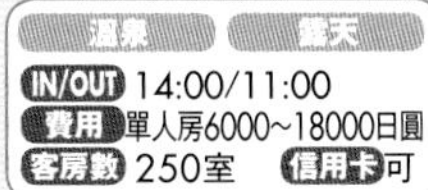
溫泉 露天
IN/OUT 14:00/11:00
費用 單人房6000~18000日圓
客房數 250室 信用卡可

札幌 **Cross Hotel Sapporo**
クロスホテル札幌
☎011-272-0010
MAP 33 D-4 Mapple Code 101-4993
地 札幌市中央区北2西2-23 交 JR札幌站步行5分 P38輛

溫泉 露天
IN/OUT 15:00/11:00
費用 1晚純住宿2人1房 31320日圓~
客房數 181室 信用卡可

函館 **ROUTE INN GRANTIA HAKODATE EKIMAE**
ホテルルートイングランティア函館駅前
☎0138-21-4100
MAP 80 G-5 Mapple Code 101-3104
地 函館市若松町21-3 交 JR函館站步行即到 P102輛(1晚500日圓)

溫泉 露天
IN/OUT 15:00/10:00
費用 單人房8000日圓~
客房數 286室 信用卡可

函館 **Loisir Hotel Hakodate**
ロワジールホテル函館
☎0138-22-0111
MAP 80 G-1 Mapple Code 100-0796
地 函館市若松町14-10 交 JR函館站步行即到 P100輛

溫泉 露天
IN/OUT 14:00/11:00
費用 單人房5000日圓~
客房數 197室 信用卡可

富良野 **SPA&HOTEL RESORT Furano La Terre**
SPA&HOTEL RESORT ふらのラテール
☎0167-39-3100
MAP 59 B-4 Mapple Code 100-2724
地 中富良野町東1北18 交 JR富良野站搭車5分 P300輛

溫泉 露天
IN/OUT 15:00/10:00
費用 1晚附2餐9700~25000日圓
客房數 25室 信用卡可

旭川 **Asahikawa Grand Hotel**
旭川グランドホテル
☎0166-24-2111
MAP 59 A-1 Mapple Code 100-0806
地 旭川市6条通9 交 JR旭川站步行13分 P105輛

溫泉 露天
IN/OUT 14:00/11:00
費用 單人房8424日圓~
客房數 237室 信用卡可

帶廣 **Hotel Nikko Northland Obihiro**
ホテル日航ノースランド帯広
☎0155-24-1234
MAP 89 Mapple Code 100-0579
地 帯広市西2南13-1 交 5JR帶廣站步行即到 P210輛
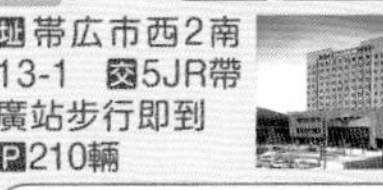
溫泉 露天
IN/OUT 14:00/11:00
費用 單人房14000日圓~
客房數 171室 信用卡可

釧路 **ANA Crowne Plaza Kushiro**
ANAクラウン プラザホテル釧路
☎0154-31-4111(預約專線0154-31-4765)
MAP 101 Mapple Code 100-0514
地 釧路市錦町3-7 交 JR根室本線釧路站步行12分 P63輛
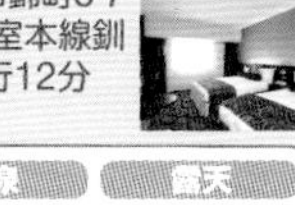
溫泉 露天
IN/OUT 13:00/11:00
費用 單人房6500日圓~·雙人房12000日圓~
客房數 180室 信用卡可

專為高格調的顧客打造的安穩空間

札幌站周邊 **Best Western Hotel Fino Sapporo**
●べすとうぇすたんほてるふぃーのさっぽろ
☎011-729-4055
MAP 33 D-1 Mapple Code 101-4994
提供高級典雅的「豐富生活」為服務理念。客房則是以木質的溫暖和雪為主題設計的空間。
地 札幌市北区北8西4-15 交 JR札幌站步行即到 P40輛

設計時尚的大廳
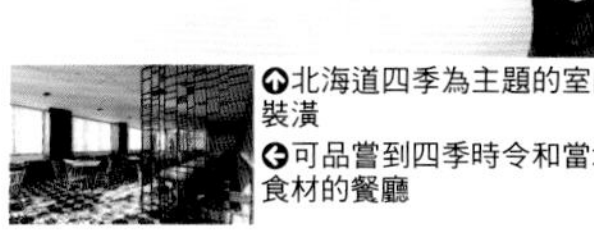
溫泉 露天
IN/OUT 15:00/10:00
費用 單人房7000日圓~
客房數 242室 信用卡可

北海道四季為主題的室內裝潢
可品嘗到四季時令和當地食材的餐廳

地下鐵札幌站21號出口步行即到

營造沈穩空間的客房

空中酒吧可將夜景盡收眼底

札幌站周邊 **札幌全日空酒店**
●札幌全日空ホテル
☎011-221-4411
MAP 32 E-3 Mapple Code 100-0714
徒步即可前往鐘樓和大通公園等景點，交通方便是這裡的引人之處。26樓的空中酒吧可將札幌的夜景盡收眼底。
地 札幌市中央区北三条西1-2-9 交 JR札幌站步行5分 P96輛
溫泉 露天
IN/OUT 14:00/11:00
費用 單人房14000~16000日圓
客房數 412室 信用卡可

最適合當作觀光、商務的據點

札幌站周邊 **新大谷 INN札幌**
ニューオータニイン札幌
☎011-222-1111
MAP 32 E-4 Mapple Code 100-0714
位在JR札幌站附近，四周有大通公園、鐘樓等觀光景點。附設簡餐咖啡廳和酒吧。
地 札幌市中央区北2西1-1 交 JR札幌站步行6分 P80輛

溫泉 露天
IN/OUT 14:00/11:00
費用 單人房16632日圓
客房數 340室 信用卡可

邊間雙床房

和食膳（參考圖）可以一次品嘗到多種海鮮

早餐在評價網站上獲得No.1

獲選日本第一的早餐和天然溫泉頗具魅力

海灣地區·十字街 **LA VISTA函館ベイ**
● La Vista Hakodate Bay
☎0138-23-6111
MAP 80 E-2 Mapple Code 101-5098
位處觀光客聚集的海灣地區的大型旅館。大廳和客房都瀰漫著美好懷舊時光的氛圍。
地 函館市豊川町12-6 交 市電十字街步行5分 P171輛(1晚500日圓)

溫泉 露天
IN/OUT 15:00/11:00
費用 單人房附早餐12500日圓~
客房數 350室 信用卡可

函館 HAKODATE

小樽 OTARU

最適合購物·觀光的度假村飯店

小樽 **小樽君樂酒店**
●グランドパーク小樽
☎0134-21-3111
MAP 46 H-5 Mapple Code 100-0832
緊鄰小樽築港站，不論購物或是觀光都是最適合的度假村飯店。可選擇靠海或是靠山的景觀。
地 小樽市築港11-3 交 JR小樽築港站步行5分 P132輛(1晚1000日圓)

房間窗戶可望見小樽港的模樣
溫泉 露天
IN/OUT 15:00/12:00
費用 雙床房·雙人房9600~30600日圓
客房數 296室 信用卡可

早餐可品嘗到法式吐司

擺設許多獲獎藝術品作為室內裝潢

仿造北歐別墅、充滿高級感的旅館

元町·西部地區 **Villa Concordia Resort&Spa**
●ヴィラ·コンコルディア リゾート&スパ
☎0138-24-5300
MAP 80 E-4 Mapple Code 101-5186
客房寬闊，全室設有廚房、陽台，非常適合長期住宿。在裝潢講究的空間好好休息。
地 函館市末広町3-5 交 市電十字街步行3分 P4輛(1晚600日圓※需預約)

溫泉 露天
IN/OUT 15:00/11:00
費用 1晚附早餐12000日圓~
客房數 10室 信用卡可

北海道的熱門飯店

悠閒的溫泉飯店

↑SUITE樓層的景觀浴池。寬廣到3～4人一起泡都沒問題

←寬敞的大廳是個時尚的美妙空間

←套房樓層的客房採用樓中樓設計

↑晚餐是西式味覺交織而成的創意會席料理

由質感高雅的客房
可欣賞到絕佳景緻

函館 望楼NOGUCHI函館
●ぼうろうのぐちはこだて

✆0138-59-3556
MAP 80 H-5 Mapple Code 100-2044

提供高雅的空間和貼心服務為宗旨。客房型式有適合情侶的「SUITE」、適合家庭的「WA MODERN」、以及適合商務旅客的「OHITO RISAMA」3種。除了「OHITORISAMA」房型以外皆附設露天溫泉。

址函館市湯川町1-17-22 交市電湯の川溫泉步行即到 P70輛(免費)

溫泉 露天
IN/OUT 14:00/12:00
費用 1晚附2餐 35250～51450日圓
客房數 79室 信用卡可

附露天溫泉客房數 日本首屈一指

函館 湯川王子飯店渚亭
●湯の川プリンスホテル渚亭

✆0138-57-3911 MAP 80 H-5 Mapple Code 100-2039

附設溫泉露天浴池的客房多達115間，為日本國內首屈一指。有面向津輕海峽的海景房以及可眺望函館市區的函館山景房，不妨於預約時確認。能將津輕海峽盡收眼底的大浴池頗受好評。址函館市湯川町1-2-25 交市電湯の川溫泉步行10分 P100輛

↓客房的露天溫泉分有岩造（照片）和檜造兩種

←晚餐自助餐還有提供單點料理

←共有靠海側92室、靠函館山側23室附露天浴池的客房

溫泉 露天
IN/OUT 15:00/11:00
費用 1晚附2餐 21600～32400日圓
客房數 175室 信用卡可

↑散發日式風情的露天浴池

登別 NOBORIBETSU

享受溫馨舒適的休閒時光

登別 旅亭 花遊樂
●旅亭 花ゆら

✆0143-84-2322 MAP 141 A-3 Mapple Code 101-1844

館內隨處裝飾著花朵以及兼具賣相和滋味的料理等體貼入微的服務，是一間可滿足感官的旅館。另外也有26間備有檜木或陶器露天浴池的客房，能享受私人的泡澡時光。

址登別市登別溫泉町100 交登別溫泉總站步行10分 P37輛

溫泉 露天
IN/OUT 14:00 10:00
費用 1晚附2餐 28000～54000日圓
客房數 37室 信用卡可

↑大量使用檜木建造的大浴場

無微不至的招待
讓人心情放鬆的旅館

登別 花鐘亭 花屋
●花鐘亭 はなや

✆0143-84-2521
MAP 141 A-3 Mapple Code 100-0176

提供精緻的服務，大受家庭或是團體歡迎的人氣旅館。提供漂亮華麗的宴席風格料理。不管早晚都可以直接在房間內享用，會恰到好處地，在餐點還新鮮、熱騰騰時直接送上來。

址登別市登別溫泉町134 交JR室蘭本線登別站搭乘道南巴士往登別溫泉方向13分，醫院前下車即到 P30輛

↑正因旅館不大，才能提供無微不至的服務

↑以懷石料理的調理方式品嘗四季的美味

溫泉 露天
IN/OUT 14:00/10:00
費用 1晚附2餐 13110日圓～
客房數 21室 信用卡可

還有更多的人氣旅館&飯店

定山溪 定山渓第一寶亭留 翠山亭
じょうざんけいだいいちほてるすいざんてい
☎011-598-2141
MAP 150 H-5 Mapple Code 100-1956
址札幌市南区定山渓温泉西3丁目105 交JR札幌站搭乘定鐵巴士往定山渓方向1小時20分，第一ホテル前下車即到 P60輛

溫泉 露天
IN/OUT 15:00/10:00
費用 1晚附2餐13500日圓(泡湯費另計)
客房數 60室 信用卡可

函館 平成館 潮騷亭
平成館しおさい亭
☎0138-59-2335
MAP 80 H-5 Mapple Code 100-2041
址函館市湯川町1丁目2-37
交JR函館站搭乘函館巴士24分，湯の川温泉下車即到 P50輛

溫泉 露天
IN/OUT 14:00/10:00
費用 1晚附2餐13150日圓～
客房數 151室 信用卡可

洞爺湖 洞爺山水ホテル 和風
とうやさんすいほてるかふう
☎0142-75-2361
MAP 142 G-3 Mapple Code 101-0157
址洞爺湖町洞爺湖温泉78 交JR洞爺站搭乘道南巴士往東町サンパレス方向24分，中央通り下車，步行3分 P60輛

溫泉 露天
IN/OUT 14:00/10:00
費用 1晚附2餐7650～26400日圓
客房數 61室 信用卡可

登別 飯店 真秀苑
ホテルまほろば
☎0143-84-2211
MAP 141 A-3 Mapple Code 100-2017
址登別市登別温泉町65
交JR登別站搭乘道南巴士往登別温泉方向17分，終點站下車，步行3分 P250輛

溫泉 露天
IN/OUT 14:00/10:00
費用 1晚附2餐13500日圓～
客房數 398室 信用卡可

摩周 ホテル摩周
Hotel Masyu
☎015-482-2141
MAP 146 G-2 Mapple Code 100-2170
址弟子屈町湯の島2丁目3-22
交JR摩周站步行15分
P30輛

溫泉 露天
IN/OUT 14:00/10:00
費用 1晚附2餐8000～12000日圓
客房數 25室 信用卡可

宇登呂 Shiretoko Prince Hotel KAZANAMIKI
知床プリンスホテル風なみ季
☎0152-24-2104
MAP 144 G-4 Mapple Code 100-1686
址斜里町ウトロ香川192 交JR知床斜里站搭乘斜里巴士往宇登呂温泉方向50分，宇登呂温泉巴士總站下車，步行15分 P100輛

溫泉 露天
IN/OUT 15:00/10:00
費用 1晚附2餐12030日圓～
客房數 176室 信用卡可

層雲峽 層雲峡 朝陽亭
そううんきょうちょうようてい
☎01658-5-3241
MAP 148 H-1 Mapple Code 100-0133
址上川町層雲峡温泉 交JR上川站搭乘道北巴士往層雲峡方向30分，終點站下車，步行15分 P120輛

溫泉 露天
IN/OUT 15:00/10:00
費用 1晚附2餐8790～26070日圓
客房數 252室 信用卡可

層雲峽 層雲峡温泉Choyo Resort Hotel
層雲峡温泉朝陽リゾートホテル
☎01658-5-3911
MAP 148 H-1 Mapple Code 101-3202
址上川町層雲峡温泉 交JR上川站搭乘道北巴士往層雲峡方向30分，終點站下車，步行15分 P100輛
溫泉 露天
IN/OUT 15:00/11:00
費用 1晚附2餐9720日圓～
客房數 200室 信用卡可

十勝 觀月苑
かんげつえん
☎0155-46-2001
MAP 147 B-5 Mapple Code 100-2113
址音更町十勝川温泉南14-2
交JR帶廣站搭乘十勝巴士往十勝川溫泉方向30分，観月苑前下車即到 P100輛

溫泉 露天
IN/OUT 15:00/10:00
費用 1晚附2餐12030～39030日圓
客房數 104室 信用卡可

十勝 十勝川温泉 三余庵
とかちがわおんせんさんよあん
☎0155-32-6211
MAP 147 B-5 Mapple Code 101-2201
址音更町十勝川温泉南13
交JR帶廣站搭乘十勝巴士往十勝川溫泉方向25分，十勝川溫泉下車即到 P20輛
溫泉 露天
IN/OUT 15:00/11:00
費用 1晚附2餐28230～50910日圓
客房數 11室 信用卡可

洞爺 TOYA

俯瞰湖畔景緻是飯店招牌

洞爺 洞爺觀光飯店
●洞爺観光ホテル

☎0142-75-2111
MAP 142 G-3 Mapple Code 100-0184

矗立湖畔，全房可欣賞湖景的飯店。大浴場、露天溫泉可將散發青色光芒的洞爺湖和羊蹄山盡收眼底。

址洞爺湖町洞爺湖温泉33 交JR洞爺湖站搭乘道南巴士往東町サンパレス方向25分，櫻町下車即到 P100輛

↑露天浴池可眺望洞爺湖、中島

溫泉 露天
IN/OUT 14:00/10:00
費用 1晚附2餐8000～25000日圓～
客房數 131室 信用卡可

↑氣氛滿分的洞窟浴池

定山溪 JYOZANKEI

↑入浴同時可欣賞溪谷的流水

↑匯集山珍海味的晚餐範例

擁有各式各樣娛樂的大規模度假村

定山溪 ホテル鹿の湯
●ほてるしかのゆ

☎011-598-2311 MAP 150 H-5 Mapple Code 100-1949

擁有172個客房，為定山溪地區屈指可數的大規模飯店。男女大浴場分別可容納200人入浴。

址札幌市南区定山渓温泉西3丁目32 交JR札幌站搭乘定鐵巴士往定山溪方向1小時20分，定山渓湯の町下車，步行3分
P150輛

溫泉 露天
IN/OUT 15:00/10:00
費用 1晚附2餐7000～28000日圓
客房數 172室 信用卡可

欣賞溪谷景緻同時享用餐點的老字號旅館

定山溪 章月格蘭飯店
●章月グランドホテル

☎011-598-2231 MAP 150 H-5 Mapple Code 100-0164

棚湯、寢湯、泉源不斷流動的檜木浴池等，多樣的溫泉為店家招牌。全室面朝溪谷，可欣賞到美麗的景觀。

址札幌市南区定山渓温泉東3-239 交定山溪神社前巴士站牌步行即到 P40輛

溫泉 露天
IN/OUT 15:00/10:00
費用 1晚附2餐13110日圓～
客房數 59室 信用卡可

↑可享受優良的水質和木頭香氣的大浴場

↑主廚是北海道一的懷石料理精心製作的料理，都是珍饈不論哪代表

知床 SHIRETOKO

↑溫暖的室內裝潢，營造出令人放鬆的氛圍（一例）

↑可以獨占整片鄂霍次克海風景的溫泉大浴場「大海原」

泡著絕景浴池感受知床的大自然

宇登呂 知床格蘭飯店 北辛夷
●知床グランドホテル北こぶし

☎0152-24-3222 MAP 144 G-4 Mapple Code 100-2193

夏季可欣賞來來往往的觀光船、冬季則能望見整片流冰原，並且可以品嘗到知床特有的時令美食。

址斜里町ウトロ東172 交JR知床斜里站搭乘斜里巴士往宇登呂溫泉方向50分，宇登呂溫泉巴士總站下車，步行5分 P150輛

溫泉 露天
IN/OUT 15:00/10:00
費用 1晚附2餐10800日圓～
客房數 181室 信用卡可

網走 ABASHIRI

帶著奢侈的心情享受住宿

網走湖畔溫泉 Hotel Abashirikoso
●ホテル網走湖荘

☎0152-48-2311 MAP 152 F-4 Mapple Code 100-0148

新本館、南館、中央館組成的飯店。三座建築圍繞著湖畔，位置絕佳。可以盡情欣賞網走湖的景緻。

址網走市呼人78
交JR網走站搭乘網走巴士往女満別機場，美幌方向10分，網走湖荘前下車即到
P100輛

溫泉 露天
IN/OUT 15:00/10:30
費用 1晚附2餐8790～37950日圓
客房數 153室 信用卡可

↑奢侈地佔用寬闊空間的大廳

↑人氣的大浴場「火口原」

阿寒 AKAN

↑極具開放感的挑高大廳

享受度假村氛圍的湖畔旅館

阿寒湖溫泉 新阿寒酒店
●ニュー阿寒ホテル

☎0154-67-2121 MAP 146 F-3 Mapple Code 100-2160

建於湖畔，溫泉街最大級的旅館。屋頂設有須穿著泳裝的空中花園SPA，可以將阿寒風景盡收眼底。

址釧路市阿寒町阿寒湖温泉2丁目8-8 交JR釧路站搭乘阿寒巴士往阿寒湖畔方向2小時，終點站下車，步行5分 P200輛

溫泉 露天
IN/OUT 15:00/10:00
費用 1晚附2餐7560～30600日圓
客房數 338室 信用卡可

北海道的熱門飯店

代碼	航空公司	電話	代碼	航空公司	電話
CAL	中華航空	02-412-9000	JST	捷星航空	0801-852-015
EVA	長榮航空	02-2501-1999	KLM	荷蘭皇家航空	02-7707-4701
TNA	復興航空	02-4498-123	DAL	達美航空	0080-665-1982
TTW	台灣虎航	02-5599-2555	SCO	酷航	09-7348-2980
JAL	日本航空	0801-81-2727	APJ	樂桃航空	02-8793-3209
ANA	全日空	02-2521-1989	UAL	聯合航空	02-2325-8868
CPA	國泰航空	02-2715-2333			
VNL	香草航空	070-1010-3858			

北海道

- 桃園國際機場→新千歲機場
  CAL EVA TNA ANA
  3小時35分～4小時
  5～6班／天
- 高雄國際航空站→新千歲機場
  CAL
  約4小時
  5班／週
- 桃園國際機場→函館機場
  EVA TNA
  約4小時
  3～7班／週
- 桃園國際機場→旭川機場
  TNA
  約3小時45分
  2班／週

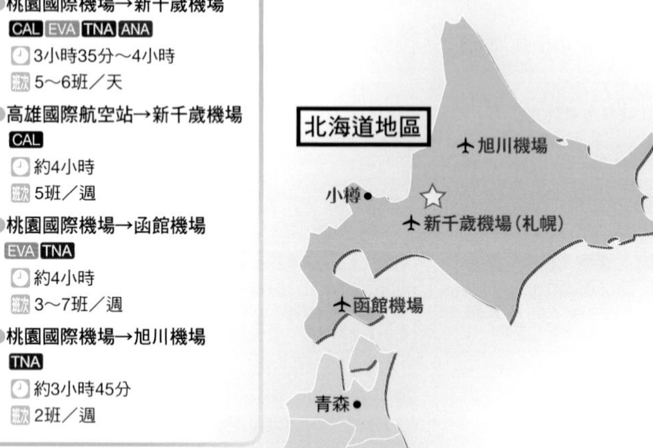

大阪

- 桃園國際機場→關西國際機場
  CAL EVA TNA TTW JAL ANA CPA JST APJ
  2小時25分～2小時40分
  20～23班／天
- 高雄國際航空站→關西國際機場
  CAL EVA TTW ANA SCO APJ
  2小時40分～3小時
  6～7班／天

福岡

- 桃園國際機場→福岡機場
  CAL EVA ANA CPA KLM
  2小時05分～2小時20分
  6班／天
- 高雄國際航空站→福岡機場
  CAL EVA ANA
  約2小時40分
  1～2班／天

東京

- 松山機場→羽田機場
  CAL EVA JAL ANA
  2小時40分～2小時55分
  8班／天
- 桃園國際機場→羽田機場
  TTW APJ
  約3小時
  1～3班／天
- 桃園國際機場→成田機場
  CAL EVA TNA TTW JAL ANA CPA VNL JST DAL SCO UAL
  2小時55分～3小時10分
  25～26班／天
- 高雄國際航空站→成田機場
  CAL EVA JAL ANA TTW VNL
  3小時15分～3小時25分
  5班／天

名古屋

- 桃園國際機場→中部國際機場
  CAL VAX JAL ANA CPA JST
  2小時35分～3小時
  4～6班／天

沖繩

- 桃園國際機場→那霸機場
  CAL EVA TNA TTW ANA KLM DAL APJ
  1小時15分～1小時35分
  8～9班／天
- 高雄國際航空站→那霸機場
  CAL
  1小時45分
  2班／週

穿過青函隧道後就是北海道了

鐵路搭乘指南！

照片提供：JR北海道

①從東京站不需換車即可直達北海道
②運行班次眾多，可中途下車
③若去回程都計畫搭乘鐵道，建議購買優惠票

搭乘鐵路的好處在於幾乎沒有隨身行李檢查和限制，以及搭乘時間較短。隨著北海道新幹線、新青森、新函館北斗之間在2016年3月26日開通，從東京變得可以不用換車，直接通往北海道。從新函館北斗站往札幌站可改搭「スーパー北斗」、往函館站則改搭「はこだてライナー」。

詳細請看P.134

出發	路線	轉乘	路線	目的地	時間・費用
①東京站	JR東北・北海道新幹線「はやぶさ」1天10班	新函館北斗站	はこだてライナー 1天16班	函館站	4小時30分~5小時10分 23,010日圓
②東京站	JR東北・北海道新幹線「はやぶさ」1天10班	新函館北斗站	JR特急「(スーパー)北斗」1天12班	札幌站	7小時45分~8小時30分 26,820日圓

※鐵路運費為全行程普通運費和平時的特急普通車指定席費用的總額（不利用特急的情況只須普通運費）。

設備媲美旅館的渡輪也不錯

渡輪搭乘指南！

重點整理

①可將自家車輛運送到北海道
②船內有自由活動的空間
③天氣惡劣時，船隻可能會有大幅度的晃動

函館港有來自青森，小樽港、苫小牧港有來自鄰近大都市圈港口出發的渡輪航班。除了計畫帶著自己的車來到北海道的旅客，近年來，通往渡輪總站的交通變得十分發達，將搭乘渡輪視為前往北海道的移動方式的旅客也逐年增加。加上渡輪公司也非常重視一般觀光客的搭乘，餐廳、浴池、電影院等附屬設施充實的船班很多。備有套房的渡輪，對於攜家帶眷的旅客來說也十分方便。

出發地	渡輪公司	班數	時間	費用	目的地
Ⓐ青森港	青函渡輪	1天8班（12、1月有休航）	3小時50分	僅旅客2等1690日圓、乘用車未滿5m18160日圓	函館港（青函渡輪總站）
Ⓑ青森港	津輕海峽渡輪	1天8班（年初年尾有休航）	3小時50分	僅旅客2等2220日圓、乘用車未滿6m16460日圓	函館港（函館港渡輪總站）
Ⓒ大間港	津輕海峽渡輪	1天2班（年初年尾有休航）	1小時40分	僅旅客2等1810日圓、乘用車未滿6m13160日圓	函館港（函館港渡輪總站）
Ⓓ八戸港	川崎近海汽船（シルバーフェリー）	1天4班	7小時15分~9小時	僅旅客2等5000日圓、乘用車未滿5m25000日圓	苫小牧港
Ⓔ仙台港	太平洋渡輪	1天4班（冬季有休航）	15小時20分	僅旅客2等7200~8300日圓、乘用車未滿5m26300日圓	苫小牧港
Ⓕ大洗港	商船三井渡輪	1日1~2班（有休航日）	18~19小時	僅旅客經濟艙8740日圓~、乘用車未滿5m26740日圓	苫小牧港
Ⓖ名古屋港	太平洋渡輪	週3~4日各1日1班（仙台寄港班）	40小時	僅旅客2等9800~10800日圓、乘用車未滿5m34000日圓	苫小牧港
Ⓗ秋田港	新日本海渡輪	週5日各1日1班	10小時20分	僅旅客2等4530日圓、乘用車未滿5m18410日圓	苫小牧東港
Ⓘ新潟港	新日本海渡輪	週6日1日1班	18小時	僅旅客2等6480日圓、乘用車未滿5m21500日圓	小樽港
Ⓙ新潟港	新日本海渡輪	週5日1日1班（秋田寄港班）	17小時50分	僅旅客2等6480日圓、乘用車未滿5m21500日圓	苫小牧東港
Ⓚ敦賀新港	新日本海渡輪	週2日1日1班（新潟・秋田寄港班）	31小時20分	僅旅客2等9570日圓、乘用車未滿5m31370日圓	苫小牧東港
Ⓛ敦賀新港	新日本海渡輪	1天1班（有直達班、休航日）	19小時30分	僅旅客2等9570日圓、乘用車未滿5m31370日圓	苫小牧東港
Ⓜ舞鶴港	新日本海渡輪	1天1班（有休航日）	20小時15分	僅旅客2等9570日圓、乘用車未滿5m31370日圓	小樽港

※渡輪運費為平時期間的2等運費和未滿5m（或未滿6m）的乘用車運送費用。記載所需時間為去程的標準時間。

◎商船三井渡輪的「Sun flower」

從首都圈前往北海道，建議搭乘連接大洗和苫小牧的商船三井「Sun flower」最為便利。船上擁有各式各樣的客房，可以按照人數、預算安排。傍晚班次備有餐廳、賞景浴場、商店、海上電影院。不論行李太多還是帶著自家車出行都能輕輕鬆鬆，即使買再多伴手禮都沒問題！

各家洽詢電話

渡輪
●商船三井渡輪
✆0120-489850
(大洗)✆029-267-4133
●青函渡輪
(青森)✆017-782-3671
●津輕海峽渡輪
(青森)✆017-766-4733
●川崎近海汽船
(Silver Ferry)
✆0120-539-468
●太平洋渡輪
(仙台)✆022-388-8757
(東京)✆03-3564-4161
(名古屋)✆052-582-8611
●新日本海渡輪
(秋田)✆018-880-2600
(新潟)✆025-273-2171
(東京)✆03-5532-1101
(敦賀)✆0770-23-2222
(舞鶴)✆0773-62-3000
(名古屋)✆052-566-1661
(大阪)✆06-6345-2921

鐵路
●JR北海道電話服務中心
✆011-222-7111
●JR東日本洽詢中心
✆050-2016-1600

※記載內容為2015年度資料。2016年度以後可能因為改點或運費更改等原因而出現差異，出發前請事先確認。

CHECK! JR北海道的優惠票券

■北海道Free Pass　26,230日圓　7日間有效
【販售】JR北海道．東日本．四國．九州的主要車站、以及大部分旅行代理店等處
除了北海道新幹線，JR北海道內鐵路全線（特急、急行、普通列車）的普通車自由席，以及部份線路、區間除外的JR北海道巴士都可無限搭乘。普通車指定席也能搭乘6次。旅遊旺季不可使用。

北海道內的 鐵路搭乘指南！

連結主要都市之間，時間準確

北海道內的移動方式中，最安全、安心的交通方式。即使遠距離移動也絲毫不會覺得難受。

重點整理
①發車、抵達時間幾乎不會發生延遲的請況
②遠距離移動輕鬆，搭乘時間也短
③售有便於周遊觀光的優惠票券

JR北海道是北海道內唯一的廣域鐵路網路。札幌起訖，通往旭川、函館、帶廣、釧路、網走、稚內方向的特急列車，**最適合往來於都市之間**。另外還有，函館本線、富良野線、釧網本線等**行經人氣地區的路線**。除此之外，設有僅限JR乘客搭乘，從起訖站**繞行各觀光景點的Twinkle Bus**。

奔馳於美景之間！主要觀光列車

富良野・美瑛慢車號
行駛於薰衣草盛開的富良野盆地，以及丘陵之城—美瑛的復古風列車。→P.54

Crystal Express
全景車廂很具魅力，並設有包廂和吧台座位。會隨季節作為臨時列車運行。

North Rainbow Express
特徵是5種主題顏色裝飾的車廂。會隨季節作為臨時列車運行。

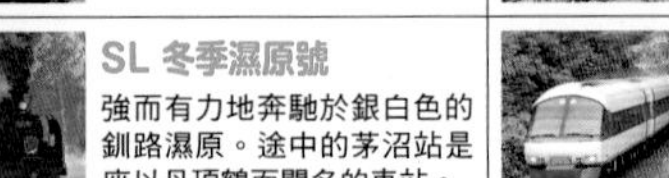

SL 冬季濕原號
強而有力地奔馳於銀白色的釧路濕原。途中的茅沼站是座以丹頂鶴而聞名的車站。

Niseko Express
充滿速度感的流線型車身，以及寬敞的室內為其魅力。會隨季節作為臨時列車運行。

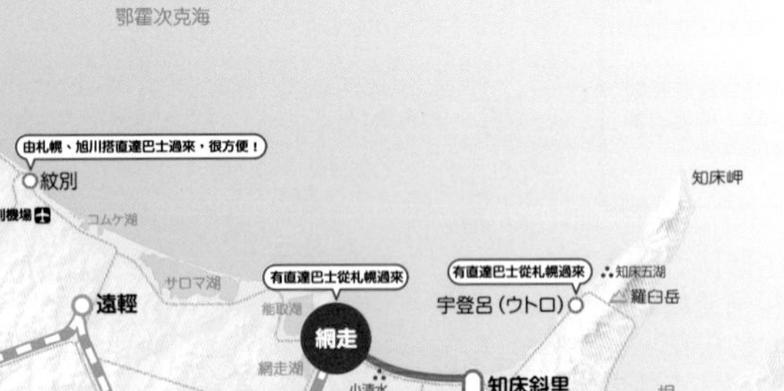

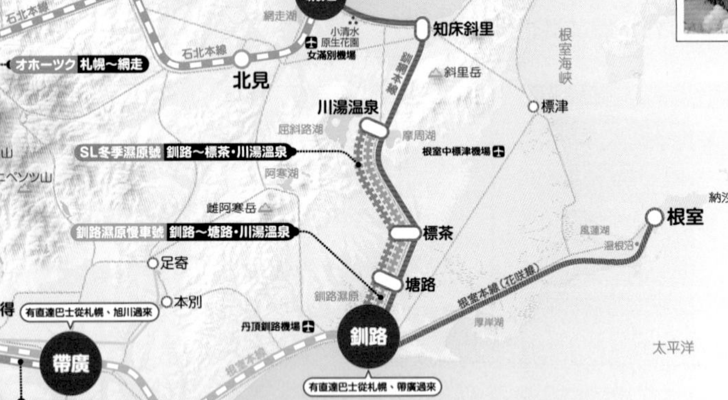

主要都市間別鐵路路線速見表

	札幌站	富良野站	旭川站	稚內站	帶廣站	釧路站	網走站
釧路站→							JR釧網本線 3～4小時・3670日圓
帶廣站→						JR特急「スーパーおおぞら」 1小時35分・4810日圓	JR特急「スーパーおおぞら」[釧路站換車] JR釧網本線 5小時35分・8040日圓
稚內站→					JR「スーパー宗谷」及其他[札幌站換車] JR特急「スーパーとかち・おおぞら」 8小時35分・15940日圓	JR「スーパー宗谷」及其他[札幌站換車] JR特急「スーパーおおぞら」 10小時12分・17020日圓	JR「スーパー宗谷」及其他[旭川站換車] JR特急「オホーツク」 9小時13分・14540日圓
旭川站→				JR特急「スーパー宗谷」及其他 4小時2分・8300日圓	JR富良野線［富良野站換車］JR根室本線[新得站換車] JR特急「スーパーおおぞら・とかち」 5小時22分・4810日圓	JR富良野線[富良野站換車] JR根室本線［新得站換車］JR特急「スーパーおおぞら」 6小時29分・8400日圓	JR特急「オホーツク」 3小時55分・7970日圓
富良野站→			JR富良野線 1小時20分・1070日圓	JR富良野線［旭川站換車］JR特急「スーパー宗谷」及其他 6小時28分・9160日圓	JR根室本線[新得站換車] JR特急「スーパーおおぞら・とかち」 2小時11分・3630日圓	JR根室本線［新得站換車］JR特急「スーパーおおぞら」 3小時52分・7430日圓	JR富良野線［旭川站換車］JR特急「オホーツク」及其他 5小時14分・8840日圓
札幌站→		JR特急「スーパーカムイ」ほか［瀧川站換車］JR根室本線 2小時30分・4140日圓	JR特急「スーパーカムイ」及其他 1小時25～35分・4810日圓	JR特急「スーパー宗谷」「サロベツ」 5小時5～40分・10450日圓	JR特急「スーパーとかち」「スーパー・おおぞら」 2小時22～55分・7220日圓	JR特急「スーパーおおぞら」 4小時～4小時35分・9370日圓	JR特急「オホーツク」 5小時30分・9910日圓
	「AIRPORT」（自 1070日圓	JR快速「AIRPORT」(自由席)[札幌站換車] JR特急「スーパーカムイ」及其他［瀧川站換車］JR根室本線 4小時32分・5030日圓	JR快速「AIRPORT」（自由席）［札幌站換車］JR特急「スーパーカムイ」及其他 2小時10分・5700日圓	JR快速「AIRPORT」（自由席）［札幌站換車］JR特急「スーパー宗谷」及其他 10小時8分・10910日圓	JR快速「AIRPORT」(自由席)［南千歳站換車］JR特急「スーパーとかち」「スーパー・おおぞら」 2小時15～40分・6060日圓	JR快速「AIRPORT」（自由席）［南千歳站換車］JR特急「スーパーおおぞら」 3小時55分～4小時10分・8970日圓	JR快速「AIRPORT」（自由席）［札幌站換車］JR特急「オホーツク」 7小時34分・10590日圓
	「AIRPORT」及其 由席) 分・640日圓	JR快速「AIRPORT」及其他（自由席）[札幌站換車]JR特急「スーパーカムイ」其他［瀧川站換車］JR根室本線 5小時47分・4890日圓	JR快速「AIRPORT」及其他（自由席）［札幌站換車］JR特急「スーパーカムイ」及其他 2小時21分・5560日圓	JR快速「AIRPORT」及其他（自由席）［札幌站換車］JR特急「スーパー宗谷」及其他 8小時6分・10770日圓	JR快速「AIRPORT」及其他（自由席）［南千歳站換車］JR特急「スーパーとかち・おおぞら」 3小時40分・7430日圓	JR快速「AIRPORT」及其他(自由席)［南千歳站換車］JR特急「スーパーおおぞら」及其他 6小時26分・9910日圓	JR快速「AIRPORT」及其他（自由席）［札幌站換車］JR特急「オホーツク」 8小時3分・10450日圓
	本線［小樽站換車］ 「AIRPORT」及其 由席) 8分・2160日圓	JR函館本線[小樽站換車] JR快速「AIRPORT」及其他（自由席）[札幌站換車] JR特急「スーパーカムイ」及其他［瀧川站換車］JR根室本線 5小時42分・6400日圓	JR函館本線［小樽站換車］JR快速「エアポート」及其他（自由席）［札幌站換車］JR特急「スーパーカムイ」及其他 4小時17分・7070日圓	JR函館本線[小樽站換車]JR快速「AIRPORT」及其他（自由席）[札幌站換車] JR特急「スーパー宗谷」及其他 9小時2分・11850日圓	JR函館本線［小樽站換車］JR快速「AIRPORT」及其他（自由席）[南千歳站換車] JR特急「スーパーとかち・おおぞら」 5小時16分・8620日圓	JR函館本線［小樽站換車］JR快速「エアポート」及其他（自由席）［南千歳站換車］JR特急「スーパーおおぞら」及其他 6小時52分・10770日圓	JR函館本線[小樽站換車]JR快速「AIRPORT」及其他(自由席)[札幌站換車]JR特急「オホーツク」 10小時1分・11640日圓
	「（スーパー）北斗」 0～55分・8830日	JR特急「（スーパー）北斗」[札幌站換車] JR特急「スーパーカムイ」及其他［瀧川站換車］JR根室本線 5小時56分・12420日圓	JR特急「（スーパー）北斗」[札幌站換車] JR特急「スーパーカムイ」及其他 5小時23分・13090日圓	JR特急「（スーパー）北斗」[札幌站換車] JR特急「スーパー宗谷」及其他 12小時20分・17020日圓	JR特急「（スーパー）北斗」[南千歳站換車] JR特急「スーパーとかち・おおぞら」 6小時28分・13240日圓	JR特急「（スーパー）北斗」［南千歳站換車］JR特急「スーパーおおぞら」及其他 8小時7分・15290日圓	JR特急「（スーパー）北斗」[札幌站換車] JR特急「オホーツク」 10小時1分・16690日圓

※記載內容為2015年度資料。2016年度以後可能因為改點或調整運費等原因而有差異，出發前請事先確認。

北海道觀光的經典交通方式！

北海道內的 飛機搭乘指南！

搭乘飛機到新千歲機場，再從機場轉搭其他飛機到地方機場也沒問題。

重點整理

①札幌地區的機場為「新千歲」和「丘珠」
②兩機場之間並沒有接駁巴士
③善加使用飛機，可讓花費半日的路程只要1個小時就抵達

札幌丘珠機場．新千歲機場與北海道內各地皆有航空路線連結。降落在新千歲機場後，再從札幌丘珠機場搭乘飛機前往北海道各地的方法雖然並非不可行，但是兩機場間並沒有直通的接駁巴士，請記得預留2小時以上的移動時間。

出發	航班	所需時間·費用	抵達
札幌丘珠機場	HAC/1日3~5班	45分·18,800日圓	函館機場
	HAC/1日2~4班	45分·22,100日圓	丹頂釧路機場
	HAC/1日1班	1小時·26,300日圓	利尻機場
新千歲機場	ANA/1日2班	40分·18,800日圓	函館機場
	ANA/1日3班	45分·22,100日圓	丹頂釧路機場
	ANA·JAL/1日7班	50分·24,000日圓	女滿別機場
	ANA/1日3班	1小時·24,800日圓	根室中標津機場
	ANA/1日2班	55分·24,100日圓	稚內機場
函館機場	HAC/1日1班	30分·18,400日圓	奧尻機場

前往主要都市的交通方式

出發	巴士	抵達	洽詢
札幌丘珠機場	北海道中央巴士 37分·210日圓	札幌站前	✆011-231-0500 HP有
奧尻機場	奧尻町有巴士 40分·720日圓	奧尻巴士中心	✆01397-2-4111 HP有

前往利尻島·禮文島·奧尻島！

離島的 渡輪搭乘指南！

美麗花朵、新鮮海產相當吸引人的3座離島。可從船上望見島嶼輪廓也是搭乘渡輪才能體驗到的樂趣。

重點整理

①前往利尻島·禮文島須從稚內港出發
②前往奧尻島須從江差港·瀨棚港出發
③運送車輛的運費稍微偏高

人氣觀光地的三座離島，可從鄰近的港口搭乘渡輪前往。每艘船內都有特別室、1等、2等艙，但大部分的人都是使用2等艙。雖然渡輪可以載運車子，不過由於費用偏高，建議利用各島的租車服務。

出發	航班	所需時間·費用	抵達
稚內港	Heart Land Ferry/1日2~4班	1小時40~50分·2,140日圓	利尻（鴛泊港）
	Heart Land Ferry/1日2~4班	1小時55分~2小時5分·2,370日圓	禮文（香深港）
利尻（鴛泊港）	Heart Land Ferry/1日1~2班	40分·850日圓	禮文（香深港）
瀨棚港	Heart Land Ferry/1日1班（5月1日~10月15日運行）	35分·1,810日圓	奧尻港
江差港	Heart Land Ferry/1日1~2班	1小時10~20分·2,370日圓	

■自由座來回優惠票（S票）
札幌-旭川5080日圓等　6日間有效
【販售】JR北海道車站的綠色窗口、JR北海道旅遊中心、北海道內的大部分旅行代理店等處
往返時可使用特急列車普通車自由座。設定為距離較短的區間。

■指定席來回優惠票（R票）
札幌-稚內13580日圓等 6日間有效
【販售】JR北海道車站的綠色窗口、JR北海道旅遊中心、北海道內的大部分旅行代理店等處
往返時可使用特急列車普通車指定席。比一般費用相比約為15～20%的折扣。

CHECK! JR乘客才能搭乘的Twinkle Bus

僅限持有JR北海道乘車券（定期券、入場券、IC乘車券除外）的旅客才能搭乘的觀光巴士，會繞行距離車站較遠的觀光景點。搭乘前須事先至JR北海道的車站、JR北海道旅遊中心等設施提出申請。申請時須出示JR券或是當場購買車票。

JR線情報的洽詢處

●JR北海道電話服務中心
✆011-222-7111

飛機情報的洽詢處

●HAC(Hokkaido Air System)
✆0570-006-007
●ANA(全日空)
✆0570-029-222
●JAL(日本航空)
✆0570-025-071

關於渡輪方面的諮詢

●Heart Land Ferry
（稚內分店）
✆0162-23-3780
（江差分店）
✆0139-52-1066

	新雪谷站→	小樽站→	新千歲機場
小樽站→			JR快速「AIRPOR 由席） 1小時15分·178
新雪谷站→		JR函館本線 1小時52分·1450日圓	JR函館本線［小樽 JR快速「AIRPOR 由席） 3小時9分·2950
函館站→	JR特急「（スーパー）北斗」［長萬部站換車］JR函館本線 2小時49分·5560日圓	JR特急「（スーパー）北斗」［札幌站換車］JR快速「いしかりライナー」及其他 4小時33分·9370日圓	JR特急「（スー 斗」［南千歲站換車 速「AIRPORT」（ 3小時10~30分·8

※渡輪費用為非旺季之2等艙費用及長度未滿5m小客車運費的合計金額。上述所需時間為去程的標準花費時間。

CHECK! 北海道的夜間巴士

深夜從札幌出發，在巴士內就寢，早上起床即可抵達目的地的移動方式一夜間巴士。推薦給不想浪費移動時間的旅客。車輛與一般的都市間高速巴士不同，座位之間會保持著一定的距離。會提供膝上毯或濕紙巾，車內也備有廁所。

➔車資親民而廣受歡迎。可以在放鬆休息的同時往目的地移動

←單人可調式座椅，也有足夠的空間讓腳部伸展。座位附有適合讀書、吃飯的小桌子

北海道內的 巴士搭乘指南！

都市之間路線完備，價格低廉

都市間巴士連結各個主要都市。若想玩得更有效率，選擇定期觀光巴士也相當便利。

重點整理
①距離較遠的都市間也不需換車
②公共交通工具中最省錢的移動方式
③天候惡劣、道路封鎖時有可能造成延誤

北海道的都市間巴士路線十分完備。以低廉的運費為賣點，與JR特急並行前往主要都市的路線也很多，除了觀光客之外，對北海道居民來說也時常需要利用。部份車輛設有廁所，即使長時間搭乘也可放心。主要觀光地區會有來回於車站等設施的定期觀光巴士，希望在短時間巡覽觀光景點的旅客，請務必善加利用。

●北海道內的主要夜間巴士

■高速はこだて
札幌站前23時35分出發，抵達函館站前約隔天早上5時15分。差不多是在函館市場開店的時間。

■ドリーミントオホーツク
中央巴士札幌總站23時40分出發，抵達網走約隔天早上6時。途中會行經北見、美幌。

■スターライト釧路
札幌站前23時10分出發，抵達釧路站前約隔天早上5時20分。途中會行經白糠。

■イーグルライナー
中央巴士札幌總站23時15分出發，抵達宇登呂約隔天早上6時30分。途中會行經小清水、斜里。

※夜間班次僅有部份路線會安排到目的地後，前往可以吃飯、休息、入浴的旅館（付費）。上述的所有資訊為2016年1月時之資料，實際情況可能有所變更，出發前請事先確認。

北海道內的主要都市間巴士

出發	巴士公司／班次	所需時間・費用	目的地
札幌	北海道中央巴士、JR北海道巴士／每小時1~4班	1小時・610日圓	小樽
札幌	北海道中央巴士／每小時1~2班	1小時40分・1,030日圓	余市
札幌	北海道中央巴士／1日3班	3小時・2,240日圓	新雪谷
札幌	道南巴士／1日1班	1小時40分・1,950日圓	登別溫泉
札幌	北海道中央巴士、道南巴士、北都交通／1日8班	5小時50~55分・4,810日圓	函館
札幌	道南巴士／1日4班	2小時40~50分・2,780日圓	洞爺湖溫泉
札幌	北海道中央巴士／1日10班	2小時30分・2,260日圓	富良野
札幌	北海道中央巴士、JR北海道巴士／每小時2~3班	2小時5分・2,060日圓	旭川
札幌	北海道中央巴士、北海道北見巴士、網走巴士／1日9班	6小時・6,390日圓	北見・網走
札幌	北海道中央巴士、道北巴士及其他／1日4班	4小時20分~5小時20分・4,930日圓	紋別
札幌	北海道中央巴士／1日3班	1小時40分・1,750日圓	夕張
札幌	宗谷巴士／1日6班	5小時50分~7小時・6,200日圓	稚內
札幌	十勝巴士及其他／1日10班	3小時45~55分・3,770日圓	帶廣
札幌	北海道中央巴士、釧路巴士、阿寒巴士／1日5班	5小時15分~6小時10分・5,770日圓	釧路
札幌	北都交通、根室交通／1日1~2班	7小時15分~8小時30分・7,400日圓	根室
札幌	斜里巴士／1日1班	7小時15分・8,230日圓	宇登呂
新千歲機場	北都交通／1日1班	1小時40分・1,650日圓	定山溪溫泉
新千歲機場	北都交通、帶運觀光／1日4班	2小時30分・3,400日圓	帶廣
旭川	道北巴士、十勝巴士、北海道拓殖巴士／1日4班	3小時40分~4小時・3,240日圓	帶廣
旭川	道北巴士、阿寒巴士／1日2班	6時間35分・5,450日圓	釧路
旭川	道北巴士／1日4班	3小時・3,190日圓	紋別
釧路	釧路巴士、根室交通／1日5班	2小時45分・2,250日圓	根室

各家洽詢電話

●大通巴士中心 ✆011-241-0241
●北海道中央巴士 ✆011-231-0500
●函館巴士 ✆0138-51-3137
●JR北海道巴士 ✆011-241-3771
●網走巴士 ✆0152-43-4101
●富良野巴士 ✆0167-23-3131
●北都交通 ✆011-375-6000（新千歲機場~定山溪溫泉）
●北海道北見巴士 ✆0157-23-2185
●道北巴士 ✆0166-23-4161
●北都交通 ✆011-272-1211（札幌預約服務）
●釧路巴士 ✆0154-36-8181
●十勝巴士 ✆0155-23-5171
●宗谷巴士 ✆0162-33-5515
●阿寒巴士 ✆0154-37-2221
●北海道拓殖巴士 ✆0155-31-8811
●沿岸巴士 ✆0164-62-1550
●根室交通 ✆0153-24-2201
●道南巴士 ✆0143-45-2131

北海道中央巴士

✆011-231-0500 http://www.chuo-bus.co.jp/

※除了遊覽北海道內觀光景點的定期觀光巴士行程以外，連結都市之間的高速巴士也非常完備

札幌

【札幌上午觀光】白色戀人公園和場外市場行程［需預約］
■運行期間／4月1日～11月30日 ■費用／2600日圓（包含白色戀人公園入場費）
■發車抵達時刻／9:30→13:35 ■所需時間／約4小時5分
札幌站前巴士總站→北海道舊日本廳舍（車窗）→大通公園（車窗）→舊札幌控訴院（車窗）→北海道知事公館（車窗）→北海道立近代美術館（車窗）→北海道神宮→白色戀人公園→宮澤白色戀人足球場（車窗）→中央卸賣市場場外市場（購物、自由午餐）→札幌市鐘樓（下車）→札幌站前巴士總站

【札幌下午觀光】 大倉山＆羊之丘展望台行程［需預約］
■運行期間／4月1日～11月30日 ■費用／2600日圓（包含羊之丘展望台入場費）
■發車抵達時刻／14:10→17:40 ■所需時間／約3小時30分
札幌站前巴士總站→北海道舊日本廳舍（車窗）→大通公園（車窗）→舊札幌控訴院（車窗）→北海道知事公館（車窗）→北海道立近代美術館（車窗）→北海道神宮（車窗）→大倉山跳台滑雪競技場（參觀）→羊之丘展望台→札幌巨蛋（車窗）→地下鐵福住站（下車）→薄野（下車）→札幌市鐘樓（下車）→札幌站前巴士總站

札幌桃岩山夜景巴士［需預約］
■運行期間／6月1日～11月3日 ■費用／2600日圓（包含藻岩山纜車等搭乘費）
■發車抵達時刻／19:00→21:55 ■所需時間／約2小時55分
ANA Hotel Sapporo→京王廣場飯店札幌→札幌格蘭大飯店→札幌公園飯店→藻岩山纜車山麓站→札幌公園飯店→薄野（下車）→札幌格蘭大飯店（下車）→京王廣場飯店札幌（下車）→ANA Hotel Sapporo（下車）

札幌夜景晚餐行程（藻岩山＆大倉山札幌夜景行程）［需預約］
■運行期間／4月16日～11月3日 ■費用／5000日圓（包含晚餐費、藻岩山纜車等搭乘費）
■發車抵達時刻／18:00→21:45 ■所需時間／約3小時45分
札幌站前巴士總站→北海道舊日本廳舍（車窗）→大通公園（車窗）→藻岩山纜車→大倉山跳台滑雪競技場ラムダイニング（用餐）→札幌市鐘樓（下車）→札幌站前巴士總站

白色戀人公園和小樽漫遊行程［需預約］
■運行期間／4月23日～11月20日 ■費用／4400日圓（包含白色戀人公園入場費）
■發車抵達時刻／11:25→17:55
札幌站前巴士總站→堺通町→北一哨子．威尼斯美術館．北菓樓周邊（自由散步）→舊北海道銀行本店（小樽BINE．試喝．購物）→小樽運河總站（小樽運河散步）→白色戀人公園→札幌市鐘樓（下車）→札幌站前巴士總站

小樽

小樽海灣故事［需預約］
■運行期間／4月23日～11月3日 ■費用／6000日圓（包含午餐、天狗山纜車費）
■發車抵達時刻／9:15→18:20 ■所需時間／約9小時15分
札幌公園飯店→札幌格蘭大飯店→札幌站前巴士總站→中央巴士小樽站前總站→舊北海道銀行本店（紅酒商店小樽BINE參觀．試喝．購物）→小樽運河總站（自由用餐．運河散步）→小樽君樂酒店（午餐）．WING BAY小樽（自由散步）→田中酒造龜甲藏→北一哨子．小樽音樂盒堂→天狗山空中纜車（來回乘車）→中央巴士小樽站前總站（下車）→西町北20丁目→札幌格蘭大飯店（下車）→札幌市鐘樓（下車）→札幌站前巴士總站→札幌公園飯店

支笏湖・洞爺湖

支笏湖．洞爺湖周遊行程［需預約］
■運行期間／5月7日～11月3日 ■費用／6800日圓（包含午餐費、纜車費）
■發車抵達時刻／8:35→19:05 ■所需時間／約10小時30分
札幌站前巴士總站→支笏湖（自由參觀）→きのこ王国．大瀧店（休息）→洞爺湖萬世閣（午餐．洞爺湖散步）→有珠山纜車．昭和新山玻璃館→SAIRO展望台→中山峠（休息）→定山溪溫泉（下車）→札幌公園飯店（下車）→Art Hotels Sapporo（下車）→JASMAC PLAZA HOTEL（下車）→薄野（下車）→札幌市鐘樓（下車）→札幌站前巴士總站

富良野・美瑛・旭川

富良薰衣草故事行程［需預約］
■運行期間／6月27日～8月7日 ■費用／7200日圓（包含午餐費）
■發車抵達時刻／9:00→19:30 ■所需時間／約10小時30分
札幌站前巴士總站→岩見澤SA（休息）→新富良野王子飯店．富良野戲劇館．風之花園．ニングルテラス（午餐．自由參觀）→富田農場→雲霄飛車之路→四季彩之丘→美瑛拼布之路．七星之樹→砂川ハイウェイオアシス（休息）→札幌工廠（下車）→札幌市鐘樓（下車）→札幌站前巴士總站

富田農場和青池．美瑛行程［需預約］
■運行期間／6月1日～8月31日 ■費用／7200日圓（包含午餐費、後藤純男美術館入館費）
■發車抵達時刻／8:20→18:35～18:50 ■所需時間／約10小時30分
札幌站前巴士總站→砂川SA（休息）→旭川鷹栖IC→經過美瑛拼布之路→西北之丘（自由參觀）→青池（自由參觀）→後藤純男美術館（午餐．自由參觀）→富田農場（自由參觀）→島之下→岩見澤SA（休息）→札幌IC→札幌工廠→札幌市鐘樓→札幌站前巴士總站

旭山動物園當日來回行程［需預約］
■運行期間／4月29日～11月3日 ■費用／4900日圓（包含旭山動物園入場費）
■發車抵達時刻／9:20→18:05 ■所需時間／約8小時45分
札幌站前巴士總站→砂川SA（休息）→旭山動物園→砂川ハイウェイオアシス（休息）→札幌工廠（下車）→札幌市鐘樓（下車）→札幌站前巴士總站

登別

登別海洋公園尼克斯＆登別伊達時代村行程［需預約］
■運行期間／5月1日～7月16日 ■費用／9400日圓
■發車抵達時刻／8:15→18:35 ■所需時間／約10小時20分
札幌站前巴士總站→登別海洋公園尼克斯→のぼりべつ地ビール館（午餐）→登別伊達時代村→登別溫泉（下車）→札幌工廠（下車）→札幌市鐘樓（下車）→札幌站前巴士總站

夕張

北海道美麗景點全覽行程［需預約］
（YUNI Garden和Northern Horse Park＆夕張哈密瓜吃到飽行程）
■運行期間／6月10日～8月31日 ■費用／6800日圓（包含午餐費、各設施入館費）
■發車抵達時刻／9:10→18:45 ■所需時間／約9小時35分
札幌站前巴士總站→由仁花園（自由參觀）→夕張MOUNT RACEY（午餐）→夕張回憶幸福的黃手帕廣場→北國優駿公園→新千歲機場（下車）→JR南千歲站．（下車）→輪厚SA（休息）→札幌工廠（下車）→札幌站前巴士總站

關於定期觀光巴士的搭乘

所有行程都需要提前預約。預約時要順便確認參觀景點的入場費和午餐費是否已包含在費用當中。有些行程在出發前接受預約或進行解說，請盡量提早前往搭乘處。上述內容可能會有所更動，詳情請至北海道中央巴士官方網站確認。

用最效率的方式遊覽觀光景點！定期觀光巴士搭乘指南！

北都交通

✆0138-57-4000 http://www.hokto.co.jp

※除了以下介紹行程之外，還可能視季節推出特別行程，詳情請查詢官方網站。

函館

看點滿足1日行程［需預約］
■運行期間／3月26日～11月3日 ■費用／4300日圓（包含設施費）
■發車抵達時刻／10:00→16:00 ■所需時間／約6小時
湯之川各旅館→站前巴士總站→元町散步→函館山纜車→五稜郭塔→特拉皮斯汀女子修道院→函館牛乳→湯之川各旅館→站前巴士總站→新函館北斗站

元町海灣半日行程（上午班次）［需預約］
■運行期間／3月26日～11月3日 ■費用／3700日圓（包含設施費）
■發車抵達時刻／9:00→12:40 ■所需時間／約3小時40分
湯之川各旅館→站前巴士總站→舊英國領事館→元町散步→立待岬→Bluemoon或北島三郎紀念館→站前巴士總站→新函館北斗站

大沼

大沼公園漫遊行程［需預約］ A.大沼公園悠閒行程
■運行期間／4月29日～11月3日 ■費用／4500日圓（包含設施費）
■發車抵達時刻／8:50→16:50 ■所需時間／約8小時
湯之川各旅館→站前巴士總站→特拉普派男子修道院→新函館北斗站→木地挽山高原→大沼公園（自由時間）→鹿部間歇泉→北海道昆布館→新函館北斗站→站前巴士總站→湯之川各旅館

※各行程的發車時刻為函館站前巴士總站的出發時刻。

函館巴士

✆0138-51-3137
http://www.hotweb.or.jp/hakobus/

※該公司售有可隨意搭乘下述觀光巴士行車和指定路線巴士的「江差．松前千年北海道手形」

函館

江差．松前景點周遊號～旬感．千年北海道～
■運行期間／3月26日～10月31日（4～6月需提前3天預約，7～10月為每日運行）
■費用／7000日圓（包含設施費）
■發車抵達時刻／8:30→19:00
■所需時間／約10小時30分
湯之川溫泉→LA VISTA函館ベイ前→函館站前（4號乘車處）→特拉普派修道院→上之國町（勝山館跡）→江差町→LA VISTA函館ベイ前→湯之川溫泉

●札幌站周邊的巴士總站

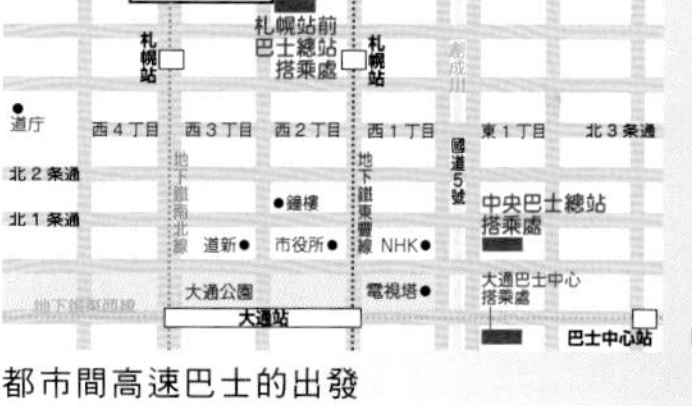

都市間高速巴士的出發地點，是位在札幌站ESTA的站前巴士總站，以及大通公園附近的中央巴士總站，有些路線的搭乘處可能會不同。除此之外，夜間巴士的搭乘處也可能會有所不同，請事前向各巴士公司確認。

※上述資訊為2015年度資料。2016年度以後可能因為改點或運費更改等原因而出現差異，出發前請事先確認。

2016年3月26日開通！

終於來了！

新幹線會橫跨過津輕海峽唷～

北海道新幹線開通推廣吉祥物
どこでもユキちゃん

前往函館不妨搭乘最熱門的北海道新幹線吧♪

新幹線終於登陸北海道！從本州到函廣方面的旅行將變得特別方便。接下來將介紹新幹線開通後造成的改變，以及其運行體系、車資、費用等相關資訊。

©JR北海道

北海道新幹線H5系是什麼？

JR北海島引進的H5系，基本上與東北新幹線E5系相同，只有部份車內設備和機器經過改良。

搭乘北海道新幹線的旅行行程 P.77

①東京出發最快4小時2分即可抵達北海道！

最快的班次往新函館北斗方向1日2班（上午）、往東京方向1班（下午）。但即使是最耗費時間的班次也只要4小時31分。

➡最高速度260km/h（包含青函隧道內前後為140km/h）

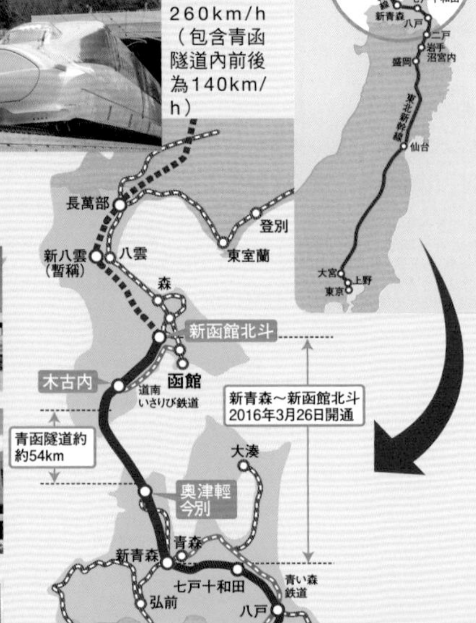

③在來線也陸續開通&翻新

新函館北斗⇔函館
はこだてライナー

新函館北斗與函館之間，最快15分抵達的JR函館本線接駁列車。可以不用換車直接抵達函館站。

木古內⇔五稜郭
道南漁火鐵道

繼承JR江差線成為第三主要鐵道。沿著津輕海峽奔馳時，透過車窗欣賞到的風景十分美麗。夏季期間還可看到海面上的漁火。

②新車站誕生了！

新站 新函館北斗站

車站整體以特拉普派男子修道院行道樹的造型為設計概念。至JR函館站有接駁列車「はこだてライナー」運行。

新站 木古內

車站造型令人聯想起紮根大地、茁壯成長的樹木。道南漁火鐵道也在此起訖。

新站 奧津輕今別

位於青森縣今別町。車站造型仿造連結北海道的青函隧道。緊靠JR津輕線的津輕二股站。

惠車票

網路預約
用網路預約（北海道ネッ とっぷやえきねっとトク 道）運費、費用可享優 。

●換乘優惠
從新青森或新函館北斗站轉搭在來線特急列車時，可享在來線特急車資半價優惠。

費用

東京⇔新函館北斗
普通車指定席
※平時，搭乘はやぶさ
22690日圓

東京⇔新函館北斗的綠色車廂30060日圓、Gran Class38280日圓。另也販售僅限於搭乘北海道新幹線部份區間的特定特急車票。

（左下：乘車券+普通車指定席特急券／右上：乘車券+特別特急券）

22690日圓	22480日圓	21740日圓	17310日圓	12880日圓	10510日圓	8880日圓	7260日圓	5480日圓	3250日圓	新函館北斗
21340日圓	21130日圓	20290日圓	15530日圓	11210日圓	8730日圓	6990日圓	5480日圓	3960日圓	木古内	2050日圓
19060日圓	18850日圓	18330日圓	13130日圓	8160日圓	6010日圓	4250日圓	3250日圓	奧津輕今別	2940日圓	4960日圓
17350日圓	17140日圓	16620日圓	11210日圓	6130日圓	3850日圓	3200日圓	新青森	2050日圓	4960日圓	6740日圓
16510日圓	16300日圓	16080日圓	10350日圓	5380日圓	3030日圓	七戸十和田	1700日圓	3730日圓	6470日圓	8360日圓
16290日圓	16080日圓	16080日圓	9280日圓	4020日圓	八戸	1530日圓	3330日圓	5490日圓	8210日圓	9990日圓
14740日圓	14530日圓	13990日圓	6670日圓	盛岡	3500日圓	4860日圓	5610日圓	7640日圓	10690日圓	12360日圓
11200日圓	10990日圓	10670日圓	仙台							
3120日圓	2830日圓	大宮								
2520日圓	上野									
東京										

※上述金額為平時搭乘「はやぶさ」的車資、普通車指定席的總額
※東京～新青森各站津搭乘「はやて」時，除去部份區間，有100～510日圓優惠

●特定特急車票…可乘坐沒有規劃自由座的盛岡～新函館北斗區間的「はやぶさ」「はやて」列車。原則上，可坐在沒有人坐的指定座位，但當持有指定席券的乘客過來時就必須讓位。

運行體系

東京直搭班次1日10來回
はやぶさ和はやて

連結本州與北海道之間的新幹線共13班，其中東京就佔了10班，仙台、盛岡、新青森各運行1班。運行間隔約1～2小時1班左右。

北海道・東北新幹線的主要停靠站

停車站	新函館北斗	木古內	奧津輕今別	新青森	七戸十和田	八戸	二戸	岩手沼宮內	盛岡	仙台	大宮	上野	東京
はやぶさ	●	△	△	●	△	△	△	△	●	●	●	△	●
はやて	●	●	●	●	●	●	●	—	●	—	—	—	—

※△表示部份列車停靠

HOKKAIDO ROADMAP

CONTENTS

便利的公路休息站情報。

兜風情報一手掌握！

必看！觀光景點有附照片！

宗谷海峽
156 禮文島 稚內 稚內機場 利尻機場 利尻島 豐富 佐呂別原野 濱頓別
154 燒尻島 天賣島 羽幌 美深 名寄 士別 幌加內 和寒 留萌 增毛 比布 當麻 上川
152 鄂霍次克海 紋別 鄂霍次克紋別機場 佐呂間湖 網走 大空 女滿別機場 北見 羅臼 根室海峽 國後島
日本海
150 石狩灣 小樽 余市 札樽自動車道 岩內 定山溪
148 深川 旭川 旭川機場 瀧川 砂川 美瑛 富良野 上富良野 美唄 丘珠機場 當別 石狩 札幌 江別 岩見澤 夕張 南富良野 清水
146 層雲峽 大雪山 北海道 美幌 屈斜路湖 川湯 阿寒湖 然別湖 足寄 本別 標茶 丹頂釧路機場 釧路濕原 釧路 十勝川
144 標津 根室中標津機場 中標津 齒舞群島 納沙布岬 根室 厚岸 霧多布
142 新雪谷 俱知安 喜茂別 洞爺湖 洞爺湖 長萬部 伊達 登別 室蘭 內浦灣（噴火灣） 八雲 奧尻島 利尻機場
140 惠庭 千歲 新千歲機場 支笏湖 苫小牧 白老 日高 新日高 浦河
138 帶廣 池田 十勝帶廣機場 中札內 廣尾 襟裳 襟裳岬
136 大沼 江差 湯の川 函館機場 函館 松前 大島 小島 津輕海峽 青森縣 むつ
太平洋

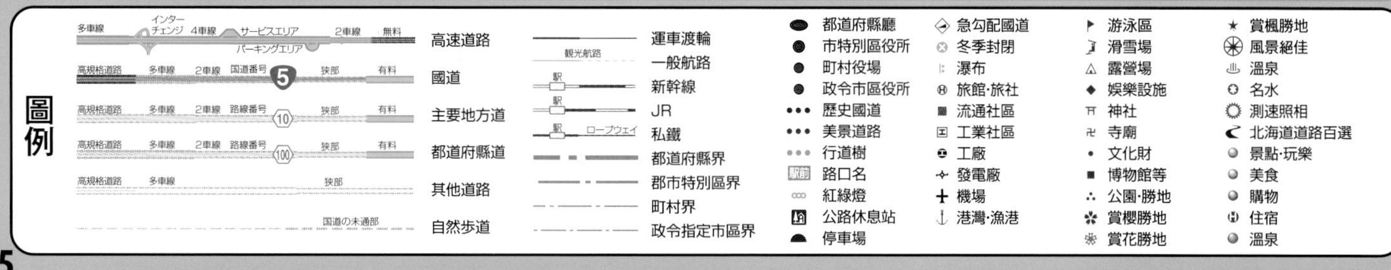

函館・大沼
1:400,000
0 5 10km
玩樂・景點
美食
購物
溫泉
住宿
公路休息站情報
道路情報
住宿設施
浴池
溫泉
餐廳
商店
產地直銷店
自行車出租
必遊景點
大沼國定公園
●おおぬまこくていこうえん
伴隨函館開港同時開發成為外國人的度假地，便是這座公園的起源。可在湖畔的步道散步、或是搭乘漫遊大沼、小沼的遊覽船、橫渡湖泊的獨木舟等，擁有各式各樣的玩樂方式。
鹿部間歇泉公園…每約10分鐘便會噴出高達100度的熱水
公路休息站
しかべ間歇泉公園
可參觀噴出溫泉的間歇泉
往繩紋遺跡的道路
公路休息站
縄文ロマン南かやべ
常設性展示國寶「中空土偶」
雪屋眾多的海岸線
木地挽高原全景眺望台…可遠眺大沼、駒岳、函館街道的景觀，8～17時開放
可欣賞函館街道的美麗夜景
恵山岬
水無海濱溫泉 P.150
位在海岸旁的免費露天溫泉，感覺上來說比較接近海水浴
恵山溫泉…強酸性溫泉，酸度高到無法使用肥皂
恵山道立自然公園…春季杜鵑花盛開，將景色渲染成紅色
公路休息站
なとわ・えさん
匯集許多新鮮海產、昆布等當地商品
舊戶井線拱形橋樑…未完工的鐵道線路，至今仍留有水泥造的橋樑
北海道與本州之間的最短距離處
連續降雨80mm禁止通行
P.80 函館廣域
函館機場
函館市
亀田半島
七飯町
鹿部町
大沼國定公園
大沼公園
七飯藤城
城岱Sky Line
七飯本町
函館新道
赤松街道
七飯大川
函館
赤川
湯の川
港が丘通
恵山
女那川
太平洋
津輕海峽
青函渡輪（函館～青森）
津輕海峽渡輪（函館～青森）
旅遊哏!
2016年3月26日開通
北海道新幹線
北海道新幹線從新青森站到新函館北斗站的區間，已於2016年3月26日開通。東京站出發到新函館北斗站，最快只需4小時2分。即使是最耗費時間的班次也只要4小時33分即可抵達。遊客前往北海道的移動方式也預估會從飛機分散到新幹線，進一步讓連結北東北、函館觀光的新周遊觀光模式有機會成形。
大間崎
本州最北端之地
大間町
風間浦村
佐井村
青森縣
むつ市
東通村
恐山
仏ヶ浦
かわうち湖
野牛浜
尻屋崎
一般車不可通行
野邊地
小川原湖

143

必遊景點
懷古街道
●いにしえかいどう
位在江差町中心地區國道227號靠山側的老街周邊，至今仍留有許多明治初期盛行鯡魚交易的相關歷史建築物，長約1.1km，用步行的方式漫遊是個不錯的選擇。
必遊景點
松前城
●まつまえじょう
安政元（1854）年建造的城池，是日本最後、最北的日式城建築。目前的天守閣重建於昭和35（1960）年。此地也是知名的賞櫻名勝，時期約在4月下旬～5月下旬。
公路休息站
ルート229元和台
可欣賞夕陽沒入日本海的賞景地點
公路休息站
あっさぶ
充滿木造質感的店內匯集了許多奇妙的特產品
公路休息站
江差
建於海邊的人字屋頂建築為其標誌
公路休息站
上ノ国もんじゅ
將日本海景色盡收眼底的景觀餐廳
公路休息站
みそぎの郷 きこない
位於新幹線木古內站前，設有奧田政行氏的餐廳
公路休息站
しりうち
鄰接JR津輕海峽線知內站，同時擁有日本最古
公路休息站
横綱の里ふくしま
特產中心售有魷魚乾等水產加工品
公路休息站
北前船松前
欣賞津輕海峽極致美景的同時還能享用到新鮮鮪魚
別稱「東洋大峽谷」的白色斷崖
白砂青松100選
上之國町大崎附近…旁邊的沙灘和日本海十分美麗
綿延4km長的美麗沙灘，同時也是知名的釣場
上之國勝山館遺跡…傳說為松前氏始祖武田信廣建造，夷王山的眺望景色也十分出眾
比海岸線更高的高台路段，景色宜人，駕車時請注意不要分心欣賞景色和超速
彎道後有許多平交道，注意對向車輛
「トンガリチリチリ林道」禁止通行
P.77 どうなんde's Ocuda Spirits
P.77 特拉普派男子修道院
往特拉普派男子修道院的道路
Oiwake Soran Line…可以在欣賞日本海的同時享受爽快的兜風
設有建設歷史學習區和掘進機展示
本町中央部地區…指定為「發揮歷史價值街道整備模範地區」正進行整備
白神岬展望廣場…設有廁所和寬闊停車場，非常適合休息
北海道最南端的岬，可以近距離欣賞到青森線的飛龍岬
世界最長53.86km的鐵道專用海底隧道，等到瑞士阿爾卑斯山的「聖哥達基線隧道」開通後，將降為第2名
Heart Land Ferry（奧尻～江差）
北海道
松前半島
八雲町
乙部町
厚澤部町
江差町
上之國町
木古内町
知内町
福島町
松前町
森町
北斗市
中泊町
外ケ浜町
瀬棚
鳥山
緑町
館町
館城跡公園
鴎島
江差の商家の町並
姥神大神宮
懷古街道
神の道
大留
湯ノ岱
石崎
福山街道（松前街道）
木古内
きこない
湯ノ里
重内
知内川
福島
吉岡
殿様街道
青函隧道記念館
松前公園
松前城下通
松前湾
白神岬
白神岬展望広場PA
松前
小島
小島漁港
江良
二越岬
大千軒岳 1072
七ツ岳 957
八幡岳 665
乙部岳 1017
岩部岳 794
桂岳 734
毛無山 751
黄金の滝
道央自動車道
道南いさりび鉄道
北海道新幹線
青函隧道
龍飛崎
みんまや
十三湖
上磯厚沢部線
江差木古内線
大野国道
松前国道
229
228
227
339
280

1：400,000 0 5 10km

玩樂・景點 美食 購物 溫泉 住宿

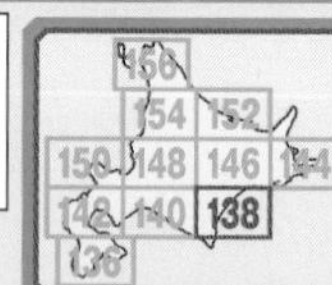

分佈在大雪～富良野～十勝地區的美麗庭園欣賞指南

北海道花園街道

從大雪經由旭川、富良野，連接到十勝的國道237號、38號路旁，充滿許多展現北海道特有氣候、景觀的花園。2014年開始共有8座花園共同點綴街道，作為北海道的新觀光路線而廣受注目。

大雪森的花園

●大雪 森のガーデン

址上川町菊水841-8 MAP154 H-5

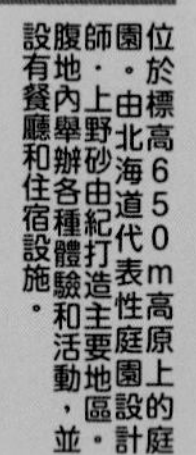

✆01658-2-4655
5月上旬～10月中旬9：00～18：00（9月26日～10月16日～17：00）
休 開放期間中無休 ¥800日圓

位於標高650m高原上的庭園・由北海道代表性庭園設計師・上野砂由紀打造主要地區・腹地內舉辦各種體驗和活動，並設有餐廳和住宿設施。

上野農場

●上野ファーム

址旭川市永山町16-186 MAP59 B-1

✆0166-47-8741
4月23日～10月16日10：00～17：00
休 開放期間中無休 ¥800日圓

以英式庭園為基礎，依據北海道的氣候、風土栽種植物，是座會隨著季節改變的庭園。新區域「諾姆庭園」開放，不論遼闊度還是樂趣都加倍了。

風之花園

●風のガーデン

址富良野市中御料 MAP59 A-5

✆0167-22-1111（新富良野王子大飯店）
4月下旬～10月中旬8：00～17：30（有季節性差異）
休 開放期間中無休 ¥800日圓

電視劇「風之花園」中登場的庭園，種植多達365種的花朵和野草。可以參觀電視劇中出現的溫室。

十勝千年之森

●十勝千年の森

址清水町羽帯南10線 MAP140 H-1

✆0156-63-3000
4月29日～11月3日9：30～17：00
休（有季節性差異）開放期間中無休
¥1000日圓（有季節性差異）

可以一邊漫步廣大花園一邊聽聽森林導遊的解說、享受賽格威行程、體驗親近牧場等，是個能與自然親近的場所。

紫竹庭園

●紫竹ガーデン

址帯広市美栄町西4-107 MAP139 A-2

✆0155-60-2377
4月下旬～10月下旬8：00～17：00
休 開放期間中無休 ¥800日圓

腹地廣達1萬8000坪，栽培約2500種的花朵。ROSE HILL、WILD FLOWER GARDEN等區域的季節性花朵眾多。庭院的設計也會年年改變。

六花之森

●六花の森

址中札内村常盤西3線249-6 MAP139 A-2

✆0155-63-1000
4月下旬～10月中旬10：00～17：00
休 開放期間中無休 ¥800日圓

甜點製造商「六花亭」包裝紙上描繪的花朵盛開。園內設有坂本直行的美術館，展示作品有花草的素描、水彩畫、油彩畫等。

十勝丘陵

●十勝ヒルズ

址幕別町日新13-5 MAP139 B-1

✆0155-56-1111
4月23日～10月下旬9：00～18：00
休 開放期間中無休 ¥800日圓

與自然共生的庭園。四季繽紛的色彩以及丘陵上眺望的壯觀景緻為其魅力。餐廳使用十勝特有食材烹飪的自助式午餐也很具人氣。

真鍋庭園

●まなべていえん

址帯広市稲田町東2-6 MAP139 B-1

✆0155-48-2120
4月23日～12月4日8：00～日落（夏季～18：00）
休 開放期間中無休 ¥800日圓

2萬4000坪的展覽庭園是由歐式庭園、日式庭園、風景式森林庭園組成，可以在巡覽的同時，享受庭園的景緻。除此之外，園內還附設有咖啡廳。

內容為2015年度的資訊。2016年度可能會有所變更。

日本人推薦的美景道路 Best 5

光是駕駛車輛在道路上奔馳就很愉快，是北海道兜風的魅力之一。接下來將介紹一些不算觀光勝地，但是從車窗欣賞到的風景卻十分美妙的道路。

日本海Ororon Line

●日本海オロロンライン

MAP155 C-3

奔馳途中欣賞日本海、天賣島、燒尻島。路上有許多欣賞夕陽的勝地

雲霄飛車之路

●ジェットコースターの路

上富良野町 MAP59 B-3

富良野地區代表性的直線道路，駕駛起來彷彿乘坐雲霄飛車

知床橫斷道路

●しれとこおうだんどうろ

斜里町・羅臼町 MAP144 G-4

羅臼側有急轉彎，宇登呂側則是接二連三的高速彎道。要小心野生動物突然衝出

牛奶之路

●ミルクロード

中標津町 MAP145 A-2

十分有北海道風格的直線道路，彷彿無限地延伸下去，路面的起伏看起來非常美麗

Esanuka Line

●エサヌカ線

猿払村 MAP156 F-3

縱貫原生花園和牧草地之間的直線道路，路面彷彿消失在地平線的另一端

觀光道路地圖
P.136 函館・大沼
P.138 帶廣・襟裳
P.140 支笏湖・日高
P.142 新雪谷・洞爺湖
P.144 根室・知床
P.146 釧路・阿寒
P.148 札幌・富良野
P.150 小樽・積丹
P.152 網走・紋別
P.154 旭川・名寄
P.156 稚內・利尻・禮文
147
140
明治十勝起司館 P.89
P.89 十勝川溫泉
ふた丼のとん田 P.89
北海道立十勝エコロジーパーク
P.14・87 輓曳十勝（帶廣賽馬場）
美術館への道
P.86 十勝村
P.89 帶廣
P.82 2017 札幌亞洲冬季運動會
真鍋庭園 P.85・138
十勝丘陵 P.85・138
フロンティア通り
とかち天空カフェin芽室 P.82
P.84・138 紫竹庭園
幸福站 P.89
十勝帶廣機場
P.89ファームレストラン野島さんち
清水町
芽室町
帶廣市
幕別町
池田町
浦幌町
豐頃町
中札內村
更別村
大樹町
廣尾町
浦河町
樣似町
襟裳町
高低起伏的二線道
公路休息站 うらほろ
樹林環繞的丘陵地，設有廣場、露營車場區
拍攝照片的勝地
十勝昆布刈石へ 在海邊盡情奔馳
太平洋的成圓弧狀景緻
公路休息站 中札內
P.89 設有餐廳和特產販賣專區等
六花之森 P.84・138
一本山展望塔…可以欣賞到南十勝和日高山脈的極致景色
岩內仙峽之路
大津～豐似間無加油站，請注意油量
日本樂團美夢成真的「映著星空的海」，便是指大津海岸
公路休息站 さらべつ
地區情報豐富。距離正式賽車場很近
更別PA
太平洋和湖泊盡收眼底的展望台
丸山展望台…充滿十勝風格的遼闊大地綿延不斷
多次被譽為日本第一清澈的河川。即便炎夏水溫也在13℃以下
公路休息站 忠類
設有溫泉旅館和納瑪象紀念館等
萌和山森林公園展望台…可欣賞到農村風光和日高山脈的景緻
カムイコタンPA
公路休息站 コスモール大樹
販售町內生產的物品。有無線LAN可使用
交通量少、無民房，請注意車速
太平洋
這條路線會比經過襟裳岬的路線快超過30分鐘，但是豐似～幌別間62km沒有加油站
天馬街道
高底起伏不斷的直線道路
北海道內第二長的隧道
シーサイドパーク広尾
連續降雨80mm禁止通行
日高本線 にしさまに
鵡川站～樣似站間，因災害停駛中
アポイ岳
新日高
長達4941m北海道內最長隧道
猿留山道
原生林中的心型秘湖
連續降雨110mm禁止通行
D-4
必遊景點
襟裳岬
●えりもみさき
純白燈塔為標的的襟裳岬，在狂風巨浪的襯托下，形成壯觀的景緻。島倉千代子和森進一唱過的「襟裳岬」歌碑也不容錯過。傍晚出現海霧後，周圍一帶會渲染成橘色，營造出夢幻般地氛圍。
B-5
可眺望連接著斷崖絕壁的隧道，立有黃金道路的路碑
町有上歌別牧野
海岸100選
襟裳岬の道
夏季會產生可見度接近零的濃霧，請多加留意
奔馳在海風吹拂下的沙灘和草原
襟裳岬

148
占冠IC
占冠村
占冠IC
十勝清水IC
P.85・138 十勝千年之森
道東自動車道
道東道只有由仁休息區（PA）有加油站。注意油量！
むかわ穂別
石勝樹海ロード
福山PA
慢車優先的登坂道。
下坡禁止超車的路段很長
日高
日高山脈博物館
日高町
公路休息站
樹海ロード日高
提供日勝峠的資訊。設有餐廳和商店
円山展望台…
鮮為人知的展望台，
能將十勝平野盡收眼底
清水町
ペンケヌーシ岳
芽室岳
剣山
チロロ岳
ルベシベ岳
ハッタオマナイ岳
車流量少的
舒適二線道
鵡川町
富内
安住
日高町行政區中間隔著平取町，
分隔長達42km，是日本距離最長的飛地
車流量大
芽室町
美生水場
二岐山
ピパイロ岳
伏美岳
穂別博物館
平丘
恐龍造型的路燈
けもの道Foot Path
振内町
穂別
二線道，
奔馳於稻田間
狹窄的彎道
5～6月上旬鈴蘭盛開
平取鈴蘭群生地
戸蔦別岳
神威岳
ヌカンライ岳
幌尻岳
名山100選
帶廣市
札内岳
十勝幌尻岳
エサオマントッタベツ岳
ナメワッカ岳
平取町
仁和
二風谷ファミリーランド
二風谷之道
二風谷水壩
穿越富川市區
的捷徑
イドンナップ岳
カムイエクウチカウシ
リビラ山
中札内村
札内川園地
札内川水壩
139
部份地段是泥土地，小心慢行
広富
牧場密集區，
請減速慢行
太陽森林 迪馬斎的幻想美術館…
展示世界最大的油彩畫。設有咖啡廳
新冠町
日高町
福満
牧場密集
日高門別
日高町旭町周邊…聚集著撒拉布列特馬的牧場
コイカクシュサツナイ岳
1839峰
シベチャリ山
ペテガリ岳
大樹町
中ノ岳
必遊景點
サラブレッド銀座
●さらぶれっどぎんざ
日高地區為撒拉布列特馬產地。道道209號沿途都是牧場，透過車窗也能從遠處欣賞撒拉布列特馬。附近除了サラブレッド銀座停車公園沒有別的停車場，因此只能在駕車時沿途欣賞。
優駿記念館…設有小栗帽及其他名馬的紀念碑、資料館
ビッグレッドファーム明和
北大実験農場
新冠牧場
厚賀
大狩部
おおかりべ
海馬岩
日高軽種馬育成センター
サラブレッド銀座
道路100選、櫻花100選、行道樹100選、北海道遺産
静内二十間道路櫻花樹步道
二十間道路
静内
新日高町
ソエマツ岳
神威岳
公路休息站
サラブレッドロード新冠
馬匹愛好者一定要來參觀。馬匹相關商品豐富
森林公園緑のふるさと
「温泉の森」キャンプ場
静内川
三石
歌笛
浦河町
必遊景點
静内二十間道路櫻花樹步道
●しずないにじっけんどうろさくらなみき
由於道路寬達二十間（約36m），因而得名。以「一眼望見一萬顆」的櫻花行道樹廣為人知。道路長約直線7km，獲選為「日本道路100選」。
鵡川站～様似站間
因災害停駛中
三石海浜公園
公路休息站
みついし
清爽海風吹拂，沿海的娛樂景點
浦河町西社周邊…
可欣賞撒拉布列特馬。
但不要騎到馬兒了
オロマップ展望台
様似町
太平洋
荻伏町
堺町
親子岩
エンルム岬
ローソク岩
襟裳岬
從高度70m的海岬眺望沒入太平洋的斷崖
支笏湖・日高
1:400,000
0 5 10km
玩樂・景點
美食
購物
溫泉
住宿
公路休息站情報
道路情報
住宿設施
浴池
溫泉
餐廳
商店
產地直銷店
自行車出租
140

首都圈・大洗→北海道・苫小牧！「Sunflower」前往北海道之旅

2017年全新渡輪預定啟航！

首都圈前往北海道的唯一航班，便是商船三井渡輪的「Sunflower」。傍晚出發的船班上有多彩的客房、自助式餐廳以及各式各樣的公共設施，供旅客享受舒適的渡輪之旅。想攜帶自家車或寵物一起旅行也OK。

享受方式① 美味料理滿載！

船內餐廳位在景緻極佳的最高樓層，提供季節限定餐點，可選擇各種喜歡的菜色。能欣賞到水平線也是這裡的吸引人之處。

享受方式② 在寬闊船內、客房盡情放鬆！

備有西式、和洋式客房，可以按照預算和人數選擇各式各樣的房間。套房和豪華房就宛如高級旅館一樣。

享受方式③ 娛樂設施眾多！

免費觀看電影的海上電影院、一面欣賞海平線一面入浴的附三溫暖展望浴場等，備有各式各樣的公共設施。

享受方式④ 汪洋大海的景色令人感動！

天氣好的日子不妨早起一點，欣賞日出的景緻吧。隨著太陽從水平線爬升，遼闊海面跟著逐漸改變的畫面，十分令人感動。

旅客運費（成人1名）

套房……36000日圓～
豪華房……22110日圓～
標準房……14910日圓～
普通房……11830日圓～
經濟房……8740日圓～
※運費有季節性變動

自用車運送費用

未滿5m的自用車…26740日圓～
（費用包含一位駕駛的經濟房運費）
※費用有季節性變動

時刻表

●傍晚班

大洗	18:30出發→隔天13:30抵達 隔天14:00抵達←18:45出發	苫小牧

●深夜班

大洗	01:45出發→當天19:45抵達 當天19:45抵達←01:30出發	苫小牧

※深夜班次除了2間豪華房，其他為單層床的普通房。為餐廳、飲料自動販賣機齊全的普通渡輪。

預約・洽詢

0120-489850
(9:00～18:00，週六至12:00，週日、假日為定休日)
http://www.sunflower.co.jp
大洗船客預約中心 029-267-4133
苫小牧船客預約中心 0144-34-3121
※出港日2個月前開始接受預約。若遇週日、假日則為翌日之營業日開始接受預約。

E
F
150
G
H
岩内町市區
岩内町
共和町
余市
小樽
定山溪溫泉
札幌市
公路休息站 シェルプラザ・港
靠近展示世界貝殼的「貝殼之館」
新雪谷全景之路
倶知安町倶知安新雪谷線…從倶知安穿過五色溫泉方向。道路中途變得狹窄，請多加留意。
新雪谷
無意根停車場…楓紅時期非常美麗
京極町
南區
中山峠
P.60 蘭越町交流促進中心雪秩父
NAC Niseko Adventure Centre（超驚險刺激!泛舟體驗）
P.15・62
P.63ヴィラルピシア ブティック
手打ち蕎麦 いちむら P.63
倶知安町
公路休息站 名水の郷きょうごく
獲選為名水百選，可以盡情享受其清澈的水質
ニセコアンヌプリ国際
P.63 高橋牧場 ニセコミルク工房
京極町更新地賞景停車場…可欣賞到羊蹄山、尻別川、尻別岳等景點
羊蹄山一周の道
ニセコ町
羊蹄山
壽都町
ニセコ駅前温泉綺羅乃湯 P.63
喜茂別町香川賞景停車場…羊蹄山的人氣景觀勝地
道路旁有許多販賣玉米的店家
公路休息站 らんこし・ふるさとの丘
現擠牛乳製作的冰淇淋很具人氣
羊蹄青少年の森PA
真狩村
公路休息站 望羊中山
可眺望羊蹄山，也有旅客是為了炸薯薯而來
綺羅街道…以「與自然調和的造鎮」為主題，進行了整備。周圍時髦的建築也為其增添色彩。
喜茂別町
中里停車場…標高不同的尻別岳和羊蹄山，從此處望去看起來高度一樣
留寿都
蘭越町
チョボシナイフットパス
函館本線
公路休息站 ニセコビュープラザ
販售新鮮農產品和冰淇淋
ルスツリゾート
有北聯和 ENEOS 的加油站
公路休息站 真狩フラワーセンター
直賣所售有百合根和地區特產品
留壽都村
フォーレスト276大滝
支笏湖
公路休息站 くろまつない
歐式風格的建築。人氣商品是手工麵包和起司
公路休息站 とうや湖
販售當地新鮮蔬菜和加工品，設有餐廳
公路休息站 230ルスツ
留壽都度假村的入口，附近設有遊樂園
豐浦町
大滝区
三階滝布
P.156
黒松内町
洞爺湖町
伊達市
洞爺湖町洞爺町附近…往下眺望綿延的洞爺湖景色
登別室蘭～森為暫時單向1車道
黒松内Jct
道央自動車道
繞行湖畔一圈約43km
P.65 Lake-Hill Farm
P.65 洞爺溫莎度假酒店&Spa
可以俯瞰洞爺湖整體的展望台
洞爺湖
優徳
歌才ブナ林…最北端的山毛櫸原生林，為國家天然紀念物
豊浦
豊浦噴火湾PA
オロフレ峠…岳樺和針葉樹的混合林，賞楓時期也十分美麗
141
壮瞥町
有珠山フットパス
わかさいも本舗 P.65
洞爺湖遊覧船 P.64
11月～4月底 17：00～9：00禁止通行
日本最神秘的車站。只有列車才能前往此地
公路休息站 とようら
可看見南方的噴火灣，當地特產直銷品眾多
虻田洞爺湖
西山山麓火口步道
P.65
有珠山空中纜車
P.64
オロフレ峠の道
白老町
三峰隧道…連結洞爺湖溫泉、高速公路、洞爺站
公路休息站 そうべつ情報館i(アイ)
販售當地農家的蔬果，以及果醬等加工品
長萬部
公路休息站 あぶた
海膽蓋飯和冰淇淋為熱門商品。也有販賣特產
登別温泉
P.15 登別溫泉
苫小牧
伊達市若生附近…洋槐花行道樹相當美麗
伊達
P.15・60・65 洞爺湖溫泉
P.65 望羊蹄
P.65 岡田屋
P.127 洞爺山水ホテル 和風
P.127 洞爺觀光飯店
新登別大橋…架於約120m的溪谷上。賞楓勝地
登別溪谷PA
有珠山SA
可眺望昭和新山、有珠山、駒岳
國縫
公路休息站 だて歴史の杜
到挑戰藍染體驗的工房，為旅行留下回憶
伊達市
登別市
登別東
室蘭本線
室蘭
登別室蘭
無障礙物、側風強勁
白鳥灣展望台停車場…前方是工廠群，後方則可眺望到白鳥大橋
公路休息站 みたら室蘭
一覽巨大的白鳥大橋的絕佳賞景地點
白鳥大橋の道
大黒島
内浦灣（噴火灣）
白鳥大橋和室蘭岳十分美麗。同時也是欣賞夜景的名勝
東室蘭
東町3
輪西
室蘭新道
室蘭市
御崎
母恋小路
4
5
八雲屋台村…有烤雞串店、拉麵店、居酒屋等
噴火灣全景公園…作為道立的廣域公園，由八雲停車場及周邊一帶整理而成
野田生
落部
やくもミルクロード
隔著內浦灣最遠可眺見駒岳和羊蹄山。夜晚的漁火四處亮起，充滿夢幻氛圍
榎本武揚率領舊幕府軍，最初登上蝦夷的地點所
內浦灣…可欣賞到群山環繞的美麗海灣
公路休息站 つど～る・プラザ・さわら
在360度無死角的展望台，享受眺望景觀
超人氣的車站便當「いかめし」在這裡!
建在沙灘上的罕見燈塔
ハマナス台場公園PA
擁有廣達5000坪庭園的溫泉旅館
森町附近…內浦灣和駒岳的景緻十分美麗
公路休息站 YOU・遊・もり
可將駒岳盡收眼底，販售有知名的「いかめし」
森町
鹿部町
大沼公園IC
恵山岬
136

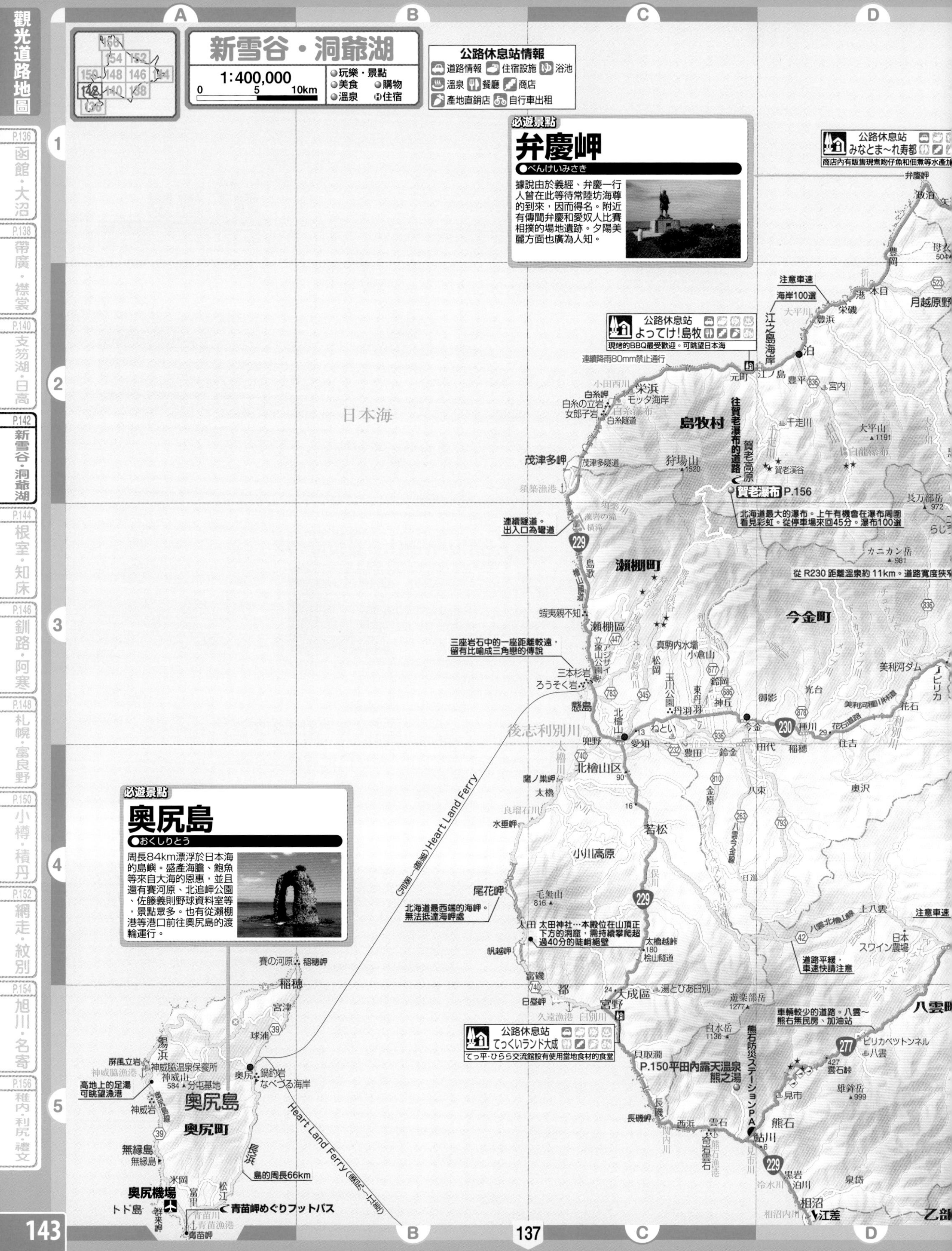

觀光道路地圖
P.136 函館・大沼
P.138 帶廣・襟裳
P.140 支笏湖・日高
P.142 新雪谷・洞爺湖
P.144 根室・知床
P.146 釧路・阿寒
P.148 札幌・富良野
P.150 小樽・積丹
P.152 網走・紋別
P.154 旭川・名寄
P.156 稚内・利尻・禮文
新雪谷・洞爺湖
1:400,000
0 5 10km
玩樂・景點
美食
購物
溫泉
住宿
公路休息站情報
道路情報
住宿設施
浴池
溫泉
餐廳
商店
產地直銷店
自行車出租
必遊景點
弁慶岬
●べんけいみさき
據說由於義經、弁慶一行人曾在此等待常陸坊海尊的到來，因而得名。附近有傳聞弁慶和愛奴人比賽相撲的場地遺跡。夕陽美麗方面也廣為人知。
公路休息站 みなとま~れ寿都
商店內有販售現煮物仔魚和佃煮等水產加
公路休息站 よってけ!島牧
現烤的BBQ最受歡迎。可眺望日本海
連續降雨80mm禁止通行
注意車速
海岸100選
江之島海岸
往賀老瀑布的道路
賀老瀑布 P.156
北海道最大的瀑布。上午有機會在瀑布周圍看見彩虹。從停車場來回45分。瀑布100選
從 R230 距離溫泉約 11km。道路寬度狹窄
連續隧道。出入口為彎道
三座岩石中的一座距離較遠，留有比喻成三角戀的傳說
日本海
島牧村
瀬棚町
今金町
北檜山区
後志利別川
Heart Land Ferry
必遊景點
奥尻島
●おくしりとう
周長84km漂浮於日本海的島嶼。盛產海膽、鮑魚等來自大海的恩惠，並且還有賽河原、北追岬公園、佐藤義則野球資料室等，景點眾多。也有從瀬棚港等港口前往奥尻島的渡輪運行。
北海道最西端的海岬。無法抵達海岬處
太田神社…本殿位在山頂正下方的洞窟，需持續攀爬超過40分的陡峭絕壁
道路平緩，車速快請注意
車輛較少的道路。八雲～熊石無民房、加油站
公路休息站 てっくいランド大成
てっ平・ひらら交流館設有使用當地食材的食堂
P.150 平田內露天溫泉 熊之湯
熊石防災ステーションPA
高地上的足湯 可眺望漁港
島的周長66km
奥尻島
奥尻町
奥尻機場
青苗岬めぐりフットパス
八雲町

根室・知床
1:400,000
0 5 10km
玩樂・景點
美食
購物
溫泉
住宿
公路休息站情報
道路情報
住宿設施
浴池
溫泉
餐廳
商店
產地直銷店
自行車出租
色丹水道
必遊景點
瀬石溫泉
セセキ温泉
滿潮時會沒入海水中，充滿野趣的露天溫泉。浸泡在設於海岸的樸素浴槽之中，可以體驗與海融為一體的感覺。使用前請先向管理員打聲招呼。
遊景點
納沙布岬
のさっぷみさき
可以親眼望見北方領土的本島最東端海岬。若天氣較佳，可看見距離3.7km外的齒舞群島中的貝殼島。四周設立為「望鄉之岬公園」，並立有祈求歸還北方領土的紀念碑。
多樂島
多樂水道
齒舞群島
トッカリ崎
三角崎
相泊崎
根室市
志發島
シラリウス崎
志發水道
帆前岬
水晶島
三角岬
勇留島
必遊景點
Kamuiwakka溫泉瀑布
カムイワッカ湯の滝
溫泉流入河川的溫泉瀑布。雖然是溫泉，但因溫度較低並不適合入浴，想體驗看看的話可以只泡腳就好。有汽車通行限制期間，詳情請至知床斜里町觀光協會官方網站確認。
珸瑤瑁水道
貝殼島燈塔
萌茂尻島
秋勇留島
根室半島ロード
納沙布岬
日本最東邊的海岬
根室半島
根室市
珸瑤瑁
カブ島
日本最東邊的郵局
齒舞
ポンコタン島
日本最東邊的加油站
チトモシリ島
友知島
知床岬
觀音岩
知床半島
知床岳 1254
鮹岩
化石浜
崩浜
此路不通
相泊
瀬石溫泉 P.150
昆布浜
往Kamuiwakka瀑布的道路
P.107 知床五湖Field House
Kamuiwakka溫泉瀑布 P.107・156
P.106 知床五湖
硫黄山 1563
北浜
P.15・104
知床觀光船極光號（船遊知床半島）
10.7km的泥土道路。限制通行期間有接駁巴士。也需小心熊出沒
P.107 Furepe瀑布步道
又名「少女的眼淚」
P.105 哥吉拉岩觀光
P.105 知床料理一休屋
P.127 知床格蘭飯店 北辛夷
P.127 Shiretoko Prince Hotel KAZANAMIKI
P.105 公路休息站 うとろ・シリエトク
位於世界遺產・知床的旁邊。有販售產品的商店
岩尾別
宇登呂
羅臼岳 1660
名山100選
宇登呂側的坡度較緩，羅臼側則充滿陡坡和急彎
知床峠PA
知床橫斷道路
知床國立公園羅臼溫泉野營場
看得到鯨魚的山丘公園展望台 P.109
鷲の宿 P.109
遊景點
知床橫斷道路
しれとこおうだんどうろ
連結宇登呂和羅臼的國道334號。由於以知床峠為分水嶺的兩地氣候差異巨大，除非天氣真的很好，否則宇登呂和羅臼總有一側會起霧。通行僅限4月下旬至11月上旬。
オシンコシン崎
P.138 知床橫斷道路
原生森林圍繞的秘湖
鄂霍次克海
知床橫斷道路…日本工期最短的國道
遠音別PA
遠音別岳 1330
P.109 純の番屋
羅臼
P.14・108・111
知床Nature Cruise（EVERGREEN）
連續降雨70mm禁止通行
公路休息站 知床・らうす
可遠眺國後島、擇捉島。售有羅臼特有的海產 P.109
知床羅臼的炭燒 魚寶 P.102
羅臼町
斜里町
知布泊
通往天際的道路…直線道路連綿不斷。可一面眺望鄂霍次克海的風景。
天に続く道
舒服的直線道路
しゃり
知床博物館
海別岳 1419
羅臼峠
可近距離欣賞國後島
峯濱停車場…將知床連山盡收眼底的賞景勝地，同時還可欣賞到知床半島和國後島壯觀的景緻
峯浜
標津町
根室海峽
近距離欣賞國後島的山貌
標津町市區
A-1

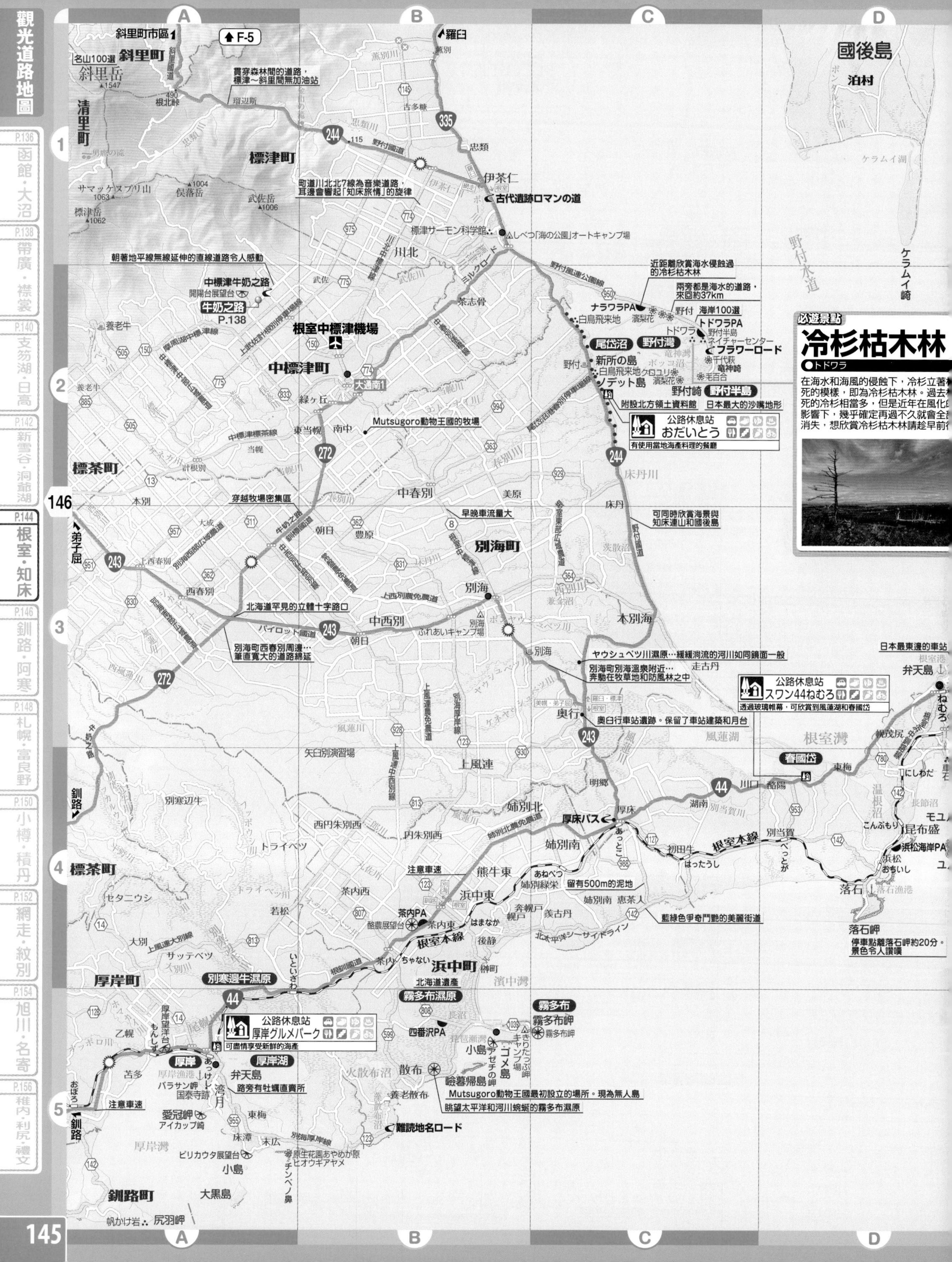

斜里町市區
F-5
羅臼
名山100選
斜里町
斜里岳
清里町
標津町
中標津町
別海町
標茶町
厚岸町
浜中町
釧路町
國後島
泊村
野付水道
ケラムイ崎
根室灣
貫穿森林間的道路，標津～斜里間無加油站
町道川北北7線為音樂道路，耳邊會響起「知床旅情」的旋律
古代遺跡ロマンの道
しべつ「海の公園」オートキャンプ場
標津サーモン科学館
朝著地平線無線延伸的直線道路令人感動
中標津牛奶之路
開陽台展望台
牛奶之路
P.138
根室中標津機場
大通南1
Mutsugoro動物王國的牧場
近距離欣賞海水侵蝕過的冷杉枯木林
兩旁都是海水的道路，來回約37km
ナラワラPA
海岸100選
トドワラPA
フラワーロード
尾岱沼
野付灣
新所の島
ノデット島
野付半島
日本最大的沙嘴地形
附設北方領土資料館
公路休息站
おだいとう
有使用當地海產料理的餐廳
必遊景點
冷杉枯木林
トドワラ
在海水和海風的侵蝕下，冷杉立著枯死的模樣，即為冷杉枯木林。過去枯死的冷杉相當多，但是近年在風化的影響下，幾乎確定再過不久就會全部消失，想欣賞冷杉枯木林請趁早前往
穿越牧場密集區
早晚車流量大
可同時欣賞海景與知床連山和國後島
北海道罕見的立體十字路口
別海町西春別周邊…筆直寬大的道路綿延
ヤウシュベツ川濕原…緩緩潤流的河川如同鏡面一般
別海町別海溫泉附近…奔馳在牧草地和防風林之中
公路休息站
スワン44ねむろ
透過玻璃帷幕，可欣賞到風蓮湖和春國岱
奧行臼車站遺跡。保留了車站建築和月台
春國岱
日本最東邊的車站
根室本線
注意車速
留有500m的泥地
藍綠色爭奇鬥艷的美麗街道
落石岬
停車點離落石岬約20分。景色令人讚嘆
浜松海岸PA
別寒邊牛濕原
霧多布濕原
北海道遺產
公路休息站
厚岸グルメパーク
可盡情享受新鮮的海產
厚岸湖
霧多布
霧多布岬
四番沢PA
Mutsugoro動物王國最初設立的場所。現為無人島
眺望太平洋和河川蜿蜒的霧多布濕原
路旁有牡蠣直賣所
愛冠岬
難読地名ロード
注意車速
茶内PA
酪農展望台

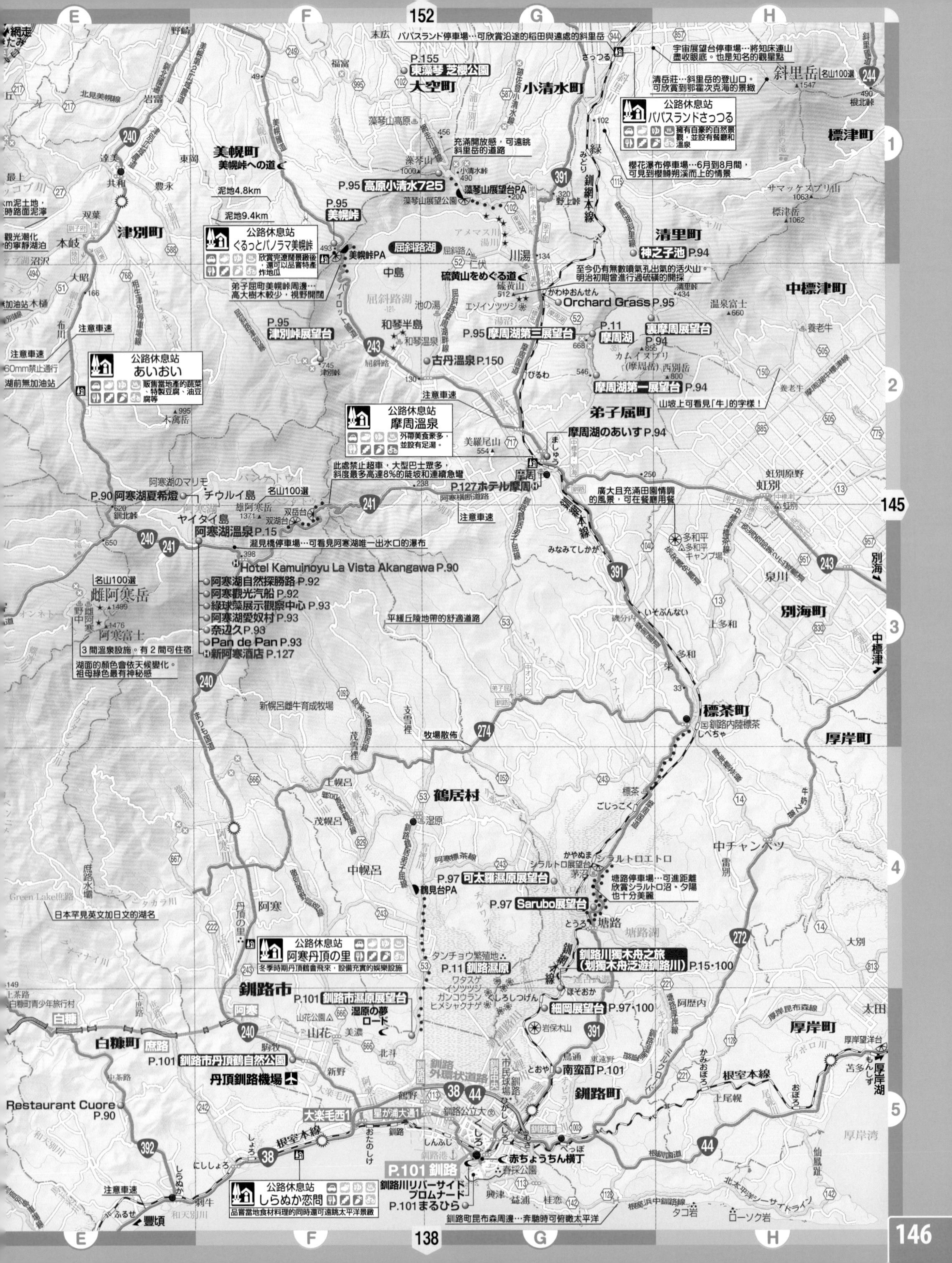

152
パパスランド停車場…可欣賞沿途的稻田與遠處的斜里岳
P.155 東藻琴 芝櫻公園
大空町
小清水町
宇宙展望台停車場…將知床連山盡收眼底。也是知名的觀星點
清岳莊…斜里岳的登山口。可欣賞到鄂霍次克海的景緻
斜里岳 名山100選
1547
根北峠
公路休息站 パパスランドさっつる
擁有自豪的自然景觀，並設有餐廳和溫泉
標津町
充滿開放感，可遠眺斜里岳的道路
美幌町
美幌峠への道
藻琴山
小清水峠
藻琴山展望台PA
藻琴山展望公園
P.95 高原小清水725
櫻花瀑布停車場…6月到8月間，可見到櫻鱒朔溪而上的情景
サマッケヌプリ山
標津岳
泥地4.8km
泥地9.4km
P.95 美幌峠
公路休息站 くるっとパノラマ美幌峠
欣賞完遼闊景觀後，還可以品嘗特產炸地瓜
美幌峠PA
屈斜路湖
清里町
神之子池 P.94
津別町
至今仍有無數噴氣孔出氣的活火山。明治初期曾進行過硫磺的開採
弟子屈町美幌峠周邊…高大樹木較少，視野開闊
硫黄山をめぐる道
硫黄山
川湯
中標津町
Orchard Grass P.95
中島
屈斜路湖
池の湯
P.95 津別峠展望台
和琴半島
和琴溫泉
P.95 摩周湖第三展望台
P.11 摩周湖
裏摩周展望台 P.94
カムイヌプリ（摩周岳）
西別岳
注意車速
公路休息站 あいおい
販售當地產的蔬菜、特製豆腐、油豆腐等
古丹溫泉 P.150
摩周湖第一展望台 P.94
山坡上可看見「牛」的字樣！
公路休息站 摩周溫泉
外帶美食眾多，並設有足湯。
弟子屈町
摩周湖のあいす P.94
美羅尾山
此處禁止超車，大型巴士眾多，斜度最多高達8%的陡坡和連續急彎
阿寒湖のマリモ
P.90 阿寒湖夏希燈
チウルイ島
名山100選
雄阿寒岳
P.127 ホテル摩周
廣大且充滿田園情調的風景，可在餐廳用餐
虹別
145
ヤイタイ島
阿寒湖溫泉 P.15
注意車速
多和平
瀧見橋停車場…可看見阿寒湖唯一出水口的瀑布
Hotel Kamuinoyu La Vista Akangawa P.90
名山100選
雌阿寒岳
阿寒湖自然探勝路 P.92
阿寒觀光汽船 P.92
綠球藻展示觀察中心 P.93
阿寒湖愛奴村 P.93
奈辺久 P.93
Pan de Pan P.93
新阿寒酒店 P.127
阿寒富士
3間溫泉設施，有2間可住宿
湖面的顏色會依天候變化。祖母綠色最有神秘感
平緩丘陵地帶的舒適道路
別海町
中標津
標茶町
牧場散佈
厚岸町
鶴居村
中チャンベツ
可太羅濕原展望台 P.97
塘路停車場…可進距離欣賞シラルトロ沼・夕陽也十分美麗
P.97 Sarubo展望台
塘路
鶴見台PA
日本罕見英文加日文的湖名
公路休息站 阿寒丹頂の里
冬季時期丹頂鶴會飛來，設備充實的娛樂設施
P.11 釧路濕原
釧路川獨木舟之旅（划獨木舟泛遊釧路川）P.15・100
釧路市
P.101 釧路市濕原展望台
溫原の夢ロード
細岡展望台 P.97・100
白糠町
P.101 釧路市丹頂鶴自然公園
南蛮酊 P.101
釧路町
丹頂釧路機場
厚岸町
Restaurant Cuore P.90
根室本線
P.101 釧路
赤ちょうちん横丁
公路休息站 しらぬか恋問
品嘗當地食材料理的同時還可遠眺太平洋景緻
釧路川リバーサイドプロムナード
P.101 まるひら
釧路町昆布森周邊…奔馳時可俯瞰太平洋
138

釧路・阿寒
1:400,000
0 5 10km
玩樂・景點
美食
購物
溫泉
住宿
公路休息站情報
道路情報
住宿設施
浴池
溫泉
餐廳
商店
產地直銷店
自行車出租
153
139
148
A
B
C
D
1
2
3
4
5
層雲峽溫泉Choyo Resort Hotel P.127
層雲峽 朝陽亭 P.127
連續降雨50mm禁止通行
流星瀑布
銀河瀑布
P.156
大雪山國立公園
上川町市街
層雲峽
大雪山
日本最早的賞楓地點。賞楓時和冬季時期有交通管制
賞楓時期很熱門具人氣。冬季關閉
連續降雨100mm禁止通行
上川町
遠輕町
北見市
北見富士
北見市富士見周邊…奔馳在白樺樹森林之中
石北峠
石北峠の道
連續降雨50mm禁止通行
注意車速
公路休息站
おんねゆ溫泉
鐘塔高20m！還可體驗木頭工藝的工房
溫根湯
置戶町
訓子府町
石北本線
三國峠PA
三國峠
天狗岳
北海道大分水點
石狩岳
沼ノ原
兩旁都是美麗的白樺樹林
西クマネシリ岳
6月下旬～7月上旬遍地都是紫色、白色、粉紅色
共有4種泉質可以享用。混浴（有女湯）
ニペソツ山
糠平三股林道…進入林道需從上士幌町的森林管理署（六日休）申請借用大門的鑰匙，或是參加各種相關行程。
新得町
東大雪之道
タウシュベツ川橋梁
タウシュベツ展望台
糠平湖
ぬかびら源泉郷
糠平水壩
必遊景點
三國峠
●みくにとうげ
位於連接上川和十勝的分界線，以車輛可以前往的山脈頂點來說，是北海道最高的場所。從三國峠俯瞰大樹海的全景令人屏息。三國峠停車場設有休息所和廁所。
喜登牛山
置戶～芽登間無加油站
牧場散佈，視野良好
公路休息站
オーロラタウン93りくべつ
設有鐵道運轉體驗設施和物產館等
陸別町
置戶～陸別間無加油站
ふるさと銀河線的廢線車站仍留在路旁
注意車速。無加油站
約27km泥地
湖岸旁道路無護欄
湖と溫泉と峠の道
連續彎道
禁止通行
道路狹窄且有急彎
然別湖
部份道路狹窄且路面不平
上士幌町
R273無加油站。注意油量
公路休息站
足寄湖
館內設施休業中。廁所和休息站印章可使用
足寄町
螺灣蕗叢生。觀賞期為7月中旬。北海道遺產
東雲湖…北海道三大秘湖
士幌高原ヌプカの里…可眺望帶廣、日高山脈的十勝平野一帶
然別湖ネイチャーセンター
十勝「馬の道」
ナイタイ高原への道
公路休息站
あしょろ銀河ホール21
可一覽街道的展望塔為特徵，及螺灣蕗景觀
千春之家…松山千春的家。屋簷的肖像畫是其標誌
公路休息站
うりまく
可體驗騎馬的休息站。設有新鮮食材的人氣直銷店
直線道路伴隨高低起伏綿延17km
公路休息站
ステラ★ほんべつ
由舊銀河線車站改建而成
公路休息站
しほろ溫泉
設有棒球場、足湯、餐廳等設施
鹿追町
士幌町
本別町
公路休息站
しかおい
販售市民精心生產的各種農產品和加工品。
公路休息站
ピア21しほろ
農業王國自豪的逸品齊聚一堂
約1.3km的泥地。兩側白樺樹林立
音更町
浦幌町
美蔓賞景公園…以日高山脈為背景的十勝田園風景
公路休息站
おとふけ
物產中心販售有音更產的黑豆等
道東道有附加油站的休息站（SA），無休息區（PA）。注意油量
芽室町
P.88 柳月 Sweetpia Garden
十勝平原SA
清水町
帶廣Jct
GARDEN SPA TOKACHIGAWA ONSEN P.82
P.127 觀月苑
P.127 十勝川溫泉 三余庵
P.89 十勝川溫泉
長流枝PA
道東自動車道
池田町
本別Jct
浦幌PA
美園PA
帶廣川西IC

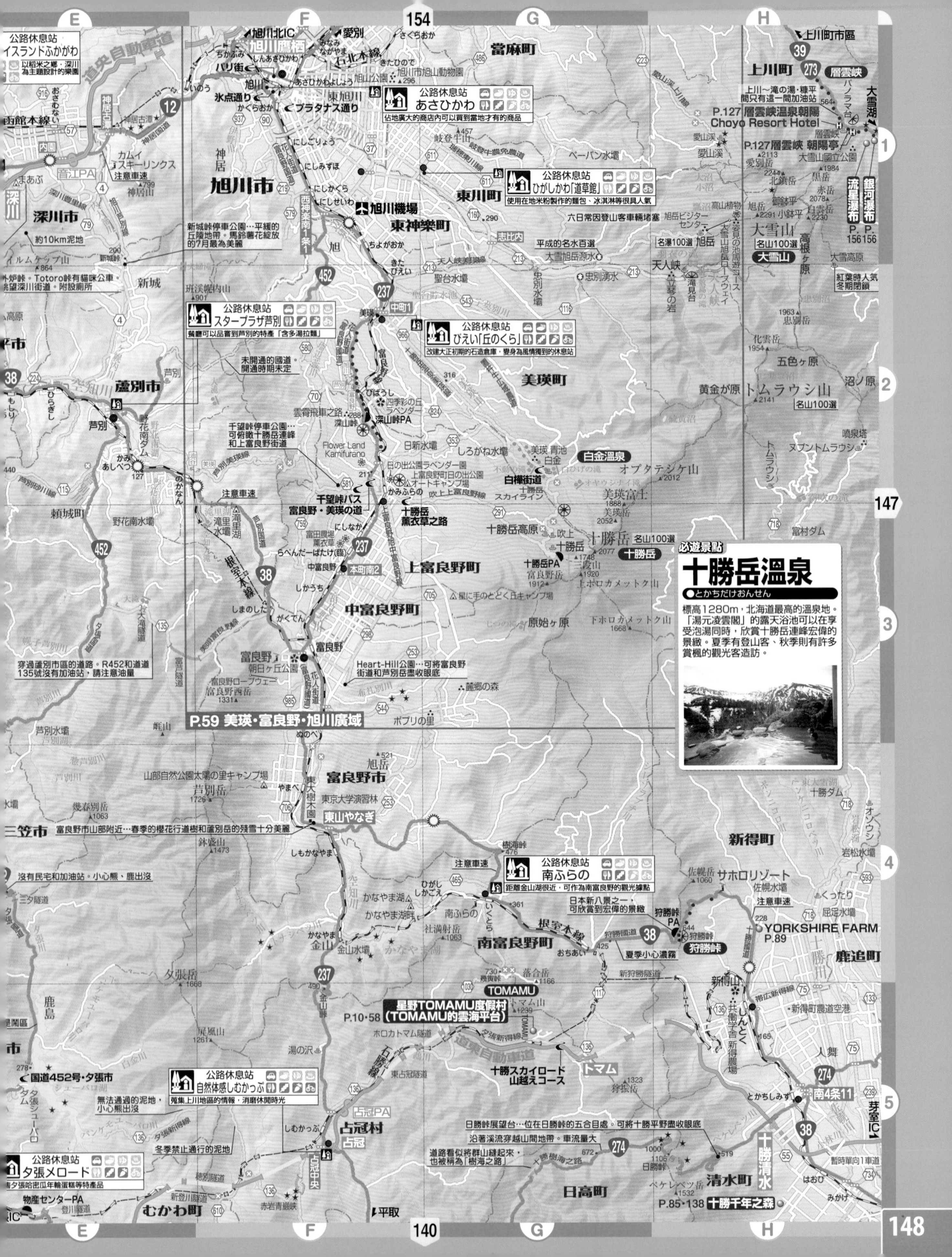

154
公路休息站
イスランドふかがわ
以稲米之鄉．深川為主題設計的果園
旭川北IC
旭川鷹栖
愛別
道央自動車道
石北本線
當麻町
上川町市區
上川町
層雲峡
上川～滝の湯・糠平間只有這一間加油站
P.127 層雲峡温泉朝陽 Choyo Resort Hotel
P.127 層雲峡 朝陽亭
大雪湖
大雪山國立公園
旭川
旭山公園
旭川市旭山動物園
冰點通り
プラタナス通り
公路休息站
あさひかわ
佔地廣大的商店內可以買到當地才有的商品
函館本線
深川
深川市
旭川市
旭川機場
東神樂町
東川町
公路休息站
ひがしかわ「道草館」
使用在地米粉製作的麵包、冰淇淋等很具人氣
新城峠停車公園…平緩的丘陵地帶。馬鈴薯花綻放的7月最為美麗
約10km泥地
六日常因登山客車輛堵塞
名瀑100選
平成的名水百選
大雪旭岳源水
旭岳
大雪山
名山100選
流星瀑布
銀河瀑布
P.156
P.156
紅葉時人氣冬期閉鎖
天人峡
忠別湖
Totoro峠有貓咪公車站牌還有深川街道。附設廁所
新城
公路休息站
スタープラザ芦別
餐廳可以品嘗到芦別的特產「含多湯拉麵」
公路休息站
びえい「丘のくら」
改建大正初期的石造倉庫，變身為風情獨到的休息站
美瑛
美瑛町
未開通的國道。開通時期未定
芦別市
芦別
トムラウシ山
名山100選
五色ヶ原
黄金が原
雲霄飛車之路
四季彩の丘
深山峠PA
千望峠停車公園…可俯瞰十勝岳連峰和上富良野街道
白金温泉
白樺街道
オプタテシケ山
美瑛富士
注意車速
千望峠バス
富良野・美瑛の道
十勝岳薰衣草之路
十勝岳温泉
十勝岳
十勝岳PA
十勝岳高原
147
頼城町
上富良野町
中富良野町
富良野
Heart-Hill公園…可將富良野街道和芦別岳盡收眼底
穿過蘆別市區的道路。R452和道道135號沒有加油站，請注意油量
P.59 美瑛・富良野・旭川廣域
富良野市
東山やなぎ
三笠市
富良野市山部附近…春季的櫻花行道樹和蘆別岳的殘雪十分美麗
新得町
沒有民宅和加油站。小心熊、鹿出沒
公路休息站
南ふらの
距離金山湖很近，可作為南富良野的觀光據點
日本新八景之一，可欣賞到宏偉的景緻
狩勝峠
夏季小心濃霧
YORKSHIRE FARM P.89
鹿追町
南富良野町
TOMAMU
星野TOMAMU度假村（TOMAMU的雲海平台）
P.10・58
トマム
十勝スカイロード山越えコース
道東自動車道
國道452號・夕張市
公路休息站
自然体感しむかっぷ
蒐集上川地區的情報，消磨休閒時光
無法通過的泥地，小心熊出沒
冬季禁止通行的泥地
占冠村
占冠
公路休息站
夕張メロード
夕張哈密瓜年餅蛋糕等特產品
物產センターPA
むかわ町
平取
日高町
日勝峠展望台…位在日勝峠的五合目處。可將十勝平野盡收眼底
沿著溪流穿越山間地帶。車流量大
道路看似將群山縫起來，也被稱為「樹海之路」
清水町
十勝清水
P.85・138 十勝千年之森
芽室IC
暫時單向1車道
140
必遊景點
十勝岳溫泉
とかちだけおんせん
標高1280m，北海道最高的溫泉地。「湯元凌雲閣」的露天浴池可以在享受泡湯同時，欣賞十勝岳連峰宏偉的景緻。夏季有登山客、秋季則有許多賞楓的觀光客造訪。

P.136 函館・大沼
P.138 帶廣・襟裳
P.140 支笏湖・日高
P.142 新雪谷・洞爺湖
P.144 根室・知床
P.146 釧路・阿寒
P.148 札幌・富良野
P.150 小樽・積丹
P.152 網走・紋別
P.154 旭川・名寄
P.156 稚内・利尻・禮文

公路休息站情報
道路情報 住宿設施 浴池
溫泉 餐廳 商店
產地直銷店 自行車出租
小樽・積丹
1:400,000
0 5 10km
玩樂・景點
美食 購物
溫泉 住宿
日本人推薦的
免費露天溫泉
Best 5
北海道擁有許多富有野趣的露天溫泉。請務必鼓起一點勇氣，感受只有在大自然中才有的體驗！
●セセキ温泉
瀬石溫泉
羅臼町
MAP144H-3
滿潮時會沒入海水之中，北海道屈指可數的秘湯。入浴時請遵守禮儀（混浴、可穿泳裝）
●ふきあげろてんのゆ
吹上露天之湯
上富良野町
MAP59C-4
十勝岳山腹森林中的露天溫泉。直至深夜入浴者絡繹不絕（混浴、可穿泳裝）
●コタン温泉
古丹溫泉
弟子屈町
MAP146G-2
有定期清掃的乾淨溫泉。冬季有機會可以看到天鵝（男女有別、可穿泳裝）
●みずなしかいひんおんせん
水無海濱溫泉
函館市
MAP136G-2
自惠山岬的河口湧出，滿潮時會沒入海水之中的夢幻溫泉（混浴、可穿泳裝）
●ひらたないろてんぶろくまのゆ
平田內露天溫泉熊之湯
八雲町
MAP143C-5
激起豪邁水花的溪谷旁，設有4～5人用的岩石浴池（混浴、可穿泳裝）
威岬
むいみさき
車場到海岬尖端的步道需步行分。從陸地突出約40m的神以及另一端稍微帶有弧度的水，交織出令人不禁認為這片積的海洋便是世界盡頭的荒涼風
積丹岬
海岸100選
島武意海岸
女郎子岩
路旁海膽蓋飯餐廳林立，海膽解禁在6月下旬
シララの小道
夫婦岩
マッカ岬
積丹町神威岬周邊…望見神威岬和神威岩
新日本海渡輪（舞鶴～小樽）（敦賀～新潟～小樽）
野塚
神威岬
來岸
西河
婦美
宝島
黄金岬
美國
厚苫岬
群来
積丹町沼前停車場…可將神威岬和日本海盡收眼底。夕陽西下也十分美麗
積丹町
積丹岳
丸山岬
セタカムイ道路防災紀念公園…可欣賞到セタカムイ岩和海岸線的景緻
沼前岬
新地
積丹半島
浜町
ウボウ岬
西の河原隧道
經由數座隧道穿過險峻斷崖的海岸線
北海道少有的長距離曲折道路。毫無民房、交通量
連續降雨60mm禁止通行
富極部洞窟…岩壁上留有繩文時代壁畫的遺跡
青之洞窟（BLUE HOLIC）P.45
小樽水族館
高島岬
小樽海岸自然探勝路
小樽運河散策路
海水浴季節十分堵塞
P.46 小樽廣域
川白岬
神惠內町珊內漁港周邊…奔馳的同時欣賞日本海景
神惠內村
公路休息站 スペース・アップルよいち
令人聯想到宇宙的休息站，鄰近威士忌工廠
余市町
リタロード
蘭島
函館本線
小樽
塩谷
P.43 日果威士忌余市蒸餾所
P.43 OcciGabi
水果街道是通過余市街道和R5的道路
フルーツ街道
天狗山
石狩灣
大森隧道
古平町
P.43 山本觀光果園
朝里川
小樽市
札樽自動車道
公路休息站 オスコイ!かもえない
神惠內村祈石停車場…遠處可看見壽都
仁木町
冷水峠
小樽街道盡收眼底
泊村
大江PA
赤井川
落合
キロロ
札幌國際
日本海
公路休息站 いわない
たら丸館設有特產販賣處和旅遊服務處
共和町
赤井川村
札幌市
南區
公路休息站 あかいがわ
設有烘焙坊、冰淇淋店
共和町小澤周邊…欣賞羊蹄山的同時奔馳在森林之中
連結定山溪溫泉和朝里川溫泉
P.127 定山溪第一寶亭留翠山亭
P.127 ホテル鹿の湯
P.127 章月格蘭飯店
定山溪
定山溪溫泉
倶知安町
京極町
岩內町
壽都
新雪谷
長距離隧道綿延

北海道綺麗風景線

綺麗風景線是什麼?

北海道有以當地居民為主，發起以「創造美麗景觀」、「營造充滿活力的地域」、「創造魅力觀光空間」為目標的「北海道綺麗風景線」之組織。
北海道綺麗風景線(ScenicByway)的語源，是由景觀Scene的形容詞Scenic，加上支路、旁道Byway組合而成。下面將介紹指定為綺麗風景線的12條路線。
各路線的景點和推薦情報請至官方網站查詢。

北海道綺麗風景線　http://www.scenicbyway.jp/
洽詢電話:北海道綺麗風景線支援中心 ☎011-708-0429

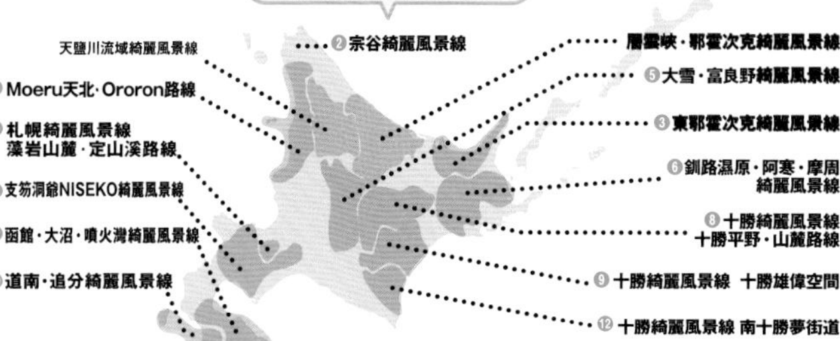

①Moeru天北・Ororon路線

主題 反映出當地的生活方式。北之光延續之路

位於日本海側北部的路線，同時也是大家熟悉的「日本海Ororon Line」。特產為章魚、甜蝦、海膽等海產。「羽幌章魚鮮蝦煎餃」、「天鹽章魚泡菜蓋飯」等新當地美食也陸續誕生。此外，路線沿途有著許多以留萌的黃金岬為首的夕陽勝地。

②宗谷綺麗風景線

主題 溫暖的最北道路

位於日本最北之地，仍保留佐呂別原野、宗谷丘陵等，延續自太古時期的自然環境。從日本海沿岸可以看見秀峰—利尻富士。章魚、螃蟹、干貝等海產，以及廣大牧場生產的牛奶、牛肉等都非常有名。此外，利尻、禮文島可以欣賞高山植物以及體驗利尻富士登山。

③東鄂霍次克綺麗風景線

主題 浪漫繽紛、充滿療癒氣息，在風中奔馳的道路

知床國立公園、網走國定公園、斜里岳道利自然公園等，北海道自然環境聚集的地區。知床半島登錄為世界遺產，有許多觀光客造訪。由於面朝大海，可以品嘗到豐富海產也是這裏的魅力之一。並且是日本唯一冬天能見識鄂霍次克海「流冰」的地區。

④札幌綺麗風景線 藻岩山麓・定山溪路線

主題 「值得一住、值得一訪」的都市空間~都市、自然、人交織出札幌魅力~

藻岩山麓延續至中山峠的國道230號、真駒內延續至藝術之森的國道453號、定山溪延續至小樽方向的道道1號小樽定山溪線等，全都是位在札幌市內卻擁有豐富自然景觀的道路。瀧野鈴蘭丘陵公園、南澤等賞花勝地，札幌藝術之森等藝術空間，藻岩山展望台等觀光勝地眾多。

⑤大雪・富良野綺麗風景線

主題 為四季增添色彩的花人街道

大雪山．十勝岳連峰西邊，如拼布一般的田園風景，以及國道237號旁，作為北海道花園街道很具人氣的花田，是許多連續劇和廣告的拍攝地點。美麗的田園可採收到馬鈴薯、小麥、稻米等農作物。十勝岳等山地的火山活動產生的溫泉也是這裡的魅力之一。

⑥釧路濕原・阿寒・摩周綺麗風景線

主題 神秘而壯觀的自然風貌，用全身感官體驗的絕佳路線

擁有釧路濕原國立公園、阿寒國立公園，可以盡情徜徉於北海道的大自然。整體由四個區域組成，分別是摩周湖仕處的弟子屈、北海道內屈指的知名溫泉阿寒湖、日本代表性酪農地區的中標津、因登錄拉姆薩公約而聞名的釧路濕地。

⑦支笏洞爺NISEKO綺麗風景線

主題 美麗的湖泊與秀峰，和火山邂逅的路線

擁有支笏洞爺國立公園、新雪谷積丹小樽海岸國定公園等 2 座國立國定公園，加上登錄為世界地質公園的洞爺湖有珠山地質公園。湖泊美麗的景觀、火山活動帶來的日本頂尖溫泉、羊蹄山周邊山麓的湧水、採自大地的農作物等，具有人氣又適合拍照的景點很多。整體由 3 個地區組成，分別是 Welcome 北海道、Niseko 羊蹄、洞爺湖。

十勝綺麗風景線

⑧十勝平野・山麓路線

主題 規模為日本第一 遼闊、環境、生態、農業

奔馳在十勝平野西北部、東大雪山麓的路線。十勝有日本糧倉之稱，除了豆類、馬鈴薯等農產物，起司等乳製品也很多。周邊散佈著許多使用當地食材的農場餐廳。此外，利用大自然的生態旅遊和農家樂也相當盛行。

十勝綺麗風景線

⑨十勝雄偉空間

主題 十勝型產業的創造和人口增長

位於十勝中部地區，由帶廣市和其周邊7座城鎮組成，道東自動車道以及帶廣廣尾自動車道帶來的交通之便是其魅力之一。周圍十勝平野遼闊，美麗花草樹木組成的美麗花園、植物性溫泉湧出的十勝溫泉等，散佈著眾多的觀光景點。此外，豬肉蓋飯、零食、紅酒等，使用當地食材的美食也很具人氣。

⑩道南・追分綺麗風景線

主題 海風薰人的古老街道

如今北海道新幹線開通後，預計來訪人口會大幅提昇，因此於2015年獲選綺麗風景線。路線由北海道南端的松前半島和奧尻島組成，松前的「福山城」、上之國的「勝山館遺跡」等，擁有許多道南特有的歷史景點，「江差追分」等文化資源也不在少數。使用津輕海峽捕獲的鮪魚等新鮮海產的海鮮料理也十分推薦。

⑪函館・大沼・噴火灣綺麗風景線

主題 連接人與人的街道

函館是北海道內最早與外界交流的城市。各外國商船、軍艦頻繁出入，同時也帶來了不少歐美文化。如今函館市元町周邊仍有許多充滿異國情調的城鎮。大沼地區自江戶時代就因美好景緻廣為人知，曾是王侯、貴賓、外國人的度假地。是條歷史觀光景點眾多的路線。

十勝綺麗風景線

⑫南十勝夢街道

主題 培育夢想的海洋、大地、清流交織的道路

位於十勝南側的路線。納瑪象的全身骨骼化石、延續自江戶時代的金砂窟等，歷史景點眾多。加上農業和畜牧業發達，使用當地食材的加工品豐富。展望景點眾多，是條可在欣賞雄偉日高山脈的同時，跨越無數清流，從遼闊田園地帶延續到太平洋的道路。

北方領土
1:2,100,000
0 25 50km
擇捉島
紗那
留別
ラッキベツ岬
神威岳
蘂取
西単冠山
得茂別湖
鄂霍次克海
安渡移矢岬
國後水道
ルルイ岬
爺爺岳
留夜別
國後島
メッカリ崎
色丹
色丹島
P.144 右下圖
知床岬
知床
羅臼岳
羅臼
P.144 左圖
泊
標津
野付崎
納沙布岬
根室
齒舞群島
別海
濱中
太平洋
『北方領土』
國後島　日本大二大島嶼，面積1500km²。大小為佐渡島的2倍大。距離別海町的野付半島僅有16km，晴天時可以從知床半島欣賞到那如同巨大動物般的稜線。島上的最高山峰チャチャ(爺爺、茶茶)岳(1822m)是至今仍活動頻繁的活火山。這裡是森林資源、水產資源、礦物資源的寶庫，四處都有溫泉湧出。18世紀後半，最上德內等人探索千島的根據地位在西南端的泊灣，是島內最優良的海灣，過去曾有定期船往來於根室之間。現在根據法律，由根室振興局管轄內的泊村、留夜別村2個村落組成。
擇捉島　日本國內最大的離島，面積約3184km²。遼闊程度足以媲美鳥取線，比大阪府、香川縣、東京都更大。與得撫島隔著擇捉海峽相望。島嶼覆蓋著冷松、蝦夷松、卡瓦等原生林，中北部聳立著島上最高的散布山(1587m)。海岸有變化無窮的海蝕崖，十分適合海釣。位於太平洋岸的單冠灣是座優良港口，過去曾是太平洋戰爭攻擊夏威夷珍珠灣時的聯合艦隊集結地。現在根據法律，隸屬根室振興局管轄，設有蘂取村、紗那村、留別村等3座村莊。戰前時期水產業、林業、礦業(硫磺)、毛皮動物養育盛行。
齒舞群島　由水晶、秋勇留、勇留、志發、多樂島及其他附屬島嶼組成的群島，面積101km²。是廣為人知的水產資源寶庫。現在根據法律，隸屬於根室市的行政區劃管轄。
色丹島　位於根室半島納沙布岬東方75km處，面積約253km²。起伏平緩的丘陵地上，高山植物綻放、湖沼衆多。錯綜複雜的海灣分佈著許多小島，呈現出如同"天然盆景"的景象。據說地名是來自愛奴語的「Sicotan」(意指最大的村莊或最棒的村莊)。現在根據法律，色丹村隸屬於根室振興局管轄。
必遊景點
網走國定公園 小清水原生花園
●あばしりこくていこうえんこしみずげんせいかえん
位於鄂霍次克海及濤沸湖之間，約8km的丘陵地帶，野生花朵爭奇鬥艷。賞花為6月中旬至7月下旬期間。玫瑰、毛百合等，約有70種的花朵可供欣賞。
能取岬　岬上可遠望知床連山。放牧著馬和牛
網走市
P.11 鄂霍次克的流冰
行車舒適的泥地 11.8km
公路休息站 流氷街道網走
流冰觀光的新據點，可欣賞鄂霍次克海和知床
公路休息站 しゃり
在市區的休息站，可來此獲得觀光、美食情報
隔著海岸眺望知床連山
行車舒適的直線道路
144右
宇登呂
小清水原生花園
欣賞季節在6月中旬～7月下旬。北海道遺產
公路休息站 はなやか(葉菜野花)小清水
挑戰使用當地食材的美味加工麵麭
濤沸湖
釧網本線
斜里町
P.127 Hotel Abashirikoso
P.113 網走
公路休息站 メルヘンの丘めまんべつ
建議品嘗以肉質軟嫩為招牌的「さくら豚丼」
泥地2.3km
女滿別機場
大空町
小清水町
清里町
美幌町
大波斯菊街道停車帶…斜里岳景色宜人。夏季至秋季期間路旁會開滿大波斯菊
Rest House清里停車場…可看見如同古城的燒酒工廠、斜里岳、馬鈴薯田
パパスランド さっつる
川湯溫泉
摩周溫泉
阿寒湖
標津
北海道遺產
佐呂間湖的日落名勝
龍宮街道
喫茶「しゃべりたい」
オホーツクサイクリングロード・湖をめぐる道
感動の径
十勝鄂霍次克自動車道

觀光道路地圖
P.136 函館・大沼
P.138 帶廣・襟裳
P.140 支笏湖・日高
P.142 新雪谷・洞爺湖
P.144 根室・知床
P.146 釧路・阿寒
P.148 札幌・富良野
P.150 小樽・積丹
P.152 網走・紋別
P.154 旭川・名寄
P.156 稚內・利尻・禮文
網走・紋別
1:400,000
0 5 10km
玩樂・景點
美食
購物
溫泉
住宿
公路休息站情報
道路情報
住宿設施
浴池
溫泉
餐廳
商店
產地直銷店
自行車出租
公路休息站 おうむ
不妨到景觀絕佳的展望台欣賞日出和流冰吧
玻璃帷幕的展望台
公路休息站 おこっぺ
擁有廣大腹地，可以賞景、遊玩、住宿的設施
穿越牧草地帶的鋪裝路
雄武町
興部町
西興部村
紋別市
滝上町
湧別町
遠輕町
上川町
北見市
佐呂間町
必遊景點
上湧別町鬱金香公園
●かみゆうべつチューリップ公園
國道242號線旁，廣達7ha的巨大花田。5月到6月上旬期間120種120萬株鬱金香將爭奇鬥艷地盛開。依據開花時間會舉辦鬱金香展覽會。售有球根等商品。
マリーさんの木…蟹肉炒飯很具人氣
流冰破冰船GARINKO號Ⅱ P.111
公路休息站 オホーツク紋別
除了流冰季節外也可以處處看見流冰
クリオネプロムナード
仲夏時節也能體驗流冰
鄂霍次克流冰科學中心
蟹螯造型的巨大紀念碑
鄂霍次克紋別機場
野鳥眾多
公路休息站 かみゆうべつ温泉チューリップの湯
湯有泉水偏弱鹼性且觸感滑潤的溫泉
公路休息站 愛ランド湧別
設有海拔100m大摩天輪可欣賞到佐呂間湖
注意車速
湧別芭露停車場…附近有濕地步道。
北海道最大的湖泊。秋季可欣賞到紅通通
P.155 上湧別町鬱金香公園
公路休息站 サロマ湖
鄰近佐呂間湖的展望台，售有鄂霍次克海沿岸的伴手禮
周圍沒有高聳山岳，加上位在湖中央，可以清楚地眺望到佐呂間
賞花期為5月下旬～6月上旬
公路休息站 香りの里たきのうえ
宮殿風格的特色建築。薄荷商品適合當伴手禮
必遊景點
滝上公園
●たきのうえこうえん
5月上旬至6月上旬期間，平緩的山丘坡道上芝櫻盛開。廣達約10萬㎡的壯觀規模，只有在北海道才能看到。設有步道。
幾乎沒有車流的寂寥路段
上川～瀧上間無加油站，道路曲折
公路休息站 まるせっぷ
木造的館內聆聽優雅的鋼琴曲調
大平ジオパークロード
周圍散佈許多濕原與沼澤
R450汽車專用道。R333車流量少、車速較快
稱為裏見瀑布落差達25m
禁止通行
4098m的瀑長隧道
公路休息站 しらたき
當地蕎麥粉和山葵製作的「のりゆきそば」頗具人氣

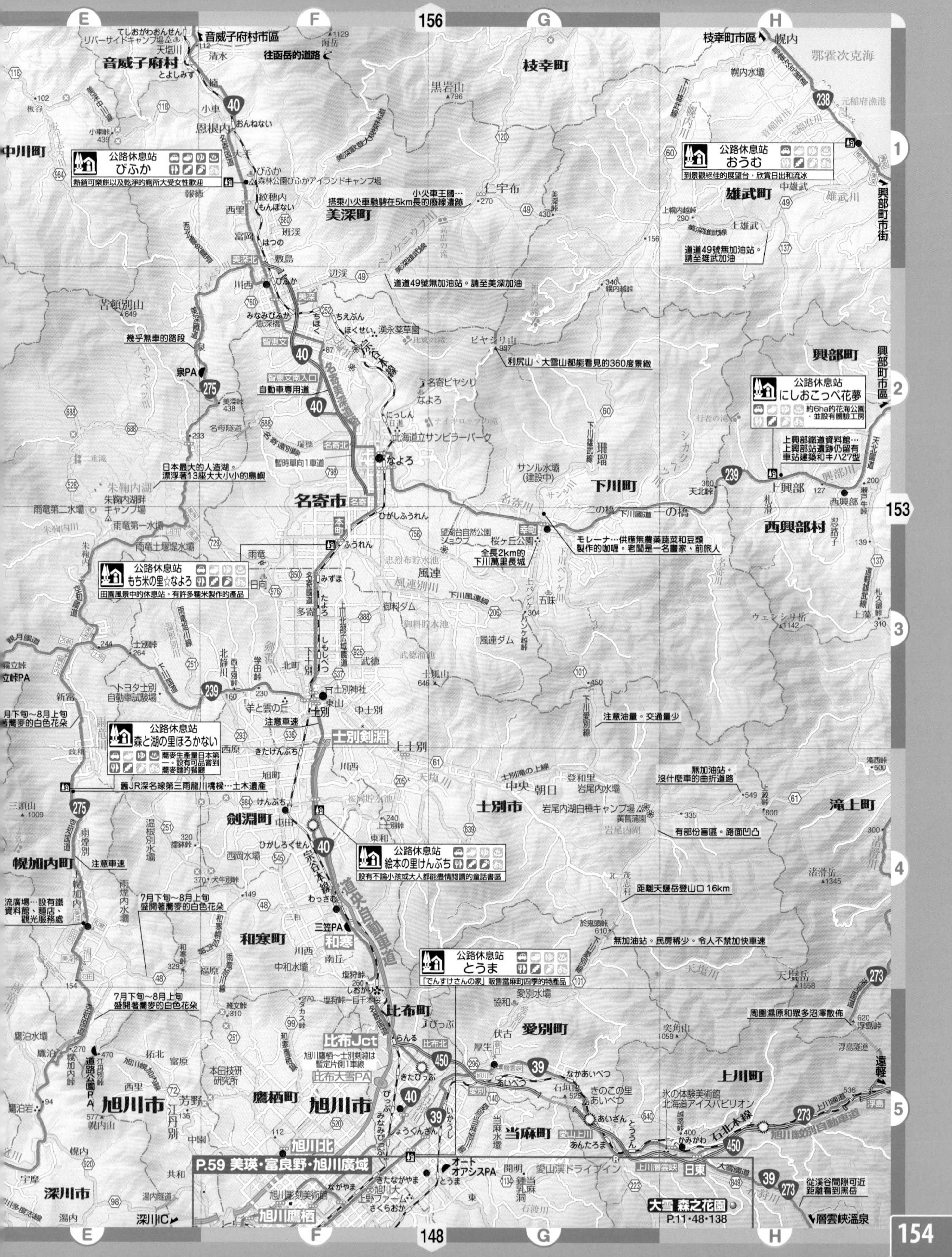

156
音威子府村市區
往函岳的道路
音威子府村
枝幸町
枝幸町市區
幌内
鄂霍次克海
黒岩山
中川町
公路休息站
びふか
熱銷可樂餅以及乾淨的廁所大受女性歡迎
公路休息站
おうむ
到景觀絕佳的展望台，欣賞日出和流冰
雄武町
小火車王國…
搭乘小火車馳騁在5km長的廢線遺跡
美深町
仁宇布
道道49號無加油站。請至雄武加油
道道49號無加油站。請至美深加油
苦頓別山
幾乎無車的路段
泉PA
利尻山、大雪山都能看見的360度景緻
興部町
興部町市區
公路休息站
にしおこっぺ花夢
約6ha的花海公園，並設有體驗工房
智恵文南入口
自動車専用道
上興部鐵道資料館…
上興部站遺跡仍留有車站建築和キハ27型
日本最大的人造湖。
漂浮著13座大大小小的島嶼
暫時單向1車道
なよろ
名寄市
下川町
西興部村
153
モレーナ…供應無農藥蔬菜和豆類製作的咖哩。老闆是一名畫家、前旅人
全長2km的
下川萬里長城
公路休息站
もち米の里☆なよろ
田園風景中的休息站，有許多糯米製作的產品
士別劍淵
公路休息站
森と湖の里ほろかない
蕎麥生產量日本第一。設有可品嘗到蕎麥麵的餐廳
舊JR深名線第三雨龍川橋樑…土木遺產
注意油量。交通量少
無加油站。
沒什麼車的曲折道路
士別市
劍淵町
滝上町
有部份盲區。路面凹凸
公路休息站
絵本の里けんぶち
設有不論小孩或大人都能盡情閱讀的童話書區
幌加内町
注意車速
流廣場…設有鐵資料館、麵店、觀光服務處
7月下旬~8月上旬
盛開著蕎麥的白色花朵
距離天鹽岳登山口 16km
和寒町
無加油站。民房稀少。令人不禁加快車速
公路休息站
とうま
「でんすけさんの家」販售當麻町四季的特產品
比布町
愛別町
比布Jct
旭川鷹栖～士別劍淵是暫定片側1車線
周圍濕原和眾多沼澤散佈
上川町
旭川市
鷹栖町
旭川市
当麻町
P.59 美瑛・富良野・旭川廣域
旭川北
旭川鷹栖
深川市
深川IC
從溪谷間隙可近距離看到黑岳
大雪 森之花園
P.11・48・138
層雲峽溫泉
148

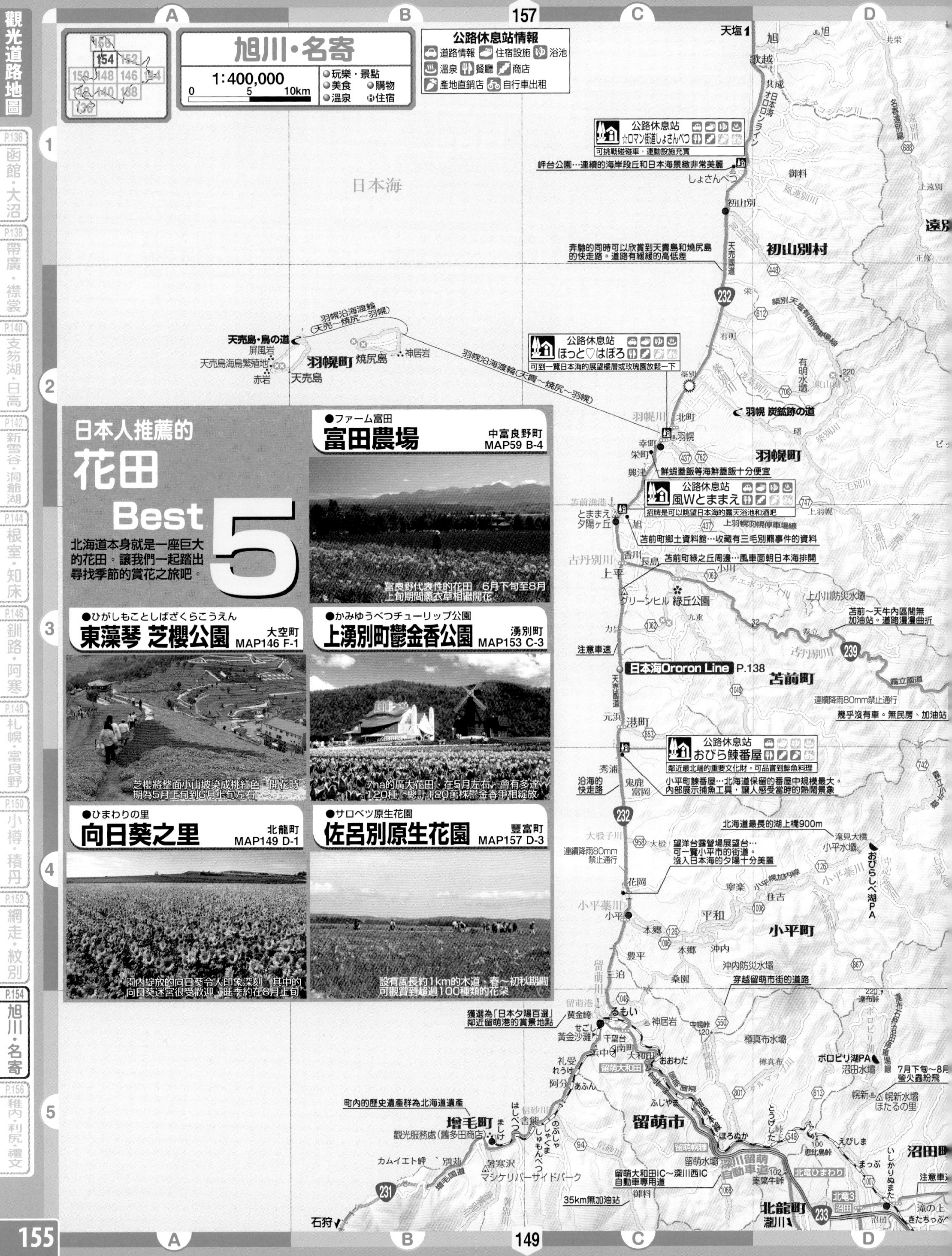

觀光道路地圖
P.136 函館・大沼
P.138 帶廣・襟裳
P.140 支笏湖・日高
P.142 新雪谷・洞爺湖
P.144 根室・知床
P.146 釧路・阿寒
P.148 札幌・富良野
P.150 小樽・積丹
P.152 網走・紋別
P.154 旭川・名寄
P.156 稚內・利尻・禮文
旭川・名寄
1:400,000
0 5 10km
玩樂・景點
美食
購物
溫泉
住宿
公路休息站情報
道路情報
住宿設施
浴池
溫泉
餐廳
商店
產地直銷店
自行車出租
157
149
日本海
天塩
歌越
共成
日本海オロロンライン
公路休息站 ☆ロマン街道しょさんべつ
可挑戰碰碰車，運動設施充實
岬台公園…連續的海岸段丘和日本海景緻非常美麗
しょさんべつ
初山別
初山別村
奔馳的同時可以欣賞到天賣島和燒尻島的快走路。道路有緩緩的高低差
天売国道
232
羽幌沿海渡輪（天売～焼尻～羽幌）
天売島・鳥の道
屏風岩
天売島海鳥繁殖地
赤岩
天売島
羽幌町
焼尻島
神居岩
公路休息站 ほっと♡はぼろ
可到一覽日本海的展望樓層或玫瑰園放鬆一下
羽幌沿海渡輪（天賣～燒尻～羽幌）
羽幌 炭鉱跡の道
羽幌
羽幌町
鮮蝦蓋飯等海鮮蓋飯十分便宜
公路休息站 風Wとままえ
招牌是可以眺望日本海的露天浴池和酒吧
とままえ夕陽ヶ丘
苫前町鄉土資料館…收藏有三毛別羆事件的資料
苫前町綠之丘周邊…風車面朝日本海排開
グリーンヒル 緑丘公園
上小川防災水壩
苫前～天牛內區間無加油站。道路濃濃曲折
239
注意車速
日本海Ororon Line P.138
苫前町
連續降雨80mm禁止通行
幾乎沒有車。無民房、加油站
公路休息站 おびら鰊番屋
鄰近最北端的重要文化財。可品嘗到鯡魚料理
小平町鰊番屋…北海道保留的番屋中規模最大。內部展示捕魚工具，讓人感受當時的熱鬧景象
沿海的快走路
232
北海道最長的湖上橋900m
望洋台露營場展望台…可一覽小平市的街道。沒入日本海的夕陽十分美麗
連續降雨80mm禁止通行
おびらしべ湖PA
小平町
穿越留萌市街的道路
獲選為「日本夕陽百選」鄰近留萌港的賞景地點
黃金岬
るもい
ポロピリ湖PA
7月下旬～8月螢火蟲紛飛
町內的歷史遺產群為北海道遺產
增毛町
觀光服務處（舊多田商店）
留萌市
深川留萌自動車道
留萌大和田IC～深川西IC自動車專用道
35km無加油站
231
北龍町
233
沼田町
石狩
日本人推薦的花田 Best 5
北海道本身就是一座巨大的花田。讓我們一起踏出尋找季節的賞花之旅吧。
●ファーム富田
富田農場 中富良野町 MAP59 B-4
富良野代表性的花田，6月下旬至8月上旬期間薰衣草相繼開花
●ひがしもことしばざくらこうえん
東藻琴 芝櫻公園 大空町 MAP146 F-1
芝櫻將整面小山坡染成桃紅色。開花時期為5月上旬到6月上旬左右
●かみゆうべつチューリップ公園
上湧別町鬱金香公園 湧別町 MAP153 C-3
7ha的廣大花田，在5月左右，會有多達120種、總計120萬株鬱金香爭相綻放
●ひまわりの里
向日葵之里 北龍町 MAP149 D-1
國內綻放的向日葵令人印象深刻，其中的向日葵迷宮很受歡迎，旺季約在8月上旬
●サロベツ原生花園
佐呂別原生花園 豐富町 MAP157 D-3
設有周長約1km的木道，春～初秋期間可觀賞到超過100種類的花朵

必遊景點
宗谷岬
●そうやみさき
北緯45度31分，尖端立有「日本最北之地」的石碑，旁邊立有間宮林藏的雕像和紀念碑。附近的商店售有「日本最北端抵達證明書」（100日圓）。
日本人推薦的
絕景瀑布
Best 5
瀑布是大自然雕刻出的藝術品。炎熱夏天光是看到濺起的水花，就能一掃駕車的疲勞。
●賀老の滝
賀老瀑布
島牧村
MAP143 C-2
高度70m、寬度35m的北海道最大級瀑布。上午有機會看到瀑布上彩虹橫跨的模樣
●カムイワッカ湯の滝
Kamuiwakka溫泉瀑布
斜里町
MAP144 G-3
溫泉直接流進河川之中。現在只能前往到「第一瀑布」為止。
●流星の滝・銀河の滝
流星瀑布・銀河瀑布
上川町
MAP147 A-1
從柱狀紋理的岩峰落下的瀑布分為好幾重的銀河瀑布，落差約達120m
●三階滝
三階瀑布
伊達市
MAP142 H-2
分為三段落下的優美瀑布，據說落差約達21m
●白ひげの滝
白鬚瀑布
美瑛町
MAP59 C-4
十勝岳的伏流帶著強烈地水勢，流進鈷藍色的美瑛川
宗谷岬風力發電廠…日本最大的風力發電廠座落於整片丘
穿過宗谷岬的全線鋪裝高度道快走路
公路休息站 さるふつ公園
公園當地才品嘗得到的美味干貝特產齊聚一堂
Poro沼上的橋樑，即是Esanuka Line的入口
馳於丘陵地帶的舒適道路，幾乎無車流量
奔馳在濕地地帶。視天候禁止通行
原生花園和白鳥之道
Esanuka Line P.138
貫穿牧草地的直線道路
毫無民房、車輛少。部份路面凹凸不平
屈斜路湖
注意車速
側風強烈
濱頓別町
體驗挖掘金砂
河川旁的快速2線道
隧道出入口注意車速
鄂霍次克海
全面鋪裝的舒適蜿蜒道路。可遠望利尻山
上駒PA
中頓別町
如同鋪榻榻米一般的岩石排列
中頓別～音威子府間40km無加油站
牧場散佈 毫無車流量
わかばPA
はまなすPA
公路休息站 マリーンアイランド岡島
休息站造型仿造漂浮於鄂霍次克海上的船隻
公路休息站 ピンネシリ
設有露營車場區，能盡情享受自然的休息站
公路休息站 なかがわ
多種原創商品，尤其是藍靛果冰淇淋最具人氣
中川町
小心道路兩旁樹林跳出野鹿
砂澤 Bikky 紀念館…學校遺址變成藝廊！展示有砂澤 Bikky 的雕刻作品
公路休息站 おといねっぷ
瀰漫木頭香氣的休息站，不妨用特產蕎麥麵祭一下五臟廟
站內立食的音威子府蕎麥麵店「常盤軒」，麵條漆黑帶有嚼勁
枝幸町
單調景色綿延
北海道命名之地
大卡車通行量大
音威子府村
夏季道路兩旁可看到最北端的蕎麥田
以海洋為背景欣賞牛群吃草
雄武町
雄武町市區
茂吉の峠道
美深
154

稚内・利尻・禮文
1:400,000
0 5 10km
玩樂・景點
美食
購物
溫泉
住宿
公路休息站情報
道路情報
住宿設施
浴池
溫泉
餐廳
商店
產地直銷店
自行車出租
必遊景點
野寒布岬
ノシャップ岬
位於比宗谷岬緯度低5度的位置。東有宗谷岬、北有薩哈林島、西有禮文島，西南有利尻島。夕陽景色十分漂亮，記得確認好日落時間前往。周圍有餐廳、商店、水族館。
海驢島
須古頓岬 P.117
金田ノ岬
禮文町金田岬周邊…沿海奔馳，遠處可眺望海驢島
船泊灣
船泊村
森林之丘展望台…可以俯瞰久種湖，以及欣賞到利尻富士、禮文岳的景色
ゴロタ離れ島
澄海岬 P.117
禮文島
禮文岳
禮文町 P.15・117
桃岩展望台步道（賞花步道健行之旅）
礼文・花と海の道
香深村
炉ばたちどり P.117
元地
元地漁港
高山植物群落
レブンウスユキソウ
レブンアツモリソウ
北のカナリアたち公園
Heart Land Ferry（香深～稚内）
Heart Land Ferry（鴛泊～稚内）
Heart Land Ferry（香深～鴛泊）
Heart Land Ferry（香深～沓形）
礼文水道
夕日之丘展望台…隨著夕陽西下，時刻改變樣貌的利尻山十分美麗
富士野園地 P.116
利尻機場
佩西岬展望台…標高約90m，可將日本海盡收眼底，並近距離欣賞利尻岳的景點
野塚PA
鴛泊
姬沼展望台…以佩西岬為中心的鴛泊港和禮文島景緻十分美麗
姬沼 P.116
利尻島ファミリーキャンプ場ゆーに
利尻富士町
利尻山16景の道
沓形岬公園キャンプ場
沓形岬
沓形
P.116 利尻 島の駅「海藻の里・利尻」
利尻山 1721
名山100選
利尻町
利尻島
鬼脇
オタトマリ沼 P.116
沼浦展望台…可將利尻山、オタトマリ沼、日本海的景色盡收眼底
仙法志
仙法志漁港
利尻町立博物館
白色戀人之丘 P.114
利尻亀一 オタトマリ沼店 P.116
宗谷Sunset Road…奔馳的同時，可欣賞到海面上的利尻山以及夕陽
利尻水道
日本海
野寒布岬
公路休息站 わっかない
日本最北的休息站，位在複合式大樓之中
稚内
百年記念塔
北方記念館
キタカラ
みなみわっかない
稚内港
声問
稚内機場
動物ふれあいランド
宗谷ふれあい公園
大沼
穿越稚內市街
稚內市
夕日之丘停車場…可望見日本海、利尻、禮文島，夕陽也十分美麗
オロロンライン 增毛－稚內
西海岸原生植物群生地
拔海原生花園
拔海岬
拔海漁港
拔海
日本最北的無人車站，常當作電影的拍攝地點
ばっかい
11月至3月會設置海豹觀測站
わっかない朝Cafe 西海岸909 P.114
勇知川
ゆうち
かぶとぬま
兜沼公園キャンプ場
兜沼
豐田
阿沙流
宗谷本線
開源PA
附廁所的避雪停車場
豐富北
豐富バイパス
豐榮
佐呂別展望台
自動車專用道
可眺望佐呂別原野和利尻山
毫無電線杆和護欄的原野，只有道路不斷延續
とくみつ
豐富町
豐富
佐呂別原生花園 P.155
サロベツ原野の道
エゾカンゾウ
ワタスゲ
とよとみ
豐富サロベツ
東豐富
大規模草地牧場
含有石油成份的溫泉
佐呂別原野
新生
ペンケ沼
パンケ沼
名山台展望台
名山台展望台PA
しもぬま
幌延町トナカイ觀光牧場
隨時充滿聖誕節氣息
幌延遊客中心…設有通往Panke沼的木道，可欣賞到蝦夷萱草、菖蒲等花朵，以及禾花雀、黃鶺鴒等野鳥
長沼
幌延
ほろのべ
かみほろのべ
佐呂別原野停車場…日本海和利尻山景色迷人。風力發電設施林立
天塩川
ウブシ
開進
やすうし
北川口展望台
油罐車眾多
眺望位在風車另一端的利尻山
天塩河口大橋
天塩町
川口
公路休息站 てしお
使用當地名產北寄貝、蜆的料理頗受好評
春季到夏季期間，鈴蘭、玫瑰、北萱草等百花齊放
鏡沼海濱公園
六志内
西雄信内
部份路面凹凸不平
民安水壩
更岸
公路休息站 富士見
位置極佳，可望見日本海和利尻富士
北里
沿海地帶的牧草地
丸松
注意車速
遠別町
遠別漁港
北浜
幸和
富士見
遠別町金浦…可清楚地看見利尻島。生長有蝦夷萱草等
金浦原生花園
水平線的另一端可望見利尻島
初山別
旭
清濱停車場…遠處可望見薩哈林島
平緩丘陵上的牧草之綠、海洋之藍，兩者間的對比十分美麗
Seicomart…日本最北的便利商店
稚內市富磯周邊…欣賞鄂霍次克的同時，享受爽快兜風。
朝稚內方向，可看見利尻山
宗谷灣
原生植物群生地
メグマ沼
日本最北的水庫
穿越遼闊的牧草地帶
北辰水壩
上勇知
日本人推薦的
野生動物 Best 5
充滿自然氣息的北海道，有許多野生動物在此棲息。看見時請記得保持適當的距離。
きたきつね
北狐
遇見機率 ★★★★☆
北海道最常見的野生動物。鄰近山區的都市也時常能遇見
えぞしか
蝦夷鹿
遇見機率 ★★★★☆
道東道路上時常能看見，棲息於北海道各地，傍晚時刻遭遇機率更大
ひぐま
棕熊
遇見機率 ★☆☆☆☆
據說知床、渡島半島的棲息密度很高。北海道內也有數座棕熊牧場
たんちょう
丹頂鶴
遇見機率 ★★★★☆
棲息於釧路濕原。冬季時期會出現在餵食場，有機會可看到丹頂鶴的求愛之舞
おおわし
虎頭海雕
遇見機率 ★★☆☆☆
道東海岸、河口棲息著不小的數量。展開翅膀全長可達2m。冬季時期飛來
155

溫…溫泉　景…景點　美…美食　購…購物　住…住宿　玩…玩樂　活…活動